本书为国家社科基金重大课题“大型特色活动与特色文化城市研究”（立项号：12&ZD030，结项号：2018&J024）的科研成果

城市的秉性

大型特色活动与特色文化城市

陈圣来 等◎著

THE CHARACTER OF THE CITY

Research on Large Scale Characteristic Activities and Characteristic Cultural City

人民出版社

国家社科基金重大课题
“大型特色活动与特色文化城市研究”
课题组成员名单

课题组负责人兼首席专家：陈圣来

子课题之一负责人：陈圣来

子课题之二负责人：任一鸣

子课题之三负责人：玛利亚·克鲁兹·阿隆索·安托林（Maria Cruz Alonso Antolin）

米格尔·安赫尔·萨撒托尼尔·拉维利亚（Sazatornil Lavilla Miguel Angel）

子课题之四负责人：朱立新

子课题之五负责人：颜海平

子课题之六负责人：陈圣来（执笔）

史蒂文·伍德·赛默德（Steven Wood Schmader）

子课题之七负责人：巫志南　任　明

子课题之八负责人：郑崇选　刘　轶

课题组特别参与人员：杨晓萍

课题组其他参与人员：刘　春　李艳丽　赵婷婷　黄　平　张玲玲

秦　凤　朱颖瑛　付茜茜　徐　畅　卢芳芳

孙明月　庄新美子　陈秀玲

序言：让城市个性流淌

城市是卷帙浩繁的大书，无论是锦绣喧哗的都市还是素朴安逸的小城，都像一部部敞开书扉的巨制，里面有波澜壮阔、微漪潋滟、金戈铁马、歌舞升平、万家灯火、声色犬马、光怪陆离、云谲波诡，一个个跌宕起伏的故事，一曲曲抑扬顿挫的旋律，从城市流出。城市是贮存文化、创造文化、流转文化的容器，是文化、社会和政治创新的主要孵化器。

从21世纪开始，全世界一半以上的人口就居住在城市，而且这种聚集正在以越来越快的速度递进。在城市化的潮流中，中国一马当先，以世界范围从未有过的纪录推进城市化的进程。这种嬗变既是时代的必然、时代的进步，又是时代的代偿、时代的无奈。

由于城市化在中国不是单兵突进，而是与全球化、信息化不期而遇、齐头并进，这三股浪潮汹涌而至，席卷神州大地，这种叠合加之行政权力高度集中，就产生了这样一种现象：但凡现代化全球化浪潮所过之处，往往摧枯拉朽，淹没了各各相异、独具特色的城市文化。最突出的是城市同质化的倾向日趋严重，你无论徜徉在沿海城市还是内陆城市，踯躅在东海之滨还是西南边陲，你都会恍惚难辨城市的差异。城市文化的肤浅化、粗俗化、娱乐化、商业化日趋严重，消解和衰退着城市的传统习俗和审美旨趣，抹平和削损着城市的文化特色，瓦解和摧毁着城市的乡愁依托。

一座城市只有具备了有特色的文化，才有可能以卓尔不群的姿态屹立于世界城市之林。换句话说，一座城市应该也必须有自己独树一帜的身份标识，而这种身份的背后就是特色。怎样在推进城市化进程中，保持并强化城市的特色文化，避免同质化的危机，避免千城一面的困境，让不同族群在不同文化的物化形态中，找到自己心旷神怡的栖息之地，找到自己灵魂归宿的精神家园，这是中国社会面临的重大课题。

由于工作的关系，我走过近百个国家，到过无数座城市。记得平生去国外第一个大城市就是苏格兰的爱丁堡，它凄婉的风笛和男士格子裙的浪漫令我印象深刻，而爱丁堡城市之“古旧”更令我感慨万端；而后我去与之仅一小时车程的格拉斯哥，这座城市相比较爱丁堡有着令人焕然一新的感觉，这固然在于市中心的现代建筑，然不尽然，英国的创意产业是全世界的翘楚，而格拉斯哥则是它创意产业的重镇，这座城市曾诞生像经济学家亚当·斯密和力学家瓦特这样世界级的人物；随后驱车前往伦敦，它的繁华辉煌令当时的我有目不暇接之感。

以后我去过法国戛纳、意大利威尼斯、瑞士达沃斯等，这些欧洲小城若论人口地域，简直不值一提，然而它们以城市的特色彪炳全球，它们身份的标识凸显无二，彰明较著，令世人艳羡不已。这些年我陆续去参加了世界上许多个艺术节，从阿维尼翁的戏剧节到波哥大艺术节一直到潘普罗纳奔牛节，这些城市的节庆活动使城市身份更得到彰显。我也穿越时间隧道，来到近两千年前的庞贝，置身于这座曾被火山岩灰湮灭的城市，拂去历史的尘埃，当年的城市如此真实地再现和袒露在我的面前，使我有一种灵魂的震撼。这就是城市！多么不可思议。

20世纪80年代去香港，很惊讶铜锣湾、弥敦道等鳞次栉比的商铺，但上海很快做到了；以后去美国，在洛杉矶一家麦当劳店里吃汉堡包和冰淇淋，很欣赏这样的快捷与规范，不久上海也有了遍地开花的麦当劳；接着去墨尔本，看到夜晚满天星的灯珠环绕着松树树干，煞是漂亮，现在上海南京西路那一段满天星的灯珠更是璀璨一片，比起墨尔本有过之而无不及；再后来去德国，在柏林爱乐乐团的现代音乐厅里听交响乐，曾希望上海也能有这样现代的音乐厅，现在在上海类似柏林爱乐乐团这样的现代音乐厅和歌剧厅纷纷崛起……上海如此，全国亦然，中国的城市正在大踏步地追赶，日益跻身世界先进城市的行列。

然而全球化与城市化是把“双刃剑”，它固然有开放、宽容、沟通、融合的积极一面，但也会产生遏制多元、窒息个性、催生趋同的弊端。20世纪90年代，我作为中青年的代表性人士，应澳大利亚政府和德国政府的邀请，去访问这两个国家，他们给我的权利是我可以去任意地方任意城市造访任意人物，政府全力配合并提供所有资金。那时国门刚刚打开，我急于去那些我耳熟能详的城市，其实后来发觉这是一个愚蠢的选择，因为我去的几乎都是大城市，应着了托尔斯泰的那句名言，我将其套用：大城市都是相像的，而小城市各有各的不同。因为小城市还未受到全球化的侵袭，还往往保持着天然去雕饰的本真和特色。

其实我当时看到大城市的雷同，也则是一种物化的表象，没看到城市的气质与灵魂，从这一意义上来说，世界上没有两片相同的树叶，每一座城市的社群都生活在“自己”的城市里。比如说北京和上海，中国最大的两座城市，街区城貌有太多的相像相近之处，但内骨子里，却大相径庭。这与这两座城市培养出来的社群有很大干系，皇城根下与十里洋场是不一样的，弄堂生活与胡同生活也是不一样的，他们的理念规约、风格习俗、饮食衣着、语言品性、待人处世都迥然相异。还记得甫到英伦，首先就被街隅的红绿头发的朋克所惊诧，后来才知道这是一种标新立异。当刚看到年轻女性内长外短的装束以及膝盖破损的牛仔裤，也疑惑一时，后来才知道这是一种前卫时尚。时尚开始一定是种独特和别致，风乍起，吹皱一池春水，然层层涟漪波及开去，标异就变成流行，而流行就成为趋同和效仿。这是一种规律，个性与共性就是这样相生相克。而这中间各城市举办的大型活动往往是城市重塑和再生的一帖良药，是城市个性特色张扬的催化剂。这样的案例不胜枚举，某种程度上，它是一种城市的文化救赎。

建设特色文化城市最早出现在党的十七届六中全会公报里，仅仅只是一句话，但被理论界人士很敏感地捕捉到了，于是列在公布的国家社科重大课题里。那一年我已到了社科院，在文学研究所任所长，我希望我任所长的文学研究所在申报国家重大课题上实现零的突破。当年的春节没有过好，萦萦于心的这个题目让我似乎梦绕魂牵。国家重大课题是国家社会科学的标志高地，因此它规定申报首席专家必须是正高职称或厅局职级，正高职称代表他（她）的学术能力，但为什么要厅局职级？我没有搞明白，也许代表他（她）的学术组织能力和驾驭资源能力。我因这两项前置条件都已符合，于是组织了一个与众不同的跨界团队，不光是学科跨界，而且是地域跨界，甚至是国别跨界，除了文化界、学术界外，还有政界、经济界、建筑界，甚至包括西班牙学者和美国的国际节庆协会主席。投标书交上去以后，初评欣然入围。那时国家重大课题入围后需要赴京赶考，即面答。我在面答候场时，见到当时的复旦大学党委书记秦绍德教授，社会学家邓伟志教授等，他们也都入围，等待面答。我面答的评委是由中国社科院社会学研究所所长、著名社会学家陆学艺教授担任主考官，其他还有厦门大学、浙江大学、武汉大学和华东师范大学的教授共同组成。其实当时我对他们不熟悉，甚至连陆学艺教授也不认识，因为社会学和文化学毕竟还是两个不同的学术圈。我的优势在于我的职业经历，我的国际视野，以及我的创新思维。尤其对大型特色活动铸就城市的文化特色、精神风貌以及气质内涵，我有了淋漓酣畅的阐述。面答不久，我率团去美洲访问，在回国这一天，我接到我的同事们包括上海社科院党委书记的短信，他们热烈祝贺我入选，成为国家重大课题的首席专家。而更令我欣喜的是，与我开出并蒂莲的是我们文学研究所的另一位研究员，那一批全国重大课题招标，上海社科院中了两个，且都在我们文学研究所。全市中标的除了上海社科院以外，就是复旦、上海交大和华东师大三所高校。

在以后悉心研究的日子里，我和同道们广泛进行社会考察和田野调查，甚至数次出国去收集案例，我们还承担了中国文化部与欧盟联合举办的“欧洲文化之都”与“东亚文化之都”论坛的学术策划，从中收集数据与实例，进行实证研究。以问题为导向，以学理为基础，以社会实践为根底，以成果转化为目标，孜孜以求，不断探索，我们在主流和核心报刊上发表了一系列研究文章。现在作为研究成果的这本五十万字的《城市的秉性》即将由人民出版社付梓出版。我相信它将融入城市这部五光十色的大书中，并成为城市文化建设中有建树的理论支撑和智力支持。

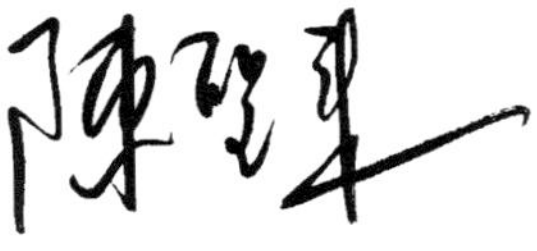

目　录

第一章　大型特色活动对建设特色文化城市的战略意义

第一节　在全球化背景下的城市文化

城市的定义以及从不同学科出发可以对城市有多维度阐释。从圣经故事里可以读到人类从伊甸园到第一座城市以诺的过渡，实则是从神到人的过渡，而城市就是人的世俗栖身之地。芒福德在他的代表作《城市文化》这部皇皇巨作的最后章节对城市进行概念性总结："城市在其完整意义上便是一个地理网状物，一个经济组织体，一个制度的过程物，一个社会战斗的舞台，以及一个集合统一体的美学象征物。"[①] 如果将城市文化作为一个综合概念和集成概念来研究，至少可以从四个方面对其进行剖析：（1）器物文化；（2）制度文化；（3）行为文化；（4）观念文化。

从不同角度、不同切口、不同层次去观照和研究城市文化，城市文化就会像一个多棱镜，折射出不同的光泽，以显示它的多元性和复杂性，而城市的魅力就在于这样的多元性和复杂性，从而显示出城市

① ［美］刘易斯·芒福德著：《城市文化》，宋俊岭等译，中国建筑工业出版社 2011 年版，第 507 页。

的差异性和互补性。但在全球化的浸淫下，这种多元性和差异性正在消遁与衰退。所以怎样学会在全球化浪潮中保持自己的特立独行的秉性，避免和力戒千城一面的同质化趋势，这是每座城市面临新的课题，也是生活在每座城市的管理者与市民所必须应对的挑战。

一、对城市的多维度阐释

城市早先是个集合名词：城是为了防卫，用城墙围筑起来的区域。像山东曲阜，进城就必须穿过厚实的“万仞宫墙”。上海老城厢，原来沿城墙有十扇城门，至今还保留着老西门、小东门等地名。西方学者在研究城市起源时就已关注中国城市的滥觞与城墙的不可分割的关系，他们考据早在公元前1110年，周王朝的建立促进了带城墙的大型城镇

图1–1 山东曲阜万仞宫墙

的第一次的发展，实际上，城墙和城市的特征是一致的。[①]

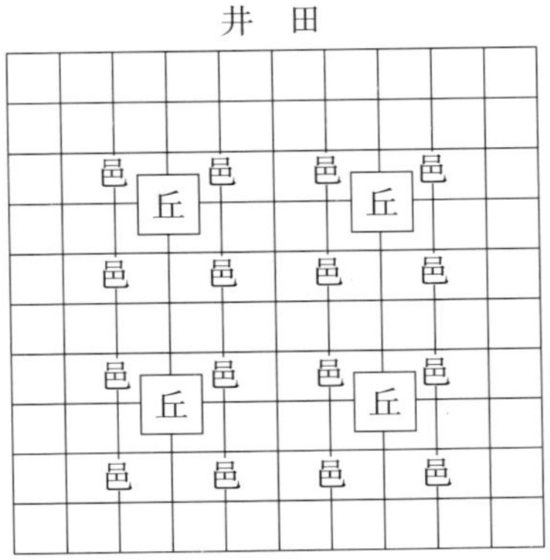

图 1-2　井田制

中国的城市还有特殊的构成，《文献通考》这样描述："昔日皇帝经土设井，以塞争端……使八家为井：井开四道，而分八家，凿井于中。……井一为邻，邻三为朋，朋三为里，里五为邑，邑十为都，都十为师，师十为州。"[②]在中国但凡"城"往往是郡府州县衙门驻扎地，而"市"则是交易场所。"日中为市，致天下之民，聚天下之祸，交易而退，各得其所。"[③]据考证，早在西周时期，城、市分开，城内设有吏所以及相应的制度对市进行管理，如监督货物、商贩出入城门；整顿摊肆、货店的秩序；确定物价和限制违禁物品的买卖等。中外城市形成发展虽有所不同，但基本共性都与城市人群集聚及其相关商业活动密切相关。按辞典的最简单解释，城市就是以非农业产业和非农业人口集聚形成的较大居民点。

但城市一旦形成并发展起来，就难以一言以蔽之，它丰富的蕴涵可以从不同学科的角度来阐释：

从经济学意义看，城市是坐落在有限空间内的各种经济市场，它们相互交织在一起，形成网络系统；

① Paul Wheatley, *The Pivot of the Four Quarters: A Preliminary Enquiry into the Origins and Character of the Ancient Chinese City*, Aldine Publishing Company, 1971, p.7, p.182.

② （元）马端临撰：《文献通考》，中华书局 2011 年版，第 325 页。

③ 周振甫译注：《周易译注》，中华书局 1991 年版，第 257 页。

从社会学意义看，城市是在法律的基础上，建立起来的一种超越家庭或家庭之上的社会联系；

从地理学意义看，城市是交通方便的覆盖一定人口与面积的房屋结合体；

从规划学意义看，城市是按国家行政区隔规划的居民点；

从文化学意义看，城市是文明社会的孕育所，是文化的容器，城市的根本功能在于文化积累、文化创新、文化流传；

从宗教学意义看，城市是神灵最初的家园，最终成为改造人类的场所。

如此等等，不一而足。

城市实际上是社会生产力发展到一定阶段一定水平后的产物，是人类文明的结晶，或者讲其本身就是人类的化身。《圣经》里就记叙了人类第一座城市叫以诺，亚当与夏娃在伊甸园偷吃禁果，由此两人发生了恋情，于是夏娃生下了儿子该隐和亚伯，该隐是农民，亚伯是牧民。该隐将他的农作物作供品奉献给耶和华，亚伯也将他的畜牧品奉献给耶和华，结果耶和华接纳了亚伯的奉献而拒绝了该隐的奉献。该隐迁怒于亚伯，把他杀了。耶和华怒逐了该隐，让他流离飘荡。该隐后来生了一个儿子，取名为以诺，并为他建造了一座城市，这座城市就以他儿子的名字以诺命名，这就是圣经里描述的人类历史上第一座城市。从圣经故事里我们可以读到人类从伊甸园到以诺，是从神到人的过渡，而城市就是人的世俗栖身之地。法国神学家雅克·埃吕尔（Jacques Ellul）也认为，城市代表着人类不再依赖自然界的恩赐，而是另起炉灶，试图构建一个新的、可操控的秩序。他说："该隐创造了一个世界，他用自己的这座城市来代替上帝的伊甸园。”[①]

美国著名城市学家芒福德（Lewis Mumford）在他的代表作《城市文化》一书中对城市有精辟阐述：城市象征着人类社会中种种关系的总和：它既是神圣精神世界——庙宇的所在，又是世俗物质世界——市场的所在；它既是法庭的所在，又是研求知识的科学团体的所在。城市这个环境可以促使人类文明的生成物不断增多、不断丰富。城市这个环境也会促使人类经验不断化育出有生命含义的符号和象征，化育出人类的各种行为模式，化育出有序化的体制、制度。城市这个环境可以集中展现人类文明的全部重要含义；同样，城市这个环境，也让各民族各时期的时令庆典和仪式活动，绽放成为一幕幕栩栩如生的历史事件和戏剧场面，映现出一个全新的而又有自主意识的人类社会。[②]

芒福德在上述这部经典论著中，从时间维度和空间维度来阐述城市：“古往今来多少座城市又无一不是时间的产儿。城市是一座座巨大的铸模，多少人终生的经验积累都在其中冷却着、凝结着，又通过艺术手段被赋予永恒的形式；否则的话，多少历史事件对于今天根本无从知晓，更谈不上延续和推陈出新，谈不上感召更多的人继续广泛参与。在城市环境中，时间变得可以看得见、摸得着。建筑物、纪念碑以及公共要道、大街小巷，样样都比书写的文字记载更加公开而真实，样样都比乡村里分散的人工物更容易被大众观察到、注意到。甚至对于那些很无知、很冷漠的人们，城市种种影像也会在他们的心目中留下生动印象。历史文化遗迹的保护已经是当今城市中一项重要事实。

① Jacques Ellul, *The Meaning of the City*, Wipf & Stock Pub, 2011, p.5.

② ［美］刘易斯·芒福德著：《城市文化》，宋俊岭等译，中国建筑工业出版社2011年版，第1页。

历史文化遗迹遗产一代代保护下来，时间就会向时间挑战，时间就会与时间发生冲撞：以往历史上的各种文化习俗、价值观念、生活理想，都因此流转到来世；于是乎，城市以不同的历史时间层次把一个个世代的具体特征都依次贯串了起来。”[①] 这是他从时间维度来阐述城市，下面这段他从空间维度来阐述城市：“因为空间——像时间一样——同样在城市环境中被艺术化地予以重新安排着：城市的边界线的走向，天际线上城市剪影的高低错落，地平线上城市形象的低定位及高耸峰巅……这样，通过对自然空域的取舍，城市就把某个历史文化和某个历史时代，对于这座城市的存在这一基本事实都曾经采取过什么态度，通通记录下来了；建筑物的穹窿，尖塔，轩敞的大道，幽秘的庭院，都讲述着这样的故事，不仅讲述着城市的各种不同的物质设施，还讲述着有关人类命运的各种不同观念和思想。”[②]

芒福德在这部著作的最后章节对城市进行了全面概念性总结，他认为城市在其完整意义上是“一个集合统一体的美学象征物。一方面，它是一个为日常民用和经济活动服务的物质机构。另一方面，它是一个有意为了有了更重大意义的行动以及人类文化更崇高目的而服务的戏剧性场景。城市促进艺术，并且本身就是艺术；城市创造剧场，并且本身就是剧场。在城市，作为剧场的城市中，经由人性、事件、团体的冲突与合作，人有目的性的活动被设计和构思成为更重要的高潮部分”[③]。

---

① ［美］刘易斯·芒福德著：《城市文化》，宋俊岭等译，中国建筑工业出版社 2011 年版，第 2 页。

② ［美］刘易斯·芒福德著：《城市文化》，宋俊岭等译，中国建筑工业出版社 2011 年版，第 4 页。

③ ［美］刘易斯·芒福德著：《城市文化》，宋俊岭等译，中国建筑工业出版社 2011 年版，第 507 页。

自从有了城市，城市的本质特征就体现出它的聚集功能、多元功能、创造功能和高效功能。作为政治城市、经济城市、商业城市、文化城市，学者们对城市的功能归位越来越倾向和聚焦于文化城市。芒福德将文化与城市的勾连提到这样高度：他认为人类文化的重要表征，一个是语言文字，另一个就是城市。贮存文化、流传文化和创造文化，这大约就是城市的三个基本使命。2015 年 12 月 20 日，我国召开的中央城市工作会议同样将文化的功能提到前所未有的高度，会议指出："城市发展需要依靠改革、科技、文化三轮驱动，增强城市持续发展能力。"这次重要会议认为，城市是我国经济、政治、文化、社会等方面活动的中心，在党和国家工作全局中占有举足轻重的地位。城市是我国各类要素资源和经济社会活动最集中的地方，全面建成小康社会、加快实现现代化，必须抓好城市这个"火车头"。

二、城市文化的本质和差异

因此我们讲城市，就不能不讲城市文化，那么除了城市，文化是什么？按辞典解释，文化是指人类在社会实践过程中所获得的物质、精神的生产能力和创造的物质、精神财富的总和。这是广义的解释。狭义的解释是指精神生产能力和精神产品，包括一切社会意识形态形式，教育、科学、文学、艺术、卫生、体育等。这里即使按狭义的解释，文化含义也相当广泛了。《大英百科全书》中引用的美国文化学专家克罗伯（A. L. Kroeber）和科拉克洪（D. Kluekhohn）的专著《文化：一个概念定义的考评》，文化有 166 条定义，分别收集了从人类学、社会学、心理学、哲学、化学、生物学、经济学、地理学、政治学等不同角度去界定的文化含义。但是如果删繁就简，概言之，文化实际是一种生活方式、价值追求和情感表达。这就与城市发生了勾连，因为城市是生活方式、价值追求和情感表达的承载体。

（一）对城市文化的解析

将城市文化作为一个综合概念和集成概念来研究，至少可以从以下四个维度对其进行剖析。

1. 器物文化

这主要指城市的建筑构成，指城市建筑所形成的市民的居住场所，包括城市的建筑布局，建筑风格、建筑色彩、建筑特色，以及街区的肌理、风貌甚至市民的衣着、交通工具等。这里关注的是城市文化的物质表现与固态结构。

图 1–3　希腊雅典卫城

比如我们去过希腊雅典的卫城，德国艺术史家温克尔曼认为“希腊艺术杰作的普遍优点在于高贵的单纯和静默的伟大”。这种高贵的单纯和静默的伟大就典型地体现在爱奥尼亚和多立克两种柱式的建筑里。爱奥尼亚式更多一点女性的柔和华贵，多立克式则多一点男性的雄健庄严。这两种风格最成熟最完美的代表是雅典的卫城建筑群。它是雅典黄金般的古典时期的纪念碑，昌盛繁荣的见证；也是小亚细亚的爱奥尼亚文化和伯罗奔尼撒与意大利、西西里的多立克文化交融的杰作。

再比如古罗马最典型的建筑是大角斗场、万神庙和卡拉卡拉公共浴场。这三大建筑都建造于公元1—3世纪，是古罗马最强大最富庶最安定的时期，也是文化最发达的时期。这三大建筑就是这个“永恒之城”鼎盛时的纪念碑，折射出古罗马文化的辉煌与奢华。

纵观西方建筑史，从古希腊、古罗马到拜占庭，从哥特式到巴洛克与洛可可，从古典主义到现代主义乃至后现代主义，建筑风格的演变就是城市文化的嬗变，也是社会生活的变革所致。

我们再看亚洲城市，到东京、到首尔，以及到我国的台北，或者上海。通过它们的城市建筑，你就可以了解，台北发展腾飞时期在20世纪六七十年代，东京在七八十年代，首尔在八九十年代，上海发展高峰期则在90年代以后，直至21世纪。亚洲最高的建筑688米高的“上海中心”刚刚落成，与之“三足鼎立”的上海世贸大厦、金茂大厦都是在这一时期落成。

图1–4　上海陆家嘴“三足鼎立”

与上海这些现代摩天大楼形成巨大反差的类似新疆交河古城，它是联合国教科文组织重点保护的历史遗产，当年这个城市的名称就是特指两条河流交界的地方，据史料记载，当年这是座波光粼粼、垂柳依依，很美的城市。由于沙漠化的影响，这里现在是一片戈壁废墟黄丘，非常有苍茫感。类似交河古城的意大利庞贝古城遗址，这是公元 73 年被火山灰一夜湮没的城市，尘封一千多年后被发掘了，当时火山灰尘封了一个古城，变成了一个活的历史建筑博物馆。等到它一千多年后重见天日，你几乎可以看到当时的生活方式，建筑布局的原版。尽管当时因此死了大概两万人，电影大片《庞贝末日》生动地展示了当时惊心动魄的情景。难能可贵的是大自然用这种特殊而极端的方式原汁原味地保留了这座古城，成为城市学研究不可多得的原始样本。

上述种种都是城市建筑构成所体现的城市文化特质。此外，还有城市人的衣着服饰、膳食饮用、交通出行等等。这些都是城市物质文化的不同体现，凡此能够吸附着文化并且被结淀下来的、以物质形态表现出来的有形文化和固态文化都可以称之为器物文化层。

2. 制度文化

这主要指城市的治理体系和机构，包括城市的社会分层和社会分工、社会组织和社会团体、管理结构和管理方式、决策设计和决策实施、政治生活和公共生活等。这是制度文化层面对城市的量衡与观测，反映出这一城市的生存环境、管理秩序、社会活力、办事效率和人文关怀等。农村与城市管理体系不一样，农村是熟人社会，它的治理在我国过去主要是宗族制，通过族长来维持整个大宗族的秩序。而城市不同，城市是陌生人社会，需要通过规则、通过法纪、通过制度、通过约定来治理。

这方面西方开化较早。上面说到的庞贝古城，在两千年前被火山灰湮灭之前，城内就已遗留城市选举市政官的文字。我们可以从中体悟它早期的制度文明。罗马帝国的奥古斯都时期是它的鼎盛时期，城市化是奥古斯都时期推广的主要政策，也是这一时期社会的主要特征，城市化政策不仅是巩固帝国统治的需要也是繁荣帝国经济的良方。奥古斯都时期大量出现的城市从政治制度上来看，与以前的希腊城邦是有区别的。希腊城邦是城市国家，小国寡民，只有城市本身与周围不大的一些土地，在政治上享有充分的独立。罗马帝国征服希腊以后，摧毁了这些城市国家，从而过渡到“领土国家”。这一时期的城市已经成为帝国有机体中的一个部分，它的大政方针、军事外交政策都是由帝国统一管理的。但这些城市仍旧保留了大量的残余制度，而这些制度正是这些城市实行自治的基础。罗马帝国的各个城市都有自己的管理机关，它们由人民会议、元老院和官吏组成。人民会议由城市全体公民组成，按照规定，市民都可以参与并且对通过法律和选举高级官吏进行投票表决。此外还可向元老院提出请愿书和批准它的法令。城市的元老院由 100 人组成，通常在年纪 25 岁以上，财产不少于 10 万谢斯提斯[①]的市议员中选出。高级官吏的选举每年都举行，通过投票选出两名最高行政长官、两位营造官和两位财务官。由于当时的政治活动场所有限，公民主要通过大广场才有可能参与政治活动。每当选举期间，政治家在台上慷慨陈词，广大公民就像“观众”一样在台下聆听。这成了罗马政治生活的特色之一。城市的公共空间也就此开启了它的端倪。这些都是城市文化中的制度文化使然。[②]

---

① 当时古罗马的货币。

② 杨俊明:《奥古斯都时期古罗马的城市管理与经济状况》,《湖南师范大学社会科学学报》2004 年第 4 期。

图 1–5 古罗马广场

20 世纪 90 年代初像新加坡、墨尔本等城市都是明法禁赌的，所以城市内看不到赌场。然而为了刺激经济，从 21 世纪初开始这些城市都废除了对赌场的禁令，现在再去造访这两个城市，它们都开启了赌场，城市的商业生态、社会生态乃至建筑生态都为之改变。这就是制度文化的力量。

3. 行为文化

这主要指城市的社会体现和文化品位，包括城市市民的生活习俗、人际关系和行为特征、日常交往方式、生活时尚的兴趣、国际化的程度、市民的文化素养和习惯等。这是城市文化形成和发展最活跃的动因。

苏联刚解体时，政治动荡、经济下滑，莫斯科市民还忧心忡忡、一筹莫展，然而城市的电影院和话剧院依然火爆，门口还有市民在排队买票。我们访问以色列的最大城市特拉维夫时，当年刚发生过炸弹式袭击，按外界来看整个城市还惊魂未定；然而他们的歌剧院和话剧院，这两座剧院里分别都有四五个演出厅，每个厅里都人满为患，市民沉浸在艺术的享受中，根本没去担忧危险还会不会发生。市民的这种集体行为反映了这座城市的深层文化内涵。在西方听歌剧是城市的普遍习惯，每场歌剧至少会有两次中场休息，而这时是歌剧观众尤其是女性观众展示她们服饰以及交际能力的绝佳机遇。时尚、交际、公关、素养、国际化都会在此邂逅，这也是检验城市行为文化的绝佳时机与场合。

2004年，上海国际艺术节请萨尔茨堡莫扎特管弦乐团来演出，因为他们来自莫扎特的故乡，所以他们演奏和表现莫扎特音乐是无可比拟的。当时萨尔茨堡市的市长沙登先生亲自率团，演出在上海音乐厅举行，但令人很尴尬的是观众的过于热情，以及不懂欣赏交响乐的规矩，在段落之间不停地鼓掌，以致指挥频频回首，无奈地看着观众苦笑。这种相似的尴尬同样发生在其他城市，甚至有过之而无不及，外国钢琴家演出时，剧场内BB机声、嗑瓜子声、大声喧哗声，几乎不绝于耳，令演奏家唏嘘。这就是城市化的不到位，人进入了城市，但行为还留在乡村，这样的行为文化不是城市文化，缺少城市文明的熏陶。

城市文化中的行为文化应该是宽松的包容的多元的，改革开放刚开始阶段，我们去国外会很不习惯。在欧美各大城市里看到街上许多将头发染成五颜六色的青年人，许多朋克族，会本能地感到反感和恐惧。现在不要说去国外，这种现象在我们国内城市里也已司空见惯，年轻人的衣着、发式、装扮、化妆等我们不会去干预，我们再也不会发生像“文化大革命”中，红卫兵看到“奇装异服”就去剪人家女孩子的裤腿和高跟皮鞋，让人家光着脚丫回家的尴尬状况了。

4. 观念文化

这主要指城市的意识形态、集体人格、市民精神、审美旨趣等，牵涉到城市的人文价值观念，包括宗教、政治、道德、哲学、艺术及其机构，学校、图书馆、博物馆、剧院、书店、网吧、体育场、教堂、寺庙等。

新美国基金会高级研究员乔尔·科特金（Joel Kotkin）认为全球的城市发轫之初，就扮演着三种不同的功能，而第一位功能就是“构建神圣的空间”。[①] 在国外每个城市每个街区几乎都有教堂，教堂是他们城市观念文化中的重要标志物。即使在我国台湾的大大小小城市里，隔三差五就能看到一个个小的庙宇，这就是他们城市文化的观念文化一部分。哥伦比亚是个曾被标注为旅游危险地的国度，它的毒枭和游击队令人闻风心悸。然而首都波哥大每两年一次的伊比利亚美洲戏剧节却是拉丁美洲最大规模的艺术节，每届来参加艺术节的人群络绎不绝，而且从来没有发生过安全事故等不愉快的现象。据他们艺术节的负责人说，自从艺术节 1988 年创办以来，每年艺术节期间总是社会秩序最好的时期，从来没有发生过不希望发生的事件。这是一个以天主教信仰为主的国家，在他们看来，以艺术节庆的神圣性和礼仪性来镜鉴和规范自身品性，同以天主教的训诫来规约和检点信徒的行举，并没有本质区别。艺术表现的真善美与宗教的劝善惩恶如出一辙。因此，我们就不难理解为什么波哥大在艺术节期间会这样安全。所以，也就不难理解，这个波哥大会出现马尔克斯的《百年孤独》这样伟大的作家的伟大作品，以及博特罗这样伟大的画家。这是波哥大城市的市民集体人格，正因为这样的集体人格和城市精神，在 1988 年这座城市建城 450 周年时，市民中的一位剧作家和一位演员自发发起了波哥大伊比利亚美洲戏剧节，并经过他们 20 年的努力，将这一艺术节打造成城市的地标，成为拉丁美洲最有影响力和规模的艺术节。虽然它的 GDP 不高，

---

① ［美］乔尔·科特金著：《全球城市史》（典藏版），王旭等译，社会科学文献出版社 2014 年版，第 3 页。

经济不够发达，灵魂的高下与城市的经济有时并没有必然的联系。就像科特金所说："对城市史的研究也提示我们，一个没有道义约束或没有市民属性概念的城市即使富庶，也注定会萧条和衰退。"[①] 这就告诫我们观念文化对城市建设的重要作用。

图 1–6　马尔克斯《百年孤独》

图 1–7　画家博特罗《蒙娜·丽莎》

① ［美］乔尔·科特金著：《全球城市史》（典藏版），王旭等译，社会科学文献出版社2014 年版，第 4 页。

作家梁晓声对文化的概括："根植于内心的修养，无需提醒的自觉，以约束为前提的自由，为别人着想的善良。"其实这里讲的文化就是观念文化。器物、制度、行为和观念这四个方面的文化维度分别涵盖了秩序、管理、生活和心理等不同层次。所以，城市文化是城市生活环境、生活习俗和生活方式的总和，是城市市民领略生活风情、塑造自我、把握社会的主要方式。城市文化也是每一个时代的时尚总汇，如建筑时尚、服饰时尚、饮食时尚、游乐时尚、知识时尚等，是人类生活于城市社会组织中，所具有的知识、信仰、道德、艺术、法律、风俗和一切城市社会所能获得的任何力量与习惯。作家杨东平在他的《城市季风》一书中，用文学的语言这样描述："城市是一本打开的书，城市的规划、布局、生态环境、市政设施、建筑文化等所构成的人文景观，是城市的面貌和仪容，从中展示出了城市的历史和现状，城市的抱负和理想，城市的光荣和骄傲，以及城市的困惑和失落。"①

（二）城市文化的差异

从不同角度、不同切口、不同层次去观照和研究城市文化，城市文化就会像一个多棱镜，折射出不同的光泽，以显示它的多元性和复杂性：

（1）地域不同、气候不同、地理不同、民族不同等形成生活习性的不同，从而导致城市文化的风格差异；

（2）生产方式不同、工商业活动层级不同、科创水平不同等形成生活方式不同，从而导致城市文化品格差异；

（3）人际关系处理方法不同、社会交往礼仪不同、行为准则表征不

① 杨东平：《城市季风》，东方出版社1994年版，第2页。

同等形成社会交流不同，从而导致城市文化品味差异；

（4）社会制度不同、社会信仰不同、社会风俗不同、社会语言不同等形成意识形态和人文环境不同，从而导致城市文化内质差异；

（5）社会规范方式不同、政府治理手段不同、法律规约能力不同等形成集体人格不同，从而导致城市文化状态差异。

这里就牵涉城市文化特色问题，世界上各各相异的城市应该有各各相异的城市文化，丰富多彩、相异成趣、多元共存，这也是城市的魅力所在。然而这种城市的文化特色在城市化、全球化、信息化的浪潮席卷下，正在日趋退化和弱化。众所周知，工业社会讲规范、讲标准、讲精确、讲流水线，这与文化恰恰大相径庭，文化讲差异、讲个性、讲感觉、讲创造性。全球化是要将全球经济融入一体化的大循环之中，经济如此，文化亦然。然而城市是贮存、流转、创造文化的容器，而文化的多样性多元化是文化生生不息、繁衍绵延的基础和动力。作为文化容器的城市应该保护、体现和弘扬这种多样性和多元化。全球化固然有开放宽容融合的积极一面，但也会产生遏制多元、窒息个性、催生趋同的弊端，城市要学会在全球化浪潮中保持自己的特立独行的秉性，避免和力戒千城一面的同质化趋势，这是每座城市面临的新课题，也是生活在每座城市的管理者与市民所必须应对的挑战。

第二节　城市化理念的嬗变和城市化的进步

城市化已日益成为当今诸多学科领域的研究焦点之一，从传统的城市化理念到改进的城市化理念，再到新颖的城市化理念，显示出这方面理论的深化和嬗进。20世纪中期，田园资本主义的兴起，新都市主义与风景都市主义的争议，以及格莱泽《城市的胜利》异军突起，一直到2010年上海世博会提出“城市 让生活更美好”，从学界对城市化理论思潮的热衷、争议和演进，以及城市管理者和居住者对城市建设的积极参与和推动，充分表明人类对城市的期盼，以及对城市在推动市民生活福祉的愿景上的希冀。城市化是一种文化范式的转换或者整合，在文化范畴里面，我们更容易讨论他们各自之间的关系，不会被各个学科所挟制和拘囿。2011年中国城市人口首次突破50%，达到51.27%。这一年，中国城市人口与世界城市人口的比例几乎相当。这是一个历史性的节点，具有划时代意义，它标志着中国从千年农耕文明的农业大国开始迈入以城市社会为主要形态的工业化和后工业化时代。于是对城市和城市化的关注与研究刻不容缓。

一、城市化和城市化理念的嬗变

中国是个封建社会长期发育发酵成熟的农业大国，农村是中国社会的主宰形态。随着改革开放，中国经济出现爆发性增长，中国的城市化进程也大大加快。城市化已日益成为当今诸多学科领域的研究焦点之一。对城市化研究的成果进行综述和评论的文章已不计其数，这些述评性的文章主要关注的是城市化道路、城市化战略、城市化动力机制、城市化进程、城市化对策措施等的研究领域，但反而对城市化的概念界定这些基础性的东西似乎着墨较少，或者研究不够系统全面。对于城市化内涵的界定，学术界向来见仁见智。

（一）传统的城市化理念

传统型的城市化概念认为，城市化是指随着产业经济向城镇的集中而发生的农村人口向城镇转移的过程。依据这类定义，城镇人口所占的比重是城市化的一个最为重要的指标，至今国内外也大都用这个指标来衡量一个国家的城市化水平。这类定义强调的是人口居住地和职业的转变，以及城市空间的扩展，是较为传统的城市化定义。

（二）改进的城市化理念

一些学者对上述类型的定义并不认同，觉得视野太狭窄，只看到了城市化最表层的东西，因此，在他们的定义中，同时强调了土地、劳动力和资本等生产要素的集中。他们将“城镇化”界定为伴随工业化过程而出现的“社会、经济结构的转换”，这一转换上要体现为“人口、非农产业、资本、市场由分散的农村向城市集中的过程”。现代型的城市化定义在强调人口转移、职业转移和产业集中的同时，突出了生活方式和都市文明的扩散过程。实际上，1993 年美国新版的《世界城市》所提出的城市化定义就同时强调了生活方式的变迁，认为：“都市化是一个过程，包括两个方面的变化。其一是人口从乡村向城市运动，并在都市中从事非农业的工作。其二是乡村生活方式向都市生活方式的转变，这包括价值观、态度和行为等方面。第一方面是强调人口的密度和经济职能，第二方面是强调社会、心理和行为的因素。实质上这两方面是互动的。”[①] 这一定义的修订代表了一种与传统定义有别的新的城市化研究取向。

（三）新颖的城市化理念

最新的城市化定义特别强调和突出了生活方式的转变和都市文明的渗透这些深层的内涵，甚至对传统型城市化定义中所强调的人口、

① Gregory E. Guldin, *Urbanizing China*, *Contributions in Asian Studies*, Number 2, Green Wood Press, 1992.

地域、生产要素等的集中的必要性提出了质疑。在当今学术界，持这种类型看法的学者已不在少数，他们不仅仅来自人类学界和社会学界，一些经济学家、地理学家、人口学家也开始认同这种城市化的研究取向，其影响正日益渗透到各个研究领域。孟德拉斯（Henri Mendras）在20世纪60年代法国农村时看到，“在很多地区，工人—农民越来越多。那儿的工厂派客车到方圆50公里开外的地方‘收集’农民，接送他们上下班”。到20世纪80年代他又对农村的现状进行研究，提出了新的解释。他指出20世纪80年代的法国：“通讯和交通的发展改变了乡村社会规模：中等规模的标准从方圆1—3平方公里过渡到10—30平方公里。与此相随的还有结构的变化：构造经济生活、社会生活和政治生活的不再是地界和辖区，而是通讯和影响网络，作为这些网络中心的城镇和小都市被并入乡村系统。”[①] 他因而认为：“乡下人享有都市的一切物质条件和舒适，从这种意义上说，他们的生活方式都市化了。”[②] 南京大学的张鸿雁教授认为，孟德拉斯提出“农民的终结”说明了这样一个规律，这个规律就是城市化必然促使人类社会生存方式、生产方式等所构成的都市生活方式的进化，即都市社会结构的变迁。在都市社会结构的扩张中，人类社会地域不再分成两块，一块是农村，一块是城市；而是由都市型的生产与生活方式取代农村型的生产与生存方式。以新的交通方式和通信方式使农村复兴，这种社会结构变迁对某些国家和民族来讲还较为遥远，而有些国家已经实现传统的农业生产方式的改变，传统的农村生活居住方式的改变，人们通过现代交通工具与现代通信工

---

① ［法］H. 孟德拉斯著：《农民的终结》，李培林译，社会科学文献出版社1991年版，第296页。

② ［法］H. 孟德拉斯著：《农民的终结》，李培林译，社会科学文献出版社1991年版，第301页。

具共享都市生活方式。因此，都市的集聚不以人口的集聚为最终方式，而是以交通方式与联系方式的现代性为第一特征。城市地理学家麦基（T.G.MaGee）所提出的一种新的聚落形式——城乡融合区（Desakota），这种融合区既不是乡村亦不是都市，而是兼有两者的特征。

（四）田园资本主义的兴起

上述最新的城市化定义所体现的全新的思想理念似乎令人耳目一新，依据这些学者的说法，传统的城市化定义所着重强调的乡村要素向城市的集中就并非“都市化”的应有之义了，然而这里好像有“田园资本主义”的影子。田园资本主义是20世纪第二次世界大战后美国大企业向郊外迁移的一股潮流。从20世纪40年代开始，美国的大企业纷纷从大都市迁往郊外。建在郊外的这些企业已经不是像在都市里那样“紧凑”，办公楼仅占用一栋或几层楼面，而是像一片庄园，一个区域，里面分研发园区、生产园区、行政园区等等，并且周围配有广阔整齐的草坪、郁郁葱葱的森林、蜿蜒曲折的溪流、气势若虹的山岭……这一切都成为塑造企业认同的景观文化、美学价值和道德准则。罗伊丝·阿莫扎格（Louise A. Mozingo）将之冠名为“田园资本主义”（Pastoral Capitalism），并以此为书名出版了一部著作，分析那些遍布美国郊外的大企业的崛起和发展以及这样的潮流。这是和第二次世界大战后中产阶级纷纷逃出城市到充满自然景观的郊外定居的潮流平行的企业运动，成为第二次世界大战后“郊区化”不可分割的一部分。

（五）新都市主义与风景都市主义的争议

然而，罗伊丝既介绍了田园资本主义，又带头对其进行了猛烈的抨击。她在《纽约时报》上撰文，称这种“田园资本主义”为不可持续的发展，比居住模式的郊区化更有破坏性。对“田园资本主义”的这种批评，实际上是20世纪80年代崛起的“新都市主义”的理论延伸。这种“新都市主义”强烈抨击以汽车为基础的郊区化破坏了生态环境和社会环境，主张回归汽车社会以前城市设计的原则，即人口集中在中心城市和主要的卫星城，彼此靠轮轨链接。轮轨车站成为都市或卫星城的中心地带。大部分人口可以步行或骑自行车到达这些中心。这样就创造了步行空间，鼓励密集型的发展，最大限度地减少汽车的运用。“新都市主义”很快就成为城市理论的主流。

然而，20世纪90年代末期开始，一股新的建筑设计流派悄然崛起，成为郊区化的捍卫者。这就是所谓“风景都市主义”（Landscape Urbanism）。这派学说对“新都市主义”的正统理念提出了尖锐、大胆的挑战：如果美国人喜欢住在郊区的话，你凭什么把大家驱赶进钢筋混凝土的都市里蜗居？这种“风景都市主义”虽然居于非主流地位，但风头正劲，其领军人物之一查尔斯·瓦尔德海姆（Charles Waldheim）最近成为哈佛设计学院风景建筑系的主任，并广泛延聘教授。这就可能把哈佛设计学院转化为“风景都市主义”的大本营。

（六）格莱泽的《城市的胜利》异军突起

但是哈佛大学也有不同于“风景都市主义”的学派，哈佛经济学家爱德华·格莱泽（Edward Glaeser）出版了《城市的胜利》，引起了从《经济学人》到《纽约时报》等严肃国际媒体的广泛注意，甚至认为这部《城市的胜利》可以堪比芒福德的《城市发展史》。格莱泽在《波士顿环球报》上也发表了文章，题为《如果你热爱自然，就搬到城里来》。正是在这篇文章中，他把我们心目中的环境主义先知《瓦尔登湖》的作者梭罗描绘为一个罪恶昭彰的环境破坏者（梭罗的一次野炊，就烧毁了300英亩的森林），解构了瓦尔登湖的神话。

他和另外一位经济学家马修·卡恩（Matthew Kahn）的研究揭示，美国的碳排放有40%来自家用能源和交通，其中私家车又是最大的排放源。私家车的使用与人口密度紧密相关。人口越密集，私家车的使用越少。在家庭收入和住房面积同等的情况下，居住在人口密度大于1万人/平方英里的地区的家庭，平均每年使用的汽油为687加仑。居住在人口密度小于1000人/平方英里的地区的家庭，平均每年使用的汽油为1164加仑。以波士顿地区为例，根据他们的估算，仅开车这一项，都市家庭平均每年的二氧化碳排放量比起郊区家庭来就要少6700磅。如果把家用能源算进去，差别就更大了。从市区移居到郊区，往往是离开公寓搬进独门独户的大房子，这意味着，家庭用电将增长88%。标准的郊区家庭比都市家庭每年多排放6吨二氧化碳，其中包括4400磅的取暖排放和1800磅的电力排放。

所以格莱泽呼吁，如果你热爱自然的话，就远离瓦尔登湖，到拥挤的波士顿市中心定居。住在钢筋混凝土建筑中比住在森林中更环保。在格莱泽看来，高密度的城市生活，不仅有利于保护自然生态，而且还能刺激创新。高密度都市中面对面的人际交流，多元文化的碰撞，自古以来就是人类进步的引擎。而作为第二次世界大战后美国标志的“田园资本主义”，由于其对自然资源的奢侈消费，引起人们的反省。20世纪80年代初期兴起的“新都市主义”，其要旨是回归汽车社会以前城市设计的原则。注重创造步行空间，以公共交通特别是轮轨通勤设施为核心来设计城市，强调密集型的发展，最大限度地减少汽车的运用。如今，“新都市主义”已经成为城市理论的主流。格莱泽在《城市的胜利》这部著作中为城市大唱赞歌的基点：环保、脱贫、幸福。他认为：城市是人类最伟大的发明，寄托着人类对未来最美好的希望。

这就暗合了我们上海 2010 年世博会的主题："城市　让生活更美好"！

图 1–8　2010 年上海世博会海报

二、城市化的进度和城市化的进步

城市发生的很多问题，从各个学科角度看，都能找到不同的成因，但是最终往往要归结到城市文化，这是问题的症结。城市化是一种文化范式的转换或者整合，我们之所以把它提到文化的高度，一方面，是因为文化的范围足够囊括城市化所涉及的物质、制度、行为、心理等方方面面，这本身就是文化的范畴；另一方面，在文化范畴里面，我们更容易讨论它们各自之间的关系，不会被各个学科所挟制和拘囿。

上面我们曾提及罗马帝国的奥古斯都时期就开始实行城市化政策，然而真正现代意义上的城市化是工业革命以后发展起来的。18 世纪以来，全球已经历了 3 次大规模的城市化浪潮。第一次发端于欧洲，以英国为代表，其城市化率由 1750 年的 20% 增长到 1950 年的 82%；第二次发生在北美洲，以美国为代表，其城市化率由 1860 年的 20% 增长到 1950 年的 71%；第三次发生在拉美及其他发展中国家，南美诸国的城市化率由 1930 年的约 20% 增长到 1997 年的 77.7%。[①] 城市化从量的

① 刘奇：《中国三次城市化浪潮的启示》，见 http://theory.gmw.cn/2015-11/09/content_17658695.htm。

方面主要表现为农村人口不断向城镇转移，城镇规模和数量迅速增加，农业活动比重逐步下降，非农业活动比重逐步上升；从质的方面主要表现为居民点的物质面貌和人们的生活方式逐渐向城镇转化和强化，人们的文明程度和生活水平不断提高，社会经济进一步集约化、精细化。发达国家的经验证明，城市化是人类社会发展的必然趋势，是任何国家和地区实现现代化的必由之路。无论是农业、工业和科技现代化，还是人们思想观念的更新、现代文明的普及、居民生活质量的提高，都离不开城市化。

因此整个世界城市化呈加速度发展，1900 年全球城市人口为 13%，那就是 1/7 的世界人口为城市人口。相隔 50 年后，即 1950 年全球城市人口占比接近 1/3，达到 29%。标志性意义的是 2007 年世界人口出现了重大的转折，就是当时世界总人口 65 亿，城市人口占比 50%，这是一个重大突破。那么中国这一重大突破是在哪一年呢？四年以后，2011 年中国城市人口首次突破 50%，达到 51.27%。[①] 这一年，中国城市人口与世界城市人口的比例几乎相当。

曾有不少专家预言，中国到 2020 年城市化水平将达到 50%，然而，我们实际城市化速度要大大超出专家们的预料。这是一个历史性的节点，具有划时代意义，它标志着中国从千年农耕文明的农业大国开始迈入以城市社会为主要形态的工业化和后工业化时代。中国的城市化进程之快，令世界为之瞠目结舌。改革开放 40 多年，我国城市化水平从 1978 年的 17.9%，提高到 2009 年的 46.6%，从 20% 到 40% 的城市化水平，英国用了 120 年，法国用了 100 年，美国用了 80 年，而我们

① 新玉言主编：《国外城镇化——比较研究与经验启示》，国家行政学院出版社 2013 年版。

只用了 20 年[①]，这无疑是全世界最迅捷的城市化速度。

城市是社会生产发展到一定阶段的产物，对于人类文明来说，城市比农村具有非常明显的优势。

（一）城市化是带动社会经济发展的引擎

中央城市工作会议指出："改革开放以来，我国经历了世界历史上规模最大、速度最快的城镇化进程，城市发展波澜壮阔，取得了举世瞩目的成就。城市发展带动了整个经济社会发展，城市建设成为现代化建设的重要引擎。"[②]城市是一定区域范围内的政治、经济、文化、教育、信息中心，是人才、资金、科技等各类生产要素的集聚地，城市的发展主导着经济的增长和社会文明的进步，城市化过程不仅是农村人口转变为城市人口的过程，也是资源深度开发利用、产业升级和布局优化的过程。加快城市化进程有利于改变企业分散布局，形成规模经营和集聚效应，提高经济整体素质，转变经济增长方式；有利于充分发挥城市在现代产业发展中的组织协调功能，促进专业化分工协作，提高经济组织化程度；有利于充分发挥城市的制度创新和技术创新作用，促进经济增长从量的扩张到质的提高；有利于进一步改善投资环境，扩大对外开放，适应经济国际化和信息化的要求。总之，加快城市化进程成为解决诸多经济社会热点难点问题的突破口。因此要全面解决社会经济中存在的问题，首先必须加快城市化进程。

（二）城市化有利于创造更多就业岗位

城市化意味着人口的聚集，而人口的聚集必然带来第三产业的需

---

① 刘军：《国外低碳城市的建设经验及对我国城市化的启示》，《科技进步与对策》2010 年第 22 期。

② 新华网，2015 年 12 月 22 日，见 http://news.xinhuanet.com/politics/2015-12/22/c_1117545528.htm。

求。因为第三产业都需要一定的基础人口，只有达到盈利门槛，第三产业才能发展壮大，从而创造更多的就业机会。从发达国家的情况看，现代社会创造就业机会的主要是第三产业，如美国农业人口仅占总人口的 3%，制造业工人也只占总人口的 17%，而且这个比例还在下降。再如韩国、菲律宾、泰国、印度尼西亚四国在 20 世纪 70 年代至 90 年代初期，农村剩余劳动力大规模向非农产业转移，其第二产业与第三产业新增就业岗位之比分别为 1 ∶ 1.5、1 ∶ 2.9、1 ∶ 2.5、1 ∶ 1.9。即第二产业每增加 1 个就业岗位，第三产业相应地增加 1.5—2.9 个就业岗位。因此，加快城市化进程在直接创造第二、第三产业就业岗位的同时，还能间接带来更多的第三产业就业机会。

（三）城市化有利于化解“三农”问题

中国作为一个农业大国，“三农”问题关系到国民素质、经济发展，关系到社会稳定、国家富强。“三农”问题的解决需要考虑农业自身的体系化发展，还需要考虑三大产业之间的协调发展。解决“三农”问题关系国民经济全局，城市化能够转移农村的剩余劳动力，扩大农业规模，提高效率，增加农民的收入；有效地控制城市化的步骤，能够消解城乡二元对立，带动户籍制度改革；城市化也能够提高进城农民的素质，促进人口素质文明化。

（四）城市化能推动工业化科学发展

目前，我国的工业化已经到了一定的水平，正在向以产业升级、技术进步、集约经营、外向发展为特征的工业化中期阶段迈进，而且面临着提高经济增长质量、调整经济结构的重要转折。技术进步、产业升级特别是规模化、集约化经营，必须具备一定的要素集聚，而要素集聚的最佳场所是城市。加快城市化的进程，可以为工业发展提供更为有利的空间环境。

（五）城市化有利于绿色生态和可持续发展

虽然城市化水平的提高会带来城镇建设用地的增加，但大量农村人口转移到城镇中去也减少了这部分人口在农村占用的建设用地。可持续发展意味着各种自然资源的数量和质量在经济发展过程中不允许出现下降或者尽量减缓这种下降的过程。因此在现有存量资源有限的前提下，要维护经济按一定的速度不断增长，就必须提高自然资源的利用效率，亦即提高生产效率。城市生产效率远远高于农村，因此提高城市化水平，就是提高全社会的生产效率，全社会的生产效率提高了，就意味着相同的产出所消耗的自然资源减少了，更有条件和可能保护好矿产、森林、土地、水等资源。格莱泽认为大城市才是环境的真正朋友，而不是农村。“环境真正的朋友是曼哈顿以及伦敦和上海的市中心，而非郊区。在几乎完整的于城市中生活了 37 年之后，我又不计后果地体验了郊区的生活，最后痛苦地发现：与居住在城市里的人口相比，居住在树木和草地周围的大自然爱好者们消耗了更多的能源。”①

城市的好处还有很多，《城市的胜利》这本书完全从正面的角度去阐述城市、歌颂城市。我们认为城市让生活更美好，当然，也有人认为城市让生活更糟糕。这种观点大有人在。实际上，任何事物都有两面性，不可能只有优点没有缺点，只有益处没有坏处。在太阳光下，阳光越强烈，影子越明显。城市化不断推进，一定会带来它的弊端。下面我们就讨论一下城市病的问题。

① ［美］爱德华·格莱泽著：《城市的胜利》，刘润泉译，上海社会科学院出版社 2012 年版，第 13 页。

第三节 城市化带来的挑战和病症以及中国城市病的致病因素

中国城市化推进的速度、广度和力度都是旷世未有的，这固然是中国追求现代化的迫切需要，但这种社会进步的操之过急，所带来的弊病就是城市病的集中爆发。就像党的十九大报告中所提出的，“我国社会的主要矛盾已经转化为人民日益增长的美好生活需要和不平衡不充分的发展之间的矛盾”。这种矛盾也体现在我国城市化的进程中。

一、城市化带来的挑战

无论从中国来说，还是从世界来说，人类都进入了城市化时代。城市化时代有个特征非常明显，而且越来越明显，那就是人口向大城市集中的趋势。回顾既往的40年，50万以下人口的城市明显下降，下降10%；100万以上人口的城市明显上升，上升10%；1000万以上人口的城市上升7%。专家们预言到2025年1000万人口城市的增长是所有城市人口增长中最快的。

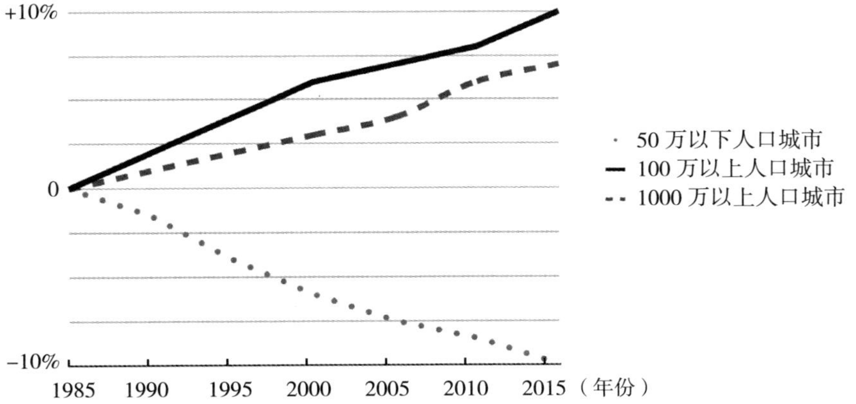

图1-9 1985—2015年人口向大城市集中趋势图

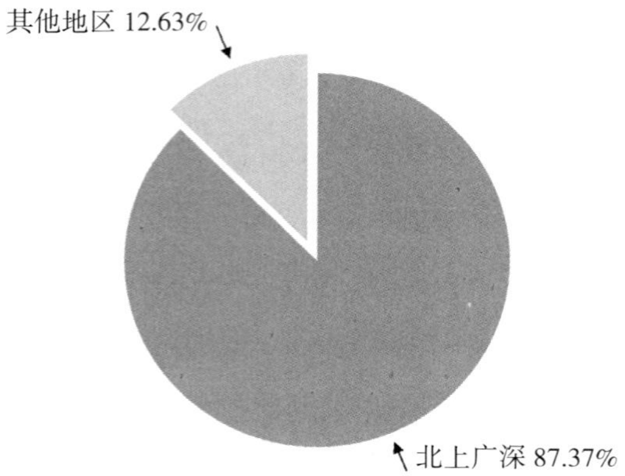

图 1-10 2013 年全国流入城市人口所占比例

这一特征尤其明显表现在亚洲，亚洲的城镇化人口向超大城市高度集聚的趋势十分明显，目前全球人口密度最高的是亚洲，全球人口密度最高的 10 个城市，8 个在亚洲，第一名就是上海。在我国人口高密度大规模地向北上广深转移的趋势非常明显，据原国家卫生和计划生育委员会的统计数据，2013 年上述地区流入人口占全国城市流入人口的 87.83%，同比上一年上升了 4.5%。其中以大学毕业生为例，据智联招聘根据简历库数据分析显示，高校毕业生初次就业集中在上述四大城市的比例高达 54.1%，毕业三年后在上述四大城市就业的比例更是高达 57.3%。①

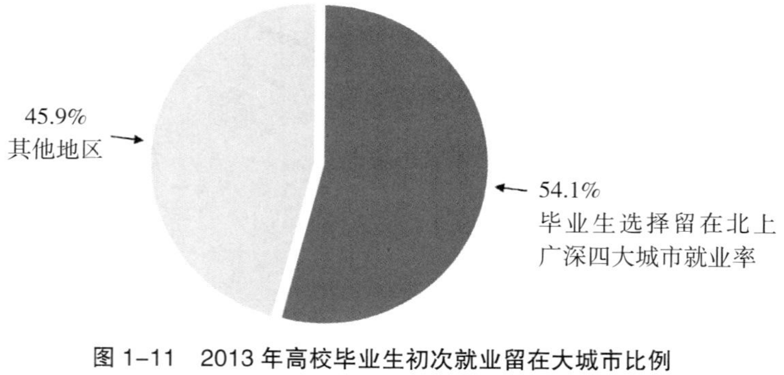

图 1-11 2013 年高校毕业生初次就业留在大城市比例

① 童大焕：《不可阻挡的高密度大城市化》，新浪网。

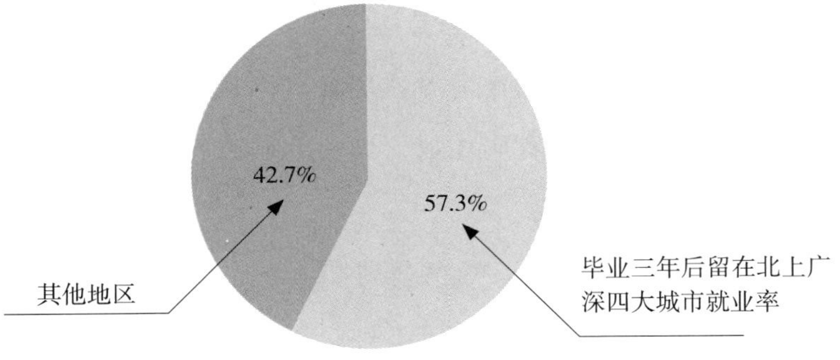

图 1-12　毕业三年后留在大城市就业比例

我们在享受城市化带来进步与便利的同时，我们也要正视城市化带来的问题，全国政协常委周汉民教授认为有以下八大挑战。

第一个重大挑战是环境与气候变化的问题。过去一百年，1900 年到 2000 年，全球的平均气温上升了 0.74℃，地球气温上升 0.75℃，全球海平面上升 0.17 米。一般预测，如果不加以控制，21 世纪这一百年的平均气温要上升 4.8℃，理想状况应该控制在 2.2℃。所以，环境与气候变化是面临的首要挑战。

第二个重大挑战是信息与监控的问题。中国现在实际开通的手机数超过了 12.5 亿，位居世界第一。但是，自从斯诺登事件发生以后，我们发现问题太严重了，我们用的电脑软件是 Windows，安全性太差。大家开私家车出去，首先打开 GPS，就是告诉美国人我这辆车开到哪里了。由此可见，信息与监控的问题是当下国家安全的第一考虑。

第三个重大挑战是土地与住房的问题。我们国家 18 亿亩耕地如何保住是一个大问题。联合国人居署有一个章程，章程里面有一句话，“居者有其屋”，其实章程表达的意思是人要有居住的地方，并不是指人一定要拥有物产。所以世界最发达国家之一瑞士租房率高达 91%，德国租房率高达 67%，中国是世界住房自有率最高的国度之一。但是不管是拥有自有权还是拥有居住权，现代的城市日益膨胀的人口，使城市支撑变得如此难以维系。

第四个重大挑战是风险灾难的管理。大城市尤其是特大城市如此密集的居住人口，如此密集的摩天高楼，如此密集的交通人流，对风险灾难的应急应对是一个严峻的考验。

第五个重大挑战是社会融合的问题。社会融合就是要解决一个人最基本的幸福感的问题。很多人说幸福感是抽象的，但是联合国认定幸福指数有七大指标，第一个指标是充分就业，第二个指标是公共卫生体系，第三个指标是充分就学，第四个指标是便捷的交通设施，第五个指标是现代化的通信设施，第六个指标是可期望的有效的收入增长，第七个指标是多元的文化生活。所以，多元的文化生活是为幸福感打底，为社会融合铺垫。

第六个重大挑战是城市发展的管理问题。城市发展的管理问题是多方面的，如大家十分关注的雾霾治理问题、交通拥堵问题、人口老龄化问题等等。

第七个重大挑战是城市经济与财政保护的问题，就是今天在说的我们的地方财政债务到底有多少。冰岛、希腊发生的问题值得我们引起高度警觉。

第八个重大挑战是饮水卫生和基础设施建设的问题。[①]

① 陈圣来主编：《向世界讲好中国故事》，上海社会科学院出版社 2016 年版，第 107 页。

二、城市病伴随城市化如影相随

上述八大挑战固然是周汉民教授的观点，我们姑且不去评论它是否全面准确，但它却是客观存在，而这些挑战的应对如果不及时或不有力，就会产生城市病。在城市化的进程中，“城市病”已成为一种常有形态和专用名词。

《中国大百科全书·社会学》指出，“城市病”是都市社区中人与自然、人与社会、个人与个人之间关系的严重失调或冲突现象，即都市社会的弊病或病态。此种观点从冲突论的角度出发，分析个体与外界的失衡从而产生各种城市社会问题，概念中更为强调“人”的影响，但对人与地之间关系的研究不够重视。全国科技名词审定委员会术语定义是：由于城市人口、工业、交通运输过度集中而造成的种种弊病，即“城市病”。这是从经济学的角度出发，认为“城市病”是由于聚集不合理产生的结果，但该定义忽视对“人”的关怀和重视。

对于城市病的病因，不管是西方社会还是当今的中国，“城市病”都存在相似的地方，都是城市发展过程中的社会弊病。早在19世纪末20世纪初，针对日益严重的城市化问题，欧美的思想家、社会家和哲学家分别从各自的角度予以解释。这里对社会学派、生态学派的代表性观点予以归纳。

社会学派的滕尼斯（Ferdinand Tönnies）认为，城市生活具有分崩离析、肆无忌惮的个人主义。自私自利甚至相互敌对的特征。涂尔干指出，以劳动分工为特征的“有机团结”，存在人与人之间激烈的竞争、人群异质化和疏远化等城市问题。

生态学派的沃斯（Andrewartha）、帕克（Robert Ezra Park）、伯吉斯（Earnestw Burgess）等认为，城市人口存在共生关系会产生竞争，形成浓缩、离散、集中、分散、隔离、侵入、接替的生态过程。高密度的城市生活方式还会使人们更加孤独、压抑和忧郁，都市人较容易出现精神病态问题。

中国学者对“城市病”病因的探讨主要集中在以下方面。

（1）规模论。认为城市规模过大会招致人口拥挤、住房紧张、交通堵塞、环境污染等问题，同时也指出“大城市病”和城市发展中的大城市化之间没有必然联系。认为“城市病”是一种社会经济“发展病”而不是“窒息病”，指出中国的“城市病”的出现并不在于城市规模过大，而是由于体制磨合、结构失调、政策失误、技术失当、管理失控及道德失范等多方面因素造成。

（2）空间失衡论。认为城区人口密集极高、水资源等分布不均、城市基础设施不足以及不合理的产业结构是中国大城市问题产生的重要原因。

（3）现代化论。从社会病理学出发，指出在现代化潮流的冲击下，中国城市社会进入了典型的“风险性社会”阶段，高速发展的城市化带来的社会变迁使结构性问题显性化，产生“非典型现代都市病”——交通拥挤、人群拥挤、住房拥挤、房价畸高、就业难、贫困人口增长、城市犯罪率增长、自杀率增长及心理疾病频发。

（4）综合论。“城市病”本身是一种复杂的经济社会现象，地理学家、经济学家和社会学家等都试图从多角度去探讨它。《城市地理学》指出“城市病”涉及城市环境、城市交通、城市住宅、城市社会、城市安全等问题，分别从生态、交通、社会、公共安全等方面提出构建可持续发展的城市理念；《城市社会问题经济学》专门以中国的城市问题为导向，运用现代经济学的理论和方法，从城市交通、城市住宅、城市教育、城市贫困、城市犯罪、城市老龄化等方面解释了“城市病”；《当代“城市病”》借鉴社会学理论，分别从城市生存压力、人文精神失落、城市犯罪和城市规划失调等四个方面对“城市病”进行了思辨。尽管出发点不同，但都认为“城市病”是一种消极和负面的弊病。从这些定义中我们还可以归纳出“城市病”的一些特征：①“城市病”是经济问题、社会问题和环境问题的空间重叠，使“城市病”具有复杂性；②“城市病”因城市化发展阶段不同而存在差异，具有阶段性。

三、城市病在城市文化上的病症

城市病除上述问题之外，最大问题也是最严峻的挑战是文化问题。由于城市化在中国不是单兵突进，而是与全球化、信息化不期而遇、齐头并进，于是这三股浪潮席卷神州大地，这种叠合加之行政权力高度集中，就产生了这样一种现象：但凡现代化全球化浪潮所过之处，往往摧枯拉朽，淹没了各各相异、独具特色的城市文化。最突出的是城市同质化的倾向日趋严重，你无论徜徉在沿海城市还是内陆城市，踯躅在东海之滨还是西南边陲，你都会恍惚难辨城市的差异。一样的高楼，一样的广场，一样的商厦，一样的地铁，一样的流行乐，一样的广场舞，一样的麦当劳，一样的必胜客……西北的秦腔，中原的梆子，江南的评弹在相应的城市都难觅踪影，“日暮乡关何处是？烟波江上使人愁”。城市文化的肤浅化、粗俗化、娱乐化、商业化日趋严重，消解和衰退着城市的传统习俗和审美旨趣，抹平和削损着城市的文化特色，瓦解和摧毁着城市的乡愁依托。具体表现为：

（1）高楼林立，城市雷同，一座座城市都成为钢筋水泥的森林，由此千城一面，同质化倾向日趋严重；

（2）大拆大建，城市记忆被无情而迅速地抹去，城市的文化脉络被粗暴割裂，城市的社会肌理被严重破坏；

（3）传统文化习俗在城市中逐渐消亡，市民生活方式被强行改变，社区邻里几近解体，城市温情消逝殆尽；

（4）城市文化的生态不断世俗化，泛娱乐化甚嚣尘上、主宰市场，腐蚀与侵袭传统的价值观，使城市文化的商业化和粗俗化倾向越趋严重；

（5）城市公共空间的日渐虚拟化，社会交往与人际交流需求和能力的蜕变，使市民社会、公共空间、礼仪文化越来越缺乏依托，城市区域变成都市村庄，城市人变成都市村民。

但危险并未止步，危机还在潜伏和滋长。在文化大发展大繁荣的召唤下，许多城市膨胀起建文化大省（市）和国际大都市的热情，我国近700个城市中有655个城市表示要“走向世界”，183个城市提出要建“国际大都市”。各个城市逐步增强对文化建设重视的同时，由于对文化发展规律缺乏深刻的认识，在城市文化建设热潮中，不乏作出令人啼笑皆非的傻事蠢事。一些地方大干快上、急功好利、好大喜功，把文化当标签当膏药，到处乱贴，都急着要做文化大省（市），而忽略了文化不姓“大”，而姓“特”。各地城市建设目标趋同、功能重复、产业类似、形象单一。历史文化遗产和历史文化资源被破坏的现象并未得到遏制，发生在北京的“梁林故居”被“保护性拆除”，这样的典型案例在各城市都时有发生。大量一哄而上的文化产业园区和影视拍摄基地建设，大量人造的历史文化遗产，对文化产业化的过度强调以及攀比式地建造大型文化设施，拉郎配式地组建文化传媒出版集团等等，由此不仅没有延续和发展城市文化的特色，相反加剧了城市文化建设的同质化。这种特色文化危机的背后，让人们感到形象工程、政绩工程、面子工程在新形势下有沉渣泛起的可能，文化“大跃进”有抬头的迹象。

两院院士吴良镛曾痛心地指出：现在有些城市呈现出不健康的规划格局，比如重经济发展，轻文化精神；重建设规模，轻整体协调；重攀高比新，轻地方特色。前些年大拆大建运动式的城市改造，迅速改变着历史城区的格局，破坏着历史街区的肌理，损毁着历史民宅的建筑。我国有近百座被命名的历史文化名城，但没有一座得到联合国教科文组织的承认，北京这座历朝古都申报世界历史文化遗产不被通过。泱泱五千年文明的中国竟然没有一座被世界公认的历史文化名城。早在20世纪90年代，巴黎《世界报》就幸灾乐祸地欢呼：“让上千个曼哈顿在中国遍地开花吧！”辽宁沈阳的方圆大厦被CNN称为“最丑陋的建筑”。美国《时代》周刊评选全世界十大丑陋建筑，沈阳方圆大厦赫然在列。我们先不要急于去迁怒联合国教科文组织和西方媒体，先找找我们自身的问题。全国此类案例比比皆是。盲从西方，互相拷贝，把流行当高档，把奢华当美观，媚俗、猎奇、跟风、抄袭，凡此种种，在城市化建设中不同程度存在。除了沈阳的方圆大厦，还有苏州的“秋裤”大厦、济南的“福禄寿”大厦、湖州的“马桶盖”大厦、北京的“大裤衩”大厦等都不同程度先后遭到社会责疑和诟病，以致习近平总书记在文艺工作座谈会上表示，今后不要再搞奇奇怪怪的建筑了。

图 1–13 辽宁沈阳方圆大厦和济南福禄寿大厦

四、中国城市病的致病因素

中国高速发展的城市化使我们为自己的高歌猛进而沾沾自喜时，实际上我们进入了这样的尴尬：我们脚步太快了，思想跟不上，身子进入了城市时代，而头脑还滞留在农业时代。我们称之为快速发展的城市化建设与因循守旧的乡村化思维的落差，这种落差表现为：

（一）思想准备不足

城市化是世界发达国家已经走过的路，也是中国发展的必经之路。我们全民充满着对中国早日城市化的期待和向往，然欲速则不达。

（1）对城市化憧憬过度，而对城市化带来的问题和矛盾认识不足，精神准备不够。

（2）目光短浅，只重视眼前利益而忽视长远利益；只重视物质效益而忽视文化价值；只重视经济收益而忽视生态平衡。

（3）对全球化的冲击缺乏应对思考。

全球化是现代化的必然伴随物，是现代化的必然趋势。整个社会发达了，地球变成一个村落，这一端与那一端通过任何现代化手段都触手可及，全球大事件是同步的。“9·11”事件发生的时候，第一时间就在中国媒体上出现了，还可以看电视直播，当时觉得像拍大片一样，后来才反应过来这是世界上发生了大事情。现在的世界格局变得如此之小，文化必然也要经历全球化的洗礼。

全球化决不是坏事，但是它带来了利弊共生，所以现在在欧美逆全球化的趋势正在潜生暗长。从我们的角度说，全球化让所有的城市一目了然，信息的传递必然会产生一种自己不可估量的影响，然后大家就会不自觉地互相模仿和拷贝，不可避免地会趋同化。过去的丝绸之路，国与国、城市与城市之间距离远，交通不便，差异是必然的。但是现在如此发达的资讯，就容易同质化。20世纪七八十年代我们当时看香港，灯红酒绿，声色犬马，带有很崇拜的眼光，缺乏审视的眼光，一开放我们就是盲目地学。我们曾把上海南京路的梧桐树全砍掉了，把四川路的梧桐树也全砍掉了。当时辖区的领导就是要学香港，要把霓虹灯突显出来。但不是露霓虹灯就代表繁华和文明，夏威夷许多商店都在密布的树林里面，灯箱和霓虹灯若隐若现地闪烁在树木掩映之中，也非常雅致。而上海一度黄浦江两边都是霓虹灯广告，后来市领导出去考察多了，眼界开阔了，怎么塞纳河两岸、泰晤士河两岸、莱茵河两岸都没有光怪陆离的霓虹灯广告，于是知道了过度商业化并不是现代化。欧洲城市比较内敛，追求一种城市的贵族气质和文化内涵。当然香港所代表的亚洲文化与欧洲文化有差异，我们要尊重这种文化的差异与多元。但是不管怎样，这种炫富式的景观使城市缺乏应有的城市品位。

还有就是全球化带来城市的竞争。分别坐落于世界东西南北中各不相干的城市，由于全球化竟成为竞争对象，且不说申办奥运会、世博会、世足赛时各城市剑拔弩张，互不相让。就说相关城市支柱产业的竞争，也是你死我活，咄咄逼人，否则为什么昔日繁华似锦的汽车城底特律转眼变成了死城空城。至于招揽游客，吸纳投资，扩展品牌，各城市更是高招怪招层出不穷。类似等等，不一而足。现代城市已经不会偏于一隅，受地理位置的阻隔，彼此相安无事。在经济全球化的时代，文化势必囊括其中，城市已成为体现国家文化软实力竞争的精锐部队。

中国现在农业人口还是很多，全国 14 亿人中大部分的农业人口要火速变成城市人口，短时间内我们不可能完成农业社会的人口素质转变为城市社会的人口素质。对于以上的这些问题我们都没有足够的思想准备就制定了很多战略方案，并且开工上马许多不必要的工程。

（二）理论准备不足

城市化的研究我们起步较晚，城市学、社会学、人类学、建筑规划学、管理学、文化学等我们积累都不多，尤其是特色文化城市研究，从问题的提出到聚焦，才刚刚涉猎，没有成熟的理论建构。城市建设也是“摸着石头过河”，但是城市建设有一个问题，就是这是不可反悔、不可逆转的。吴良镛院士提出城市建设的“有机更新”，就是一种理论建树，他改造的北京菊花胡同就是成功的实证典范，可惜我们重视不够。我们去英国爱丁堡，整个城市就是个旧城，他们说“我们城市的每一片瓦每一座墙都不能随便动的”，隔了五年十年再去，这个城市还是一个样子，丝毫未改。但是上海就不一样了，它是“一年变个样，三年大变样”，当年是作为响亮口号提出来的。但是一旦所谓的“大变样”完成，那就再也变不回去了。举例来讲，上海的外滩号称世界万国建筑博览会，外滩的几乎每幢建筑上都有各种生动的雕塑，“文化大革命”中全因破“四旧”而被铲除了，这就再也恢复不起来了。所以，没有理论的实践会犯盲目的错误。

（三）知识准备不足

城市化道路西方已经曲曲弯弯走过来，但我们对此研究不深、了解不透，我们现在犯过的许多错误，都有前车之鉴，原本应该可以避免，但是没有吃一堑长一智，没有上升为知识积累。进城以后，我们没有很好完成从革命党到执政党的角色转换，包括从破坏一个旧世界到建设一个新世界的知识积累、从农村到城市工作重心转移的知识准备。其实文化遗产保护、文物修复都需要知识，更不要说城市建设和城市管理没有知识是不行的。另外，文化底蕴欠缺，文化意志薄弱，恐怕也是知识不足的表现。

（四）管理准备不足

这其中包括领导能力的不足和管理机制的不足。首先是我们有些城市的领导对城市的建设和发展缺乏宏观把握和驾驭能力。南京大学校长陈骏在《回归大学的本源》一文中指出："中国因为没有市长大学、市长专业，所以导致了城市市长在城市建设方面的理论不足和城市专业知识的不系统。"他还建议应该开办一个市长学院，因为管理一个城市是门大学问。管理能力不足导致乱拆乱建在各城市时有发生，南京过去是民国首都，绿化环境是很好的，但由于城市改建，结果这些树木都被砍了。同时，城市领导还必须懂文化，时任文化部部长孙家正在"中国城市文化论坛"上说："一个不懂文化的市长，是个不称职的市长。"这一观点当时就得到建设部部长的认同。管理机制上，我们规划部门不作为或者没有坚守文化底线，这与这些管理部门没有文化的渗透与参与密切相关。另外，公共服务意识和处理公共事务的能力不足，在中央提出从社会管理向社会治理转化之后，这一点更显短板。

（五）社会基础准备不足

解放以后，我们的"一大二公"造成了政府的全覆盖，单位所有制代替了社会功能，社会这一层级严重萎缩，乃至蒸发。有人开玩笑说，社会主义只有主义而没有社会，这是全面建设新中国一个严重的缺憾。其实城市建设也好，管理也好，市民社会的健全和发育是很重要的一个支撑，所谓的城市治理主要靠市民社会的自理，否则政府疲于奔命，结果仍事倍功半。城市化一定要把政府从事无巨细的管理中，从凡事亲历亲为的操作中解放出来，让社会去做社会的事，这其中就牵涉对市民社会的培育和对社会组织的扶持，以往我们这两方面都做得不尽如人意。

（六）市民素质准备不足

城市市民所拥有的素养、气质、禀赋、旨趣会形成一种集体人格和城市精神，它会反哺城市，影响城市的建设和重塑。中国长期处于农业社会，城市公民意识不强，公共事务能力较弱，社会建设滞后，这就造成城市精神对城市建设的引领不足。从农村人口变成城市人口需要一个过程，素质的培养、规则的遵守、形态的转变都需要时间，即便是现有的城里人，各种行为离世界公认的公民标准也还很遥远，如随地吐痰、不分场合抽烟、公共场所大声喧哗、上电梯不为别人考虑、乱穿马路、打听别人的隐私等等。我们说城市化中的“城市人”，不是从农村迁徙进城就自然而然成为理所当然的城市人了，作为城市人的市民素质需要几代人的培育，不可能一蹴而就。所以，我们各城市的市民素质普遍准备不足，新兴城市尤甚。

第四节　建设特色文化城市是城市化中亟待解决的问题

城市化建设到了一个关键性时刻，我们必须正视和回答：我们从哪里来，我们到哪里去？这是城市文化研究的题中应有之义。城市是文明的产物，也是文明的摇篮；城市是文化的产物，也是文化的容器。中国城市化进程推进之快超过以往西方任何国家，怎样在推进城市化进程中，按照科学发展观的要求，保持并强化城市的特色文化，避免同质化的危机，避免千城一面的困境，让不同族群在不同文化的物化形态中，找到自己心旷神怡的栖息之地，找到自己灵魂归宿的精神家园，这是中国社会面临的重大课题，也是本书要研究的意义和价值。于是，建设特色文化城市成为必须破解的一道难题。

一、特色文化城市的定义和通路

那么什么样的城市才是特色文化城市呢？这牵涉特色文化城市的定义：城市是各种资源的集聚地和汇融地，而在诸多资源杂陈中，必然会在某一方面具备它的特质潜力、优势倾向、稳态结构和积淀效应，这就是它的核心价值，也是它的个性和特质，将其特质形象定位并聚焦化、系统化、显性化、最大化就会形成城市特色文化。

特色文化城市不可能凭空形成，也不可能是拍脑袋主观臆想形成的，每座特色文化城市的形成一定会凭借它的特色资源，形成它的特色通路。

（一）地域特色

城市所处的地域不可更改，只能顺势而为、因地制宜，凸显它的地域文化特色。往往地域色彩越浓，文化特色越明显。我国的冰雪之城哈尔滨与蓝海之城三亚就因地域差异，而呈现出截然不同的地域文化。同样在美国，处于戈壁滩的拉斯维加斯与处于大西洋沿岸的纽约，他们的地域特色大相径庭，表现的城市文化也就截然不同。

图 1-14 哈尔滨与三亚

（二）历史特色

城市历史有长短，这无法更改。历史起源和历史印痕是这座城市的传承和脉络，不同历史的城市应在历史的坐标系上设计自己，在历史的传承脉络上设计自己，从而形成自己的特色。如硅谷与佛罗伦萨就是完全不同时代的特色文化城市。硅谷是在电讯网络高度发达，相

图 1–15 硅谷与佛罗伦萨

关 IT 企业集聚而成的新兴现代城市；佛罗伦萨是文艺复兴时期的一面旗帜，文艺复兴之都。所以两座城市的文化特色不可能相像。

（三）产业特色

利用城市的特质和强项，形成围绕这些特质和强项而铸就的特色产业以及产业链，使之成为城市的特有品格。如美国的硅谷成为 IT 的重镇，中国的景德镇成为陶瓷的故乡，等等。这些由城市产业特色形成的文化特色也是因地制宜、其他城市难以模仿的。

（四）人文特色

与城市风格相吻合相匹配的居住环境和城市形象、城市气质、城市精神、城市管理以及市民素养等，这些构成城市独具品质的特色文化。如英国爱丁堡被联合国教科文组织授予文学之城，中国哈尔滨被联合国教科文组织授予音乐之城，这与被爱丁堡文学节打造的城市文学氛围和被哈尔滨之夏音乐节打造的音乐氛围难脱干系。这种城市的人文特色决不是一蹴而就的，而需要经年累月的打磨才能逐渐形成。

（五）品牌特色

城市历史传承和积淀下来的以及现时创造并已成形的优势品牌，往往是城市文化特色的标识。如旅游资源的意大利威尼斯水城，喀斯特地貌的桂林山水；名人资源的山东孔子曲阜古城，莫扎特的故乡萨尔茨堡；活动资源的法国戛纳影城，奔牛节出名的潘普洛纳；物产资源的保加利亚索菲亚玫瑰花城，薰衣草的普罗旺斯，等等，都是城市的品牌资源，也是城市的特色资源。

二、建设特色文化城市的不同维度

面对着全球化、信息化、城市化的浪潮扑面而来，在城市同质化倾向铺天盖地、愈演愈烈时，建设特色文化城市显得尤为迫切、尤为重要。

（一）焕发不同城市各自的个性魅力和特性色彩

不同自然环境和人文环境中的人们有不同的生活方式和传统文化，从而使每座不同城市呈现出不同的文化特征。中国台湾台北文化局痛感从“城市更新”噩梦中惊醒，编写了一本书叫《隐逸的城市灵魂》，借用这个题目来比喻，这种文化特征就像隐逸的城市灵魂，隐伏在城市的每个角落，无论是城市景观还是城市风情，无论是观瞻还是交往，都能让人感受到这座城市的个性特色。

（二）提炼不同城市各自的精神品质和气度涵养

城市文化是城市市民生存方式和生活方式以及生命价值的反映，特色文化建设将继承城市的精神和城市优质基因，凝炼成集体人格，形成城市的市民精神，这种市民精神有别于其他城市，从而加强市民的认同感、归属感和凝聚力，并使之代际相传，绵延不绝。

（三）升华不同城市各自的生活追求和生存质量

每个城市的经济发展水平不同，气候条件和地理条件不同，民生民俗民风不同，它的生存需求和生活追求也不同，特色文化城市的建设将会为每座城市的市民寻找到心灵安顿和精神栖息的空间。

（四）促进不同城市各自的产业特征和经济模式

每座城市都会有自己维持的或支撑的产业，特色文化城市的建设将会强化城市的生存优势和竞争优势，调整或促进产业结构的优化，助推城市的快速发展。同时，特色文化的建设和形成，有助于在更大范围吸纳资金、人才，增强城市活力。

三、建设特色文化城市有赖于城市的文化发展战略

城市文化的发展需要建立战略规划发展，现在由于城市主政者任期的短暂，调遣的频繁，造成城市长远规划的缺失，好大喜功、急功近利、沽名钓誉、竭泽而渔，城市没有持之以恒、科学有序的文化发展战略。战略是未来城市发展的大政方略，需要设定既定目标，从而来设计城市的发展路径，制定城市的阶段目标。而不是像我们现在“脚踩西瓜皮，滑到哪就算哪儿”。比如上海的总体战略目标原来是“4+1”，即建设四个中心：经济中心、贸易中心、金融中心、航运中心，加上国际文化大都市。后来，中央又给上海加了两项目标任务：科创中心和全球城市。如果上海真要成为这样的“4+1+2”，那么上海必然也要成为文化中心。就像美国纽约，它是金融中心、经济中心、贸易中心、商业中心，它也是文化中心，纽约的精英文化（以大都会博物馆和大都会歌剧院为标志）、商业文化（以百老汇戏剧为标志）、市民文化（以

中央绿地夏季音乐会和梅西大游行为标志）等都是在全美乃至全世界独领风骚的。上海长期以来一直是中国的文化中心，这里是中国电影的发源地，中国的交响乐、芭蕾舞、流行乐都是在这里起步而走向全国。哪怕是中国的国粹京剧，海派（南派）京剧也可与北京平分秋色。20 世纪二三十年代，远东最大的娱乐场大世界在上海，最大的舞厅百乐门在上海，最大的电影院大光明影院在上海，上海俨然是中国的文化中心。然而现在上海不敢称自己为文化中心，充其量也只是羞羞答答称自己为国际文化交流中心。“4+1”的上海发展战略目标提出建设国际文化大都市，间接地回避了文化中心的提法。

图 1–16　大都会歌剧院与大都会博物馆

图 1–17　百老汇、梅西大游行

中央又给上海提出建立“科创中心”的目标，2016 年 5 月 11 日国务院通过了《长江三角洲城市群发展规划》，首次提出“提升上海的全球城市功能”，这个“全球城市”也叫“世界级城市”，是个特定概念，最早由美国哥伦比亚萨森教授（Saskia Sassen）提出，指在社会、经济、文化和政治层面直接影响全球事务的城市。怎样梳理和协调“科创中心”与“全球城市”这两个目标与原来上海的“4+1”目标？这是上海要认真谋划、精心设计的。

什么是国际文化大都市？上海作为一个国际文化大都市的核心元素是什么？外在标志是什么？上海必须找到自己的特色定位和强势支撑。上海要打造国际文化大都市，那必须要回答城市的战略性文化支柱产业是什么？过去有电影，20世纪三四十年代到五六十年代上海的电影都是名列前茅的，标志性的导演和演员都是在上海。1947年拍摄完成的《一江春水向东流》，当时放映的时候，上海七分之一的人看过此片；改革开放初期上海拍摄的《庐山恋》轰动一时，那时候的电影重镇在上海。现在的重镇到北京去了。所以上海要重振雄风，要进行战略思考和战略规划。上海要发展什么样的文化支柱产业？上海也想继续在电影方面有所作为，陆续采取了一系列措施，推动国际合作，建设一流的电影人才教育机构，推动上海成为世界知名、亚洲一流的影视人才培养高地；通过影视制作和娱乐产业孵化、影视融资发行实体的成立等途径，着力推动上海影视产业的转型和升级，希望重振上海电影产业的雄风。上海又是中国大陆率先引进迪士尼主题公园的城市，迪士尼是一个文化产业链，可以全面拉动上海文化产业的发展。上海的游戏业目前是全国领先的，现在还是我国主要出口的行业，是我们文化产业里面少有的能够保持贸易顺差的支柱性文化产业。上海也是工业设计重镇，这方面的产值在文化GDP里保持很高的比重。上海还要打造成亚洲演艺之都。这些都是上海走向国际文化大都市的资本，上海要把这些优势整合起来，使得各个分散的目标和总体目标相吻合。这就需要制定科学合理的城市文化发展战略，然后在这样的城市文化发展战略指导下，创造性而又规范有序地开展工作。

时至今日，上海的文化硬件都不输给任何一个国家的任何一个城市，放在全球横向坐标系上，上海的文化硬件都是拿得出手的，但是这仅仅是物质文化层面上的，还有制度文化层面，我们现在很多制度是缺失的。我们现在的文化遗产保护法、版权法、新闻法都跟不上。我们的管理是管办不分，社会层级起不来，交响乐团、芭蕾舞团、大剧院等都是政府直管的，艺术节、电影节等也是政府站在台前直接操纵的，缺乏社会动力机制。像中国台湾的云门舞集，香港的艺术节，都是城市的名片，但都是民间的产物，社团的产物，而我们都是严格的体制内产物。至于行为文化层面，观念文化层面，更是亟待提高。中国游客在埃及古碑上刻字，在欧洲大街上撒尿，国人在世界上斑斑点点的劣迹，这实际上是给中国文化抹黑。什么叫中国，什么叫中国文化，其实就在每个中国人的脚下，世界通过他身边的中国人来认识中国。所以，行为文化很重要，你要培养一个懂礼貌、有涵养的公民，如果基本礼仪缺失的话，是不能赢得别人尊重的。韩国目前还保存和活跃着 637 家传统书院，除了成人之外，韩国人还把小孩送进书院去学习礼仪。我国要使礼仪和艺术成为日常生活方式，恐怕还有很长的路要走。还有观念文化层，牵涉城市的共同的世界观和价值观。从道德、哲学、宗教等角度讲，中国人不能没有信仰的寄托，没有灵魂的存放，文化发展越往后牵涉的层面会越虚化，改造发展也会越难。

因此，城市文化战略综合方方面面，城市文化的战略也必须从最基本的个人到城市，从城市到国家，再由国家到国际这样的一个梯度战略考虑，同时也要由表及里、由实就虚地全方位考量。

第五节　大型特色活动对特色文化城市的作用和贡献

一、大型特色活动是城市的文化救赎

建设特色文化城市我们固然可以从城市规划设计、产业布局、建筑风格、遗产保护、景观修缮等入手，然而还有一条路径，即举办有特色的大型活动也是铸造特色文化城市的绝佳抓手。我们可以通过举办大型特色文化活动锤炼和塑造城市独具特色的品格、个性、色彩、气质与风范。在全球化浪潮的浸淫中，既顺应潮流，又不随波逐流，保持对城市同质化侵袭的抗衡和粗鄙化污染的抵御。

大型文化活动通常是指根据某一主题在某一城市举办的具有相当规模和影响的阶段性公众文化事件。西方的“Event and Event Industry”（简称 E&EI），可译成活动及活动产业。其中，大型活动“Mega-event”（又可译为盛事或特大事件）目前发展迅速，尤其是随着各国包括会展、节庆、赛事、休闲在内的各类大型活动的日益发展，活动产业也从诸多行业中独立出来，成为一个新的行业。同时也成为西方学术界研究的热点之一。

无论是哪一个城市举办大型活动，必然是这座城市的集体狂欢和集体参与，它会最大限度动员城市市民，以特定的行为方式介入，统筹城市各种元素，调剂城市各个层面，在这一阶段，城市的组织秩序、管理协调、经济实力、文化修养、生活水准以及市民素质等都得到充分的体现，这是城市能力的检验和张扬，也是城市个性的释放和观照，大型活动的袒露和开放，不可掩饰、不可磨灭地会打上这座城市的烙印。在提升城市知名度和附加值的同时，无疑会催化和推进这座城市

的某种特质，形成城市空间新的表现形式和形象特征。如巴黎举办世博会留下埃菲尔铁塔，北京奥运会留下“鸟巢”，上海世博会留下中华艺术宫，这些大型活动的遗留物，日后都成为城市的地标性建筑，为这座城市的特色文化增添浓重的一笔。

有人说，大型活动是城市的文化救赎，对城市进行重塑和改造。“欧洲文化之都”是欧洲1985年开始的文化活动，一直延续到现在，是欧洲进行得最成功的一项文化活动。最初评选的都是首都和中心城市，后来慢慢向工业城市倾斜，对工业城市进行重塑，寻找新的发展机遇，实现城市转型。我们2010年曾到德国埃森考察，这一年正好埃森被评为“欧洲文化之都”。这个埃森，按照城市的名字解释原意是布满烟囱的地方，这是一个道地的钢铁工业城市，城市中心至今还有炼钢炉、铁塔，成为城市工业文明遗留下来的辉煌的承载物。时过境迁，当钢铁产业滑坡的时候，埃森也跟着衰落了，但是通过“欧洲文化之都”的评选活动，使得这座城市成功转型，从而获得新生，炼钢炉和铁塔

图1-18 德国埃森工业文明遗存

成为这个城市工业文明记忆的象征。现在一年一度的全德芭蕾舞颁奖大会就在艾森举行，每次大会几乎吸引了全欧洲芭蕾舞精英前来与会，并且埃森顺势而上，在文化上加强投入，使之很快成了一个旅游城市。

所以“欧洲文化之都”的设计者，最开始的时候就非常聪明，一方面彰显欧洲文化的多样性，另一方面也要突出欧洲的共同性。就像费孝通讲的：各美其美，美人之美，美美与共，天下大同。实际上“欧洲文化之都”的评选都不尽相同，有不同的主题，没有固定的模式和形态，都是根据各自的城市特色进行策划，充分体现了“欧洲文化之都”的多元性。

二、不同城市对大型活动的接纳会绽放出不同的光彩

文化是种积淀、是种传承、是种接纳，但同时更是种嬗变、是种创造、是种颠覆。文化强调差异性和多元化，这是文化的根和基础元素，当这种元素被注入大型活动之中，必定会爆发出色彩斑斓的火花。这也就是我们看到并赞叹的悉尼奥运会开幕式、雅典奥运会开幕式、北京奥运会开幕式、伦敦奥运会开幕式和里约热内卢奥运会开幕式所带给全世界的惊奇和震撼，同样的奥运会开幕式，在上述不同城市的操办下，竟会有如此巨大的差异，这些奥运会开幕式充分凭借并张扬了举办城市乃至举办国的文化个性。因此，接纳和举办大型活动的城市从一开始就会亮出自己与其他城市相比较的独特品格与优势，最后把这种独特品格和优势沉淀成城市的文化品质。

2000 年，奥运会在澳大利亚悉尼举办。这是一个新兴城市，它没有丰厚的历史和文化结淀，所以悉尼奥运会开幕式祭出的旗帜是“自然”。它巧妙地抓住了这片广袤土地上最古老的元素——澳洲原住民

土著人的风采。让这个古老民族以其独特和传统的文化彰显自己的个性。在开幕式上启用了澳籍土著运动员弗里曼，他身穿银色连体防水衣，在瀑布背景下点燃冉冉升起的火炬，上演了水中点火的奇特一幕。

图 1–19 2000 年澳大利亚悉尼奥运会开幕式

2004 年奥运会在希腊雅典举办，奥运会从起点又回到了原点。举办者抓住奥运会的原始精神，也就是古希腊的文化魂魄，从而召唤奥运精神的皈依与回归。希腊以爱琴海的蓝色闻名于世，于是开幕式干脆将爱琴海移入会场，在体育场中灌装了 2000 吨水，开幕式在海洋与陆地之间变幻。古希腊卡拉迪克雕像在海洋中缓缓升起，然后瞬间化成碎片，幻化成历史长廊：从史前文化到克里特文化、迈锡尼文化、拜占庭文化，一直到现代时期文化。最后所有参加奥运会的 202 个国家的运动员汇聚在海面升起的橄榄树下，橄榄树是希腊的象征，也是和平的象征。开幕式从头至尾，将希腊元素运用得酣畅淋漓。

图 1-20 2004 年希腊雅典奥运会开幕式

图 1-21 2008 年中国北京奥运会开幕式

2008 年奥运会第一次在发展中国家的首都中国北京举办，这是一场让全世界刮目相看的开幕式。在这个古老国度的七朝古都的北京举办奥运会，开幕式充分运用了这一独特元素，以一轴巨大的徐徐打开的画卷为本色，将文房四宝、造纸术、青铜器、陶瓷、活字印刷、长城、指南针、丝绸之路等在长轴上一一展现，体现出东方的美学理想和哲学精神。开幕式最后让体操世界冠军李宁手擎火炬，腾空飞起，沿画卷绕场一周，犹如敦煌飞天，点燃本届奥运会的火炬。

2012 年奥运会在英国伦敦举办，这曾是昔日大不列颠日不落帝国的首都，近代工业革命的领跑者。然而出乎意料的是导演丹尼是用反省的态度来表现这段历史，冒着黑烟的高耸的烟囱，织布机的隆隆机器声，农舍被推倒，田园被铲除，这一切表现资本原始积累时期，工业革命给人类带来巨大财富的同时造成的环境破坏和道德沦丧。导演

图 1-22　2012 年英国伦敦奥运会开幕式

将赞颂移到后面：以奥运五环为标志的健康公平规则的理念，导致了国民健康服务法和国民保险法的诞生，开启了英国全民医疗保障体系的建立和福利国家的形成。以后披头士、007、哈利·波特、贝克汉姆、憨豆这些代表英国骄傲的名字，以及夜店、街舞、地铁、互联网等这些从英国出发的现代化概念，简洁明了地阐释了伦敦精神或者说是英国精神。这种英国精神是与奥林匹克精神相衔接的，这就是除了“更快、更高、更强”之外，“相互理解，友谊长久，团结一致，公平竞争”的精神。

2016年奥运会第一次在拉丁美洲国家举办，巴西里约热内卢承办了这一届奥运会。由于巴西局势的动荡、巴西总统下台，以及财政的拮据、治安的糟糕，世界上唱衰里约热内卢奥运的舆论很强势。但是里约热内卢仍然奉献给奥运会和世界人民一场简约、绿色、惊艳，充满浓郁巴西风情和里约热内卢城市特色的开幕式。整个开幕式围绕绿色环保、多元融合、热情桑巴这三大元素将巴西的历史文化娓娓道来。巴西东临南大西洋，拥有长达7400公里的海岸线，而里约热内卢位于巴西东南沿海地区，海岸线长约636公里。除却海洋，丛林亦是巴西人生存之本。巴西40%的国土被亚马逊雨林所覆盖。巴西人对雨林、对绿色、对自然的热爱已经深入骨髓。开幕式伊始，巴西人就将海洋和雨林植入表演之中，如果说亚马逊雨林是上天赐予巴西的瑰宝，那么奥林匹克森林将会是巴西回馈给自然的礼物。巴西在开幕式上宣布，每一位参加奥运会的运动员都将有机会种下一棵巴西树木，这1.1万棵树木将组成奥林匹克森林，这将是巴西里约热内卢留给世界的“奥运遗产”。巴西是一个发展中国家，它并不回避它的贫穷，里约热内卢奥运会开幕式向世人展示出巴西与众不同的贫民窟，以及精彩纷呈的巴西贫民窟文化，这也是当代巴西的流行文化。从贫民窟中走出众多艺术家、足球明星、歌星、超模等影响巴西乃至世界的人物。开幕式展现了巴西桑巴舞传统和当代流行嘻哈文化风格，桑巴舞是巴西的国舞，代表着热情及多种族族群的艺术融合。在巴西，无论男女老少，无论种族肤色，只要桑巴的旋律响起，都能够立刻随着节拍扭动起来。巴西人用他们桑巴舞的形体语言来表达奥林匹克关于爱与和平的理念。在开幕式的最后，整个马拉卡纳体育场俨然成为一个盛大的狂欢派对现场。巴西狂欢节被称为世界上最大的狂欢节，其中最负盛名的当属里约热内卢的狂欢节，开幕式现场，导演将狂欢节搬上奥运的舞台，让巴西人特有的活力和热情感染全世界，现场所有演员、运动员与观众一起舞动一起狂欢，将全场气氛推向高潮。

图 1–23　2016 年巴西里约热内卢奥运会开幕式

综上所述，奥运会开幕式在不同的国度不同的城市会演绎出完全不同的版本、不同的况味，每座城市都会注入自己民族的独特文化内涵，表现出自己国家的独特文化象征，形成自己城市的独特文化符号。

比如法国南部小城戛纳，这是个被称为“十五分钟可以走遍”的海边小城，自从有了戛纳电影节，就此奠定了它在世界城市中不可撼动的地位与影响力。戛纳电影节的品牌效应已闻名遐迩，戛纳与电影节成为须臾不可分割的孪生姊妹，可以毫无愧色地讲，电影节造就了戛纳。由于有了戛纳电影节，带动了戛纳广告节、戛纳电视节、戛纳音乐节、戛纳赛船节，支撑了戛纳的旅游业、会展业等蓬勃发展，使之成为一个全年无休的城市。

同样是小城，在阿尔卑斯山脉上的瑞士小城达沃斯，这个人口只有一万出头的小城却拥有 24000 张床位的酒店供应量。因为每年的世界经济论坛就在这座小城进行，它的成员是世界上 1000 家年销售额在十亿美元以上的私营企业，此外还有每年 1000—1500 位政要与学者参会，英国首相撒切尔夫人、美国里根总统、中国温家宝总理等都曾亲临论坛。随着达沃斯论坛的声名远扬，这一山间小城也就成为世界经济论坛的品牌代名词。

瑞典的斯德哥尔摩当然比上述两个小城要大许多，也有不少值得炫耀的地方，但真正使这座城市享有巨大权威和声望的是诺贝尔奖的年度颁奖仪式。每年 12 月 10 日阿尔弗雷德·诺贝尔逝世纪念日，由瑞典国王亲自给获得诺贝尔物理、化学、医学、文学、经济学奖的获得者颁奖，吸引了全世界的目光。这是迄今为止权威最高的世界级奖项。斯德哥尔摩就此成为诺奖之城，不要说颁奖期间，即使在日常，世界各国的旅游者只要来斯德哥尔摩，诺贝尔奖的颁奖之地是非来不可的。因此，诺贝尔奖成为这座城市区别于其他城市的特质。

至于说到意大利的威尼斯水城，它已不需要任何其他附饰物来彰显它的特色，这是一个太有特色的城市了。然而上帝对其还是宠爱有加，从 13 世纪肇始的威尼斯狂欢节（又称面具节），到威尼斯电影节，再到威尼斯现代舞蹈节、威尼斯建筑双年展，多少桂冠顶戴、皇袍加身，然而自从 1893 年威尼斯双年展开张，它就名压群芳，成为世界双年展之母，全球 200 余家双年展中的翘楚，2014 年威尼斯双年展创下 45 万观客 90 个国家参展的显赫纪录。

三、大型特色活动带给城市的收益

世界各个城市对大型活动的重视来源于大型活动广泛而深入的影响。正如 1851 年第一届伦敦世博会之后，出现了“一切始于世博会”的论断，庞大的基础设施投入使城市面貌焕然一新，刺激了消费和投资，并带动了相关行业的迅速发展。众多学者对这一具有实际价值意义的案例进行了研究：从大型活动影响所涉及的因素上看，他们认为涉及六大方面，即经济影响、环境影响、社区与文化影响、对赞助者与合作者的影响、对消费群体的影响以及对组织者目标的影响。

结合国内外学者的科学分析和研究可以看出，大型活动是举办地长期筹划的结果，是城市短期内聚集大量的人力、物力、财力围绕同一主题协同运作的结果，它能够吸引众多媒体的关注，甚至吸引全球的注意力和聚焦点，对城市将产生积极而深远影响。

在我国大型活动的影响和产生的效益涉及经济、社会、制度、城市产业、城市建设等诸多领域。主要表现为：

（一）对城市经济的影响

1. 大型活动的举办能给城市带来显著的经济效益

众所周知，当今奥运会和世界杯足球赛都已成为赢利的“香饽饽”，每届奥运会和世界杯足球赛都使奥组委和足组委赚得盆满钵满，举办国也都从中分得一杯羹。活动经济已成为一门新兴经济，它的收益巨大。仅以杭州西博会为例，据资料显示：第十八届中国杭州西湖国际博览会于 2016 年 10 月 14 日至 31 日成功举办。本届西博会以“发挥后 G20 效应，增强西博会活力”为主题，历时 18 天，在会期内举办了 33 个项目，实现贸易成交额 108.74 亿元，引进内资 276.1 亿元，引进外资 10.23 亿美元，来自 40 多个国家、地区的中外来宾和市民、游客近 1200 万人次参加了本届西博会。[①] 通过举办西博会玫瑰婚典、国际旅游节、休闲发展国际论坛等旅游休闲类会展活动，推进杭州国际重要旅游休闲中心打造；创新办好文化创意产业博览会、工艺美术精品博览会、亚洲设计管理论坛等系列文创会展类项目，加快杭州全国文化创意中心的建设，尤其是文博会受到市民热捧，共有 33.95 万人次参加文博会展会及各项活动，共计完成签约项目 135 项，实际成交及意向成交（含项目融资）金额达 67.38 亿元，比上届文博会增加了一倍多。通过世界杭商大会，共有 16 个重点内资项目签署合作协议，总投资额达到276.1亿元，引进外地资金232亿元，[②] 涉及新材料、新能源、金融服务、智慧物流、航空服务、旅游休闲等多领域。举办西博会国际旅游节、美食节、工艺美术精品博览会等会展活动，既聚集了人气，赢得了口碑，又切实带动了全市内需增长。中国（杭州）美食节以“韵味杭州、精彩美食”为主题，仅 3 天的开幕式现场活动，吸引了近 40 万

① 《第十八届中国杭州西湖国际博览会闭幕　实现贸易成交额 104.5 亿元》，见 http://zj.people.com.cn/n/2015/1101/c228592-26986261.html。

② 《第十八届西博会 10 月 31 日闭幕》，见 http://www.hangzhou.gov.cn/art/2016/11/1/art_812266_2597859.html。

游客和市民参与，展览展销成交额约计153万余元；为期五天的工艺美术精品博览会，人气爆棚，观展人数共计5万多人次。[①]西博会市民休闲节，以西博会国际旅游节、中国（杭州）美食节为特色内容，展示杭州及各区、县（市）丰富的休闲特色资源。在杭州市及各区、县（市）组织各具特色的休闲主题活动，以“聚点成面”的形式，全方位展示杭州旅游、美食、演艺、体育、文化、美家、亲子等休闲生活的方方面面，营造出一个休闲大联欢的节日氛围。同时结合各区、县（市）当地特色文化，融入国际元素，让市民和游客共享丰富而惬意的品质休闲生活。当年市民休闲节共吸引了超过140万人次参与，拉动相关消费3000万元。[②]

2. 大型活动能促进相关行业的发展，推动城市产业优化升级，对城市经济产生巨大的间接效应

城市举办大型活动有时候直接投资很大，而且从活动本身投资来看收益不大，但睿智的城市管理者“醉翁之意不在酒，在乎山水之间也”，他们在意的是城市的间接受益，通过举办大型活动，可以带动旅游业、商业、建筑业、会展业、农业、制造业、房地产业、环保业、新闻传媒业、信息通信业、金融贸易业等众多行业的发展。据资料显示，2008年北京奥运会几乎涵盖第三产业和第二产业的所有行业，对北京各行业、企业产生了不同程度的影响。其中耐用消费品（家电、汽车等）、快速消费品（食品/饮料、日用品等）和IT/互联网/通信

① 《第十八届中国杭州西湖国际博览会闭幕 实现贸易成交额104.5亿元》，见http://zj.people.com.cn/n/2015/1101/c228592-26986261.html。

② 《第十八届西博会10月31日闭幕》，见http://www.hangzhou.gov.cn/art/2016/11/1/art_812266_2597859.html。

三个行业、企业成长产生的影响认可度最高。活动期间城市的旅游、住宿、饮食、交通、通信、购物、传媒、金融、纪念品等相关业态都活跃起来，而且带动了城市就业岗位的增长。国外特别是欧美发达国家每次大活动后，都会有一个评估统计，包括对城市经济的直接拉动和间接拉动。

创始于 2005 年的大型文化娱乐活动“超级女声”，使湖南卫视创下了高达 10% 的收视率，几乎赶上了央视年度的春节晚会，最高峰的时候观众数目超过 4 亿人，广告价格每 15 秒高达 7.5 亿元。这是活动的直接电视收益，但是超级女声带来的粉丝经济，从现场门票到相关装束，以及造就了李宇春、张靓颖等业界明星的后续效应和波及效应，还有造就了湖南卫视的品牌效应等令人艳羡，至今在地方卫视的竞争中湖南卫视还是稳坐头把交椅。由此产生的间接经济效益是不可估量的。

大型活动能够推动城市产业优化升级，主要体现在两个方面：一是通过举办大型活动，可以推动城市现代服务业的发展，促进产业发展方式转型，优化、提升传统产业。例如无论是奥运会赛期服务还是赛后场馆的开发利用，奥运会无疑都会为举办城市的服务业、文化体育业等第三产业的发展增添活力，从而增加第三产业在地区经济总量中的份额。二是通过举办大型活动可以催生新兴产业。例如基于奥运会对城市生态环境的要求，在“绿色奥运”建设过程中，各承办城市一方面将加大环境治理力度，改造或淘汰部分耗能、耗水、污染大的产业；另一方面也将投入巨资建设城市生态系统，不论产业改造还是生态系统建设维护，都将催生环保和绿色生态等新兴产业的发展。

（二）对城市社会、制度和文化的影响

1. 对城市居民生活的影响

举办任何大型活动都会对城市居民生活产生影响。以世博会为例，上海世博会园区的规划范围为5.28平方公里，共有1.8万余户居民和272家企事业单位需要动迁，主要涉及浦东新区、卢湾（卢湾区后与黄浦区合并，取消了卢湾区行政区划的名称）、黄浦三个区，包括6个街道、18个居委，是迄今上海动迁规模最大的单个重大项目，这一项大型活动的举办将对上海城市居民的生活产生巨大的影响。

2. 对城市社区精神和心理的影响

通过举办大型活动不仅可以提高当地居民对活动的参与水平以分享体验，还可以恢复传统的活力，形成社区自豪感并强化社区精神。同时在大型活动的策划准备中，通过对外国友人的智慧借助，引进外来的新意识和理念，可以创造具有中西兼容特色，具有国际水准的活动品牌。

3. 提高城市管理的技能

大型活动举办期间，来自世界各地的观众汇集到举办城市，对于城市管理来说是一大挑战。在大型活动的筹划期间，城市管理部门应该首先提升硬件设备，提高服务水平，其次应该做好各种应急预案；在大型活动举办期间，还可以通过实战提高应对能力，提升城市管理水平。

4. 推广城市文化

我国是一个有着悠久文化和灿烂历史的国家，城市是历史文明和现代文化有机结合的载体，通过举办大型活动，是再现城市文化的一种方式。例如2004年雅典奥运会闭幕式上，由中国著名电影导演张艺谋和著名大型广场演出导演陈维亚联合执导的《从奥林匹亚到万里长城》的演出震撼雅典。这台集纳中国文化精萃的8分钟演出，将东方文明在雅典这个西方文化的源头完美展现。2008年北京奥运会和2010年上海世博会的申办成功在全世界掀起了一股“中国热”。全球3000万人热学汉语，欧美人学汉语每年增加4成。这两个大型活动在我国的举办标志着中国活动经济的腾飞。

（三）对城市地位和形象的影响

1. 大型活动的举办有利于塑造和提高城市形象

迈克尔·霍尔（2004）指出：大型活动在城市形象战略中的作用是不可或缺和毋庸置疑的。大型活动本身是一种机制，它能够使城市“商品化”，起到吸引投资、增加白领就业和游客数量的作用，塑造出“健康发展”的城市形象，从而引导居民表达对城市的一致认可。

北京申奥、上海申博、广州申亚等活动，早已是城市形象推广的典型案例；大连国际服装节、哈尔滨国际冰雪节、潍坊国际风筝节、青岛啤酒节等等，也都成为我国著名的节庆品牌。自1984年开始至今已成功举办了二十多届的潍坊国际风筝节大大提高了潍坊的知名度，打开了潍坊对外开放的大门，使潍坊这个原本不起眼的小城走向了世界。

2. 大型活动有利于提高城市的国际声望

城市影响力是需要大量的时间和精力来打造的。大型活动的举办对于提高城市的国际声望具有其他营销手段所不能比拟的影响力。2008年的北京奥运会和2010年的上海世博会是中国难得的机遇，但同时也具有风险性。因此，全国人民齐心协力促成这两个代表21世纪中国形象的大型活动的成功举办，为世界进一步了解中国提供了良好的时机，也为上海、北京两大城市提高国际声望创造了条件。2016 年杭州举办的 G20 峰会，使这个拥有美丽西湖的江南古城，一下子声誉大振，成为“颜值”最高的城市。G20 杭州峰会不仅给杭州带来经济、政治与文化收益，还大大加速杭州城市形象的提升和塑造。杭州在迈向世界名都道路上需要有展示的机会，G20 峰会作为一项全球重要经济体的盛会，无疑是杭州国际宣传的最好平台。G20 杭州峰会使杭州开放包容、文化多元的城市形象在世界面前更显立体与真实。国际重要媒体齐聚杭州，报道峰会的同时其实也报道了杭州，这是杭州投入再多的宣传也难以企及的效果。G20 杭州峰会对杭州创世界名都而言，无疑是一个巨大的利好。过去杭州人出外留学或打工，往往会讲自己是上海人，问起原因，怕外国人不知道杭州，现在杭州通过 G20 杭州峰会“忽如一夜春风来，千树万树梨花开”，全世界几乎都认识了这个美丽的花园城市。

3. 大型活动能够促进和加强城市基础设施建设

举办大型活动可以极大地加快城市的交通、通信、城建、绿化等基础设施和配套服务设施建设的步伐。“一个大型会议改变了一座城市”，中国 1999 世界园艺博览会对昆明乃至整个云南都有着深远的意义和影响，1996 年 5 月申办成功后，云南共投入 183.6 亿元，用于全省机场、公路等基础设施建设和环境整治，以及昆明城区的改造，为此使昆明的城市建设前进了至少 10 年。2008 年奥运会为北京市交通基础设施建设运营发展提供了新的机遇。为实现 2008 年北京举办一届历史上最出色奥运会的目标，至 2008 年前的 4 年内，北京市投资 630 亿元重点建设 6 条市区轨道交通线 116.6 公里和 3 条市郊轨道交通线 82.1 公里，实现城市轨道交通 300 公里的规划目标。2010 年上海世博会期间，上海在原有的城市航空枢纽港、公路、铁路、海陆交通网的基础上，加大对城市公共交通和世博园交通的建设，其中轨道交通是中国 2010 年上海世博会主要的交通方式。选址范围内及周边地区规划有明珠线二期（轻轨）、M8、M5 三条轨道线，已投入运营的城市轨道交通线路共五条，包括轨道交通 1、2、3、5 号线和磁浮线，运营里程约 125 公里。

（四）对城市旅游业的影响

通过将民俗风情、特殊事件等因素与旅游资源的优化融合，举办别出心裁的、丰富多彩的大型活动，是城市发展旅游业的重要举措。越来越多的城市乐于举办大型活动，以此来带动城市旅游业的发展。例如，历届奥运会举办城市在战略目标的确定上，都体现了这一发展趋势。

总体而言，大型活动对城市旅游业的影响，主要体现在以下几个方面：

1. 减少了城市旅游淡旺季的差异

季节性问题是许多旅游目的地一直感到非常困惑的问题。举办大型活动是延长旅游目的地时间长度，形成一个新的“旅游季”的重要手段。通过举办大型活动，一方面，可以吸引游客，为游客提供新的旅游选择；另一方面，可以调整旅游资源结构，为城市旅游业的发展提供新的机会，并能较好地解决旅游淡季市场需求不足的问题。如哈尔滨国际冰雪节，既充分利用了当地的旅游资源，又纾解了旅游市场的淡季困惑。在国际冰雪节期间，有逾百万游客来哈尔滨旅游，市内各大宾馆酒店的入住率比平时普遍提高了 30%到 50%。

2. 提升旅游业发展

一是举办大型活动能够加快城市旅游业发展速度。

二是举办大型活动将对城市旅游业结构产生影响。以 2008 年北京奥运会为例。为了能充分满足奥运会对住宿设施的需求，2002—2007年星级饭店的客房数量按7%左右的速度增长，并适当调整住宿设施结构，适当增加青年旅舍、分时度假公寓等设施，适应游客的多层次需求。同时开发高档次、高品味、高科技含量的主题公园。旅行社则逐步向批发、零售、代理的专业化分工和综合化的垂直经营体系发展，尽快向国际旅游体系和规范靠拢，努力进入世界旅游主流渠道，增强竞争力。重点开发会展旅游和观光旅游，使观光旅游、会展旅游、度假旅游、文化旅游、娱乐旅游成为北京旅游产品的五大支柱。

三是增加客流量和扩大买方市场。2008年北京奥运会对北京旅游业影响比较直接的是人流量，1985年北京市海外游客100万人，经过北京亚运会等一系列大型活动推广，2005年增至大约360万人左右，到2008年北京市的海外游客达到460万人左右。

（五）对城市影响的后效性

大型活动给城市带来经济、社会、文化和旅游业的影响，不仅仅局限于当时所创造的实时效应，还具有较大的后期效应。体现在：

（1）大型活动可以给城市创造更多的就业机会。对于主办城市来说，居民可以通过大型活动的举办掌握大量的信息，挖掘大量的商机，把握就业机会。

（2）大型活动可以改善城市的基础设施，优化当地的投资环境，提高人民的生活水平，这些效应在当时不一定能够显示出来，需要时间来加以证明。

（3）大型活动能促进区域经济的协调发展。大型活动的经济乘数效应，不仅体现在对举办城市的影响方面，还可以将这种效益波及周边城市和地区，促进以该城市为核心的区域经济和社会的发展。

第六节　我国在建设特色文化城市方面的初步尝试和有益实践

通过大型特色活动来构筑城市的特色文化，世界上这样的案例不胜枚举，我国近年来也不乏成功的案例，这方面我们已经作出有益的尝试。

一、通过大型活动使乌镇特色城镇脱颖而出

乌镇是浙江嘉兴市所属的桐乡市下面的一个小镇，具有典型的江南水乡的景观和风味。也是我国文学家茅盾和木心的故乡。然而江南一带类似这样的水乡比比皆是。江南古镇乌镇的掌门人陈向宏讲了一句很精辟的话："一样的古镇，不一样的乌镇。"在江南古镇开发中，乌镇并不是领风气之先者，改革开放初期，自从哈默博士将陈逸飞的油画"双桥"作为礼物送给邓小平之后，周庄就声名鹊起。以后同里、朱家角、南浔、西塘等古镇相继开发。然而，乌镇作为后起之秀，不同凡响，就像陈向宏说的："小桥流水大家都一样，区别只能是文化，文化特征才是一个古镇最大的个性。"①正是基于这样的认识，在全国许多大中小城市避嫌于大型活动，怕有铺张奢靡之嫌而畏葸不前时，乌镇逆袭而上，举办了首届乌镇戏剧节。首届乌镇戏剧节一炮打响，云集了海内外一批戏剧大家和精英，进行

① 陈向宏：《我是如何操盘乌镇的？》，2016 年 8 月 23 日，见 http://mt.sohu.com/20160823/n465451414.shtml。

了独到的策划与经营，吸引了全国的眼光和关注。以后连续举办了第二、第三、第四届乌镇戏剧节。这里有对第二届乌镇戏剧节的一个统计：11 个日夜，7 个剧场，6 台国际邀请大戏，12 部 25 场青年竞演，120 组艺术团队，580 场古镇嘉年华，12 次中外大师对话，17580 名入场观众，183000 名游客及居民参与，200 多名明星与艺术家莅临，139 家中外媒体聚焦。乌镇戏剧节出手不凡，一开始就令人刮目相看，并很快形成自己的品牌效应。

图 1–24　乌镇戏剧节

2014 年 11 月 19 日至 21 日，乌镇又以惊人的气魄举办了首届世界互联网大会。首届世界互联网大会为期 3 天，8 个板块，15 个分论坛，1000 多位全球互联网的领军人物参加，包括苹果、微软、谷歌、百度、阿里巴巴、腾讯等世界级互联网企业的代表性人物，600 多位中外记者聚焦，习近平总书记亲自发来贺词。一个小小的乌镇竟敢发起召开世界级的互联网大会，这俨然是要挑战和叫板瑞士的达沃斯，创造一个21世纪的达沃斯版本——乌镇互联网论坛。乌镇第一届世界互联网大会就高举高打，高开高走；及至第二届，习近平总书记亲临会场并发表主旨报告；第三届年会习近平总书记又发表视频讲话，中央政治局常委刘云山参会。世界互联网大会在乌镇召开不仅使乌镇声名远播，而且从根本上改造和推进了乌镇的特色化建设，使乌镇成为一个信息化、智能化的特色小镇。世界互联网大会召开期间，与会者惊奇地发现马路上经常看到小型无人汽车，车顶雷达高速旋转，现代化的未来场景嵌入"橹声欸乃，小桥流水"的古朴韵味，两者相映成趣。枕着潺潺河涛的民宿已经客满，客源都是来自网络预订。景区内还可以实现扫码点餐；手机扫描游览车二维码，就可以调动附近车辆进行接送；景区的路灯也都实现智能化控制。无论预见未来，还是经营当下，互联网已全面融入小镇生活，让这个白墙黛瓦的千年古镇由于"互联网+"而焕发出新的魅力。

一个"乌镇戏剧节"，一个"乌镇世界互联网大会"，这两个活动就此奠定了乌镇作为文化要镇的地位，使得它在戏剧界和IT界具备了不可撼动的影响力。就此特色文化小镇的特殊品质彰明较著，短期内，其他古镇一时难以望其项背。

二、哈尔滨之夏音乐会为哈尔滨带来联合国"音乐之城"的桂冠

2010年6月22日，西班牙巴塞罗那，时任哈尔滨市文化和新闻出版局局长杨晓萍从联合国副秘书长沙祖康手中接过了"音乐之都——中国哈尔滨"的奖牌。从此，"音乐之都"作为哈尔滨的城市身份和文

化品牌，得到了全世界的认可。“音乐之都”曾是拥有悠久的音乐文化历史、拥有世界著名音乐大师的维也纳的代名词。后来，联合国教科文组织将这一美誉先后分别授予了意大利博洛尼亚、西班牙塞维利亚、英国格拉斯哥、比利时根特和中国的哈尔滨。联合国授予哈尔滨“音乐之都”的理由是，哈尔滨这座城市具有百年的音乐传承历史，音乐是哈尔滨这座城市的固化品牌。这是中国迄今为止第一个也是唯一一个获此殊荣的城市。

哈尔滨在开创现代中国音乐传统方面确实具有筚路蓝缕的先锋作用。在现代中国音乐史上，哈尔滨是较早接受西洋音乐影响的城市，也是中国最早成立交响乐团的城市之一——如果说 1879 年上海公共乐队是中国最古老的交响乐团，那么成立于 1908 年的哈尔滨交响乐团，即哈尔滨（中）东清铁路管理局交响乐团可谓中国北方城市中最早的正规交响乐团。20 世纪初叶，哈尔滨交响乐团与上海交响乐团是国内可以相互媲美的最著名两大交响乐团。此外，哈尔滨 20 世纪初便已经拥有管弦乐、爵士乐、歌剧、芭蕾舞等音乐表演门类，成立了第一个爵士乐团，第一所正规的音乐学校[①]，新中国成立后的第一部民族歌剧《星星之火》也是首次在哈尔滨上演。作为中国现代音乐的发源地，哈尔滨以先发优势率先抢占了人们心目中“音乐之都”的高地。

创办于 1961 年的“哈尔滨之夏音乐会”是中国大陆最早兴办的音乐节之一，如果将音乐比喻为神州大地上的一颗璀璨明珠，那么黄浦

---

① 1921 年，哈尔滨第一音乐学校建立，1925 年开办格拉祖诺夫高等音乐学校，1927 年开办哈尔滨音乐培训班，1929 年创办哈尔滨专科音乐学校，1947 年设立哈尔滨苏联高等音乐学校；此外还有哈尔滨商务俱乐部音乐训练班、奥克萨科夫斯基音乐学校、卡尔波娃钢琴学校、格尔施戈琳娜钢琴学校、叶戈罗娃声乐学校、阿恰伊尔·多勃罗特沃尔斯卡娅音乐学校、阿波捷卡列娃音乐学校等。

江（创办于1960年的“上海之春”音乐节）与黑龙江便是最早腾空而起的“双龙戏珠”。哈尔滨之夏音乐会坚持了五十多年，已成为中国举办时间最长、届次最多的音乐盛会。正是对音乐持之以恒的追求和热爱，使哈尔滨当之无愧地荣获了联合国“音乐之都”的称号。20世纪后半叶，借助哈尔滨之夏音乐会这个平台，哈尔滨更是荟萃了世界上顶级的音乐家和音乐节目，使“音乐”作为这座城市的品牌享誉世界。

图1-25　哈尔滨之夏音乐会

“音乐”作为哈尔滨的文化身份亮点，不仅仅在于其表演性和欣赏性，更在于这座城市每一个人对音乐的体验性。音乐弥漫在大街小巷，旋律流淌在每个哈尔滨人心中。如今，哈尔滨大街小巷伫立着音乐主题的雕塑，中央大街年轻艺人的街头音乐，马迭尔宾馆的“阳台音乐会”，市民对音乐的热爱已经浸润在骨髓里，融化在血液中，哈尔滨的音乐既有高雅的韵味，更有平民的情怀。哈尔滨的音乐，是属于全体市民的。哈尔滨号称“夏都”，所谓“夏都”，它的核心是音乐，起点是哈尔滨之夏音乐会。哈尔滨之夏音乐会自创办以来，使哈尔滨的夏天越来越令人向往，2008年以后，哈尔滨之夏音乐会、哈洽会、啤酒节、五花山赏秋节、湿地节等被整合成“哈尔滨之夏系列活动”，而音乐和艺术则是贯穿整个“哈尔滨之夏”系列活动的不朽旋律。这很像爱丁堡的夏季，以爱丁堡国际音乐节为引领，集聚了爱丁堡国际音乐节、爱丁堡边缘艺术节、爱丁堡艺术节（视觉艺术）、爱丁堡国际图书节、爱丁堡皇家军乐节、爱丁堡国际电影节、爱丁堡爵士布鲁斯国际音乐节、爱丁堡迷拉嘉年华等，使爱丁堡在美丽的夏天成为节日之城。哈尔滨打造“夏都”，实则也努力使之成为节庆之城、欢乐之城。音乐文化所伴随的音乐元素在不断地泛化，这种泛化包括时间上的绵延——“哈尔滨之夏”系列活动从每年6月的初夏延续至金秋十月，空间上的拓展——除了专业演出场所之外，还充分利用城市的各种空间来演奏音乐，比如每年7月举办的啤酒节期间，往往会搭建许多酒商大棚和舞台，上演一百多场的文艺演出，包括舞蹈、歌曲和乐器等。啤酒节中随处可见俄罗斯热舞的热辣风姿，并伴随手风琴等西洋乐器的悠扬乐声。城市雕塑也出现了音乐主题的创意。音乐文化的拓展，还体现在音乐元素给人们带来的不限于听觉美感的全方位感受，从音乐创作到音乐演出再到音乐赛事，从音乐启蒙到音乐教育再到音乐论坛。可以说，音乐的旋律已绵绵衍伸至整个“夏都”，强化了音乐与这座城市的关系，使“夏都”所伴随的音乐文化成为哈尔滨城市形象的一大亮点，并推动哈尔滨最终迈向了“音乐之都”。

三、上海因2010世博会而诞生了“世界城市日”

世博会作为庞大的系统工程，是对一个国家整体形象和综合实力的全面展示和考验。在现代社会中，国家竞争力的基本单位已不仅仅只是企业，更是城市，特别是大都市，正如上海世博会的主题“城

市　让生活更美好”，因为城市是人类文明的结晶，也是一个国家文明发展程度最集中的体现。世博会是一项以所在城市为依托的多元化大型展示和庆典活动。大都市有多元文化集聚和融合的空间，文化的多元性如同世界的多元性一样，在大都市里能得以充分地展示。在上海世博会举办之时，上海通过世博会向世界展示丰富的城市文化和崭新的城市形象，而世博会作为一场中国百年梦想的实现，也为上海的特色城市文化增添了浓墨重彩的一笔。在经济全球化的背景下，它不仅成为城市竞争力的标识，而且可以影响到城市未来的发展，成为城市未来发展的动力。上海世博会之时，有超过 240 个国家、地区和国际组织参展，参观人次累计达 7308.44 万人，为历届世博会之最。这是世界性的盛会，多方面展现了主办城市上海的特有魅力，然而更考验上海的是世博会以后给上海留下来什么？这也是国际展览局在考察各申办候选城市时非常注重的。他们注重世博会项目计划和城市规划战略之间的密切联系，特别是世博会在该城市发展中可能发挥的作用，同时也特别关注博览会结束后保持城市可持续发展的可能性，而不希望世博会展览区域成为孤立的城市碎片。

上海世博会后，后继效应值得关注。相关场馆被后续利用，完善了上海市的文化服务功能，并丰富了市民的文化生活。世博会中最著名的中国国家馆，在世博会结束之后就被改造，更名为中华艺术宫，作为上海一大博物馆，免费向广大市民和游客开放，成为集公益性、学术性于一身的近现代艺术博物馆，以收藏保管、学术研究、陈列展示、普及教育和对外交流为基本职能，坚持立足上海、携手全国、面向世界。而上海当代艺术博物馆的设立也归功于世博会，它就选址于 2010 年上海世博会城市未来馆，前身是始建于 1897 年的南市发电厂，其建筑主体长 128 米，宽 70 米，高 50 米，建筑面积 31088 平方米。高达 165 米的钢筋混凝土烟囱笔直高耸，具有极强的标志性，见证了中国近代工业的发展历程，昭示着黄浦江两岸新一轮的历史机遇和文化创造。改建后，其建筑面积增加至 4 万多平方米，展陈面积达到 1.5 万平方米，拥有 12 个展厅。博物馆于 2012 年 10 月 1 日开馆，是中国大陆第一座公立的当代艺术博物馆。中华艺术宫和中国当代艺术博物馆都是上海世博会建筑的二次开发利用，两馆的设立填补了上海艺术博物馆体系的空白，使上海的艺术博物馆系列形成完整的格局，即上海博物馆展示古代艺术，中华艺术宫展示近现代艺术，上海当代艺术博物馆展示当代艺术。成熟的博物馆体系和多元的文化格局，将进一步丰富上海的文化形象，有利于上海逐步迈入国际文化大都市的行列。

图 1–26　中华艺术宫（原世博会中国国家馆）

世博会后园区用地功能的转换，实际上是从城市发展和用地需求的角度出发，考虑世博会园区场地后续利用。每届世博会园区根据主题与内容的不同，其场地功能转换也有不同，但大致分为三类：转换为城市公园绿地；转换为城市公共设施用地；转换为公园与公共设施复合用地。上海世博会园区由于地理位置优越，交通方便，所以被改造成了博物馆和商业复合用地。在中华艺术宫周围建设商业餐饮娱乐购物中心——世博源，既能满足市民需求，又能产生持续性的经济效益。世博会后建设的世博公园，场地规模大，位于黄浦江边，景色美丽，绿化良好，现在经常被用作举行大型室外活动，如 2017 年 4 月 22 日、23 日在世博公园举办的“香蕉计划 B.I.G 嘉年华音乐节”，邀请了陈粒、华晨宇、林宥嘉、田馥甄、萧敬腾等知名歌手，打造了一场二次元和三次元融合的音乐盛宴。世博会结束后留下的各种展馆、设施，主要根据园区用地的功能定位，或被保留延续原有功能，或被改造创新，或被彻底拆除。上海世博会的交通设施，不但都被保留下来，并且在会后还要进一步建设和完善提高，与城市中心的交通联网。而像中华艺术宫（世博会中国馆）、月亮船（沙特馆）等体现世博会主题精神的标志性建筑，具有醒目的效果，作为延续世博精神的象征物而被保留，并发展成了综合博物馆。

这些基础设施与文化设施虽然都是在世博会筹办期间建设的，但是在世博会结束之后，仍然对城市的经济文化发挥巨大的推进作用。经过再开发利用的世博会园区，融入整个城市经济文化体系中，弥补了城市发展中某些方面的不平衡，丰富了城市空间的布局，协调了城市的整体发展。

作为 2010 年上海世博会最重要的永久性场馆之一，梅赛德斯—奔驰文化中心位于上海市世博园区，拥有一个 18000 座的主场馆，以及音乐俱乐部、电影院、溜冰场、餐厅、零售区域。在世博会期间承担各类大型演出和活动，满足世博会大型文艺演出需求。同时，还充分考虑了世博会之后的后续利用和可持续发展需要，与上海“国际文化大都市”定位相适应。演艺中心将建设成一座世界一流水准的现代化演艺场馆；一个集综合演艺、艺术展示、时尚娱乐于一体的文化集聚区；一处未来上海文化娱乐的新地标、都市旅游的新亮点。现在梅赛德斯—奔驰文化中心已成为上海最活跃、最满档期、最有影响力的演出场馆。

除上述所叙之外，2010 上海世博会还留下一个永久性纪念日——全球首个“世界城市日”。2010 年 10 月 31 日上海世博会闭幕当天，与会者共同倡议将当日定为“世界城市日”。隔年 12 月 28 日，第 68 届联合国大会通过决议，决定自 2014 年起，将每年的 10 月 31 日设立为“世界城市日”。这是首个由中国提议并被联合国公认的世界性纪念日。作为举办了 2010 年世博会并在“世界城市日”申设过程中作出了巨大努力与贡献的城市，经过国务院批准、联合国人居署同意，上海成为首个“世界城市日”系列纪念活动的主场城市。

第七节 城市的特色和城市隐逸的灵魂

一、城市的气质与城市隐逸的灵魂

大型活动都是阶段性的，时过境迁，然而通过这些大型活动无形中为每座城市留下一种积淀，而这种积淀会弥漫在城市的每寸空间，渗透在城市的细胞里，慢慢发酵，日久形成城市的一种气质。

城市的气质自然关乎于城市的设计布局、建筑风格、交通秩序、绿化环境、文化设施、商业层次、卫生状况、公共服务等，往往一次大型活动会促进上述这些方面发生突飞猛进的改变。而且这种有形的物态的改变会影响到市民无形的观念的改变。大家都知道，巴黎初造埃菲尔铁塔纯粹是为世博会建造的带广告性质的临时建筑，原计划一俟世博会结束，立马将埃菲尔铁塔拆除。即便如此，在建造过程中，也是诟病不断，谤者不绝，甚至类似莫泊桑这样的一批名人联名写信，义愤填膺地强烈呼吁要求拆除埃菲尔铁塔，不要让其玷污巴黎的市容市貌。然而等到巴黎世博会结束，巴黎市民已经开始青睐这位用钢筋铁骨搭建成的“窈窕淑女”，随着时间的推移，巴黎乃至法国甚至世界对埃菲尔铁塔的美誉度越来越高，现在它俨然已成巴黎和法国的第一倩影，最具代表性的地标性建筑。

当然，城市的气质不仅仅取决于这些物质的有形的东西，更在于市民的文明修养、道德气度、价值追求、鉴赏水准以及生活方式等。这是城市隐逸的灵魂，而物质的有形的东西，只是为城市隐逸的灵魂提供匹配的栖息之地罢了。欧洲长达一千年的沉闷的“中世纪”，其建筑文化经历了拜占庭建筑、罗曼建筑、哥特式建筑三个阶段。罗曼建筑实质是向哥特式建筑的过渡阶段，但更主要的是它在欧洲城市通过建筑文化表明基督教文化向伊斯兰教文化的挑战和审美颠覆，有形的建筑背后有着无形的隐逸的灵魂。这种城市隐逸的灵魂看似不可捉摸，然而你随时触目可见，它既体现在城市的器物之中，更往往体现在城市的市民精神中。

二、市民精神

澳大利亚阿德莱德艺术节是澳洲最出色的艺术节之一，其节庆中心信托基金会主席在2011—2012年年度报告中说：“阿德莱德节庆中心自身已经成为阿德莱德城市一个意义重大的故事，是阿德莱德城市文化遗产的一个重要组成部分。它以建筑的符号样式表征了阿德莱德城市的市民精神和时代雄心。”这里他提到了“时代雄心”与“市民精神”，确实，城市的历史传承、文化氛围、风格秉性以及市民的兴趣爱好、鉴赏水准、道德素养一定会在这个城市举办的大型活动里顽强地体现出来，打下这个城市不可磨灭的烙印。但反转过来，通过大型活动这一扇窗口，使外部世界的文化、风格、时尚、观念以及优质文化的精髓如春风习习吹来，日久天长，潜移默化，一定会拓宽这座城市的视野，开阔它的胸襟，熏陶它的情操，提升它的精神。英国罗伯特·保罗·欧文斯（Robert Paul Owens）所著的《世界城市文化报告2012》提到当下世界城市面临的三大挑战：（1）如何在传统和现代性之间取得平衡；（2）如何在迅速全球化的世界中保持一种地方感和独特感；（3）如何最好地将基础设施与受众参与联系在一起。这三大挑战确实存在，并考验着我们应对挑战的能力和智慧。而各城市举办的大型活动为解开这一困顿提供了一把钥匙。第二次世界大战以后的欧洲证明了这一点，“9·11”事件以后的纽约，种族隔离制度终结后的约翰内斯堡，大海啸后的巴厘岛再一次证明了这一点。文化再一次将一个城市凝聚到一起，并唤起一个城市重新振作的雄心和重新崛起的市民精神。

所以艺术的力量、艺术的荣耀、艺术的精髓应该来自艺术所服务的人群，他们的关注、参与、投入甚至互动为艺术注入了旺盛的生命活力。2013年，上海首开先河，直接办起了市民文化节，光从名称上就让人感受到市民的地位与分量，市民已不仅仅只是被动的被服务的对象，而且成为办节的主体，成为办节的主导力量。只有真正让市民成为节庆等活动的主体，而不仅仅是欣赏的主体，才能培育起这座城市的市民精神。何谓市民精神？就是在城市公共、公众、公益活动中体现出的一种市民参与意识和担当意识，并将这种参与和担当汇合成一种社会责任与社会力量。这种社会力量并不依赖或受辖于政府，但它可以与政府的担当相向而行，并行不悖。在以往的上海文化建设与文化事件中，这种精神曾发挥举足轻重的作用。

图 1–27　上海大世界、百乐门、大光明电影院

20世纪初叶兴建的远东地区最大的娱乐场大世界，就是由上海商人黄楚九一手兴办而闻名遐迩；上海最早最华丽的舞厅百乐门就是由上海商人顾联承耗资70万两白银兴办的；上海最早、规模最大的影院大光明电影院就是由商人高永清发起建造的，1928年开张时，梅兰芳先生还亲自为之剪彩。凡此种种，这类文化建设中，不同身份市民的主动参与和担当，铸就了当时上海文化的繁华与兴旺。

20世纪30年代鲁迅先生的葬礼成为当时上海的一大文化事件，据内山完造先生描述："葬礼上来了六千多人，都是青年和工人们，有男有女。一百几十面棉布旗、几百个花环都是参加葬礼的人自发带来的，没有付一点酬劳。"[①] 叶圣陶忆及现场场景时说："各界的人不经邀约，不凭通知，各自跑来瞻仰鲁迅先生的遗容，表示钦敬和志愿追随的心情。一个个自动组合的队伍，擎起写着标语的旗子或者横幅，唱着当时流行的抗敌歌曲或者临时急就的歌曲，从上海的四面八方汇集到墓地，大家动手铲土，把盖上'民族魂'的旗的鲁迅先生的棺材埋妥。这样的事，上海从未有过，全中国从未有过了。"[②] 不依赖政府，作为市民承担起对这座城市的自觉守望和自觉担当，这就是上海的市民精神。上海的这种市民精神是上海城市文化的特质。市民是上海城市的主体，因此按现代时尚的话语，这就是上海城市的文化自觉、文化自信与文化自强。

① ［日］内山完造著：《我的朋友鲁迅》，何花等译，北京联合出版公司2012年版，第103页。
② 钟敬文等著：《永在的温情——文化名人忆鲁迅》，河北教育出版社2000年版，第218页。

图 1–28　鲁迅先生葬礼

市民精神固然体现在凸显和张扬的时代雄心，也体现在城市文明的提升和市民素质的改变等细枝末节上。这里我们可以以哥伦比亚首都波哥大举办的两年一届的“伊比利亚美洲戏剧节”为例。第 13 届伊比利亚美洲戏剧节在哥伦比亚首都波哥大市隆重举办。本书作者一行四人参与了本届艺术节。伊比利亚美洲戏剧节是拉美地区最富影响力的艺术节。当地市民、政府主管机构及民间团体等，都十分看重艺术节，往往把它当作城市中最重大、最重要的事情来办。本届艺术节经费投入达 1.5 亿元人民币。经费主要通过艺术节组委会调动社会各方面力量筹集。政府则给予约 20% 的资助。哥伦比亚在拉美地区属于经济发展位列前茅的发展中国家，同时也是一个有着深厚的天主教传统的国家。尽管如此，外界对于哥伦比亚的主要印象通常是：毒品生产和走私犯罪较为猖獗，加之长期有多支反政府武装游击队的存在，因而社会治安状况非常复杂。行前，好多好心人劝我们放弃行程。不过，我们通过本次走访考察发现，艺术节期间是最安全的时段。当地群众对参与戏剧节普遍有着较高的积极性，戏剧节期间的节庆氛围较为浓郁，最为重要的是——当地人都会自然而然地将举办戏剧节视为很神圣、很重要的事情，通常也会抱着敬畏的心态参与其中。戏剧节组委会官员及当地居民告诉我们：每至戏剧节来临，毒品犯罪大多会暂时收敛，社会治安也会明显改善，人们的言行举止也会显得相当斯文。艺术节从1988年创办至今，哥伦比亚局势再混乱，但艺术节总是安全的，而且在艺术节期间各种动乱偃旗息鼓。一次在他们一个一千多座位的剧场观看来自瑞士现代戏剧家Daniele Finzi Pasca演出的《鱼铃，给契诃夫的一封信》，场内竟座无虚席，这出戏在这一剧场连演14场竟场场满座。我们在观摩艺术节的其他演出时也发现，能够容纳1500人的剧场总是座无虚席，观众既很踊跃又重礼仪，演出过程中场内秩序井然、鸦雀无声，从未见有接打手机或中途退场的现象。每至演出结束时演员谢场，观众都会报以长时间热烈的掌声，以至于演员不得不反复谢场。足见其艺术节观众十分成熟、群众基础相当稳固。我们在与哥伦比亚文化部部长助理会晤时，对方亲口告诉我们：哥伦比亚人十分酷爱文化艺术，也懂得尊重和敬畏艺术。因为这个缘故，在城市公共文化服务建设方面，一方面舍得利用有限的财力来不断改善文化艺术设施建设；另一方面也十分注重调动社会各方面力量来办文化，同时还出台了许多配套政策，以鼓励文化投资。我们在对波哥大市作艺术节庆及宗教文化等方面的深度考察后发现：文学艺术和天主教，完全成为波哥大市民生活中不可或缺的生活要素。因此，在他们看来，以艺术节庆的神圣性来镜鉴调适自身品行，同以天主教的训诫来规约检点信徒行举，并没有什么根本区别。艺术表现的真善美与宗教的劝善惩恶如出一辙。因此，我们就不难理解为什么波哥大在艺术节期间会这样安全，不难理解为什么《鱼铃，给契诃夫的一封信》这样的剧目能在波哥大连满14场，不难理解这座城市会产生像《百年孤独》的作家马尔克斯这样的巨擘，像博特罗这样伟大的画家。

图 1–29　本书课题组部分成员访问哥伦比亚时与国家文化部部长助理 Manuel Jose Alvarez、波哥大艺术节总裁露西亚・贝维亚及艺术节总经理安娜・玛塔会晤

其实，在欧美国家举办的许多艺术节（如拜罗伊特艺术节及爱丁堡艺术节等）里，带有宗教劝善惩恶意味的不少古典戏剧往往会在艺术节演出季中展演。此外，即使是反映现实世俗生活的歌剧、舞剧、话剧及音乐剧等节庆参演剧目，大多也会以艺术的方式，对真善美和假恶丑等作出基本的演绎判断。因此，艺术节在城市中的举办，从某种意义上而言，除了能够满足城市市民和外来游客的娱乐审美需求外，在不经意间其实也对他们起到了日常品行的向善导引作用。

三、培养市民对所生活城市的认同度、归属感、文明意识和乡愁寄托

善与美总是一对孪生姊妹，艺术节对市民精神美的诱导与文明素

养的熏陶也是艺术节应有的功效。艺术节就是要培养懂得美欣赏美、文明礼貌、高雅宽容的大众。对上海这座城市来讲，要培养具备国际文化视野和鉴赏品位，有自觉文化追求和文化消费习惯的市民。他们能够有闲情逸致、心态从容地去欣赏中外艺术，不懵懂、不猥琐、不排外、不悚然、不轻慢、不狂傲，从基础礼仪起始，逐渐过渡并上升到入门入道入理入神。笔者认为培养市民文明素养和审美习惯是一个城市最根本的基础建设，也是市民精神的基础，是健康的市民社会必备条件。城市基础建设不能只是从市政建设上考虑，而必须顾及软件环境的建设；培养观众是软件之本，相比培养演员要艰难得多。皮之不存，毛将焉附？必须从兴趣到习惯再到秉性，循序渐进，潜移默化，最终形成深入肌理的对文化生活的渴求、参与和享用，形成现代人的一种自觉行为和生活习惯，而不是可有可无的装饰，也不是一种奢华的时髦。

通过波哥大伊比利亚美洲戏剧节我们触摸到了波哥大这座城市的隐逸的灵魂。虽然它的 GDP 不高，经济不够发达，灵魂的高下与城市的经济有时并没有必然的联系。已故美国总统肯尼迪的弟弟罗伯特·肯尼迪在 1968 年竞选美国总统时曾有一段精辟的名言：“GDP 并不代表我们后代的健康，也不代表他们所受教育的品质，或他们玩耍的乐趣，并不代表我们诗歌的美好和我们婚姻的稳固，或公共辩论的智慧。GDP 无法衡量我们的机智或勇气，我们的智慧或学习，更无法衡量我们对国家的忠诚和奉献。它似乎衡量一切，但唯一漏掉了生命的价值。”[①] 这

① 系列网络讲座：《英国时任首相卡梅隆谈下一代的政府》，2010 年 2 月，见 http://www.tudou.com。

是多么清醒的认识和睿智的评判！而这样的认识发生在五十年前。因此，对一个城市魅力的评价不仅仅是美学判断，也是对这座城市居民生活方式的道德判断、宗教判断、哲学判断和文化判断。

随着一座座城市的改造，一个个村落的消失，我们现代人有时往往变成了"孤魂野鬼"，我们没有了故乡，没有了记忆，没有了乡愁，灵魂没有了寄寓之地，这实在是种悲哀和无奈。然而我们或许还可以残存和挽留的，还可以聊以自慰的，就是由市民生活方式所形成的独特城市气质和气息，是每个曾经生活在这座城市市民的乡愁，历久而弥新，足以使人陶醉一生，它给城市带来的特色文化是根深蒂固的，难以被各种城市表象所遮蔽。尽管现代化全球化信息化消弭着传统的人居结构和人际关系，但城市人仍然试图保持牢固的家庭联系和体制信仰，对自己所居住的城市有着深深的眷恋，有着让这个城市有别于其他城市的独特感情。今天许多城市都有强烈的商业追求与经济功利诉求，但是科特金认为："这些方面无论其表面如何有吸引力，都不能取代家庭、信念、市民文化、邻里等持久的重要纽带。"生活在彼特罗努斯之前一个世纪的罗马政治家西塞罗（Marcus Tullius Cicero）写道："这有我的宗教，这有我的家族，这有我祖先的遗迹。我简直无法表达我在这里感受到的魅力，它们渗透到了我的思想和意识中。"[①] 中国元代戏曲家马致远著名的思乡之作也有异曲同工之妙："枯藤老树昏鸦，小桥流水人家，古道西风瘦马。夕阳西下，断肠人在天涯。"也许每个人都会有飘泊羁旅的日子，那一刻，有一首诗，一支歌，一段曲，一幅

---

① ［美］乔尔·科特金著：《全球城市史》（典藏版），王旭等译，社会科学文献出版社2014年版，第4、49页。

画，一片景，都可能一下子勾起你的乡愁，激起你对生活过的城市一汪恋情，一抹思绪。所以，城市隐逸的灵魂不光隐逸在这座城市的有形建筑里，也隐逸在每个市民的心里。

而一座城市通过举办大型活动，将提升市民对城市的认同感和自豪感，振奋城市精神，从而强化与优化城市气质，并把这种气质弥散开去，浸淫滋润每个市民。正是从这一层意义上，我们希望鼓励与推动更多的城市通过举办大型特色活动来确立和强化自己的城市特色。使自己生活的城市成为有温度、有品位、有个性、有特色、有归属感的城市。

第二章　大型活动文化内涵与城市特色建构的互动

本章聚焦于城市大型活动内涵与构建特色文化城市的关系，精心选取一批国内外著名的特色城市，着力分析其如何通过大型特色文化活动内涵的策划，构建城市特色，扩大其国际影响力。在剖析典型个案的基础上，形成具有理论阐述和实践指导的双重意义，以期对中国特色文化城市建设提出相关建议，对我国当前在国际文化软实力竞争中的文化强国战略有所启示。

第一节　非定点特大型全球盛会彰显城市本土文化内涵

城市大型活动（Mega-event）是一座城市举办的具有世界性或区域性影响力、足以彰显一座城市独具的高水准策划组织和运作能力的重大活动或盛事，同时也指那些产生世界性影响的、与城市自身的文化传统相融合并与其他城市形成差异的文化活动。这些大型活动可以是纯文化类的，比如艺术节、电影节、音乐节、戏剧节、书展、画展等等，也可以是包含文化元素的其他大型活动，比如世博会、奥运会。按照大型活动举办的地点，又可以分为定点举办型和非定点举办型。

非定点举办的大型活动是指那些虽然每年或每隔几年举办但并不固定在一座城市的大型活动，比如奥运会、世博会，还有联合国的一些世界性大会，比如世界气候变化大会、世界健康大会、世界妇女大会等。这些世界级大型活动每次在不同的城市举办，给举办地带来了非同凡响的广告效应。非定点举办的文化活动对举办城市来说是一个彰显自身文化特色的绝佳契机，尤其是像世博会、奥运会这种全球特大型的盛会，能将全球的目光都集中于举办活动的城市，因此对于举办城市来说，非定点举办的特大型活动则是亮相品牌、彰显本土特色文化元素的旋转舞台。抓住难能可贵的非定点世界级活动的契机，就能借助旋转舞台亮相的那一刻，浓妆重彩地演绎城市本土文化特色。

如今世界范围内的大型活动大多包含经济、文化乃至政治等综合因素，文化活动往往拉动产业发展、带来经济繁荣，而经济贸易类的展会也会促进文化的发展和传播。世界博览会和奥林匹克运动会是举世公认的全球性重大盛会。以世博会为例，自 1851 年英国伦敦举办第一届展览会以来，世博会因其发展迅速而享有“经济、科技、文化领域内的奥林匹克盛会”的美誉，并已先后举办过四十多届。在过去的几十年里，全球各个国家和城市，无论是那些有着申办传统的发达国家，还是那些把大型活动作为其经济发展催化剂的发展中国家，都十分热衷于申办各类大型活动，不管是体育类、文化类还是娱乐类的，而世博会的申办是竞争最为激烈的大型活动之一。

世界各城市竞相举办世博会之类的大型活动，部分原因固然是因为这类大型活动能够为举办地带来骄人的经济效益，这些直接的经济效益包括组委会对电视转播权的销售，以及拉动酒店、餐饮、旅游等消费，但研究表明，大型活动为举办城市带来的经济影响在本质上是短期影响，而另一些间接影响更需引起关注，那就是大型活动为举办城市带来的知名度提升和文化影响力的增强，这方面的影响比经济影响更为持久。在活动举办期间，举办城市将占据各类媒体的醒目位置，这对于展示城市的形象、传播城市的文化、提升城市的知名度非常有效。世博会等大型活动的策划往往刻意包含主办城市的文化元素，彰显城市独特文化内涵，吸引全世界目光，从而增强举办地本土文化的国际影响。

一、伦敦世界博览会彰显其作为工业革命先锋的现代一流城市形象

1851 年伦敦世博会既是世界上首届世博会，也是在与时代精神、本土特色完美结合方面具有典范性的世博会。维多利亚时代是英国的鼎盛时期，工业革命的完成使英国成为欧洲的头等强国，同时资本的高速聚集和运作也使英国成为当时欧洲金融的中心。而最能彰显工业革命辉煌成就、凝聚工业革命带来的现代城市因素的就是英国的首都同时也是其经济中心、文化中心和金融中心的伦敦。因此，先进科学技术引领的发达工业以及现代化的都市生活，成为伦敦在世界舞台上演绎的重要内容，也是 1851 年伦敦世博会所彰显的特色文化。1849 年 6 月 30 日，白金汉宫召开了一次历史性的会议，会上讨论了举办世博会的策划理念。参加会议的有阿尔伯特亲王、皇家艺术协会成员、全国博览会组委会成员等。会议决定世博会展品分为四个大类：原材料、机械、工业制品和雕塑作品，这项决定为世博会举办确立了基本框架，即以工业为主、艺术为辅的展品结构。虽然此前欧洲其他国家比如法国等也举办过多届有影响的工业产品博览会，以此来推广本国的工业

生产技术和宣传新产品，但全球性的以工业革命辉煌成就为主旋律的世博会的举办城市当时除了伦敦概莫能属。1851年伦敦世博会最吸引眼球的正是开槽机、钻孔机、拉线机、纺纱机、造币机、抽水机等各种机器的展示，以及通过特别建造的锅炉房产生的蒸汽一起驱动这些机器，让人们充分见识并领悟到工业革命给世界带来的变化，同时认同了伦敦这座城市在工业革命中的先锋作用。虽然在这一届世博会上美国开始崭露头角，展示了超过500项的创新性工业产品，如麦考密克收割机、科耳特左轮枪、固特异橡胶和口嚼式烟草等，马克思1851年参观这次盛会后写给恩格斯的一封信中也提到："英国人承认美国人在工业展览会得的奖，在一切方面胜过自己。一，橡胶，有新的材料和新的生产工艺。二，武器，有连发手枪。三，机械，有割草机、播种机和缝纫机。四，银版照相第一次大量应用。五，航海中的快艇。末了，美国人为表示自己也能够提供奢侈品，特陈列加利福尼亚金矿的巨大金块一块和纯金的餐具一套。"[①] 但直到如今，人们提起工业革命、提起最早的现代化都市，必提起伦敦。发达的工业和现代化的都市生活从此成为伦敦的城市标签，伦敦世博会成功表达的强烈主题色彩，对这一认同起到了一定的推动作用。因此，1851年伦敦世博会的意义不仅在于它是全球第一个世界性的大型展会，也见证了维多利亚时代的辉煌，更在于它创立了一种大型活动与举办城市之间的关联模式，那就是举办全球性大型活动的城市，把自己的本土特色融合进大型活动中，从而把具有独特魅力和本土色彩的城市名片洒向世界，增强世界对举办地的认知度。伦敦世博会的举办，进一步促成了伦敦确

① 《马克思恩格斯全集》第48卷，人民出版社2006年版，第413页。

立其作为工业革命先锋的现代一流城市的不可撼动的地位。

二、巴黎世博会以展示艺术方面的非凡成就使“艺术之都”成为巴黎的城市名片

1855 年巴黎第一次举办世博会。时值法兰西第二帝国时期，拿破仑三世皇帝坦言是 1851 年伦敦世博会的成功促使法国去竞争与超越。事实上，巴黎世博会在最初确立定位时就已经意识到在工业展览方面与伦敦世博会无法竞争，因此，为了弘扬本土文化传统，凸显巴黎城市特有的艺术气质，加之拿破仑三世认为所有出色的工业品都从根本上与艺术紧密相关，“我们的愿望：希望这次世博会不仅仅是新奇的玩艺的集合地，而是全世界的工业、商业和文化艺术领域的一个传播文明文化的渊源”。[①] 因此，法国刻意在 1855 年巴黎世博会上再增加一个艺术博览会。在筹备过程中，1853 年 5 月，财政大臣富尔德（Achille Fould）组织了部分艺术家到巴黎郊区的圣克卢（Saint-Cloud），同皇帝、皇后等一起讨论与世博会同期举办艺术博览会的可能性。出身西班牙贵族的欧仁妮皇后认为增加艺术品博览会将体现法兰西特有的高贵姿态，当即表示愿出资赞助。随后，6 月 22 日，拿破仑三世发布命令：为促进艺术领域的竞争和发展，法兰西将于 1855 年巴黎世博会期间举办艺术博览会。巴黎世博会在“艺术”主题上的刻意强调，不仅与伦敦世博会形成错位竞争，也是在城市精神和城市气质方面与伦敦形成反差，突出了巴黎在城市文化定位上与伦敦的区别，“艺术之都”从此

---

① 《世博会历史》，央广网，2015 年 4 月 28 日，见 http://finance.cnr.cn/gundong/20150428/t20150428_518418309.shtml。

成为巴黎的城市名片。

这一届巴黎世博会虽然主题为工农业和艺术博览会，但引起关注的显然不是工农业方面的展览，这方面也难以超越伦敦世博会。在巴黎世博会上真正抢占风头的是以艺术为主题的展览。巴黎世博会的展品被分成27类，包括矿业、金属、林业、纺织、食品、科学仪器、化学品、医药、玻璃、陶器、乐器等，展出了当时新发明的混凝土、铝制品和橡胶等材料，但真正引起参观者兴趣的不是机械和原料的展示，也不是装在玻璃瓶里的农作物种子、大块的肥皂、齿轮和曲轴，而是一条林荫道尽头的艺术宫。艺术宫共展出来自29个国家2054名艺术家（其中1366名是外国艺术家）的5000多件作品。所有展品都是由谢涅维尔伯爵主持布展的。美术宫的墙面呈深绿色，有3个大型展厅、若干附属画廊和一个雕塑厅。每个展厅作品按国家和地区陈列，展厅中心位置穿插布置了单个或成组的雕塑作品。法国艺术家的作品比较多，占了3个大厅中的两个和一些附属画廊。法国画家安格尔、维尔纳、德康的作品分别设在独立的画廊，代表不同流派的典范。被称为“浪漫主义狮子”的德拉克罗瓦共有35幅作品参展，与另外两名画家作品共同分享一个大展厅。尽管以往巴黎沙龙展不拒绝外国艺术家作品，但此前从未有一次沙龙展能像1855年世博会艺术展这样，给公众一个机会同时学习、比较、思索本国艺术和别国艺术的差异及特点。

1855年巴黎世博会在推动巴黎塑造城市特色文化形象方面发挥的作用不容低估。除了“艺术之都”的城市定位，闻名遐迩的巴黎酒文化和时装文化也在这一届巴黎世博会上崭露头角。波尔多葡萄酒就是在本届世博会上引起了世界的广泛关注，从此名扬全球。1855年巴黎世博会上以实际人体着衣的模特来展示时装，开创了后来时装模特表演的先河。当年的文化创新如今已成为巴黎的文化传统，作为特色文化的优势延续下来，至今巴黎仍然是全世界时装展示和名模汇聚的中心。巴黎后来又举办过多次世博会，但艺术从不缺席，甚至常常担任主角，比如1925年的巴黎世博会主题便是“国际装饰艺术及现代工艺博览会”，积极倡导文艺新风尚，1937年巴黎世博会主题则为现代世界艺术和技术。[①]

三、美国西雅图世博会突出其作为全球航空业最发达城市的特色

1962年的世博会在美国西雅图举办，并以太空为主题，对于西雅图这座城市来说意义非凡。美国西雅图素称“喷气机之城”，是波音飞机的诞生之地，波音公司总部就设在西雅图。波音公司的创办人威廉·波音原本是西雅图市的一个木材商，翱翔蓝天的梦想驱使他于1916年创办了波音公司。第二次世界大战期间赫赫有名的“空中堡垒”轰炸机、冷战时期著名的“同温层堡垒”战略轰炸机以及“望楼”预警机都是波音公司生产的，充分显示了美国在航空技术方面领先世界的优势。20世纪60年代以后，波音公司主要业务由军用飞机转向商用飞机，研制出了首架喷气式民用客机，从此在喷气式商用飞机领域内便一发不可收拾，确立了全球商用飞机制造商的霸主地位，西雅图因此被誉为“喷气机之城”。多年来，波音公司除了生产民用飞机外，同时也是卫星、人类太空飞行和运载火箭发射领域的全球领先者。1962年，美国国家航空航天局在休斯敦建立了航天中心，致力于载人航天

① 1937年巴黎世博会，见 http://www.baike.com。

飞船的设计，预示着美国开始从航空迈向航天，在此转折性的历史时刻，在西雅图举办以航空航天为主题的世博会，既是对西雅图这座“喷气机之城”在20世纪上半叶所作卓越贡献的总结性回顾和加冕，也是对未来航天事业的展望，可谓占尽天时地利，是与西雅图本土特色完美的结合。这届世博会的会徽是一个高耸入云的象征物，被称为“太空之针”，而世博会标志性建筑“太空针塔”正是根据这一会标建设的。太空针塔于1961年12月落成，占地74英亩，高185米，形似飞碟立在细细长长的金属支架上面，远观恰似一位婀娜多姿的少女。站在塔上可以360度俯瞰西雅图的街景，已成为西雅图不可或缺的文化地标。[①]以太空针塔为标志的西雅图世博会不仅改变了西雅图海岸线的视觉景观，还帮助改变了世界对西雅图这个城市的认识，世博会把西雅图推向了世界，这座城市从此以高科技的特色亮相世界舞台。这一届世博会的主题和西雅图这座城市本土特色的密切结合，相得益彰，大大提升了西雅图的本土特色在全球的影响力。1962年之前，大多数人所认识的西雅图只是美国西海岸的一个风光旖旎的港口城市，左拥普吉湾，右抱碧波万顷的华盛顿湖，被称作“翡翠之城”。1962年世博会之后，西雅图拥有了一个新地标——太空针塔，以航空航天的高科技重新注解了这座城市的新身份和新形象。一个活动造就一个城市，2012年西雅图迎来了世博会50周年庆典。如今，西雅图以拥有微软、亚马逊等世界知名公司并以“全美平均学历最高的城市”而继续保持其高科技特色的城市形象。可以说，没有1962年的世博会，就没有西雅图今日之盛名。

---

① 美国1962年西雅图世界博览会，见 http://www.baike.com。

图 2-1　西雅图太空针塔

四、上海世博会展示上海作为发展中国家经济迅猛崛起的城市特色

上海世博会是首次在发展中国家举办的综合类世博会。20 世纪下半叶以来，世界上不少发展中国家纷纷踏上了城市化、现代化之途，尤其是中国，于 20 世纪最后 30 年进入了城市化现代化的快车道。在这一过程中，发展中国家的城市化道路面临许多难解的困境和严峻的考验，比如城市与乡村的关系问题，高速工业化与环境污染的矛盾，现代化建设与文化遗产保护之间的平衡问题，国际化与民族传统或本土文化的冲突与融合问题等等。有些问题发达国家的城市已经解决或正在解决，有些问题是发达国家和发展中国家共同面临的问题。因此，

2010年世博会以“城市　让生活更美好”（Better City　Better Life）为主题，旨在提高公众对“城市时代”中各种挑战的忧患意识，并提供可能的解决方案；促进对城市遗产的保护，使人们更加关注健康的城市发展；推广可持续的城市发展理念、成功实践和创新技术，寻求发展中国家的可持续的城市发展。这是世博会历史上首次以城市为主题，举办这一届世博会的目的是力图通过城市最佳实践区和网上世博会等创举，总结实践经验，勾勒未来图景，对解决人类共同面临的难题，进行了开创性的探索。上海在竞争这一届世博会的举办城市中脱颖而出，其意义不仅在于上海是世界上最大的发展中国家中最大的现代化城市，而更重要的是对于上海来说这是一次世博会主题与本土文化完美结合中展示城市形象的良机。

上海世博会有12项纪录入选世界纪录协会世界之最，包括参展规模最大、志愿者人数最多、世界最大单体面积太阳能屋面、世界最大面积生态绿墙等，国际展览局主席蓝峰表示，2010年上海世博会是中国的成功，也是上海的成功。上海向全世界展示了其优秀的组织才能、对成功的执着追求以及大气卓越、海纳百川的气质，而这也正是上海城市精神的核心。上海世博会出色的国际推介，向世人展示出上海特有的城市魅力。因此，2010年上海世博会带来的效应不仅仅是推动上海产业结构的调整、带动基础设施建设的升级、对GDP的贡献效应等，更重要的是提高了上海的知名度和区域辐射效应。

“上海”元素是2010年世博会令人难忘的亮点。作为在中国举办的第一次世博会，2010年上海世博会向世界展示的主要是中华民族悠久的文化历史传统，但举办地上海的城市形象元素依然点缀着整个世博会的各处细节。比如，吉祥物“海宝”的名字中携带的“海”字，主

图 2-2　上海世博会开幕式演出

题曲之一的《微笑上海》，开园仪式世博序曲《世界在这里相聚》中不断出现的“Welcome to Shanghai”（欢迎来到上海），以及由昆西·琼斯（Quincy Jones）和席依达·盖瑞特（Siedah Garrett）作词、谭盾和昆西·琼斯作曲的上海世博会英文主题曲（开幕式第三篇章）《城市　让生活更美好》（*Better City　Better Life* 中反复用上海方言咏唱“Ala nong，nong，nong-better city”（沪语：我们和你们，更美的城市），突出了这一届世博会举办地上海的本土元素，使沪语作为上海这一城市的独特本土语言在世界舞台上唱响。而以“上海”冠名的世博高峰论坛成果“上海宣言”，让世人不仅记住了宣言中有关城市可持续发展问题的倡议，更让世人记住了“上海”。2010 年 10 月 31 日，上海世博会高峰论坛在世博园区举行，论坛通过了《上海宣言》，呼吁认真总结上海世博会展览展示、论坛和城市最佳实践区的思想成果，汇集各国城市发展的宝贵经验和人类探索城市发展的共同智慧，在全球范围内进行推广。《上海宣言》倡议，将每年的10月31日定为“世界城市日”，倡议的主要内容为：创造面向未来的生态文明，追求包容协调的增长方式，坚持科技创新的发展道路，建设智能便捷的信息社会，培育开放共享的多元文化，构筑亲睦友善的宜居社区，促进均衡协调的城乡关系。正如上海世博会形象大使姚明向世界说明的上海世博会主题和愿望：“城市，让生活更美好；世博，让上海更精彩”。

表2-1 21世纪世界各城市举办综合世博会或专业世博会主题对照表

举办年份	举办城市	世博会主题
2000	德国汉诺威	人类
2005	日本爱知	自然的睿智
2006	中国沈阳	我们与自然和谐共生
2008	西班牙萨拉戈萨	水和持续发展
2010	中国上海	城市 让生活更美好
2011	中国西安	天人长安·创意自然——城市与自然和谐共生
2012	韩国丽水	天然的海洋及海岸：资源多样性与可持续发展
2013	中国锦州	城市与海 和谐未来
2014	中国青岛	让生活走进自然
2015	意大利米兰	给养地球：生命的能源
2016	中国唐山	都市与自然·凤凰涅槃
2020	阿联酋迪拜	心系彼此，共创未来

第二节 地方性定点大型活动以特色内涵征服世界

定点举办型的特色活动是指固定在一座城市每年或每两三年都要举办的大型特色活动，这些活动大多以城市命名，比如戛纳电影节、上海电影节、上海国际艺术节、阿维尼翁戏剧节、维也纳夏季音乐节、阿德莱德艺术节、达沃斯论坛[①]、威尼斯双年展等等，也有不以城市命名但也固定在一个城市常规化举办的文化活动，比如诺贝尔奖颁奖仪式、贝多芬国际音乐节、莎士比亚戏剧节等等。定点举办的大型活动的策划多与所在城市的文化资源密切相关，而以城市命名则密切了文化活动与城市文化特色之间的关系，二者相辅相成，相得益彰，使文化活动成为该城市亮丽的文化品牌，体现出独特的城市文化风格、形象、规模、理念和氛围，蕴含了特定的城市文化形态，也提升了城市文化形象特色价值。如果说世博会、奥运会等非定点举办的世界级特大型活动为获得举办机会的城市提供了充分演绎城市文化特色、展示自身城市形象的舞台，那么地方性定点举办的具有特色文化内涵的大型活动则是一座城市尤其是中小型城市以独特魅力征服世界、奠定国际地位的重要手段，且已为世界上很多特色文化城市证实为一种成功途径。

一、"世界经济论坛"奠定小城"达沃斯"的国际地位

通过常年固定在一座城市举办一两种大型活动来打造特色文化城市的成功案例通常发生在一些中小型城市（国际大都市举办定点文化活动的数量和规模与中小型城市有很大差异，本章第五节将专门讨论）。中小型城市举办的大型活动如果在内容策划上具有一定不可取代的独特价值，就有可能使活动的级别成为世界性的，能够汇聚世界眼光，吸引全球的关注和参与，那么随着大型活动的举办，将塑造出独一无二的城市形象，从而奠定城市国际地位，该城市也将蜚声世界。比

① 世界经济论坛每年冬季都在达沃斯举办，故有"达沃斯论坛"之称，近年论坛的一些地区性峰会在其他城市举行，如在天津和大连举办的夏季达沃斯论坛。

如位于瑞士的达沃斯。

达沃斯是瑞士一个人口约 1.1 万人的小城市，是欧洲海拔最高的城市。但这个小城由于举办了荟萃全球政治精英和经济精英的世界经济论坛（WEF）年会，它的名声已经传遍了世界上的每个角落。“达沃斯”蜚声世界，其名称所包含的意义已约定俗成，被世界各国和地区政府以及经济界广泛熟知和认可，从而成为讨论重大全球性热点问题的重要平台。

世界经济论坛设在瑞士达沃斯是由一定历史和地缘因素决定的。世界各国之间为了吸引国际组织总部存在着激烈的竞争，而瑞士的中立国身份以及银行业保密制历史悠久，这使得近百年来数不胜数的联合国下属机构、非政府组织和金融机构驻扎在这个国家，例如，1919年第一次世界大战之后国际联盟的总部就设在了日内瓦。目前，有 200 家非政府组织和 25 个国际组织的总部设在瑞士，其中包括红十字国际委员会（ICRC）、联合国难民事务高级专员办事处（UNHCR）、世界卫生组织（WHO）、世界贸易组织（WTO）、国际航空运输协会（IATA）以及国际奥林匹克委员会（IOC）。瑞士制定了一套特殊的立法，对诸如这些组织的特权、财务操作及其嘉宾的豁免权等方面进行了规定，从法律层面确立了国际组织的地位。

世界经济论坛 1971 年由日内瓦大学克劳斯·施瓦布（Klaus Schwab）教授创立。当时他召集欧洲企业家前来参加“欧洲管理讨论会”，目的是把美国企业的商业管理实践引入到欧洲企业中。随后改称“欧洲管理论坛”，1987 年更名为“世界经济论坛”，希望借此拓宽其在世界舞台上的参与度，分析全球关注的问题。自 1987 年以来，世界经济论坛注重打造“全球高端精英”定位，设立了论坛基金会，其成员是世界上前 1000 家最大的企业。成为成员企业的条件是年销售额至少达到十亿美元，还有一项必要的门槛，即这些企业必须是成长型行业的领头羊。与会者除了约1000位来自那些代表着基金会的会员企业的领导人，还会有大约1000—1500位政界和学术界的嘉宾受邀参加达沃斯会议，包括国家元首、政府首脑和部长级官员，以及智库人员和学者。邀请函是以“个人身份”发出的，且不会每年自动续期。这种形式的邀请函，强化了论坛的排他性，给受邀者带来良好感受。自20世纪80年代英国首相玛格丽特·撒切尔夫人和美国总统罗纳德·里根参加“世界经济论坛”以来，“达沃斯”开始为人们所熟知，并跻身世界一流行列，被誉为“非官方的国际经济最高级会议”，由此奠定了达沃斯国际特色城市的地位。

达沃斯虽然只是一个小城市，论坛的成功举办却给它带来了世界级的声誉，并为达沃斯带来了一个又一个国际会议，国际会议经济成为达沃斯的支柱产业，每年在达沃斯举办的大型国际会议就有五十多个，小型国际研讨会则近两百个。除了直接经济效益以外，世界经济论坛也令达沃斯得到了全球媒体的关注，使它成为举世闻名的城市。达沃斯这座小城的旖旎风光也许在瑞士触目皆是，而且城市规模小，既不是重要的交通枢纽城市也不是旅游热点目的地，其蜚声全球很大程度上得益于达沃斯论坛。达沃斯案例说明，大型活动内涵策划的别具一格可以为城市增添超乎寻常的魅力。

二、诺贝尔奖颁奖仪式使斯德哥尔摩翘楚于同类城市

北欧三个港口城市哥本哈根、斯德哥尔摩和奥斯陆，在自然景色、城市风貌和文化习俗上有诸多相似之处，往往易被认为最类同而没有特色的城市。如何在同类城市中以某种特色脱颖而出，往往可以凭借常年定点举办的、在内容定位上别具一格的大型活动，比如斯德哥尔

摩一年一度的诺贝尔奖颁奖仪式。

斯德哥尔摩分布在梅拉伦湖的 14 座岛屿上，向东延伸至波罗的海。那些宏伟的桥梁、公共建筑、宫殿和丰富的历史遗产如德宁汉宫均被列入联合国教科文组织世界文化遗产名录，以独特而璀璨的方式诉说着其七百余年的城市历史。但这些都不足以使斯德哥尔摩翘楚于北欧诸大港口城市，这座城市之所以牢牢吸引住世人的眼球，成为全球家喻户晓的文化名城，是凭借一项常年举办的世界级大型活动，那就是诺贝尔奖的年度颁奖仪式。

每年在斯德哥尔摩举行的诺贝尔奖颁奖仪式具有世界性震撼力。诺贝尔奖颁奖仪式出席人数有限制，仪式庄重，形成了该城市长期持续、长盛不衰的鲜明文化特色，与其典雅而又繁华的城市文化相互映衬，吸引了全球关注的目光。在颁奖仪式上，诺贝尔奖将被颁发给那些在过去完成了研究，作出了最杰出的贡献的人，那些在上一年度为人类实现了最大利益，或是对社会作出显著贡献的人。每位获奖者会得到金质奖章、证书和一笔奖金，而同一奖项最多由三个人共享。诺贝尔奖这一传统始于 1895 年。当时，瑞典实业家、百万富翁阿尔弗雷德·伯哈德·诺贝尔在其遗嘱中规定，要用他的财产创立一个基金会，每年向五位为人类作出杰出贡献的人物颁发奖励。1901 年在斯德哥尔摩（瑞典）原皇家音乐学院举行了诺贝尔文学奖、物理学奖、化学奖和生理学或医学奖的首次颁奖典礼。从 1902 年开始，这些奖项由瑞典国王亲自颁发，他意识到设置这一面向世界上所有国家的奖项会给瑞典带来无上殊荣。一年一度的奖项授予仪式，会于每年的 12 月 10 日，也就是阿尔弗雷德·伯哈德·诺贝尔的逝世纪念日，在斯德哥尔摩音乐厅举行（只有诺贝尔和平奖除外，它的颁发地是在挪威奥斯陆）。从

1901年至今，已经有850位个人和25个机构获得了诺贝尔奖。虽然其间也曾中断过好几次，大多数是在第一次世界大战（1914—1918年）和第二次世界大战（1939—1945年）期间，但除此之外这项活动基本保持每年进行一次。由于诺贝尔奖建立在悠久的传统和相当客观的运作基础之上，因此虽然世界上又产生了一些奖金金额更高的奖项，如一位俄罗斯亿万富翁在纽约设立的“基础物理学奖”，鼓励对灵性发展作出贡献的邓普顿奖，其奖金设置都高于诺贝尔奖，然而在权威性方面至今没有任何一个奖项赢得比诺贝尔奖更高的声望。因此，虽然斯德哥尔摩与北欧其他任何一个城市相比并没有特别大的不同之处，但诺贝尔奖颁奖仪式在这个城市的举行就使它在北欧诸城市中脱颖而出，成为国际关注度最高的城市。而事实上，如果说斯德哥尔摩与北欧其他城市相比有什么突出之处的话，那就是其遥遥领先的国际化程度和规模，而这与代表世界最高水平的诺贝尔奖颁奖活动的举办密切相关。

图 2-3 斯德哥尔摩 2015 年诺贝尔奖颁奖现场

大型活动的举办提供了吸引世人关注、提升举办地国际影响力的契机，通过大型活动向世人展示的不仅仅是活动本身，而且是举办地的城市文化底蕴和文化内涵。由于其悠久的文化历史传统和富有特色的城市文化，1998年斯德哥尔摩被指定为“欧洲文化之都”；2009年被美国智库评为“全球七大智慧城市”之一；2010年获得了由欧盟委员会颁发的“欧洲绿色首都”大奖，成为首个获得这一殊荣的欧洲城市，被誉为世界上最洁净的首都之一。当然，斯德哥尔摩的这些城市特色得以在北欧城市中备受世人瞩目，不能不说得益于诺贝尔奖颁奖仪式的举行。

三、“双年展之母”奠定威尼斯世界艺术和文化之都的国际地位

常年定点举办的城市大型活动内涵定位的精心策划，不仅能提升中小城市的国际影响力，促成城市在同类竞争中脱颖而出，而且还有助于那些在历史上已经有一定国际知名度的城市，通过在城市名片上叠加艺术品味，丰富城市形象的文化内涵，而进一步提升城市的国际知名度。

提及世界艺术和文化之都，意大利的佛罗伦萨作为文艺复兴发源地，自然给世人留下了难以磨灭的印象，但佛罗伦萨所享有的毕竟只是昔日辉煌，如今意大利小城威尼斯凭借“双年展之母”的美誉，已经取代佛罗伦萨而成为令世人瞩目的当代艺术和文化之都。

威尼斯这座位于地中海的亚得里亚海沿岸的城市，由118座被150条运河环绕起来的小岛组成，通过455座小桥相互连接。市内没有汽车，公共运输通过船只摆渡来解决，被称为“水上都市”，其古城和泄

湖于 1987 年被认定为世界遗产。因此，很久以来，威尼斯因“水城”而闻名于世，其丰富的艺术和建筑遗产以及欧洲绘画艺术之都的悠久历史，往往被文艺复兴名城佛罗伦萨的光晕所遮蔽。在过去相当漫长的一段岁月里，它以云集画家、建筑师和其他艺术家而享誉世界。威尼斯古老的节日狂欢节，在 13 世纪成为最高级别的节庆，在 18 世纪发展到了顶峰，欧洲各地的游客和贵族阶级纷纷前来赶赴这场盛宴。这一狂欢节的独特之处在于，用于乔装的服饰五彩缤纷，被做成古代式样，人们模仿着古代绘画中的模特，并用十分精美的面具遮住脸庞。因此，“水上之都”的国际知名度是难以穷尽威尼斯这座城市深厚的文化底蕴的，如何在“水上之都”的城市名片上叠加上威尼斯艺术名城的元素，威尼斯艺术双年展的成功举办起到了关键性的作用。

自 1895 年以来，威尼斯开始创办威尼斯双年展，其中包括一年一度的国际电影节（Mostra Internazionale d' Arte cinematográfica）。威尼斯

图 2-4 威尼斯双年展

双年展是全球历史最悠久、最负盛名的双年展，被大量公众和专业媒体所追逐。到威尼斯参加双年展的游客人数一直在上升，2013 年创下了 45 万游客的纪录。双年展共有 90 个国家参加，多项活动同时进行，在不同的展厅中进行展览。每个国家都会在自己的展馆中推出也许是其国内艺术界最具代表性的艺术家们，所以这些展馆也可以被看成是每个国家的“大使馆”。

威尼斯双年展是所有双年展之母，它是全世界 200 种双年展中的首家，历史最悠久，名气也最大。威尼斯是唯一一家依然保持着国家展团制的双年展，其他所有双年展都已取消了这项制度，它们以开放的结构运转着，由委员会轮流选出双年展的特定主题，然后邀请和主题相关的艺术家们来进行创作。因此，威尼斯双年展除了具有首创性和最古老的地位，也是一项至今依然保持着活力的传统项目。历届威尼斯双年展声势浩大，在艺术投资和艺术收藏以及艺术旅游领域收获颇丰。这一特色活动由于当代艺术的热潮，更被提升到前所未有的高度，由此奠定威尼斯水城在这一领域的文化权威地位。

通过一项在内容设计上颇具特色的双年展活动，一座城市能够在全球艺术领域获得有利的定位，这就是威尼斯双年展给世人留下的启示。不管是作为对艺术作品进行创作、反思、传播和交易的中心，还是作为和艺术体系相关的多元化活力产业发展的空间，双年展举办地都得以在全球艺术大舞台中得到巩固。双年展的好处在于，作为一项时间和地点都受到具体限定的城市活动，它的日程得到良好设置，这有利于它自身的推广战略，得以吸引住潜在的访客，并为赞助活动的企业以及地方、地区和国家级的各级政府带来收益。当今全球艺术圈的运作，除了其作为一个美学和政治现象所表达的含义，还能够像任何一个技术上成熟的行业一样，把各项运作结合成一个网络体系，而围绕着建设国际都市的视角和形象所进行的特色文化城市建设过程也是如此。这就是为什么威尼斯尽管城市规模相对比较小，更不是国家的首都城市，却是全球最具文化特色的城市之一。

通过常年定点举办大型活动并在文化内涵定位上的精心策划，从而提升城市国际知名度的模式，非常适用于中小型城市。中小型城市不像国际大都市那样本身就是旅行目的地或集散点，也不像国际大都市那样拥有雄厚的财力和资源，获得承办奥运会、世博会的机会也相对少得多（夏季奥运会举办地大多是首都城市或国际性大都市，冬季奥运会的举办城市相对冷僻一点，但冬奥会的影响力远不如夏季奥运会。世博会举办地也大多是国际性大都市，只有少数几次在中小型城市举办，如德国汉诺威世博会、日本爱知世博会以及韩国丽水世博会等）。在这种情况下，中小型城市集中人力物力财力，精心策划内容定位，全力打造一两个国际性的大型活动，搭建一个全球性的交流平台，从而为人们造访小城创造出一个诱人的目的，提升小城的吸引力。而且，通过活动的精心策划和成功举办，会给每一位造访者留下不虚此行的美好记忆和深刻印象，拓展小城的影响力和知名度，吸引越来越多的人赶赴小城，或参加体验闻名于世的特色活动，或只是为了重访温馨记忆中的小巷。

第三节　区域性大型活动助推区域共性与城市个性的互惠互赢

按照大型活动的影响力和举办规模，还可分为全球型和区域型，区域型的大型活动包括欧盟的“欧洲文化之都”“欧洲不眠之夜”以及亚洲的“东亚文化之都”评选活动等。就全球范围而言，某一区域的城市相比另一区域的城市往往会显示出某些共性特色，比如在欧洲人眼里，东南亚城市彼此相像，而在亚洲人眼里，欧洲城市大同小异，但其实这种区域文化特征往往会掩盖城市个体的特性，在这种情况下，同一区域内各个城市也竞相打造各自与众不同的特色，提升在区域范围内的城市影响力，努力成为区域型的文化辐射中心和交流平台，促进区域内文化的交流与融合。在此前提下，一些区域型的大型活动的举办在凝聚区域文化共性、打造区域型文化特色的同时，也助推了区域内各城市营造自身城市文化特色。这些区域型大型活动有些并不固定在某一城市，而是由区域内各城市轮番举办和策划，因此这类活动往往有益于区域性文化特色和城市文化个性的互惠互赢、相得益彰，在区域共性中体现城市间差异性。

以欧盟主导的“欧洲文化之都”评选活动为例。“欧洲文化之都”项目是一项欧盟国家的活动，通过这项活动，欧盟文化部长理事会每年宣布两个成员国的两座城市作为当年的“欧洲文化之都”。这项活动有三个层面的主要目的：一是彰显被选为“欧洲文化之都”城市独特的历史遗产和城市空间的地方特色，表现欧洲文化的丰富性、多样性；二是突出欧洲文化的区域性共同特征，同时促进欧洲公民之间最大程度的相互理解；三是推动欧洲文化与世界其他文化之间的对话。

“欧洲文化之都”最初被称为“欧洲文化之城”，它于1983年由梅利娜·默尔克利（Melina Mercouri）创意策划，并由希腊文化部举办。默尔克利认为，文化并没有像政治和经济那样受到足够的关注，因此需要各成员国联合开展一项计划以宣传欧洲文化。“欧洲文化之城”计划自1985年夏天开始运作，雅典是第一个获此殊荣的城市。“欧洲文化之都”最初由欧盟部长理事会的成员国政府指定，缺乏固定的评估标准，甚至也没有外部专家的参与。直到1996年，各方提出，除了要避免同一地理区域内的几座城市接连当选以外，还要在首府城市和省辖市之间达成平衡，并在欧盟成员国城市和其他不属于欧盟成员国的欧洲城市之间轮流当选，并允许几座城市同时获选。通过这种评估及平衡过程，通过更具保障性的新程序，就可以有不止一座城市以共同获选的方式当选。与此同时，为了寻求更具保障性的选举程序，也因为意识到“欧洲文化之都”这项活动已经成为推动地方及区域发展的重要因素，欧盟委员会在1999年将其转变成欧盟的一项官方行为，并且从这一年开始，“欧洲文化之城”改称为“欧洲文化之都”，至2018年已经有58座欧洲城市获此殊荣。

一、“欧洲文化之都”使城市凭借区域性特色而置于世界版图

“欧洲范畴”是“欧洲文化之都”评选活动秉承的重要原则之一，因为“欧洲文化之都”活动的初衷是，当欧洲还处在被冷战分割的时代，两个阵营里的人们交流还相当困难的时候，通过文化的桥梁把欧洲人连接在一起。因此，“欧洲文化之都”一个首要目的就是宣扬欧洲共同文化价值，促进欧洲各国的文化机构、艺术家们的相互交流，推动举办国和其他欧盟成员国的各个城市之间在任何一个文化领域的相互合作。因此，在彰显欧洲各城市文化内涵多样性和丰富性的同时，也要突出欧洲文化的共同特性，强化“欧洲文化之都”在城市功能上的区域中心作用，使“欧洲文化之都”成为凝聚欧洲区域文化的纽带，把

欧洲人紧密地连在一起。

在欧盟委员会委托罗伯特·帕尔默等撰写的研究报告《欧洲城市和文化首都》中，对1994年至2004年期间的“欧洲文化之都”城市从经济、游客和社会角度进行了评价，认为“欧洲文化之都”应该具备的“欧洲范畴”的六个基本方面：①提出一项突出欧洲艺术家的行动计划；②保持合作、协作和交换交流；③发展具有欧洲视角的主题和观点；④识别并宣扬历史特色，获选的这座城市应该体现出欧洲身份特性并展现欧洲文化遗产；⑤在两个或多个城市之间创建合作团体或协会；⑥促进欧洲旅游业发展。[①] 这些方面都和“欧洲文化之都”项目对于区域文化合作的影响间接相关。20年的实践证明，这一活动的影响力无论对于获得称号的城市还是整个欧洲都是巨大的。欧盟负责文化工作的文教委员菲杰尔对这一活动给予了充分肯定。他表示，在过去的20年里，“欧洲文化之都”已经成为欧盟最成功和最受欢迎的一项活动。这项活动因得到广泛的社会接受而不断得到演变和发展，并最终取得日益增长的、无法阻挡的成功，具有巨大的文化和社会经济影响。

“欧洲文化之都”的举办城市所策划的活动内容除了展示城市自身的历史文化内涵，还必须体现“欧洲范畴”的理念。以2013年“欧洲文化之都”马赛策划的活动为例。当时马赛提交的竞选方案中就着重突出了其位于地中海海滨的地理位置，这里是欧洲各国文化的交汇之地，因此马赛推出了大型欧洲地中海计划，即马赛与周围4600公里的九十多个城镇联手，共同主办马赛—普罗旺斯（简称MP）2013年“欧

① Palmer- Rae, *European Cities and Capitals of Culture*, *Study Prepared for the European Commission*, Brussels: Palmer-Rae Associates, 2004.

洲文化之都”活动。其中为马赛—普罗旺斯特别设计的长365公里的步行环线别具特色，这条步行环线连接阿尔勒到土伦之间的三十多个城镇，显示了马赛“欧洲文化之都”的凝聚力。马赛“欧洲文化之都”的王牌就是打造“地中海概念”，举办了一系列以“地中海”冠名的文化活动，比如“欧洲地中海地区交流研讨会”，展开不同文化间的对话，探讨文化复兴城市的主题。还有“跨地中海的交流艺术节”“跨地中海青年交流艺术节”“欧洲—地中海工作室”活动等，还在马赛港新建了“欧洲及地中海文明博物馆”。马赛“欧洲文化之都”总监表示，此次马赛“欧洲文化之都”大型活动的与众不同之处在于，首次有九十多个市镇共同参加举办，而且以地中海为本次活动的主题。马赛是不同文化对话交流的城市，地中海主题使马赛这座城市在“欧洲文化之都”中成为地中海区域文化的中心。

区域性大型活动中所强调的共有的区域性文化内涵不仅并不意味着淡化城市个性，相反在以下两个方面有利于城市特色发挥更大的影响力：首先，通过凸显城市文化内涵中所包含的区域性共性，有利于使城市成为凝聚区域其他城市的中心，在区域范围内更具代表性和引领性。其次，当区域性特征被置于世界版图时，相对于世界上其他区域性文化而言，依然是一种具有强烈个性色彩的特色，比如当一座具有鲜明南亚色彩的城市与一座富有典型欧洲风韵的城市放在一起对比时，它们依然都是极具特色的城市。

因此，区域性大型文化活动可以通过凝聚并扮靓区域性特征，将城市置于世界版图上。通过举办“欧洲文化之都”增强举办城市的国际影响力，推动城市文化与世界的对话，提升这一城市及其所在区域的国际知名度，是每一座竞选“欧洲文化之都”的城市所追求的目标。

候选城市渴望成为“欧洲文化之都”的动机最常见的往往就是“提升城市形象”、“进一步提高城市知名度”，绝大多数城市都致力于“把城市置于世界文化地图”上。事实上，通过“欧洲文化之都”活动，很多城市都实现了在世界文化版图上占有一席之地的目标，尤其是那些历史悠久的小城，在成为“欧洲文化之都”之前也许并不为欧洲以外的大多数人所知，但获选“欧洲文化之都”之后立刻名声大噪。比如，1999 年“欧洲文化之都”德国中部城市魏玛，2002 年“欧洲文化之都”西班牙西部城市萨拉曼卡，2008 年“欧洲文化之都”挪威城市斯塔万格，2011 年“欧洲文化之都”芬兰城市图尔库，2012 年“欧洲文化之都”葡萄牙城市吉马良斯，等等。这些城市在欧洲地区历史悠久、文化独特，但在世界上的影响力远不如其他大都会城市如雅典、伦敦、巴黎、柏林、马德里等。通过当选“欧洲文化之都”，这些城市在文化独特性方面与上述大都会城市取得了平等地位，由此得以跻身世界文化城市版图。

二、“欧洲文化之都”彰显城市在共性中的差异性

尽管“欧洲文化之都”非常注重活动内涵中所体现的欧洲文化区域性特征，但每座城市举办“欧洲文化之都”活动的城市却依然能通过活动内容策划、场景设置和城市空间的利用，在区域文化共性中融入城市文化的个性化内涵。

“欧洲文化之都”从最初竞选时陈述策划方案一直到最终可能的当选，使每一座参与的城市转变成一个巨大的舞台。用这种方式，这些城市为自己打造了身份特征和城市形象，对城市的文化景点进行差异化包装和推广，通过文化活动塑造城市的特殊符号。获得年度“欧洲

文化之都”称号的城市，也即获得了向全欧洲乃至全世界展示城市独特魅力的机会。这些城市尽可能地在各项文化活动的策划中融进城市文化的个性化内涵，凸显城市的历史文化传统以及富有地方特色的生活习俗和城市空间。

以2003年获选“欧洲文化之都”的奥地利城市格拉茨为例。格拉茨是奥地利第二大城市，它的中心城区早在1999年就列入了联合国教科文组织世界文化遗产名录。借助“欧洲文化之都”的舞台，格拉茨向世人展示了这座城市古老与时尚完美融合的特色。再如，荣获2010年“欧洲文化之都”的土耳其城市伊斯坦布尔。伊斯坦布尔融合了悠久的东方文明与璀璨的西方文化，成为世界文化的一朵奇葩，被称为“世界之都”或“永恒之都”。拿破仑曾表示，如果世界是一个国家，它的首都一定是伊斯坦布尔。伊斯坦布尔由新城和旧城两部分组成，1985年整座旧城被列入世界文化遗产名录。正是凭借其深厚的历史底蕴与

图2–5　马赛老港

独特的社会文化，伊斯坦布尔成功摘得2010年“欧洲文化之都”桂冠。伊斯坦布尔2010年“欧洲文化之都”策划方案的核心围绕土、气、水和火四个元素，以曾居住在安纳托利亚西部米利都城的3位思想家泰勒斯、阿那克西曼德、阿那克西米尼，再加上亚里士多德构成四大象征主题，在历史与现实的融合中彰显了伊斯坦布尔绵延千年的文化传统和独特的古城底蕴。

2013年“欧洲文化之都”法国城市马赛策划的文化活动主要场景之一就是焕然一新的马赛老港。开幕式那天，港口轮船笛声齐鸣，烟火齐放。马赛老港作为标志性的城市空间，连接着这座城市的往昔和今朝，人们在这里追忆这座城市的昔日容颜，并重新认识其新时代新面貌。马赛“欧洲文化之都”主办人表示，我们想向大家展示马赛是一个充满宽容的城市，让老百姓看到自己居住城市的变化。

又如，获得2014年“欧洲文化之都”的拉脱维亚首都里加。里加以其独特的竞选方案（也即各类文化活动的策划方案）在“欧洲文化之都”的激烈竞争中拔得头筹。里加的“欧洲文化之都”策划方案包括“人墙传书”等六个核心主题活动。所谓“人墙传书”活动，即里加市政府借拉脱维亚新建的国家图书馆启用之际，开展一项市民或游客参与性极强的搬书活动，市民或游客站成几千米长的人链，将国家图书馆的藏书由旧馆逐人传递到道加瓦河对面的新国家图书馆。这一活动不仅在趣味互动中展示了道家瓦河两岸的独特城市风光和新旧图书馆所代表的具有不同历史文化特色的城市空间，还有着深刻的文化内涵，即象征着民族文化与国家理念在人们手中逐个传递，在人们的心中传承。里加也希望通过这次活动调动全民探索文化的积极性，从而开发民众的创造力，并借此展示里加这座城市的独特风貌，提升拉脱维亚文化在世界人民心中的形象。荣获2014年“欧洲文化之都”的另一城市是瑞典北部的于默奥（Umea）。于默奥策划的“欧洲文化之都”活动方案采用了萨米土著文化主题，以“探索激情——共创艺术”为题目，展现了欧洲现存最古老的萨米土著文化，同时也使这座城市的形象显得更为与众不同。

“欧洲文化之都”是目前世界上区域性大型活动的成功案例，它通过对活动内涵的精心策划，将欧洲区域性文化共性与城市个性化差异完美地体现出来，实现了区域性与城市个性的共赢互惠。

第四节　大型活动内涵的时代特征刷新城市记忆

城市文化特色在漫长的历史长河中并不是一成不变的，而是一个变量。随着经济、社会、文化和科技的发展，城市文化也在发生悄然变化，从古老到现代的跨越，赋予了城市不同的面貌和品格。然而，城市形象的变化却依赖于世界的认知度。人们对一座城市的认知往往滞后于城市本身的发展，因此，城市需要借助某种媒介让世界认识其新的面貌，就是城市形象的国际传播。除了各种传统媒体和新媒体的文字、画面传播，以及旅游带给人们的视觉冲击和体验之外，大型活动的举办也是城市形象国际传播的重要媒介。大型活动的展开及其内涵的时代性和鲜活性，有利于刷新城市文化记忆，让世人重新认识一座城市的新面貌。例如昔日十里洋场的上海，工业城市的格拉斯哥，宗教之城的阿维尼翁等，都被赋予时代精神的大型活动而刷新了城市记忆。

一、刷新“十里洋场”城市记忆

社会经济转型带给发展中国家的城市形象变化是最明显的。以上海为例，外滩欧式建筑所代表的“十里洋场”上海老形象述说着上海开埠以后带有“殖民色彩”的城市文化。如果说上海浦西的外滩代表着20世纪最初30年上海的辉煌，那么，如今上海的城市形象已经被改革开放40多年的历史刷新了，浦东陆家嘴建筑群的拔地而起代表着改革开放以后上海在新一轮城市化现代化发展中所取得的成就。上海需要世人重新认识自己的新形象，而2010年世博会在上海的举办恰好提供了这样的契机。因此2010年上海世博会的主园区放在浦东，而开幕式也刻意展示了浦江两岸新旧风光的对比，希望通过这一届世博会刷新人们对上海这座城市的印象，让新时代的上海形象展现在世界舞台上。2010年世博会之前，对于世界上其他国家的大多数人来说，对上海的印象还停留在20世纪三四十年代的十里洋场或新中国成立后改革开放前的上海。世博会之后，世人重新认识了一个现代化的上海，它代表着中国改革开放以来在经济社会和文化上取得的傲人成就。

上海已经成功申办2021年第46届世界技能大赛。世界技能大赛由世界技能组织每两年举办一届，被誉为“技能奥林匹克”，是世界技能组织成员展示和交流职业技能的重要平台。往届世界技能大赛主要在欧洲举办。亚洲举办过4届，即第19届（1970年）日本东京、第32届（1993年）中国台北、第36届（2001年）韩国汉城、第39届（2007年）日本静冈县。上海成功申请承办2021年世界技能大赛，此项大型赛事又将成为上海刷新城市记忆、展示城市高品质形象的又一良机。上海如何通过世界技能大赛的举办，既突出“上海工匠”传统的、独有的“海派匠心”，又向世界展示上海“工匠精神”在21世纪的新内涵和新高度，将取决于对活动内涵的精心策划。如果在此次大赛各项活动的内涵策划中表现出21世纪科学技术方面的飞速发展、信息技术、新材料、新能源与环境保护等技术的广泛应用给上海制造业带来的巨大变革，尤其是突出以“太空之吻”对接结构的总设计者和装调者王曙群为代表的新一代高科技海派工匠的形象，那将是对已获奖入选的2021世界技能大赛口号“一技之长，能动天下”的最好诠释。

二、荡涤工业城市尘垢，古城旧貌换新颜

即便是发达国家的城市，也随着社会的发展以及经济的转型和提升而发生了变化，由于欧洲在第一次工业革命中的世界引领地位，欧洲以英国伦敦为首的诸多城市都曾经以工业城市的面貌呈现于世人，比如英国的格拉斯哥、法国的里尔和马赛、比利时的蒙斯等。但这些老工业城市不再停留于过去的辉煌，急切等待着以新的形象亮相世界舞台，而“欧洲文化之都”活动的举办为这些城市提供了刷新形象的良机。

以英国城市格拉斯哥为例，这座著名的苏格兰古城在历史上经历过两次城市形象的刷新。第一次是工业革命，将这座古典建筑林立的苏格兰古城刷新为工业城市。格拉斯哥在维多利亚时代堪称“大英帝国第二城市”，以港口航运、造船业和火车制造著称。受20世纪30年代经济大萧条和两次世界大战的影响，英国的经济开始衰退，格拉斯哥的重工业也一蹶不振，在20世纪80年代陷入了黑暗的低谷。1987年，作为竞选“欧洲文化之都”的热身，格拉斯哥创办了“格拉斯哥国际爵士音乐节”（The Glasgow International Jazz Festival）。“格拉斯哥国际爵士音乐节”自创办初始就走的是高端引领、汇聚世界大师的路线，致力

于把爵士乐音乐节打造成全欧洲甚至全世界的品牌。1987年首次格拉斯哥爵士音乐节就邀请了莎拉·沃思（Sarah Vaughan）、奇克·柯瑞亚（Chick Corea）等爵士乐界的领军人物，同时，音乐节也注重突出格拉斯哥城市的苏格兰文化特色，特意邀请了苏格兰裔的音乐家卡罗尔·基德（Carol Kidd）、马丁·泰勒（Martin Taylor）和汤米·史密斯（Tommy Smith）等前来献演。1990年，格拉斯哥荣获举办“欧洲文化之都”活动的机会，这次活动的举办成为格拉斯哥第二次刷新城市形象、重塑城市文化特色的重要契机。[①] 当地政府以克莱德河周边环境的改造为核心，策划了以“一条河的重生”来复兴城市的项目，对克莱德河滨大量空置、废弃和污染的土地进行了重新规划和改造，在保护克莱德河畔古老建筑的前提下，兴建了旅游、娱乐等商业服务区以及大量的文化设施，并以BBC苏格兰总部为中心，打造“数码媒体城”。改造一新的格拉斯哥以文化和创意刷新了城市形象，以崭新的城市文化特色重新亮相世界舞台。可以说，“欧洲文化之都”活动使格拉斯哥脱胎换骨，焕发出新的生命力。[②] 格拉斯哥的文化创意产业的迅猛发展成为这一城市吸引世人的新亮点。此后，格拉斯哥还相继获得了“建筑和设计之城”“欧洲体育之都”“音乐之都”等称号。格拉斯哥的成功经验被不断推广和复制，同样为英国工业城市的利物浦也借助获得“2008年欧洲文化之都”殊荣的机会，通过全年举办350多项文化活动，彻底刷新了利物浦“工业老城”的形象，从此以“文化之都”的新形象再次赢得世人的瞩目。

---

① Greg Richards，*Cultural Tourism in Europe*，Wallingford: CABI，1996.

② CCPR（Centre for Cultural Policy Research），*Glasgow 1990 European City of Culture*，Glasgow：University of Glasgow，2003.

三、昔日宗教之城，如今艺术之都

通过特色活动刷新城市形象的小城镇在世界上不乏其数。比如法国小城阿维尼翁，这个小城原先因教皇城而闻名于世，在 1309 年到 1377 年之间，天主教教廷从罗马迁移至此，前后一共有七位教宗在阿维尼翁生活。保存并修复完好的教皇宫巍峨壮观，堪称梵蒂冈第二，昔日教皇城地位的崇高和显赫依稀可见，1995 年阿维尼翁以历史城区之名被列入联合国世界文化遗产名录。如今这座城市更以其国际性的艺术节庆“阿维尼翁戏剧节”吸引世人，从一座宗教圣城摇身一变为

图 2–6　阿维尼翁戏剧节

艺术之都，成为艺术家艺术交流、灵感碰撞的舞台，每年全球数以万计的戏剧艺术团体和艺术家来到这里，举办戏剧艺术的盛会，而巍峨肃穆的教皇宫主庭院则跨越数百年历史沧桑，作为举办这个现代戏剧艺术盛会的场地和背景，默然伫立，刷新了自身，也刷新了城市。

位于澳大利亚南部的阿德莱德也是一个从教堂之城转型为艺术之都的成功案例。阿德莱德小城是1836年由英国殖民者建立的，曾经是一座略带乡村气息的宁静城市，文化生活相对贫乏沉闷。虽然“教堂之城”是这座城市的别称，城市里也随处可见漂亮的大教堂，但如今阿德莱德给世人留下最深印象的特色却是与爱丁堡艺术节和阿维尼翁艺术节相媲美的世界级艺术节“阿德莱德艺术节”，这个艺术节的成功举办使阿德莱德以崭新的“艺术之都”形象重新亮相世界城市的舞台。

“阿德莱德艺术节”最初是1958年由当地作家比尔·林德赛（Bill Lindsay）提议的，其初衷是通过艺术节的举办、以具有城市文化传统特色的活动来激发城市活力、吸引世界的注目。这一提议得到了市长和一些赞助者的大力支持。1960年3月，首届“阿德莱德艺术节”如期举行，此后每两年举办一届，自2012年起改为每年一届。“阿德莱德艺术节”能够实现激发城市活力、蜕变城市形象、吸引世界目光的目标，主要凭借以下几点：

一是现代艺术定位。阿德莱德艺术节在其最初定位就瞄准了高端现代艺术，追求国际一流、世界品质，引进世界上著名现代艺术团体的作品。在阿德莱德艺术节期间，来自世界各国的现代艺术家和艺术团体前来展示他们的艺术作品，包括经典芭蕾、交响乐、室内音乐、实验戏剧等。以1980年阿德莱德艺术节为例，芝加哥自由人爵士四重奏（the Freeman Jazz Quartet）、华沙国家爱乐管弦乐团（Warsaw

National Philharmonic Orchestra）等著名艺术团体都亮相该次艺术节。又如，2000 年的阿德莱德艺术节上，2000 多名来自世界各地的艺术家、作家和表演者齐聚阿德莱德，汇聚了 37 台现代艺术首场演出。阿德莱德艺术节以打造现代文化的高地来汇聚世界级的艺术家和艺术作品，不仅增强了艺术节本身的魅力，也大大增强了艺术节在世界范围内的影响力。

二是本土特色。阿德莱德艺术节还专注于以艺术的创意形式来表达其对于城市文化和城市生活的关注。这主要体现在阿德莱德艺术节对本土文化表达的当代艺术呈现之上。几乎每一届阿德莱德艺术节都积极地将蕴含有本土文化内涵的当代艺术及其创意表达纳入其中，为该艺术节增添了一抹本土城市文化的亮丽色彩。此外，节庆创办者利用了南澳州的自然和文化特征并将其运用于节庆活动的设计之中。在 1997 年第一届“品味澳洲”的宣传册中，阿德莱德被描述为一个由饮食文化和咖啡所形成的生活方式而著称的城市。这样，在阿德莱德艺术节上，观众既能品味艺术的创意、交流艺术的思想，亦能品味澳洲，品味世界。高品质的艺术表演、艺术观念的创意呈现和交流使得阿德莱德艺术节成为世界级高雅艺术的饕餮盛宴。阿德莱德艺术节亦把阿德莱德从一个文化饥荒之城变成了世界领先的艺术之城。[①]

三是市民参与的广泛性。阿德莱德边缘艺术节（Adelaide Fringe Festival）是与阿德莱德艺术节同期同场合的另一个重要节庆活动。每年二月至三月间，阿德莱德边缘艺术节与阿德莱德艺术节同期举行，

---

① W. Prest，K. Round and C. Fort（Eds.），*The Wakefield Companion to South Australian History*，South Australia: Wakefield Press，2003，pp. 26–27.

为期 4 周。阿德莱德边缘艺术节是一个开放访问式艺术节，其最大的特点在于其开放性，个人只要拥有一样表演、一件展品或举办一次文化活动，都能注册参与这个澳大利亚最大型艺术盛会。这也促使该艺术节成为世界最为精彩的艺术节之一。每次活动期间会有澳大利亚及全世界 4000 多名艺术家参与。边缘艺术节的活动场地非常开放、自由，除了在固定的场所诸如剧院、旅馆、美术馆或咖啡吧举行表演之外，还有在公园、林荫道上和一些废弃的建筑物中临时搭建表演场所，人们可以随时置身其中。边缘艺术节专注于表现游离于主流文化之外的艺术，与阿德莱德艺术节追求更为精致的高雅艺术形成了反差，起到了互补作用，两节并举，满足了各个层面观众对于艺术欣赏的不同需求。

阿德莱德艺术节不仅通过各类节庆活动的成功举办提升了阿德莱德这一城市的全球享誉度，而且培育、塑造、发展了阿德莱德的城市文化，在市民中建立了一种根植于城市、区域甚至国家体验的归属感。正如阿德莱德节庆中心信托基金会主席在其 2011—2012 年年度报告中所说的，阿德莱德节庆中心自身已经成为阿德莱德城市一个意义重大的故事，是阿德莱德城市文化遗产的一个重要组成部分。它以建筑的符号样式表征了阿德莱德城市的市民精神和时代雄心。

第五节　国际大都市大型活动的多元性与城市特色建构

国际大都市因国际化程度较高而对异质文化更为开放和宽容，因此文化形态也更为多元杂糅，其大型活动不仅种类繁多，而且数量庞大，涉及大型国际演艺、会展、赛事等。这些纷繁多样的大型文化活动无论就个体而言如何具有鲜明的特色，但当众多特色共存时，也面临特色与特色之间相互消弭的潜在危机。因此，如果说大型文化活动在推动和打造中小型城市的文化特色方面发挥的作用比较直接有效，那么，对于国际性大都市来说，大型活动的举办其内涵如何既展示城市的国际氛围，又不致使城市的文化特色迷失在纷繁多样的大型活动之中，这是一个智慧的抉择，尤其是对发展中国家正在建设国际化大都市的城市而言。纽约、巴黎和伦敦等较成熟的国际性大都市在每年举办数不胜数的大型活动的同时，仍能较好地保持其城市的文化特色，而且这些特色恰恰通过具有多元个性的大型活动来体现和彰显，大型文化活动的多元性不仅没有使这些城市的文化特色消融，反而在某种程度上打造并增强了城市的文化特色。对于这些城市举办的多元化大型文化活动进行考察，并探讨其与建设城市文化特色的关系，将有利于发展中国家在城市化进程中，在建设国际化大都市的同时，坚守和张扬城市的文化特色，增强城市文化特色的魅力。

一、国际大都市大型活动的多元性

大型活动往往是城市文化的名片。大多数中小型城市的文化活动在活动种类上相对简单，比如法国南部城市阿维尼翁每年全力打造一个戏剧节、德国东部城市德累斯顿每年倾心举办一个音乐节等等，活动的规模也以区域性为主，比如欧洲一些中小型城市每年举办的文化活动虽然有世界各地的参与者，但参与主体仍是周边国家，亚洲、非洲等国家参与很少。而国际文化大都市由于具备了文化设施、文化空间、文化政策、文化服务和文化资本方面的优势，有能力吸引到世界上丰富多彩且水平一流的文化活动，使文化活动不仅种类多、规模大，而且多元性强。国际大都市文化活动的多元性体现在以下两个方面。

（一）活动内涵的多元性

世界上大多数城市举办的文化活动都与这座城市的历史传统和文化遗产紧密相连，比如肖邦的故乡华沙即围绕古典音乐尤其是钢琴演奏来策划各类文化活动，而莎士比亚的故乡则以戏剧为核心策划各类文化活动，但就纽约、伦敦、巴黎等国际性大都市而言，其文化活动不仅要彰显城市的本土特色，还要涵盖整个国家各具地域特色的文化，更要容纳世界其他国家具有差异性或异质性的文化。先以巴黎为例。巴黎每年举办的大型国际展览活动有不少都是享誉全球的世界级品牌展会，比如国际当代艺术展、巴黎时装展、巴黎欧洲研究与创新展、国际广告技术设备博览会、国际女装成衣博览会、巴黎时装配件国际贸易展览会、巴黎美容展、巴黎游戏展览会、巴黎交易会、巴黎国际车展等等，不胜枚举。巴黎除了为数众多的各种大型展览活动以外，还有巴黎狂欢节、肖邦音乐节、法兰西岛地区音乐节、欧洲优秀青年艺术家音乐节、穿越古典音乐节、巴黎沙滩节、葡萄收获节等，还有著名的“巴黎不眠之夜”活动。其中巴黎狂欢节和巴黎不眠之夜彰显巴黎城市文化特色，而法兰西岛地区音乐节突出的是国家层面的法兰西文化，欧洲优秀青年艺术家音乐节、肖邦音乐节等则打造欧洲整体区域性理念。

再以纽约为例。首先，纽约市大型节庆文化活动有很多都冠以“国际”或“世界”的名称，表明纽约搭建了国际文化的交流平台，足以吸引世界各地的艺术团体前来进行交流和展示；其次，纽约市大型节庆文化活动有不少以世界其他民族冠名，比如波黑电影节、菲律宾电影节、韩国电影节、波兰电影节等，还有一些活动是世界各民族的庆祝日，比如巴西日、瑞典日、多米尼加日、波多黎各日等，充分彰显了纽约作为国际大都市其多元文化融合的氛围，及其胸怀世界的气魄和风范；最后，体现纽约博大胸怀的不仅在于其对不同族裔的兼容并蓄，还在于其对边缘性群体、弱势群体、前卫性艺术探索的宽容大度，纽约市大型节庆文化活动中有不少是为这些群体提供的交流平台，比如为业余爱好者举办的各类“地下电影节”、拉丁另类音乐大会、纽约国际边缘艺术节、同性恋、双性恋和跨性别电影节等。可见，国际大都市文化活动的内涵包容面极为宽泛，绝不仅仅是这座城市本身的历史和文化传统。

图 2–7　纽约狂欢节

对于国际大都市来说，与地方文化传统和地方特色相关的文化活动只是其文化活动的一部分，它所举办的文化活动还兼有宣传国家文化或民族文化的功能，尤其是一些国家首都级的大型城市，如巴黎、伦敦、东京、首尔等。纽约虽然不是美国的政治首都，但它和波士顿一样，被看作美国文化的象征和代表，是美国重要的文化中心。它所举办的文化活动所体现的不仅仅是纽约这座城市的历史和文化，很大程度上它是美国文化的代表，因此，在文化活动内容上的涵盖面要广泛得多，不可能仅仅局限于城市的地方特色。

（二）活动种类的多元性

相比较中小型城市或小城镇文化活动的类型而言，国际大都市世界级文化活动涉及的种类要繁复的多，涵盖音乐、戏剧、舞蹈等演艺活动、大型会展、体育赛事、狂欢游行以及各类以休闲娱乐为主题的节庆。以 2015 年在纽约市举行的大型节庆活动为例，2015 年纽约市有重大文化节庆活动逾 100 项，详见表 2–2。①

表 2–2 2015 年纽约市重大文化节庆活动

冬季电影节	纽约诗歌节	尼日利亚文化节
巴西狂欢文化节	国庆节	雷德胡克电影和视觉艺术节
皇后区新音乐节	艾滋慈善舞蹈节	酷儿国际艺术节
摄影舞蹈节	阿拉伯和北非美国人文化节	切尔西电影节
蓝调音乐节	新潮电影节	阿拉伯美洲人喜剧节
冬季红酒节	夏季室外音乐节	美食电影节
狂欢音乐节	莫扎特音乐节	CBGB 电影节
纽约舞蹈节	表演艺术马拉松	科幻电影节
犹太电影节	林肯中心艺术节	爵士乐作曲家音乐节
巴尔干音乐文化节	大都会夏季 HD 歌剧节	MIX 电影节
冬季爵士音乐节	夏季爵士音乐节	惊悚电影节
环球音乐节	纽约国际边缘艺术节	布鲁克林电子音乐节
美洲啤酒节	纽约国际萨尔萨舞蹈节	哥伦比亚音乐节

① 2015 年纽约市重大文化节庆活动，见 http://www.partyearth.com/new-york/festivals/all-annual。

续表

纽约素食节	香港龙舟节	新年荧幕电影节
爱尔兰文化节	纽约下城舞蹈节	啤酒音乐节
Aputumpu 音乐节	多米尼加文化节	趣味歌咏节
披头士粉丝节	西印度美洲人狂欢节	瑞典仲夏文化节
布鲁克林中心爵士音乐节	梦幻戏剧节	布鲁克林电影节
摩卡艺术节	纽约吉普赛音乐节	纽约国际电影节
绿色环保节	法兰西美食节	通俗音乐节
勒布斯基剧院节	巴西文化节	BAM 影院节
Take Two 电影节	秋季舞蹈节	仲夏音乐舞蹈节
电子音乐节	哈莱姆国际电影节	蓝调爵士音乐节
西区迎春节	首届爱尔兰戏剧节	地下电影节
艾丽斯岛文化节	康尼岛电影节	HBO 夏季电影节
哈瓦那电影节	纽约电影节	音乐红酒节
史丹顿岛喜剧节	全球市民音乐节	野生动物保护节
十五分钟短剧节	纽约城市电影节	时尚街区音乐节
纽约旅游节	Dumbo 艺术节	纽约市独立电影节
Triskelion’s 喜剧舞蹈节	中世纪艺术节	Bayanihan 文化节
南美音乐节	纽约滑稽剧节	韩国文化节
印第安电影节	纽约下城爵士音乐节	汉普顿国际电影节
非洲电影节	未来浪潮艺术节	马可波罗文化节
以色列电影节	纽约电视节	墨西哥文化节
布鲁克林民俗节	纽约客戏剧音乐节	亚太美国人文化遗产节
下城音乐节	Gotham 国际电影节	中央公园日本文化日
电子音乐狂欢节	摇滚乐音乐节	霍博肯艺术音乐节
哥伦比亚大学电影节		

仅从上述纽约的文化活动来看，就涉及影视、摄影、音乐、戏剧、舞蹈、展览以及世界上其他民族的文化日等等（还有为数众多的较小规模文艺节庆和狂欢游行、美食节等活动没有列入）。此外，纽约市每年举行很多各种规模、各种级别的体育赛事，其中具有较大国际影响力的是美国网球公开赛和纽约马拉松比赛。美国网球公开赛与世界上另外三个网球赛——法国网球公开赛、澳大利亚网球公开赛、英国温

布尔顿网球公开赛并列为世界四大职业网球赛。

再以上海为例，举办过世界博览会、国际电影电视节、国际艺术节、上海双年展、国际特奥会等种类繁多的世界级文化活动。由此可见，国际大都市举办的文化活动数量庞大，种类繁多，不可能通过打造某一单项种类的活动来达到世界知名的程度，比如斯德哥尔摩的诺贝尔奖颁奖仪式，或瑞士的达沃斯论坛等，都是通过一项特色鲜明的活动来标识城市的特殊性的，这些城市当然也举办一些地方性的文化活动，但这些活动规模小，远不可望世界级活动之项背，因此不可能对诺贝尔奖颁奖仪式、达沃斯论坛等世界级活动产生相互消解的作用，而国际大都市面临的挑战是，要在为数众多、种类繁杂的多元性世界级活动中打造出自身的城市特色。

二、在多元性中彰显城市文化独特性

国际大都市文化活动的多元性是否会弱化或淹没城市的特色，如何在保持数量庞大、种类繁多的国际包容性度高的同时依然保留城市的本土特色，是国际大都市不得不面临也是必须解决的问题。细察纽约和巴黎举办的大型文化活动会发现，虽然其内涵丰富，涉及种类繁多，但仍有不可磨灭的本土特色渗透在各类活动中，描摹出城市文化特色的清晰轮廓。

首先，文化活动所利用的地标性城市空间不可避免地带上这座城市独一无二的历史文化烙印。可以认为，举办文化活动的场所或空间是文化活动不可分割的组成部分，这些建筑、广场和街巷展示城市特色的方式虽然默默无语，但却是不容忽视的。伦敦的威斯敏斯特宫殿和泰晤士河沿岸、大本钟、皮卡特里广场、特拉法加广场，纽约曼哈顿的帝国大厦、时报广场，巴黎的埃菲尔铁塔、凯旋门、协和广场、香榭丽舍大街和塞纳河两岸，上海黄浦江两岸的外滩和陆家嘴、人民广场、豫园等，这些城市地标性空间，既是城市的象征，同时也是举办各类文化活动频率最高的场所。这些城市空间所携带的历史文化元素和讲述的城市陈年往事，都是各个城市独有的不可替代的篇章。纽约每年的庆新年活动都在时报广场举行，纽约中央公园以及纽约第五大道（第 33—90 街之间）被认为是曼哈顿的核心区域，纽约舞蹈节、纽约书展、圣帕特里克节大游行以及圣诞前夕的第五大道圣诞庆典活动等都在这个区域举行，万圣节大游行从格林威治村出发也经由曼哈顿中城的这个区域，洛克菲勒中心坐落在这个区域，每年的圣诞树点灯仪式就在洛克菲勒中心举行。再看法国。法国重大节庆期间都会在巴黎香榭丽舍大街从凯旋门到协和广场路段举办盛大的游行和庆祝活动，

图 2–8　泰晤士河节

塞纳河两岸也是巴黎各类文化活动首选的场所，“巴黎不眠之夜”则将文化活动遍布巴黎所有的地标性建筑和广场。再看英国伦敦。伦敦的很多文化活动也都在泰晤士河畔举办，展示被视为伦敦标志的威斯敏斯特宫和大本钟等地标性建筑，每年 9 月份还在位于伦敦眼和伦敦塔桥之间的露天公共场地举行泰晤士河节，感怀伦敦以及泰晤士河的悠久历史，是伦敦最大的一个艺术节，包括音乐、舞蹈、狂欢会、河上竞舟等，堪称伦敦嘉年华。2012 年伦敦奥运火炬也是由贝克汉姆坐快艇经沿泰晤士河最终抵达奥运场馆。

新加坡的滨海湾和滨海艺术中心堪称是举行新加坡文化、音乐和艺术等活动的首选之所，滨海艺术中心以其“榴莲”状独具特色的建筑风格赢得了新加坡标志性建筑的地位，成为新加坡城市文化的象征。

图 2–9　新加坡国庆焰火

上海黄浦江畔的老外滩是上海城市历史的见证，而对岸的陆家嘴金融区又是代表上海改革开放40多年的新的历史里程碑，因此，2010年上海世博会的开幕式选择在浦江两岸举行。

由此可见，虽然国际大都市文化活动内涵和形式具有丰富的多元性，但由于举办文化活动的场所带有不可替代的城市文化特色，因此，使得国际大都市的文化活动虽然内涵丰富、种类繁多，但依然能在纷繁多样的文化活动中默然但执着地彰显城市的历史传统和文化特色，并且在城市地标频频举办的数量庞大的文化活动，某种程度上通过反复强调这些文化地标，反而加深了人们对这座城市独特魅力的深刻印象。当然，关键前提是，国际大都市要能完好地保存具有承载城市历史文化特色的地标性建筑或广场、河流等城市空间。

其次，国际大都市文化活动往往紧扣这个城市或所在国家在全球具有领先地位的产业或艺术门类。以纽约为例。根据波士顿咨询公司的研究，纽约影视业投资巨大，增长迅速，2002年投资为42亿美元，2008年即增长为60亿美元，2009年为63亿美元，2011年为72亿美元，2012年为73亿美元，2013年为78亿美元，2014年达87亿美元，从2011年至2014年的平均增速达6.4%，大大超过美国经济的平均增速。纽约影视业的全职雇员数量也呈现增长趋势，2002年雇用78000人，2011年达94000人，2012年为97000人，2013年为101000人，2014年又增为104000人，是纽约名副其实的支柱性文化产业。[①]

① 纽约影视业的全职雇员数量，见 http://www.nyc.gov/html/film/downloads/pdf/bcg-report-10.15.pdf。

表 2–3　2002—2014 年美国影视业投资额及雇员对照表

年份	投资额（亿美元）	雇员（万人）
2002	42	7.8
2011	72	9.4
2012	73	9.7
2013	78	10.1
2014	87	10.4

从表 2–3 可以看出，影视类活动在数量上尤其占据突出地位。以影视类为主的文化活动，汇聚了世界各国的影视人才和影视作品，反映了美国作为世界影视中心的地位，也反映了纽约作为美国影视文化中心的地位。因此，纽约堪称“影视之都”。再比如巴黎，巴黎是目前世界上展览业世界排名第一的城市，它不仅拥有世界一流的展馆设施，还具备了世界一流的展业服务水平，而且在展览数量上也呈上升趋势。据巴黎官方统计，2010 年在巴黎举办的各类大型国际性展览有 384 项。巴黎多年来一直努力保持其世界会展中心的地位，每年举办各类大型展览吸引世界各国的展商，且会展内容又以时尚类展览为主，这使巴黎在成为会展中心的同时，又保持了时尚中心的魅力。再看东京。日本动漫产业名扬全球，而东京这座城市堪称全球“动漫之都”，因为日本 78% 的动漫企业聚集在东京，92% 的动漫公司总部也设在东京，世界上 60% 的动漫产品产自东京。每年在东京举行的种类繁多、内容丰富的文化活动中，与动漫主题相关的活动是其一大亮点，也是凸显其城市文化特色的重要载体，如东京国际动漫节、东京电玩展、日本动漫软件展、动漫主题曲夏日演唱会等。东京动漫节庆产业和节庆文化的相互促进，共赢发展，既推动了东京城市文化创意产业的发展，也打造了城市文化的独特魅力。以动漫为核心的文化活动，不仅推动了

文化产业与城市文化的交融，还承载了打造和传播东京城市文化形象的使命，夯实了东京“动漫之都”的国际形象。即便是一些综合性的节庆活动，如秋叶原娱乐节，也随处可见动漫的身影。秋叶原娱乐节是以其举办场所秋叶原命名的，秋叶原原本是一条电器街，集中销售游戏、漫画、动画产品等，成为东京以至日本最新的尖端科技与媒体新艺术结合的研发基地。秋叶原娱乐节期间，不仅有与动漫相关的各种娱乐节目，也包括新产品展示、新软件发布、限量版动漫产品发售、知名声优签名、抽奖等互动型活动。[①]“动漫节庆作为东京构建特色文化城市的一种重要手段，为人们提供了一种别致的可供观赏和体验的文化景观，它最大限度地依托于东京固有的动漫文化基础和产业基础，形成了以动漫文化要素的产业转化和塑造特色城市文化生活的基本架构”。[②]

三、大型活动内涵的国族性与国际性

国际大都市承载和传播的特色文化有两层含义，一是与城市本身历史文化传统相关的特色文化，二是民族或国族文化特色。有时后者在某种程度上更为重要。因为中小型城市的大型文化活动所打造的城市特色多以地方性为主，而国际性大都市往往同时也是本土的国家层面文化集散中心，通常是在本国具有经济和文化中心地位的城市，能够代表一个国家文化发展的最高水准和最大宽容度，其大型文化活动由于其在规模和数量上的优势，其在内容和形态上的丰富性，才更有可

① 景宏：《日本动漫产业的发展及其对世界的影响》，《日本学刊》2006年第4期。
② 景宏：《日本动漫产业的发展及其对世界的影响》，《日本学刊》2006年第4期。

能成为演绎民族文化的舞台，足以胜任承载和传播民族文化 / 国族文化的使命。

伦敦、巴黎、东京、首尔等城市作为国家首都所在地更义不容辞地成为国家文化的象征，其所举办的文化活动有不少是国家级的盛典，除了彰显城市本身的文化历史遗产，还必须涵盖全国各地区的文化，打造英伦文化、法兰西文化、日本文化或韩国文化，如巴黎的法国国庆节盛大阅兵仪式和艾菲尔铁塔的焰火，首尔举行的诸如“文化遗产年”“韩国文化旅游年”等活动，所展示的都是一个国家的文化传统。伦敦虽然有众多以打造伦敦城市品牌为核心的文化活动，如“自豪伦敦”“伦敦故事”“伦敦旋律”等大型活动，但伦敦奥运会、逍遥音乐节、“莎士比亚生日派对”、大英啤酒节等却着眼于英国文化传统的展示。莎士比亚是英国文学的泰斗，不仅属于他的家乡斯特拉特福，更属于英国，所以虽然他的家乡不在伦敦，但作为首都城市，作为国际大都市，伦敦有充分的理由和资格来举办纪念莎士比亚的文化活动。2012 年伦敦奥运会开幕式上，第一幕《绿色乐土》即由青年合唱团演唱 4 首民谣，分别来自组成英国的英格兰、苏格兰、威尔士及北爱尔兰四个地区，第三幕《快乐与荣耀》取名于英国国歌的歌词，跳伞表演的降落伞图案是英国国旗。东京举办为数众多的动漫主题活动，不仅因为东京是“动漫之都”，而且因为动漫文化是日本的传统文化之一，动漫在日本已有近百年的历史。根据日本三菱研究所的调查，87%的日本人喜欢动漫，84%的日本人拥有与动漫有关的商品，动漫文化在日本是一种具有全民性质的文化。因此，东京的各类动漫主题活动既是传播东京城市文化的载体，也是传播日本文化的载体。

而纽约作为美国的经济和文化中心，纽约的城市文化通常也被看成是典型的美国文化，所谓没到过纽约等于没到过美国。从美国作为影视业巨无霸的地位而言，虽然洛杉矶是美国电影业的第一重镇，但纽约是美国电视业的霸主，是全球仅有的三个涵盖影视业全领域的城市之一（纽约、洛杉矶、伦敦），是美国最大的纪录片制作中心，因此，代表美国文化中心地位仍然非纽约莫属，这也是为什么纽约的节庆活动中有那么多各类电影节。“文化大熔炉”是美国文化的一个重要标志，也是纽约城市文化的一个重要特色，因此，纽约举办的林林总总的电影节也体现了美国文化的包容性，其博大胸怀不仅在于其对不同族裔的兼容并蓄，比如美洲印第安人影视节、哈瓦那电影节、以色列电影节，还在于其对边缘性群体、弱势群体、前卫性艺术探索的宽容大度，纽约市大型节庆文化活动中有不少是为这些群体提供的交流平台，比如为业余爱好者举办的各类“地下电影节”、酷儿国际艺术节、纽约国际边缘艺术节等。

以文化包容性为国家文化特色的还有新加坡。新加坡是一个城市国家，既是首都，也是整个国家，因此新加坡文化活动中国族文化特色与城市文化特色是吻合于一体的。新加坡 2015 年的发展目标中就强调了建设具有包容性的独特的多元文化等理念。总体来看，新加坡的文化多元还是偏向于亚洲文化，比如它的节庆端午节、中秋节等是华人的节庆，屠妖节、大宝森节是印度文化特色，还有马来文化特色的伊斯兰教节庆。可见，新加坡的文化多元仍然主要以亚洲文化为核心，因为新加坡的多种族构成主要是华裔、印度裔和马来裔。而纽约的人口由多族裔移民构成，其中白人人口占 35.3%，西班牙裔人口占 27.6%，黑人人口占 23%，亚裔人口占 11.9%，两种以上种族混血的人口占 1.3%，美洲印第安人口占 0.2%，夏威夷及太平洋岛屿土著及其他种族占 0.73%。纽约的多种族构成也是美国多种族构成的集中体现和典型象征。新加坡和纽约虽然都将“多元性”和“包容性”作为城市文化的特色文化，但显然纽约对世界文化的包容度更大，因此“文化大熔炉”既是美国文化的特色，也是纽约的城市特色。可见，国际大都市文化活动的民族性 / 国族性是区别于中小型城市文化活动的一大明显特点，也就是说，中小型城市文化活动更偏向于彰显地方文化，而国际大都市更偏向于彰显民族文化或国族文化特色，因为它所处的是一个国际文化交流平台，因此国际大都市的文化特色在某种程度上与一个民族国家的文化特色重叠。

同时，国际大都市文化活动是高度国际化的。中小型城市举办的一些文化活动有时虽然也是国际性的，比如戛纳电影节、阿维尼翁戏剧节等，但毕竟整个城市具有国际性的文化活动每年也就屈指可数的几个，比之国际大都市文化活动仍望尘莫及。国际大都市文化活动的高度国际化体现在以下几个方面。

首先，具有国际文化交流平台性质的文化活动在数量上和时间跨度上远远多于、长于中小型城市，其世界级或国家级文化活动往往贯穿全年，从纽约、伦敦、巴黎等城市 2011 年举办国际性大型节庆的数量来看，根据伦敦市政府《世界城市文化报告 2012》的统计，纽约 2011 年举办了 309 个节庆，伦敦、巴黎的节庆数量，则分别为伦敦 254 个，巴黎 360 个。[①] 以巴黎的国际性展会为例，常规性的冠以“国际”名称的展会，仅 6—11 月半年间就有：6 月国际航天航空展览会、国际

① World Cities Culture Report，2012，见 https://www.iau-idf.fr/en/resources/publications/edition/world-cities-culture-report-2012.html。

婚礼服饰展；7 月国际服装及纺织品定牌贸易展览会、国际内衣泳装及面料展、国际贸易展（每年三次）；9 月时装配件国际贸易展览会、国际家居展览会、国际家具展、国际家居用品设计展、国际面料展；10 月国际汽车配件展览会、国际食品及饮料博览会、世界制药原料展、国际美容美发展；11 月国际建筑展览会、国际包装技术及设备展览会、国际门窗展览会、国际工业配件市场展览会、国际卫浴展览会、国际供暖、制冷、空调、新能源及家用电气展、国际橡胶及塑料展。还有一些未以“国际”冠名实则世界性的展会如巴黎时装展、巴黎当代艺术展等。这样的规模和体量显然是中小型城市难以企及的。再看伦敦。伦敦的各种国际性文化活动也是贯穿全年，1 月的伦敦艺术展、2 月一年两度的伦敦时装周引领全球风骚，来自世界各地的时尚爱好者、服装设计师、时尚杂志记者等齐聚伦敦；夏季的逍遥音乐节和诺丁山嘉年华；10 月的伦敦电影展汇集了来自世界各国 300 多部杰出而富有况味的电影；11 月的伦敦爵士节有将近 2000 名来自世界各地最杰出的爵士乐手在伦敦聚首，在 60 多个演出场地，由重量级的爵士乐手提供世界级的爵士盛宴；12 月圣诞老人大游行。这些活动不仅有来自世界各地的人参与，而且在内容上也是世界性的，比如时装周展示的时装风格就融入了世界各地民族文化的元素，音乐作品也是由世界各地音乐家创作或演奏的。

其次，文化活动参与者的国际化程度也很高，因为国际大都市往往是一个国家的政治或经济或文化中心，因此成为世界各国人们商务、政务和休闲旅游的目的地，这些城市每年接纳的来自世界各地的演出团体或参展团体数不胜数，而观摩或体验活动的民众也来自世界各地。以纽约为例。纽约市每年吸引大量的国际游客前来，2007 年国际游客

730 万人次，2011 年达到 970 万人次，涨幅近 33%。纽约 2014 年国际游客为 1200 万人次，2015 年为 1230 万人次。①

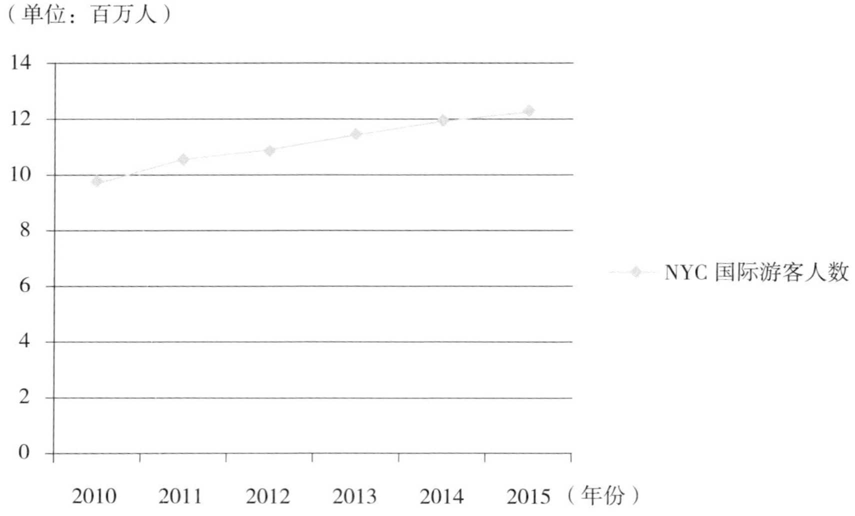

图 2-10　2010—2015 年到访纽约市的国际游客数量变化图②

这些游客大多不同程度地参与了纽约举办地各类文化活动，据纽约艺术联盟的统计，2009 年访问纽约的游客中有 1900 万游客参与了纽约市的各类文化活动，占游客总数的 42%，其中 77% 是国际游客，33% 是美国国内其他城市和地区的游客。国际游客参观历史遗迹的占 77%，一般观光的占 67%，参观博物馆和画廊的占 59%，参观文化遗产的占 42%，观赏音乐会和戏剧演出的占 40%。③ 再看巴黎。巴黎是世界排名第一的旅游目的地城市，据巴黎旅游局统计数据，巴黎每年有

① 见 http://www.nycandcompany.org/research/nyc-statistics-page。

② 见 http://www.nycandcompany.org/research/nyc-statistics-page。

③ 见 http://www.alliancefor arts.org。由于 2008 年开始的全球金融危机的冲击，纽约艺术联盟也受到重大影响，2009 年是其公布统计数据的最后一年，2012 年之后，其网站甚至停止了更新。

近5000万来自世界各地的游客。从参与巴黎展会的情况来看，巴黎举办的各类国际展会每年吸引了大量来自世界各地的人们参与。不仅参展方来自世界各地，而且参观者也来自世界各国。

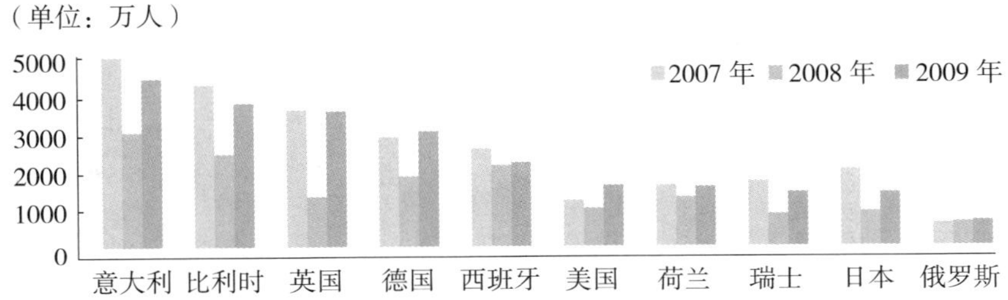

图2-11 巴黎旅游局统计的2007—2009年各国参观人数前十位

参观人数列前十位的分别来自意大利、比利时、英国、德国、西班牙、美国、荷兰、瑞士、日本和俄罗斯。数据显示，2013年，到巴黎的外国游客为1550万人，比2012年增长了8.2%，其中210万人来自英国，占比最高，紧随其后的是来自美国、德国、意大利和中国的游客，而且中国游客首次超过日本。① 相比较于中小型城市，尤其是那些依靠一两个品牌文化活动扬名全球的城市，由于每年举办的国际性活动数量少且时段短，因此只有举办活动期间城市才呈现出一定的国际性。因此，高度的国际性是国际大都市区别于中小型城市的一大特色。

相对于本土中小型城市而言，文化活动的高度国际性是国际大都市的城市文化特色，即国际大都市构建城市文化特色具有双重向度：民族性（国族性）和国际性。国际大都市的城市文化在不同向度呈现出

① More Americans Choosing Home Port Cruises Than Ever Before，见 http://www.eturbonews.com/43597/paris-foreign-visitors-highest-level-10-years。

不同特色，即城市文化在国际城市群中呈现的特色，不同于其在本土城市群中呈现的特色。在国际城市群中，国际大都市展示的城市文化特色很大程度上是一个国家的民族/国族文化，而相对于本土中小型城市而言，国际大都市展示的城市文化特色则是高度国际性。

当然，国际大都市的“国际性”也各有差异。比如亚洲国家城市东京、新加坡、首尔等相对于纽约、巴黎、伦敦而言，其“国际性”的特征可能更偏重于地区性而不是全球性。东京、新加坡和中国香港，由于其在亚洲经济中的领先地位，长期以来也都各自以亚洲文化中心自居，精心打造区域文化中心的城市形象。东京在追求国际化的同时，力求保持其在亚洲的文化领先地位，东京国际电影节获得国际电影制作者联盟的认可，自 1985 年开始举办国际电影节，现在它已经成为世界备受瞩目的 12 个重大国际电影节之一，也是亚洲最大的电影节，领导亚洲文化新潮流的“亚洲之风”。著名的“亚洲舞台艺术节”也是在东京首次举办，吸引了新德里、马尼拉、首尔、中国台北、河内等亚洲城市参加，并通过在亚洲各城市巡演，彰显了东京城市文化在亚洲的魅力。但由于历史原因，日本在亚洲国家中的亲和力和引领作用毕竟有限，而且在人口族裔分布上相对单一，因此不如新加坡更易发挥亚洲文化中心的作用。新加坡人口主要由华裔、马来裔、印度裔构成，在亚洲文化多元性方面远胜于东京。且新加坡向来是美国、欧洲公司设立亚洲总部的首选地点。近年来，许多亚洲公司将新加坡选为进军全球市场的平台，目前，一共有 26000 家国际公司立足新加坡，三分之一的“财富 500 强”公司选择在新加坡设立亚洲总部。新加坡的文化活动力图反映新加坡社会的不断成熟及应和全世界对亚洲不断升起的兴趣，力图将新加坡打造成亚洲原创内容的首选之地。新加坡信息传播艺术部及国家遗产委员会也鼓励东南亚联盟国家及其他亚洲地区的艺术家在新加坡创造及首演其艺术作品，以充分利用新加坡的文化设施并将新加坡打造成亚洲的创意行为中心。新加坡艺术节被认为是亚洲最好的艺术节之一，通常会吸引 60 万观众参与到其售票及免费的活动中来。亚洲艺术交易会使得当地及周边地区的艺术团体将新加坡作为向全世界进行发布的场所。新加坡艺术节、新加坡双年展及新加坡作家节将被强化为发现亚洲人才的平台。香港每年秋季 10—11 月举行的不同专题的艺术节，也是旨在提升公众对香港、亚洲和世界各地文化和艺术尤其是亚洲文化艺术的认识、了解和欣赏，并推广香港作为亚洲文化大都会的形象。2001—2004 年举办的“中国传奇艺术节”，呈现以中国传奇、民间传说、历史及传奇人物为主干的演艺节目，体现对中国传统文化的传承。自 2002 年开始每年举行的“新视野艺术节”，以亚洲为焦点，安排优秀且具有创意的跨文化演艺节目在艺术节中演出。为促进居港亚裔各族裔之间的文化交流，香港康文署与菲律宾驻港总领事馆每年合办“菲岛乐悠扬”音乐会，汇聚多名菲裔音乐人担纲表演。香港还每年邀请各驻港领事馆合办“亚裔艺采”系列活动，以当地民族音乐、舞蹈，加上本地艺术团体的精彩表演吸引观众。

可见，亚洲国际化大都市在文化跨国界或“国际化”的程度或范围上与纽约、伦敦、巴黎等欧美国际大都市还是有一定的差异。纽约、伦敦、巴黎等城市由于历史原因，其人口构成的多元化遍及欧洲、美洲、非洲和大洋洲，在种族上涵盖白、黑、黄种人，因此这些城市不仅是其所在地区的文化中心，比如伦敦、巴黎也注重打造欧洲文化的交流平台，但毕竟它们都有更广阔的世界舞台，而亚洲国家的大都市东京、新加坡等基本人口构成仍是亚裔，因此在国别文化的跨度上相对有限，偏重于打造亚洲文化中心。但这些亚洲大都市彼此之间的定位也仍有差异，比如新加坡文化活动传播的亚洲文化中除了中华文化，印度文化和马来文化也同样是其亮点。而香港所传播的亚洲文化中广粤文化的成分较多，香港民政事务局和康文署很重视粤乐等本地文化瑰宝的推广与发展。康文署主办“广东音乐系列”，委聘本地中乐团体演出以粤乐/广东音乐为主题的音乐会，并在“小区文化大使计划”中支持本地中乐团体以讲座、演出和展览等方式推广粤乐/广东音乐。香港艺术发展基金也曾资助中乐团体到海外作文化交流推广粤乐。广粤文化是亚洲很多国家的华裔居民所共有的地域文化之根，所以广粤文化的形象也是跨国界的，能够引起亚洲很多国家华裔移民的共鸣。而东京、上海、首尔，由于历史上中华文化的传播，东京和首尔所代表的日本文化和韩国文化都深受中华文化的影响，并至今在其文化中保留着中华文化的元素，因此这三个城市形成了东亚文化圈，东亚文化可谓这三个城市文化活动的区域性跨国特征。

四、国际大都市与文化特色的双重建构

由于国际大都市大型活动在内涵上同时具有国族性和国际性，因此国际大都市的城市文化特色是一个双重概念，即同时具有本土性（地方性和民族性）和国际性（区域性）。这种双重向度基于将城市文化特色理解为一种相对特色，即国际大都市相对于其他国家的大都市而言，其彰显的城市文化特色带有较强的民族文化/国族文化特色，而所展现的民族文化或国族文化中又交织渗透着富含城市地方历史文化的诸种元素。相对于本国中小型城市而言，国际大都市高度的国际化又成为

其区别于中小型城市的文化特色，这种国际化有时表现为区域性文化跨界，表明国际大都市有能力有资格成为世界舞台或至少一个区域性舞台的文化交流中心。因此，对于上海、北京等国际化程度较高的中国一线城市而言，大型文化活动在构建其文化特色方面，也是一个双重建构的过程。

（一）第一重建构：在国际城市舞台上，通过以本土文化为核心的大型文化活动构建城市的本土特色

由于上海、北京等大都市每年举办的世界级大型活动较多，因此本土文化特色更适宜于以本土文化元素的形式糅合渗透进林林总总的大型活动中，以反复强化，加深印象。这些本土文化元素既包括北京、上海等城市各自独特的历史文化特色，也有代表中国文化的元素，因为北京、上海的很多大型活动是代表中国，向世界展示中国文化。尤其是北京，作为中华人民共和国首都，在世界舞台上展示的是中华几千年文明的流传，是全中国五十六个民族的文化，这正是 2008 年奥运会开幕式大型文艺表演所力图展示的。国外媒体的报道也是纷纷盛赞奥运会开幕式是“中国文化”的完美演绎。虽然在这类大型文化活动中突出的必然是民族文化 / 国族文化，而不是北京的城市文化，但北京这座城市的元素却渗透于其中。首先是冠名，2008 年奥运会是以“北京”冠名的，而不是“中国”，奥运会把全球人的目光都吸引到了“北京”，并因为“北京奥运会”而加深了对这座城市的印象。其次，奥运会开幕式结束时的焰火表演，也向全世界观看开幕式的观众展示了北京这座城市的地标性建筑和空间，包括古风古韵的永定门、巍峨雄踞的居庸关长城和见证了历史兴衰的天安门广场等。这座城市所拥有的独一无二的特质尽显无遗，这种展示城市本土文化特色的方式是与展

示民族文化/国族文化糅合在一起的，似乎是顺带的，虽不事张扬，但却让人对这座城市留下深刻印象。

再看上海，较高程度的国际化和国际国内经济文化地位也使这座城市成为中国首屈一指的世界性文化交流重要舞台之一，举办过世博会、特奥会、一级方程式国际大赛、国际泳联世界锦标赛等国际赛事以及国际艺术节、国际电影节和一些世界级展会，还举办过上海合作组织成立大会、APEC 等重要国际活动。虽然上海不是首都城市，但其举办国际大型活动的能力以及对全球性大型活动的吸纳力方面并不比北京逊色。当北京利用其作为首都的政治中心优势时，上海可以利用自身非首都的地位强化城市概念和区域中心概念。首先，当北京大型活动向国际舞台展示的文化特色更为民族化或国家化，上海就应该将更多的上海城市特色元素和长三角区域性江南文化特色元素融入各类大型活动中，专注于其城市身份的亮相和长三角区域文化中心城市地位的奠定。其次，以城市身份加强与国际国内其他城市之间的城际交流。国家发改委 2016 年公布的《长江三角洲城市群发展规划》首次提出要“提升上海全球城市功能”，“全球城市”因此成为上海面向 2040 年的发展目标。《上海市城市总体规划（2016—2040）》适时公布，据此确立了上海至 2040 年的发展新目标：建设卓越的全球城市，国际经济、金融、贸易、航运、科技创新中心和文化大都市。借助于“全球城市”这一目标定位，上海可以牵头策划举办一些城际合作或城际巡回的大型活动，以强化城市概念和城市身份。比如“上海城市空间艺术季”“上海智慧城市体验周”“上海—台北城市论坛”“上海、香港、台北、深圳四城市文化论坛”“太湖文化论坛”“相聚长三角”等等，这些活动有些已经成为品牌活动，为今后上海力推以城市为主题、以城市为参与身份的大型活动奠定了良好基础。在此基础上可以策划更多的城际活动，比如“上海纽约伦敦城市电影节”“上海东京首尔新加坡四城艺术节”等等。最后，在一些类同的大型活动中，准确定位城市特色，以确保错位发展。比如，北京、上海都举办过“国际电影节”“国际艺术节”，北京以其首都的政治中心地位，已经不可撼动地成为中国的文化中心，吸纳了全国最好的艺术家集聚北京，其汇聚资源和人才的能力是上海难以企及的。因此，上海国际电影节必须在定位上与北京国际电影节错位发展。北京的首都地位使北京国际电影节必然采取综合性和高端性定位，那么上海国际电影节就应该突出专题性和前卫性，且将这种专题性和前卫性与上海城市文化的特质高度关联。上海不像北京那样背负着几千年文明的传承，但却是中国最早现代化和都市化的城市，是中国现代都市文明的先锋，因此，应保持并突出这一前卫性特色，使上海成为展示各类实验性创新艺术的橱窗，并以前卫性作为城市的本土特色亮相国际舞台。

（二）第二重建构：在本土城市舞台上，通过以世界民族多元化的大型活动构建大都市的国际特色

当一座城市的“国际性”作为这座城市的特色时，是相对于这座城市所在国家的其他国际化程度不够高的城市而言。如前所述，国际文化大都市由于具备了文化设施、文化空间、文化政策、文化服务和文化资本方面的优势，有能力吸引到世界各地丰富多彩且水平一流的文化活动和来自各国的参与者，国际性活动数量之多、规模之大是其他中小型城市望尘莫及的。在中国，大型国际活动首选的城市往往就是上海和北京，国外一些著名剧团和演员到中国来演出，也往往选择北京和上海。因此，北京和上海相对于国内其他大多数城市而言，其“国

际性”的特色和优势是显而易见的。但随着中国改革开放的进一步深入，上海和北京如何凸显其国际化的优势，也不得不面临一定的挑战。全国各个城市的国际化步伐都在加快，西安、深圳、广州、大连、青岛、杭州等城市的国际化程度也在逐步提升。以深圳为例，仅 2015 年举办的国际性大型活动就有国际海报节、国际摄影艺术展、国际工业设计大展、国际水彩画双年展、国际电玩节、国际打击乐文化节、国际创客周、国际文化产业博览交易会等等。再看大连，2015 年举办的国际性大型活动有国际服装节、国际徒步大会、国际沙滩文化节、国际啤酒节、国际游艇展、国际渔业博览会等等。虽然这些城市举办的国际性大型活动在数量和规模上依然不及北京和上海，而且虽然都冠以“国际”的名称，但国际参与度的层次和规模也参差不齐，但这些城市国际化步伐之加速确实有目共睹，英气逼人。上海和北京应该充分发挥既有的国际化优势，通过增强国际性大型活动举办的频率和规模、增加国际性大型活动举办的数量来维持并提升其城市国际化的地位。此外，还应该通过拓展外籍人士对大型活动的参与度来凸显城市的国际化特色。根据 2010 年人口普查数据，居住在上海并接受普查登记的外籍人员有 14.32 万人，位居全国之首，居住在北京并接受普查登记的外籍人员有 9.11 万人，位居全国第二。如果能将这些外籍人士吸纳到城市举办的各类大型活动中，将大大增强上海和北京的国际影响力，并夯实其在国内各城市中所具有的鲜明突出的、引领性的国际化特色。不仅如此，北京、上海等城市国际化特色的打造，还应以纽约、伦敦、巴黎等国际大都市为参照目标，找出差距和优势，跻身于全球公认的国际大都市行列，并在国际化程度上与纽约、伦敦、巴黎等城市平分秋色。

总之，国际大都市文化特色的打造具有本土化和国际化双重相度，这双重相度必须是相互关联、相辅相成的，即高度的国际化以不牺牲本土特色为前提，在包容各类异质文化的同时，不仅不失本土特色，而且要通过高度国际化的大型活动平台，把本土文化特色彰显得更为淋漓尽致，使本土特色更为国际化。

第三章　大型活动在全球化浪潮中为城市带来的机遇和挑战

第一节　大型活动：网络时代大城市的竞争和作为

一、网络时代的文化创意往往决定城市在全球体系中的地位

古往今来，人类社会发展变革的源泉和主体都是文化。文化，不仅是自我认知的根源所在，还为国际发展与合作不断地提供着机遇。无论在城市、国家抑或国际层面，文化都是发展项目设立时社会与经济创新的强大动因，同时也是一种本地资源，蕴含着巨大潜力，能够吸引经济，创造就业，提升收入，带动投资。

正因为文化产业能够招商引资，促进就业，并对其他方面产生影响，所以国际上公认，文化产业对于任何国家而言，都是经济与社会发展的根本动力之一。在文化产业的初始阶段，出版业是这一领域的急先锋，以广播、电视、影音为代表的视听行业得到了蓬勃发展。到 21 世纪，技术的发展更是日新月异，新兴的通信手段如互联网等，几乎就在人人触手可及的范围内，瞬间就能传送娱乐、信息、教育等产业的文化资产，以及所有这些产业的文化产出。这一切都以前所未有的方式促进着文化产业自身在创立、生产、营销和传播阶段的飞速发展。

文化产业还带动了经济资源和经济自身的发展。全球网络的联通，使得无论是在现实还是在虚拟空间，国家间的沟通和了解都得到了增强。这有助于提高创造性，进而延续文化的多样性，同时还使得各民族的文化遗产更容易被加以传承、保护与开发。

然而，在全球市场，尤其是在视听、音乐以及信息通信产业，活跃着许多跨国的文化和信息产业公司。次发达国家的文化产业日益依赖于这些跨国公司，这些公司也从中受益颇多。在新自由主义经济中，20 世纪以来保护本地文化产品的贸易壁垒和限额不断被取消，同时，这些国家并无面向世界的文化政策，于是在这里，那些跨国公司能将其文化产品输出到更为广阔的市场，从而获取巨大的经济利益。

一个国家的文化要得以发展，其根本在于制定自己的文化政策，并给自身这些产业确立创新的标准。唯有如此，才能在超越国界进行发展的同时，克服传统文化的地域性限制，做到既捍卫自我认知，又能彰显自身文化的特性。

21 世纪的一大标志性需求，是全球和地区间的和谐共处。今天，制定城市文化政策时，需面对的是占主导地位的网络和信息技术。通过这些技术变革，我们能在近些年中清楚地体会到，一种以无形资产为特点的知识经济或者经验经济日渐重要。在网络时代中，能否进行创意和实现创意决定着能否在全球体系中占据领袖地位。大城市恰好可以为此提供平台。这对城市自身而言也是天赐良机，能使大城市适应全球化的趋势，创建信息化社会，让自己成为全球经济中的节点，并置身于公共政策的中心。而且，良好的文化环境本身就可以创造财富，其本身更是创造就业的大户。同时，在通过文化产业、手工业和旅游业直接创造财富时，还间接地产生附加价值，进而为更多经济活动的出现创造了积极条件，也为提高市民的生活水平作出贡献。

制定城市文化政策，首先，应重建具有节庆气氛的街道，恢复公共空间的文化性。这能让大部分居民有可能享有多元文化，向他们提供引人入胜的演出。其次，要恢复文化传统和节日，创建围绕城市某个突出主题的艺术盛会，使其成为展示城市形象的重要手段，并逐渐奠定城市在文化生活中某个领域的领袖地位。这一过程需持之以恒，不能仅昙花一现。除此之外，还要建立与该节会主题相关但不仅限于节会期间的培训机构与资料管理机构。以英国爱丁堡为例，其艺术节不断产生相关就业需求，与此同时，艺术节也是对城市的一种间接宣传，使爱丁堡成为文化旅游中不可或缺的篇章。

如果举办此类文化盛会的大城市建有国际机场，能够提供住宿，拥有与交通相关的基础设施，还有吸引人的文化古迹，并能提供文化和商务旅游，那这座城市便会从人来人往中获得可观收益。上海正是这样一座城市，它拥有这一切，是历史积淀与充沛活力的完美结合。这里有丰富多彩的有形元素，如独一无二的建筑遗产加之无与伦比的美食文化；此外，上海还拥有自己的无形元素，这是一种精益求精的现代精神。有形与无形元素的交织，对于一座大城市而言至关重要。身处于此的旅游者，会感受到这座城市卓尔不群的气质，体会到其包容并蓄的性格。

在过去几十年的经验中，文化之于城市经济发展的重要性毋庸置疑。许多城市都分析过艺术和文化活动对经济的影响，并将其细分为针对艺术节、博物馆、临时展览、文化之都、艺术机构，甚至商业音乐会的研究。研究结果表明，文化对大城市而言能产生带动地区发展、刺激经济活力等有利影响。

二、大城市要将自身构建成面向世界的橱窗，通过大型活动展示自己美好的形象

在全球化的世界中，大城市是利用媒体和文化产业举办国际大型活动的理想场所。对于城市形象而言，由此获得的巨大反响无疑是场大规模的正面宣传。而若想专门去对一座城市进行宣传并取得如此效果，则根本无法获得相应的财政支持。

在当下的国际化浪潮中，经济已经不再限定于某一地点，而是更多地强调其流动性。一些为数不多的大都会，将自己打造成为整合各种硬件资源，专门举办大型活动的平台，从而变成全球体系中不可或缺的环节。然而，在大城市间的竞争中，必然会有一些城市脱颖而出，成为受益者。同时，必然也有些城市因此而衰落，成为昨日黄花。换言之，当一些城市凭借融入全球体系而获益时，另外的一些城市却可能被排除在体系之外或就算留在体系中，也只能屈居从属地位。

这些大城市之间既相互依赖又互相竞争，于是产生了合作模式。同时，在全球经济中，它们之间也建立了交流经验和提供服务的网络，使大家能够共同参与决策。

那些谋求全球地位的城市借此采取适当的策略，使自己每时每刻具备竞争的活力，将自己打造成为引人注目的焦点。唯有如此，才能招徕大型活动并涉足社会领域，将自己整合进全球体系中。

此外，大城市中的工业迁移到了劳动力更为廉价的地区，从而推动自身经济向第三产业转型。第三产业的竞争力则取决于能否具备向世界辐射的能力，以及能否借此吸引各种资本。在这一层面，大型活动的举办不仅体现了一座城市的国际战略，它还是一种短期的重要经济活动，换言之，大量公共投资会用于城市某些特定区域的改造。那

些大型国际活动，如展会、奥运会、世界杯、论坛等给举办地带来的变化，就属于这种情况。这些城市采取某些战略，以期构建面向世界的橱窗，通过对城市的各项设施和基础建设进行改造和升级换代，在不久的将来，将自己最美好的一面呈现于世人面前。

全球化趋势势不可挡，这就需要在共同价值和本土文化之间找到一个平衡点。全球化的思维方式加之于本土的行为方式已显单薄，还需要以本土的思维配之以全球化的行动，这样才能立足本土而创造全球价值。“全球—本土”的结合必然是通过民间团体和各种机构来实现，这种结合产生于各个群体，也一定会体现于本地经济、文化和政治领域。大城市组织和举办各类大型活动就是对这一理念的实践。这种“全球—本土”的结合既是思想也是行动，思想无本土或国际之别，同样，大型活动也不能只强调其国际化而与本地格格不入。

城市中的方方面面，都深刻体现了现代生活与传统乡村生活间的天壤之别。这不仅指其空间特征或人口特征，还指城市作为一种实体，确切地说，是指城市凭其所特有的体量、密度和异质性而产生的特定的生活方式。因而，城市的方方面面，是这座城市的体量、密度和异质性在社会化的集体生活中产生的结果。城市为这种集体生活添加了一种相对主义的色彩，也因此，城市更能够宽容面对差异的存在和行动的自由。

当今文明的肇兴，即现代的开始，发轫于大城市的兴起。当下人类生活画卷所呈现的，已非点缀于广袤大地上星星点点、相互孤立的聚落。当代生活方式之所以区别于近代生活方式，是因为其影响人类文明的思想和行为都集中于大城市。而环绕着大城市，又聚拢了次级中心城市。当下的世界在多大程度上能被称为“城市化的世界”，不仅需要衡量有多大比例的人口居住在城市，还要看城市对于人类社会生活施加了多大的影响。城市对现代人不仅意味着居所和工作场所，还是开创和掌握经济、文化、社会生活的中心，能将遥不可及变为触手可及，能将地域、民众和活动有机地结合。在这个背景下，大城市若想在国际上占有一席之地，最好的方法莫过于组织大型活动，这可令它在全球竞争中脱颖而出。

第二节　大型活动为城市发展带来的机遇与挑战

城市大型活动（Mega-event），可以用来指那些围绕着文化和科技（如世界博览会）主题展开的活动或庆典，以及那些以体育为突出亮点的体育盛会（如奥林匹克运动会）。

总是有不少城市有兴趣承办类似奥运会或是世博会这样的大型活动，因为在大型活动召开前的几个月里，尤其是在活动举办期间，主办城市将得到全世界的普遍关注，特别是来自各种媒体的集中关注，这将会给这座城市带来各种机遇。

可以说，大型活动是一项具有相当规模和范围的阶段性事件，一般奥运会持续两周到三周，世博会则持续六个月，在此期间，这座城市在物流方面将面临着巨大的压力，尤其是在交通、安全和住宿上，这三者中的任何一项都会特别影响城市形象，因为在那段时期，主办城市将会受到全球媒体的全面报道，俨然成为一座世界之城。

一、从正负面看大型活动对城市发展的作用

通常，奥运会是全球最大型的活动，而且世界上没有哪一年是没

有大型活动的，比方说，在2010年，在南非举行了世界杯足球赛，在上海召开了世博会，在印度举办了英联邦运动会，在温哥华则召开了冬季奥运会。

表3–1　2010年在全世界不同国家举办的四项大型国际活动

南非世界杯足球赛 （2010年6月11日—7月11日）	中国上海世博会 （2010年5月1日—10月31日）
印度新德里英联邦运动会 （2010年10月3日—10月14日）	加拿大温哥华冬季奥运会 （2010年2月12日—2月28日）

在大多数的情况下，举办大型活动，是政治家和经济学家们展示不同意见的最佳例子。政治家们往往是赞同举办大型活动的，而经济学家们则往往会反对，因为经济学家对这类大型活动的真正经济效益往往持负面看法。而对于市民来说，原本他们对于这类大型活动给城

市带来的好处是持积极看法的，然而，这种态度似乎正在发生改变。

德国的慕尼黑就是上述改变的一个实例。在考虑申办 2022 年冬季奥运会的过程中，居民第一次被邀表达他们对于组织 2022 年冬季奥运会的看法，同时也是首次，市民们在公开投票中以绝对多数拒绝申办冬奥会。这次公投，结果是非常明确的，在参加投票的市民中，有超过 53% 拒绝慕尼黑成为官方申办城市。公民们对于由地区政府、运动员精英、运动团队和德国奥林匹克委员会所支持发起的官方动员也表示无动于衷。尽管公共机构组织了官方动员活动，表示支持举办这项赛事，但结果却是徒劳一场。公众对于申办奥运会一事喊出响亮的“不”，声称他们对于举办这类大型体育赛事可能随之而来的经济风险表示担忧。而慕尼黑市的市长，一位申奥竞选的积极倡导者，也承认越来越多的居民持批判性立场，反对举办这场赛事。

国际性的大型活动，可以被看作是那些希望以此展示自己综合实力的新兴国家（如 2008 年的北京，甚至是 1992 年的巴塞罗那）的一场盛会。但是大型活动并不一定会在短期内对东道国产生收益，正如人们对伦敦奥运会和 2012 年欧洲足球锦标赛的研究结果所显示的那样。但从另一个方面而言，大型活动会是这个国家未来提升形象的催化剂，且从长远来看，它们会使举办城市或国家的名望得到提升，如果达到这样的目的，其结果会比这些大型活动所产生的具体财政效益要更有价值和意义。

一项由圣保罗大学完成的研究表明，当时预计巴西 2014 年世界杯的前期支出将约合 180 亿美元，其中 140 亿美元来自纳税人的口袋，此外，举办奥运会预计会增加额外 150 亿美元的支出，也就是说，两项大型体育赛事共造成 330 亿美元的总支出。巴西体育部（非独立实体）

部长指出，在预期收益中，得益于这两项大型体育赛事的筹备工作，每年将会新增 12 万个就业岗位。

再来分析一些其他数据：据圣保罗大学当时所做的一份调查显示，2016 年里约热内卢奥运会的总体经济影响数值估计为 511 亿美元。而根据安永会计师事务所所做的研究估算，2014 年世界杯的整体影响数值，算上直接投资和间接投资，将达到 700 亿美元。这就意味着，同时成为两项盛事的主办城市，将会带来逾 1200 亿美元的经济影响总值。

表 3–2　大型国际赛事的支出与收益

——以 2014 年巴西世界杯及 2016 年里约热内卢奥运会为例　（单位：亿美元）

	支出	收益（经济影响值）
2014 年巴西世界杯	180	700
2016 年里约热内卢奥运会	150	511
总计	330	1211

但是对于这些数据，即 330 亿美元的总成本和 1211 亿美元的总收入，应该要保持谨慎。因为在过去大型活动的收益往往被显著高估，而另一方面，最终支出总会远远超出最初预算，包括 2012 年伦敦奥运会也出现了类似情况。

在活动的筹备过程中和两项赛事进行时，以及在两项赛事之间，人们期待旅游业得到迅速增长，尤其是在里约热内卢。如今里约热内卢已经被定位为一个热门的旅游目的地，每年有近 150 万名游客，同时人们也期待，奥运会和世界杯结合在一起，旅游业业绩翻倍，游客人数达到每年 300 万人，造福本地的酒店业和零售商。

通过伦敦奥运会的经验，已经证实，大量的人潮也会带来许多不利影响，这是一个需要考虑的风险，因为很多来伦敦的常规旅客在奥运会期间避开了这个城市，导致酒店业和其他相关旅游活动的需求远小于预期。也许在里约热内卢这一影响并不会如此剧烈，因为这个城市对于很多国际游客而言是一个更具有异国情调的地方，而不像今日的伦敦那样，是一个“被频繁造访”的城市。

除了旅游业以外，其他肯定会受益的行业，是建筑业和电力行业。这两个行业将获得裨益，尤其是在赛事开展的前期，而与旅游业相关的行业，则往往是在赛事开展期间获得其大部分收益的。

总体而言，短期影响力肯定会小一点，而且指望靠世界杯和奥运会产生巨大的经济增长也是不太可能的，因为所产生的收入半数会被分配给各国足协和世界足联、各国奥委会和国际奥委会，因此公共投资是无法得到同等程度的经济利益补偿的，还可能给连续几届地方政府的财政预算留下巨额债务。然而，基础设施的投资对于长期的经济增长是一个决定性因素，这些大型活动对于一个城市乃至整个国家走向现代化、高效化和招商引资之路，既是机遇也是挑战。

在历史上，主办这类大型活动，往往也是东道国对经济和贸易自由化作出行政决策的好时机。这样的例子有：刚宣布由罗马举办 1960 年奥运会后，意大利就加入了联合国，并开始了《罗马条约》的谈判，这一条约是日后的欧盟之奠基石；日本，在 1964 年东京奥运会的举办周期内，加入了国际货币基金组织（IMF）和经济合作与发展组织（OECD）。大型活动的举办，也是东道国政策和贸易自由化的集中体现，如墨西哥（在 1986 年世界杯前）、韩国（1988 年汉城奥运会）及中国在北京被宣布成为 2008 年奥运会主办城市之后，这些国家的贸易自由化得到了显著提升。这些事实表明，对于向世界其他地区打开国门的国家，在这些大型活动所涉及领域之外的其他更为广阔的领域，存在着可预见的深远影响。

二、大型活动对城市经济的影响值得关注

大型活动的组织机构所遵循的总原则，是提高新兴市场和发展中经济体的增长潜力，它实际上是一种对投资的催化作用。比方说，国际足联规定各大洲轮换举办世界杯，这使一个非洲国家得以在2010年首次举办世界杯。同样的，国际奥委会也选择由里约热内卢来举办2016年奥运会，使它成为南美洲第一个迎来奥运会的城市，并由此承担起至今为止在承办这类大型活动上一直被边缘化的地区的利益。

图 3–1　2016 年里约热内卢奥运会开幕式盛况

旅游业，是一个城市被选定为某项大型活动主办城市后受益最大的领域之一，因为在大型活动举办期间，这个城市将独占世界媒体的目光，且时间长达数千小时，使它能够有机会不花钱就完成全球层面的宣传营销，并使城市形象升级为标志性的旅游名片。澳大利亚的悉尼

就以奥运会为契机来推行旅游战略，使之成为一个国际性大都会。

其他案例，类似巴塞罗那或是北京，虽然这些案例看上去表明游客的流量趋势以及由此引发的旅游投资是积极的，然而并不总是这样。在某些情况下，在大型活动即将召开的时间段，存在着旅游需求的替代效应，这是由于市场饱和感或是价格的过分上涨所导致的。

住宿行业会随着大型活动期间的市场情况作出调节，城市及整个地区都会从酒店业的大量投资获益，以在上海发生的情况为例，在其筹备2010年世博会期间，一共建造了175家新酒店，或是以南非的世界杯为例，它为这个国家引入了一些酒店业的巨头，比如说希尔顿连锁酒店。

展现组织能力，是政府和组委会所追求的目标之一，因为成功举办一项大规模活动，就意味着对于任何一项性质各异的活动做好了准备。良好的组织能力对于这项活动所处的领域会有巨大的促进作用，例如为奥运会建造高性能的体育场馆设施，在日后也能作为这个城市申办其他专项体育比赛的跳板，并借此增加游客的数量，增强自身竞争力。而以迄今为止所举办过的几届世博会为例，世博会期间所使用的设施，在后期将继续发挥作用，成为展览中心平台或是企业科技园区。

毫无疑问，这些大型活动是拉动旅游业发展的一项重要因素，它们会给举办活动的地区带来影响，特别是对旅游业而言。任何一项大型活动都会接收超过一百万名游客，并在媒体层面产生全球级别的吸引力。奥运会是最负盛名的一项体育赛事，它会在举办地制造旅游活动的热潮，引发广泛的媒体报道，并产生重大的经济影响。

近年来，各个城市和地区对于举办奥运会的兴趣已经普遍增长，这是出于对奥运会可能给当地社区所产生的利益，及其所构成的旅游吸引力的考虑，尽管情况并非一贯如此，因为自1972年在慕尼黑发生恐怖袭击，且1976年蒙特利尔奥运会负债累累之后，只有一个城市申请举办1984年奥运会，那就是洛杉矶。

一项大型活动给举办地造成的经济影响是很重要的，但本质上只是一种短期影响。一方面，这一影响直接来自组委会，通过市场营销及销售电视转播权获得；而另一方面，则来自旅游业，游客的数量会作为投资的证据。从推出申办方案开始一直到活动结束后，都得考虑投资的支出额，因为这是直接注资。同样，也必须考虑到对经济的间接影响，这一间接影响是通过对如同电信、运输、酒店等基础设施的投资来完成的，包括其他一些将会对这一地区的经济产生长远影响的因素，例如文化、形象、知识或是信息网络，我们也应该以同等方式给予重视。

只要举办一项大型活动，到港旅客人数就会得到增长，虽然这也取决于举办活动的季节、活动的类型及规模，因为举办一场夏季奥运会可能意味着游客人数的显著增加，但如果是冬季奥运会，这个增长数目就会小很多，正如举办一场世界足球甲级联赛的话，来自参赛国的游客数量要比非参赛国的游客数量多得多。

澳大利亚就是一个积极乐观地把奥运会作为推广旅游的工具的国家。由澳大利亚政府所推行的策略围绕着一个方案进行，这一方案在奥运会之前和之后的数年间锁定了新闻界，目的是使澳大利亚能够获得尽可能多的出镜机会；它通过公关积极发掘商务旅游的潜力，与旅游业经营者及旅行社定期举办会议，以避免酒店预订饱和或是避免给人造成拥挤的感觉，免得部分本来预计出游的人群取消行程；它还在奥运会前后的时间段里，在境内对旅游进行推广。

旅游消费可以发生在三个阶段：预奥运旅游、奥运旅游，以及后奥运旅游。预奥运旅游和这项赛事的筹划直接联系在一起，例如视察之旅、预先赛事、奥组委会议等等。奥运旅游的人群包含了运动员、媒体从业人员、志愿者、奥林匹克大家庭和观众。最后，后奥运旅游是由以下两项主要来源构成的：私人旅游和商务旅游。这两类旅游都是被宣传以及奥运会举办地区或是主办城市的形象美化所鼓动的。至于说到酒店业的供求，酒店入住率表明，奥运会期间能预见高入住率和高房价，之后这种趋势会发生反转，而且在很多情况下，这些旅游目的地会面临酒店房间数目过剩的局面。这就要求相关企业要增强竞争力，才能在一个饱和的市场里维持一个有吸引力的产品。悉尼在奥运会期间，酒店供应量增加了很多，然后在奥运会之后的一段时间里，酒店入住率下降，低于奥运会召开之前的水平。尽管很多潜在的游客面对奥运会那样大规模的赛事，察觉到会存在高消费和不便利性，这使他们搁置了去这个城市旅行的计划，因此预测的人数没有达到预期，但是应该要记住，在住宿这一方面，传统酒店业并不是唯一被考虑的对象。因此，人们已经发现，对于大型事件所造成的影响的测量，以及提前所做的预测，在某些情况下，并非十分准确。

表 3–3　奥运会对举办地旅游业的影响

阶段	主要旅游消费及人群	游客数量增减变化（与世界平均值比较）
预奥运旅游	视察之旅、预先赛事、奥组委会议等	增长率高于世界平均值 50% 以上
奥运旅游	运动员、媒体从业人员、志愿者、奥林匹克大家庭和观众	增长率低于世界平均值 50% 以下
后奥运旅游	私人旅游和商务旅游	恢复之前的水平

从一个城市被认定为大型活动的主办地开始，到活动举办期间，游客数量会得到增长，因此从旅游增长方面而言，可以把一个城市被选为奥运会的主办地看成是一种成功，尽管在接下来的长时期里，维持这一增长是比较困难的。在奥运会召开的前几年里，东道国倾向于将其到港游客数量的增长率维持在高于世界平均值 50% 的水平上，这一趋势会在举办奥运会那年发生颠倒，因为在那段时期，增长率将会处于较世界增长率低 50% 的水平（库尔特詹森有限公司，2006 年）。在奥运会之后的几年里，到港游客数量会快速地恢复并稳定在之前的水平，尽管为了奥运会，酒店房间数目有所增长，这可能会导致在活动结束后供应大于需求，且到港游客数量的波动会影响酒店业务，但主办城市还是寄希望于大型活动。

1992 年的巴塞罗那奥运会，尽管已经过去很多年了，但一说到某个城市借助奥运会期间的形象所得到的长期和短期效益而成为旅游胜地，人们总是把它作为参照物。当时巴塞罗那增加了 34% 的酒店房间数，然后在 1992 年到 2002 年的十年间，建造了 75 座新酒店。从 1990 年到 2001 年，游客过夜量增加了 110%，成为在这些年间过夜数字增长最快的欧洲城市。但是在奥运会之后的第一年，它遭遇了酒店入住率下降的情况，这和酒店容纳量的大幅增长有着直接的关系。奥运会那年，酒店入住率从前一年的 70% 下降到 64%，然后一直到奥运会结束两年以后，巴塞罗那的酒店入住率才在旅游推广策略、启动新的航线和海上游轮路线的基础上得到增长。

在 2000 年悉尼奥运会，澳大利亚某机构发起了一项旅游推广战略，这项战略包含了所有和旅游业及奥运会相关的利益集团，对以往的奥运城市，以及先前所做的推广活动进行了研究，它们和媒体保持紧密接触，无论是那些为了报道奥运会驻扎当地的媒体，还是那些不在场的媒体，都播放带有澳大利亚各方面形象的报道、影视、电影和广告，并和官方赞助商签署协议以进行共同宣传；甚至还推出了一条特别的旅游目的地推广路线，专攻商务旅游这一环节。

这一战略的主要成果，就是在接下来的几年间获得了额外的 160 万名游客，而在酒店方的数字上，虽然国际到港游客的人数提高了，但是在临近奥运会的那几个月，酒店入住率逐渐下降，从 2000 年 1 月的 83% 下降到七八月间的 68%，这是由于为了举办奥运会，悉尼的酒店容量增长了 30%，而面对之后几年的入住率下降情况，原先的部分酒店又被改造成住宅。

大型活动的举办，使这个国家得以跻身于国际旅游地图之上，并能给这个国家留下关于旅行知识、旅游政策和旅游业研究的宝贵精神财富，这些信息位于世界前沿，能被用来制定这个国家未来的新型旅游战略。旅游业是澳大利亚经济非常重要的一个部分，2008 年它占全国国内生产总值的 3.6%、总就业的 4.7%。

尽管拥有 2000 年悉尼奥运会的经验，历史并未在雅典重演。对希腊而言，旅游业本身就是它在欧洲大环境内所拥有的、为数不多的具有竞争优势的部门之一。2004 年奥运会的战略，集中在城市发展上，意图效仿巴塞罗那的先例。人们事先就提出了大型活动具有促进旅游升级换代并使旅游产品多样化的可能性，把它从夏季的海滩阳光型度假产品形象中解放出来，克服季节性带来的问题。

2003 年至 2005 年间，希腊的到港游客数量增加了 2.2%，但是在 2004 奥运年，游客人数下降，原因是雅典作为传统旅游目的地的定位，以及行业内缺乏富有吸引力的政策。

而说到北京，它和先前的其他城市相比，具有其独特性，必须要从一个不同的视角对其进行分析。北京的战略是提升中国的国际地位，同时通过奥运会所可能带来的推动作用，把北京作为一个国际都市去吸引外国投资。但是这座城市和奥运会期间主要游客输出市场（美国、加拿大和欧洲）之间的距离，是设计这一战略时需要考虑到的一项关键因素。

当时预估会有 450 万人在 2008 年造访北京，其中 55 万人发生在奥运会期间。根据这些预测，爆发了一个酒店建设的狂潮，4 星级和 5 星级酒店的数量，从 2001 年的 64 家变成了 2008 年的 174 家；仅在 2008 年就新增了 9739 间这类级别的酒店房间，但是在 2008 年 4 月，到港人数下降了 2%，在随后的几个月里这一下降趋势一直持续。最终，在 2008 年，北京一共接待了 330 万名国际游客，其中奥运会期间 39 万名。即使 2009 年的数据并不十分乐观，但根据中国国家旅游局公布的数据显示，2010 年情况有所复苏。

在奥运会期间，或是在其他大型活动期间，大部分的酒店房间被预定给组织方、国家委员会、赞助商、工作人员、媒体及其他的活动相关人员，而这些人在其逗留的大部分时间里，其行为和普通游客是不一样的，因为在这个阶段里，他们的兴趣围绕着比赛和比赛中所发生的事件进行，这一行为举止有点类似商务游的游客，因此休闲娱乐的消费要少于正常情况。不管是 1984 年洛杉矶的主题公园，还是 1992 年巴塞罗那奥运会期间地中海布拉瓦海岸边的宾馆和度假村，以及 2000 年悉尼奥运会的主要景点，由于原先经常光顾这些旅游点的常规游客的减少，都经历了收入显著下降的遭遇。

这是因为普通游客会认为，由于举办大型活动，会发生客房短缺，以及价格大幅提升的情况，他们会去寻找相对不那么饱和的旅游替代地。1996 年亚特兰大的酒店入住率为 68%，而前一年则有 73%。其他活动和国际会议的市场情况也是如此，随着奥运会召开日期的日益临近，一般会产生下降。

如今全球各个国家和城市，对于申办各类大型活动的热衷程度，不管是体育类、文化类还是娱乐类的，不知还会持续多久。在过去的几十年里，为了能被组委会选为主办方，一直存在着不断的竞争，不仅是那些有着申办传统的发达国家，也包括那些把大型活动作为其经济发展催化剂的发展中国家，因为占据媒体的头版就是一种工具，起到帮助它们改善自身形象的媒介作用。

从经济上来讲，并不总能获得预期收益，而且在相当多的情况下，甚至会因为所投入的巨额公共投资和不合理的规划造成亏损。活动组织者最强调的事项之一，就是大型活动遗留下来的那些通常是围绕着活动而建成的巨大基础设施，它们的使用及其带来的好处，以及它们之间的相互关联，这是一个城市，乃至一个国家，走向现代化和发展的基石之一。

第三节　大型活动在城市创新发展中扮演的角色

置身于世界变革的大舞台中，一种把经济、文化、科技和区域管理结合在一起的创新型经济，取决于创意的价值及其产生效益的能力。而这种创新型经济所应该促进的、富有想象力的新型社会，要求在其运行机制上作出改变。这种改变不仅会从生产方式、工作方式、分配方式或是消费方式上影响价值链，也会导致传统经济部门的必要重组以及其他新的经济部门的振兴，为此，应该要激发城市居民的创造潜力。在这一大局势下，对于工业城市衰落之后的城市概念，人们重新展开辩论，而创意城市则被认为是一种可能的替代方案，创造和创新就处身于这样的舞台背景之中。

国际经验表明，文化和创意产业是世界贸易中最具活力的新兴产业之一，文化能在城区改造和城市的转型中发挥重要作用，这一转型会减缓工业城市的下滑趋势。根据 2010 年联合国贸易和发展会议（UNCTAD）一份关于创意经济的报告，全球创意产品和创意服务的出口总额在 2002 年至 2008 年间翻了一番。在 2008 年这一总金额达到了 5920 亿美元，同时这一产业在这六年间的年平均增长幅度达到 14%。因此，城市应当支持、吸引并留住具有创造性才能的人才资本，以推动科技创新、经济创新（创业）和文化创新。应该调整市政服务，以鼓励本地创意经济的积极性，在城市里开设交流的场所，鼓励创意阶层，鼓励创业精神，发展城市文化特性，推广能够同时促进文化、环境、可再生能源或城镇规划发展的综合项目，推动当地内生性资源的发展，建立城市间的合作网络，加强社会经济的潜力，加强新兴科技的应用，对区域进行改组和组织，以探索一种更高效的经济模式。以上这些都是一个“创意城市计划”的基础，在这一基础中，创造性将是其经济的原动力，并且很难枯竭，因为这一创造性在被消耗的同时，还会不断发展并相互传染。可以这么说，创造性依然还是一种待发掘的资源，它需要通过发展地方性的综合政策，对其进行推动和鼓励。

文化在可持续发展政策的核心上扮演着重要角色，而这些政策则是城市及其所在区域的长期发展的基本组成部分，同时，文化也是城市活力、创造性和社会包容度的刺激源泉。

正因如此，各个城市支持并组织文化活动，那些活动极其注重其“文化性”，因为它对其他领域也有推动效应。在欧洲，很多年以前，就已经从高层政府机构的层面，认识到了文化对于城市的至关重要性，也认识到了文化作为欧洲人互相接触并了解彼此多样性的一大契机的重要性。人们可以相互认识、学习，共同分享彼此的历史和价值观，在新的倡议和项目上共同合作，特别是创造借助旅游发展经济的宝贵机会。

一、“欧洲文化之都”项目成为高品质城市的文化标签和转型发展的推手

1985 年开始的“欧洲文化之都”这一活动就是激发文化活力和创意，从而实现传统城市转型的成功案例。那些并不属于传统旅游目的地的城市，在文化的助长因素下，找到了发展旅游业的机会，国际旅游被看成是为实现欧洲文化一统性所作的实际贡献。

“欧洲文化之都”这一活动，被设想成一项用来凝聚欧盟居民的手段，最初叫作“欧洲文化之城”。从一开始，这项活动就因得到广泛的社会接受而不断得到演变和发展，并最终在欧洲市民中取得日益增长的成功，形成了巨大的文化和社会经济影响。从其诞生之日到 1999 年，它都不是一项单单由欧盟说了算的活动，过去一直是由欧盟的各个成员国来指定“欧洲文化之都”的。每年由这些国家选出最适合承办当年活动的城市，然后欧盟委员会向获选城市拨款。从 2005 年开始，欧盟的各个机构决定直接参与到这项活动的主办城市的遴选程序中去。

从 1985 年到 2004 年，是由欧盟部长理事会的成员国政府任命这

些城市的，缺乏固定的评估标准，甚至也没有外部专家的参与。直到1996年，提出了一项协议，除了要避免同一地理区域内的几座城市接连当选以外，还要在首府城市和省辖市之间达成平衡，并在欧盟成员国城市和其他不属于欧盟成员国的欧洲城市之间轮流当选，并允许几座城市同时获选，通过这种评估及任命过程更具保障性的新程序，就可以有不止一座城市以共同获选的方式被同时选定。与此同时，为了寻求更具保障性的选举程序，也因为意识到“欧洲文化之都”这项活动已经成为推动地方及区域发展的因素，欧盟委员会在1999年促使它转变成一项欧盟的官方行为，从这一年开始，“欧洲文化之城”改名为“欧洲文化之都”。

在2006年，通过欧洲议会与欧盟部长理事会的一项决定，这些规定得到了更新，它要求在2007年至2019年之间实施为“欧洲文化之都”项目服务的活动计划，至今依然有效。这一决定试图通过三个层面的考量，使“欧洲文化之都”这项活动变得更为有效和透明，具体包括欧洲范畴、举办城市及其居民的共同参与以及活动的可持续性。

关于“欧洲范畴”，这一“欧洲文化之都”项目应该要促进文化机构、艺术家、举办国和其他欧盟成员国的各个城市之间在任何一个文化领域的相互合作，彰显欧洲文化的多样性和丰富性，并突出欧洲文化的共同特性。

关于“城市及其居民”，这个项目应该要鼓励居住在这个城市及其周边地区的市民们的积极参与，唤起他们的兴趣，也激发其他外国公民的兴趣，最终使这个项目具有可持续性，并成为这座城市的文化和社会长期发展的组成部分。

总之，“欧洲文化之都”项目是一项欧盟国家的活动，通过这项活动，欧盟文化部长理事会每年指定两个成员国的两座城市，作为当年的“欧洲文化之都”。这项活动旨在突出欧洲文化的丰富性、多样性及其共同特征，同时促进欧洲公民之间最大程度的相互理解，突出最具意义的欧洲文化思潮。同时要推动与其他欧盟成员国城市的文化部门共同合作的艺术活动和艺术创新，为建立长期文化合作提供便利，促进文化产业在欧盟的流通；鼓励和动员社会各阶层广泛参与这项活动；推动欧洲文化与世界其他文化之间的对话；重视承办城市的历史遗产和城市空间。

表 3–4　“欧洲文化之都”项目宗旨及考量因素

评选方式	欧盟文化部长理事会每年指定两个成员国的两座城市，作为当年的“欧洲文化之都”
宗旨	突出欧洲文化的丰富性、多样性及其共同特征，同时促进欧洲公民之间最大程度的相互理解，突出最具意义的欧洲文化思潮
考量因素	欧洲范畴：应该要促进文化机构、艺术家、举办国和其他欧盟成员国的各个城市之间在任何一个文化领域的相互合作，彰显欧洲文化的多样性和丰富性，并突出欧洲文化的共同特性
	城市及其居民：应该要鼓励居住在这个城市及其周边地区的市民们的积极参与，唤起他们的兴趣，也激发其他外国公民的兴趣
	可持续性：活动应该具有可持续性，成为这座城市的文化和社会长期发展的组成部分

而在上述这些参数范围内，每座城市在过去或者现在想要被选为“欧洲文化之都”的目标各不相同，且往往是多重的，其中最常见的目标，是为了提升这一城市及其所在区域的国际知名度，获得运行文化艺术活动项目的特殊动力，吸引更多的旅客，甚至建立对城市未来的信心和乐观态度。

其他承办宗旨还包括扩大文化在当地的受众、改善文化基础设施建设、通过发展与其他城市和地区的联系增强创造性和创新性，当然还包括扩大有才能的本地艺术家的来源。设定承办目标并让它们获得赞同，这一环节的重要性被认为是“欧洲文化之都”的竞选过程的重要组成部分，而根据这些城市所追逐的目标而排出优先顺序也同样重要。

另一方面，候选城市渴望成为“欧洲文化之都”的动机也各不相同，尽管最常见的回答往往是和“推动文化旅游产业”“提升城市形象”“进一步提高城市知名度”“通过成为欧洲文化之都使城市获得新生”或是“作为经济复苏战略的一部分”这些愿望联系在一起。然而遗憾的是，很少有城市的主要申办动机会真正对“文化”作出强调，即使当它们这么做的时候，也只是用类似“发展城市的文化和艺术潜力”或是“为了完善城市的文化基础建设”这样的通用术语进行阐述。然而，绝大多数的城市都把话题集中在“推销城市”和“把城市置于世界地图”上，有的城市甚至于仅仅集中谈论政治问题。

综上所述，通过“欧洲文化之都”这一项目试图达到的目标可以被概括为：突出最具意义的欧洲文化思潮；鼓励与其他欧盟成员国城市的文化工作者开展相关艺术活动，这些活动有助于建立长期的文化合作，促进它在欧盟内的传播；鼓励和动员社会各阶层广泛参与这项活动；推动欧洲文化与世界其他文化间的对话；重视承办城市的历史遗产和城市空间。

在所阐述的承办宗旨中，有一些目标将重点专注于城市居民和城市的内部改变上，而另一些目标，则是面向外界的感受，或者说，城市形象。为获得承办资格所制定的具体官方目标，由每个城市以不同的方式进行具体陈列，那些最具优先性的目标往往是：实施一个关于文化和艺术活动的项目；提升城市 / 地区的国际形象；城市 / 地区的长期文化发展；吸引本国及外国游客；城市归属感的增强；文化产业的本地观众的成长和扩张；营造节日氛围。

候选城市往往会提出富有野心的巨额投资项目，寄希望于在成为候选城市之后从大量旅游者中获得利益，为此它们将执行一系列的城市营销活动，旨在从旅游业的视角使这些城市获得重视，并使其在世界版图上占有一席之地。

这就如同一座城市被评定为世界遗产，会影响需求模式和游客流量一样，成为“欧洲文化之都”，不仅是一个和高质城市文化形象相关的品质标签，也意味着对一座城市的转型进行有力推动，把它转变成旅游和文化的兴趣焦点。

这种正面的高品质城市形象，对于吸引新的资本和游客意义深远，它会产生一些文化项目，作为巩固城市地位以及巩固“品牌城市身份”的工具，成为文化之都则意味着一种通过竞选获利的根本形式。

成为文化之都是一项新的经济发展战略，在这项战略中，对文化旅游的推动成为能够带来巨大收益的一大环节，成为当地经济增长的一项重要资源。

此外，文化之都城市的另一项基本手段，是其所具备的良好沟通能力，用来宣告自身的吸引力，并根据其潜在的游客群体的期望、需求和喜好对这一吸引力进行调整，传达带有特色的理想城市形象，这些特色使这个城市面对其他城市生成竞争性优势，营造出兴趣点，且确保游客能获得享受，从而加强对游客的吸引力。

一个地方所呈现出的形象对于旅游者选择它作为旅行目的地有着至关重要的影响，这一影响将贯穿旅行的前期准备过程、在这个城市的逗留期以及对未来的旅行的筹划过程。尽管如今人们可以便捷地获取世界上任何一个地区的信息，然而大多数情况下旅游者对于从未去过的地方的了解是有限的。因此，在潜在游客的本土市场中塑造一个出众的、正面的、与众不同的、具有辨识度的形象，对于旅游目的地的竞争上位起到极大的支撑作用。

获选城市所具备的这种用来彰显城市吸引力，尤其是根据其潜在的游客群体的期望、需求和喜好对其进行调整的沟通能力，如今已经变成了保障这一城市提升在旅游市场上的竞争力地位的最主要的战略性工具之一，城市所传达的形象也起着至关重要的作用。

二、"欧洲文化之都"项目为参选城市打造身份特征和城市形象

仅有零星案例可以用来衡量被选定为"欧洲文化之都"，对城市文化领域组织上和管理上的变革所带来的影响：包括文化领域的组织能力的提高，对文化艺术机构实力的信心，文化机构的经验积累，对本土创意产业的鼓励，改善文化领域的管理，机构能力的全面发展，以及用来吸引不同公众群体的市场营销知识的获得。

至今仍缺乏针对某座文化之都城市的关于以下"软性"的无形影响的全面分析，这些无形影响包括地方荣誉感的加强、欧盟归属感的提升、对市民的动员、本地文化活动和不同的公众群体的结合以及跨文化对话。

在对这些城市的最终评估和研究中，对于作为"欧洲文化之都"这项活动所取得的成果、全欧洲各个国家之间文化合作的模型、模式或是"体量"，很少有过分析（除了 2008 年卢森堡最终报告中关于区域合作的那一章节）。

已有的研究报告往往和对城市的单独评估有关。最早的评估报告之一，是由 J. 米尔斯考夫等人撰写的，为了衡量选定格拉斯哥作为 1990 年的“欧洲文化之都”所带来的影响。而其他当选城市，如波尔图（2001 年）、萨拉曼卡（2002 年）、格拉茨（2003 年）、科克（2005 年）和锡比乌（2007 年），都曾作出努力，尝试去评估成为“欧洲文化之都”所获得的成果经验。

表 3–5　对“欧洲文化之都”的评估研究及发现（单个城市）

年度	城市	国家	研究发现举要
2004	里尔	法国	“形象大使”这一创新制度有超过 1700 名不同背景的志愿者参与，建立起了一个“信息接力系统”，成功打造了一种特殊的团队合作和全民参与的精神，促进了城市形象的提升，并在整个年度里赢得了更大的公众支持度
2005	科克	爱尔兰	28 家受调研机构声称，因参与这一年的活动，使它们与科克、爱尔兰及海外国家的其他机构建立了新联系
2007	锡比乌	罗马尼亚	巨大的旅游收入，城市形象得到改善
	卢森堡	卢森堡	卢森堡区域项目的成功要归结为以下几个因素：区域协调员和项目领导人所付出的高度专业的努力；来自政治家、记者和其他关键政策制定者的大力支持；项目合作人和其区域伙伴开展合作的热情；三十场主题圆桌会议的组织，这些会议为许多富有成效的合作奠定了基础；“欧洲文化之都”项目的中央协调员和区域协调员之间的积极互动
2008	利物浦	英国	2008 年获得的经济收益超过 8 亿欧元，巩固了利物浦作为文化和创意中心的城市形象，博物馆及城内其他文化场所的参观人数得到显著提升
	斯塔万格	挪威	研究了各项举措与当地居民的日常生活之间的联系

尚无一份研究是集中调查“欧洲文化之都”对于城市的社会文化生活、区域发展以及和国际文化合作相关的参数所造成的影响的。对于这些问题，只能在著作、刊物和调研文章中获得一些不全面的回答。

作为研究的例子，一份在 2005 年由 B. 奎因等人负责的文章，试图对科克被选定为 2005 年的“欧洲文化之都”所衍生的财富加以认定。

这份报告的结论之一就是，28 家受调研的机构声称，因参与这一年的活动，使得它们和其他机构建立了新的联系，其中大部分是在科克范围内，当然也有在爱尔兰其他地区和海外国家的。

2004 年欧盟委员会委托罗伯特·帕尔默撰写的《欧洲城市和文化之都》一文，成为关于文化之都研究的一个转折点。继先前的一份关于 1985 年至 1993 年间的承办城市的研究报告之后，这份研究又对 1994 年至 2004 年间的获选城市从经济、游客和社会角度进行了评价。

这份研究指出了一座“欧洲文化之都”所应该具备的“欧洲范畴”的六个基本方面：提出一项突出欧洲艺术家的行动计划；保持合作、协作和交换交流；发展具有欧洲视角的主题和观点；识别并宣扬历史特色，被选定的这座城市应该体现出欧洲身份特性，并展现欧洲文化遗产；在两个或多个城市之间创建合作团体或协会；促进欧洲旅游业发展。

所有这些方面，都和“欧洲文化之都”项目对于区域文化合作的影响间接相关。但是并不存在对上述方面连贯且系统地作出评价的比较性研究。

在帕尔默的报告中，强调了几项用于成功主办“欧洲文化之都”的重要关键因素，其中突出了地方参与、伙伴关系、长期规划、明确的目标、充足的资金及政府支持。这份研究明确强调：“社会性目标并非‘欧洲文化之都’承办城市的首要宗旨，尽管几乎所有城市都会推行带有社会性目标的方案。许多城市也提出了要为城市主流文化以外的社会团体创造文化机会的方案（文化包容）。最常见的是针对年轻人、少数族裔和残疾人士的举措。”少数“欧洲文化之都”的承办城市围绕着这些目标构建其活动方案，更少数的承办城市则为了取得纯粹的社会性收益而制订计划，那些城市单纯把主办文化之都活动变成一项文化工具。那些对这一活动的社会影响所做的评估也很肤浅，虽然更好更广泛的评估原本可以非常有用，因为社会性项目对于那些当选为“欧洲文化之都”的城市会长期产生主动性。

帕尔默的报告强调了“欧洲文化之都”主办城市规划方案的几种重要趋势：季节性规划，多年期规划，以及这些方案的欧洲范畴，并强调因为很多城市规模较小，要把区域的合作和联合作为推选“欧洲文化之都”的重要竞选程序。基于帕尔默的这份报告所得出的结论，欧洲委员会制定了建议，并随后修改了遴选程序，且对获选城市进行跟踪监督，以对文化因素和欧洲因素给予更大的重视。

另一份由 G. 理查德和伊利耶·罗塔里乌在 2007 年撰写的、对于锡比乌（罗马尼亚）获选成为“欧洲文化之都”所带来的影响的研究报告，根据游客的来源国、职业、旅行动机、旅行经历、旅行特点、游客消费和其他很多方面对游客的性质进行调查。这一分析表明，游客在锡比乌产生了巨大的支出，城市的形象也得到了改善。然而，对游客进行的关于他们对于这座城市成为“欧洲文化之都”所产生的社会效应的看法的问卷调查表明，他们对于诸如产生社会凝聚力、改善生活质量等社会效果并不太认同，当然，这类效应在短期内是看不出来的。

对于成为“欧洲文化之都”的城市而言，另外一项关键要求，就是要让全体民众积极参与，并融入到当地文化中。2004 年法国里尔在这方面表现得比较突出，它引入了“形象大使”这一创新制度，根据这一制度，任何一个市民都可以成为志愿者来接收和传递新闻信息，协助各项活动的进行，并参与到特定的活动中。最终，有超过 17000 名不同背景的志愿者，在里尔的各个角落担任志愿者，建立起了一个“信息接力系统”。这一行动成功打造了一种特殊的团队合作和全民参与的精神，它促进了城市形象的提升，并在整个年度里赢得了更大的公众支持度。

在里尔作为2004年的“欧洲文化之都”的各项目标中，突出了通过推动文化创新和文化体验，促进社会凝聚力，并增强城市自豪感和信心。对里尔案例的研究，是试图对其文化、社会和经济影响制作一份详尽报告的一次尝试，而多亏了这份报告，全民参与被看成是“欧洲文化之都”的基本要素，同时也是沟通策略的基础步骤和前期阶段。那些最成功的“欧洲文化之都”城市，无一例外获得了市民的广泛支持。

《卢森堡和大卢森堡区域，2007年欧洲文化之都》(2008年)，是对于“欧洲文化之都”城市所做的最详尽的报告之一。这份报告所分析的评估特点包括：文化发展、文化参与、市场营销及沟通、旅游效应、经济效应，其中还特别突出了社会效应，尤其是公众的发展和社会凝聚力。除了对区域合作的特点和趋势进行分析以外，在区域合作上，这篇报告认为区域项目的成功要归结为以下几个因素：区域协调员和项目领导人所付出的高度专业的努力；来自政治家、记者和其他关键政策制定者的大力支持；项目合作人和其区域伙伴开展合作的热情；三十场主题圆桌会议的组织，这些会议为许多富有成效的合作奠定了基础；“欧洲文化之都”项目的中央协调员和区域协调员之间的积极互动。在2007年结束后，有15位项目负责人表明希望继续这些项目的运作，这一事实更加凸显了区域项目所获得的巨大成功。

由利物浦大学和利物浦约翰墨尔斯大学共同完成的名为《2008影

响力》的调研，是对评估研究的一项创新提议，用来对 2008 年的“欧洲文化之都”利物浦的社会、文化、经济和环境效应进行评价。这一举措的重要性在于它“试图开发一种用于评估由文化推动发展的再生项目给城市带来的多重效应的‘研究模型’，它可以被应用于整个英国境内乃至海外的各项事件上”。根据测算，利物浦地区仅仅在 2008 年内获得的经济收益就超过了 8 亿欧元。以同样的方式，估算出约有 1500 万人参加了这一整年里举行的文化活动。为此，完成的总投资高达约 40 亿英镑，这些投资从 2000 年开始在这座城市里产生了约 300 个大型项目，利物浦就是从那一年开始申办计划的。当然，这份报告也指出，所实施的这一规划，巩固了利物浦作为文化和创意中心的城市形象，有利于使博物馆及城内其他文化场所的参观人数得到显著提升。

另一项重要的调查研究则是针对 2008 年的“欧洲文化之都”斯塔万格（挪威）所展开的，由斯塔万格大学和斯塔万格国际研究院（IRIS）共同完成，主要研究文化之都城市的各项举措与当地居民的日常生活之间的联系。

另外一个具有启示意义的例子，是 2004 年荣获“欧洲文化之都”称号的法国城市里尔。在那里，主办方估算，公共部门在相关文化活动中投入的每一欧元，在经济活动中产生了八倍的回报。在这个案例中，里尔过去也曾是一座工业城市，它充分利用这场盛事，把一些位于距离城市中心相对较远的废弃工业旧楼，改造成文化场所。结果就产生了“磨坊文化休闲之家”，它是 2004 年“欧洲文化之都”的重点项目，如今那里会举办音乐会、展览、放映会、艺术家聚会等活动，并试图和当地居民保持紧密联系。

比利时城市蒙斯，作为2015年“欧洲文化之都”的参选城市，同样选择对老旧的工业建筑进行结构改造，目的是把它们变成用于文化活动的场所。目前，蒙斯已经把一座旧屠宰场改造成一座剧院和一个展览中心，把一座过去的军营改造成一个现代音乐中心，并用同样的方式翻新了其他几家博物馆。蒙斯试图用这些符合现代审美的新建筑，去打造一个文化和科技新区。此外，还有另外一个委托西班牙建筑师圣地亚哥·卡拉特拉瓦（Santiago Calatrava）完成的项目，预算超过一亿欧元，用于建造一座拥有150米长月台的新火车站，作为连接历史老城和位于普雷斯大区的科技新城的纽带。就这样，蒙斯实现了将现存的建筑遗迹和城区发展的新战略结合在一起的目标；在这一层面上，蒙斯选择把新科技作为这项活动的主线，正如他们在申办标语中所表述的那样：“蒙斯，当科技遇到文化”。

2015年“欧洲文化之都”——比利时城市蒙斯

连接“新”与“旧”的蒙斯新火车站

图 3-2　2015 年“欧洲文化之都”蒙斯

然而，在一座城市获得新生的过程中，文化具有很大的重要性，不仅体现在经济层面，也包括社会和地域层面。也许，2013 年“欧洲文化之都”马赛，是这种重要性的最显著的证明。事实上，在这个例子里，文化之都的主办权是被一个无疑正面临着许多问题的城市所获得，这些问题包括就业、基础设施建设、社会一体性和社会凝聚力、一部分马赛居民甚至缺乏对于欧洲身份的认同感。协调委员会，也就是 2008 年提交马赛竞选备忘录的机构，认识到了这些问题并勇于承担，它知道如何把这些问题转变成机遇，目的在于把假定的衰退转变成进步的机会。就这样，马赛能够在面对其他明显更具有优势的竞争对手的时候，以“最需要”获得“欧洲文化之都”这一头衔的法国城市的身份，通过对这一论据的阐述，成功在最终环节击败波尔多、里昂、图卢兹等有力对手。

事实上，马赛承办“欧洲文化之都”显然被包含在其2008年至2016年间的城区改造和区域管理的整个进程之中。在这一进程中，文化旅游是其主要核心之一，伴有专门的发展计划。

在具体落实上，绝大多数活动场所都集中在城市的沿海地区，被称作城市与其港口之间新的关系框架。同样的，老旧的港口仓库被改造成了商业画廊区，并配有主要面向游客和过境旅客服务的商店、餐馆和休闲娱乐设施。此外，在更靠北的地方，一支由建筑师和城市规划师组成的团队正致力于打造一个新的文化社区，其中有由两位享有国际声誉的建筑师扎哈·哈迪德（Zaha Hadid）和让·努维尔（Jean Nouvel）担纲设计的几座塔楼，好几栋住宅楼，新的部门档案馆，一个由一座建于1927年的粮仓改造而来的、可以容纳2200人的音乐厅，以及被命名为厄洛梅中心的大型复合区域，那里配有写字楼、14个电影放映厅及酒店设施。

事实上，普遍而言，对于欧盟的所有成员国来说，所有这些和城市发展、创新、基础设施建设、社会包容与社会和谐，以及就业岗位的增加相关的项目上的资金投入，不仅仅依靠国家或地区的各级管理部门的举措，同时也可能得益于其他欧盟国家除文化以外的其他政策。

近几十年来，许多被选为“欧洲文化之都”的欧洲城市都已成为重要的旅游目的地，游客数字不断增长，也逐渐在全球级别的旅游运营商所提供的旅游目的地名单中成为突出组成部分。然而，文化和旅游市场变得越来复杂，竞争也越来越激烈，仅仅靠被提名为“欧洲文化之都”的候选城市，或是正式当选，都不再是取得成功的完美保障。

此外，这项活动所产生的优势和收益，更多发生在靠近活动的时间段里，也就是在被选定为文化之都的那一年的时间范围内，而非中长期的表现。

另一方面，在过去的几十年里，文化已经转变为城区改造和再生进程中的核心因素。不仅如此，把文化理解为一种经济资源，更具体地说，把文化看成是一种消费品，这一观点使许多管理者开始对公众进行诱导，目的是促进和增强文化需求，并促进针对这一需求的大量经济活动。这样一来，为了扩大消费和创造剩余价值，城市、直辖市和地区之间，为了大型活动和媒体艺术节的举办权而展开竞争，在这些活动中，“欧洲文化之都”、世界博览会或是奥林匹克运动会，是最明显的几个例子，它们被看成是社会经济发展的途径，导致一些城市为了吸引游客和投资，展开持续的竞争。

位于某一特定地区范围内的文化产品会产生媒体形象和媒体效应，借助媒体在广泛的人群中得到传播；而大型活动的举办，以及地区价值的增强，已经成为所谓的区域营销和战略性策划的两项基本要素，它们有助城市的“上位”，或者说，有助于强化某些特征和尺度，而当这些特征和尺度结合在一起的时候，就会形成城市空间新的表现和形象，并把这个城市和其他城市区分开来。

与此同时，面对各种对城市造成影响的社会、经济和环境问题，行政负责人对于解决方案的寻求，必然都会从文化领域着手。这一文化模式如今已成为一项关键工具，我们可将其称为“文化救赎”，以至于如今城市借助文化和艺术活动登上世界舞台，被看成是社会再生、经济更新和城市结构重塑的一剂灵丹妙药。

“欧洲文化之都”的称号如今越来越被看成是一个项目，一项需要超越的挑战，因此，在最终的评选中，不仅仅看重这个城市从哪里出发，或者说，它所拥有的东西，更会考虑它想要抵达何处：目标、计划、方案、远景、理想、倡议及提案。

“欧洲文化之都”这一活动的登场，从最初竞选时的陈述一直到最终可能的当选，使每一座参与的城市转变成一个巨大的舞台。用这种方式，这些城市为自己打造了身份特征和城市形象，这是用来对这一城市的文化景点进行差异化包装、推广和商业化所必须的；这些城市之间相互展开竞争，但是它们全体都遵循着非常相似的运作模式。就这样，和文化及其展现结合在一起的城市符号的塑造，也已成为符合全球化需求以及当今的社会、政治、经济背景的一项要素。

三、“欧洲文化之都”项目的借鉴意义、仿效机制与辐射作用

“欧洲文化之都”项目所取得的成功，已经超出了欧洲的范围，在欧洲模式的启发下，美洲在1997年通过非官方的倡议，成立了“美洲文化之都”组委会。它的总部设在西班牙这一欧洲国家，显得略有些不合逻辑。这是一项在伊比利亚美洲国家之间进行合作和发展的文化活动，每年会通过申请或由组委会倡议，选出一座城市。2000年，世界文化遗产城市，墨西哥的梅里达，被命名为第一座“美洲文化之都”。任何一个地区都可以申请成为“美洲文化之都”，这里的“地区”被理解为任何空间，只要它是一个政治、地理、行政或历史单位（城市、省、州或相似区域）。

“美洲文化之都”的评选过程非常突出以下三个方面：一是这一项目覆盖整个半球，要注意“美洲文化之都”的地理分布。因此，参选

城市应该尽可能均衡地分布在这一大洲的35个国家之内。二是关于可能当选“美洲文化之都”的参选城市的政治共识。三是候选城市的参选方案。

而被命名为“美洲文化之都”的好处和获选成为“欧洲文化之都”所获得的收益相似：加强社会凝聚力和市民的自我认同感。所有市民都可以感受到自己是这项“属于全民且为全民而举办”的活动的参与者和主要角色。对现有的文化资源赋予新的价值。把文化变成社会和经济发展的一项工具。推动文化旅游，为“美洲文化之都”的主要活动亮点制定国际性规划。

然而，尽管“美洲文化之都”活动组委会得到了美洲国家组织（OAS）的承认，但它依旧是一个独立的民间组织，所以有些时候，因为在为数众多的候选城市之间存在很强的竞争，当城市的选举过程受到质疑时，它无法避免所产生的问题。

“文化之都”的模式是充满活力的，并且已经证明可以适用于不同的大洲，因为它拥有一项既普遍又多样的共同准则，那就是文化。中国本身就像一个大洲，它幅员辽阔，地貌多变，历史悠久，民族众多，语言多样，是一个文化的大熔炉，这一切都为任何一种类型的文化活动提供了理想的大环境。在历史的长河中，就在不久以前，文化曾是当时中国社会弊病的一头替罪羊；而时至今日，在经历过那段岁月的那代人的集体思维中，还是会下意识地将文化及其表现形式与禁忌联系在一起。

“文化之都”活动的方案模型完全可以适应中国特色。中国从国家到各省乃至地方的各级公共管理部门，都有能力和手段来组织、承办和协调这类活动。在中国，各个城市的文化产业正处于“午休”的状态，文化活动的增长与物质生活的发展并不平行，它作为经济部门被边缘化了。要让文化产业重新焕发生机，需要来自管理层的激励和参与，也需要全体公民的热情和参与，不单单是为了追求那些在其他各大洲的所有城市都已经产生了的实际效益，更是为了那些无形的效益——在中国必将产生更大、更多样化的无形效益！把文化融入城市的大街小巷中，让百姓和游客都能参与其中，这样做不仅会产生各种无形效益，也将意味着驱逐来自现在还活着的一代人曾不幸经历的某个时代的梦魇。

“欧洲文化之都”这一区域性大型活动的模式在亚洲也有所推进。东亚是人类文明发祥地之一。中、日、韩三国人口之和约占全球的22%，2012年GDP约占全球的20%，贸易总量占全球的35%。三国已建立包括领导人会议、文化部长会议在内的五十多个磋商机制，在这一历史性的背景下，2011年1月，在日本奈良第三次中、日、韩文化部长会议上，三方提出了评选“东亚文化之都”的倡议。2012年4月在上海举行的第四次中日韩文化部长会议上，“东亚文化之都”项目正式得到中、日、韩三国认可，写入《中日韩文化部长会议——上海行动计划（2012—2014）》，并纳入第五次中、日、韩领导人会议联合声明文件。根据该计划，中、日、韩三方分别成立“东亚文化之都”专门委员会，负责活动规则制定、举办城市的推荐和评选、资金支持和政策保障以及有关具体实施工作，并保持密切沟通和协作。作为一个新生的大型文化外交活动，“东亚文化之都”活动从一开始就具备了层次高、受众广、影响大的品牌化特征，显示出长远的战略眼光与寻求突破的胆识。首届“东亚文化之都”活动得到中、日、韩三国的重视，吸引了多座城市积极申报参与。他们将此次活动视为提升城市魅力和国际知名度的难得契机，提出了各具特色的文化理念和实施方案。时任文化部部长蔡武指出，开展“东亚文化之都”评选活动的目的在于“进一步密切包括日、韩在内东亚各国的文化联系与历史纽带，求同存异，共同提炼‘亚洲价值’，向世界展现独具魅力的亚洲文化精神家园，从而推动东西方不同文明由对峙碰撞走向交流交融、和谐共生”。“通过申报工作为促进我国城市可持续发展、增强中华文化国际影响力作出积极贡献。”中国泉州与韩国光州、日本横滨共同当选首届“东亚文化之都”。中国获得“东亚文化之都”称号的还有青岛（2015 年）、宁波（2016 年）和长沙（2017 年）。

第四节　大型活动留给城市可承袭的社会资本

每年全球各地都会举行数百场各种性质和目标的大型活动。那些相关的盛事，构成了各国经济增长及国家竞争力上升的一个重要组成部分，成为推动城市环境设施优化的引擎，并以此促进经济增长。这些项目除了当时的系列服务所产生的消费等短期利益以外，它们还会作为这个城市可承袭的、社会性的资本留给后人。

一、大型活动为所在城市带来比较性优势

任何一项规模巨大的活动在举办地所在的城市和国家所产生的效应，都会引发多个关注点。举办这项活动所造成的影响会明显形成一个良性循环，将投资和经济资本的整套战略性机制运转起来。这些效果具有持续时间较短的特征，但是投入的资源所产生的影响会在这个城市的历史上留下痕迹，尽管它的规划、组织及对其所产

生的影响的后期评估，在漫长的评估过程中，并非总能获得应有的准确性。

每年，全球各地都会举行数百场各种性质和目标的活动。那些和体育休闲运动（节庆、会议、竞赛、比赛、锦标赛以及关于体育休闲文化的展览等等）相关的盛事，构成了各国经济增长及国家竞争力上升的一个重要组成部分，成为推动城市环境设施优化的引擎，并以此促进经济增长。众所周知，这些活动对于一个城市所产生的或可能产生的影响，包括它们所引发的各种规模的投资，会改变一系列影响到城市生活的发展进程。

这类活动的组织工作，即要去执行各项城市规划，使这个城市能够跻身于有竞争力的城市中，同时对自身加以推广，寻求整体经济效率，并寻求城市向全球展示的理想形象，为此，就要展开一系列的城市运作规划。此类规划主要基于各类基础设施的改造和配备，如类似港口、机场、高速公路或是铁路这些和交通相关的设施以及电信设施。同时，对成功举办这一活动所必须的设施、场地及设备进行建造和更新。

诚然，这些活动是出于追求短期效益的目的，然而主流看法在于，它们所产生的影响是非常长远的，即这些项目除了当时的系列服务所产生的消费等短期利益以外，它们还会作为这个城市可承袭的、社会性的资本留给后人。

此类活动一般都会带来巨大的媒体影响力以及吸引国内及跨国公司的关注与投资，而这些公司在专业化的文娱消费产品与服务的世界市场上有很高的占有率，因此，大型活动和大型项目实际上是与商务活动及文化投资密不可分的。

实行一系列经济战略与城市参与机制对于举办此类大型活动来说是至关重要的。这些战略和机制主要以大型项目为基础，目的是吸引大量投资，并对活动的主办城市产生经济推动作用，让这座城市得以自我展现，同时也向其他城市展示它已经有能力实现高水准的发展与繁荣。

文化类、娱乐类和体育类的大型活动会给城市打上烙印。对居民来说，它们往往是很有吸引力的，原因在于其所被赋予的国际意义及其对这一城市的未来发展的巩固作用。

所有的城市都渴望获得投资，为了实现这一目标，它们逡巡在全球金融市场和旅游市场上不断吸引资源。在全球化的大形势下，城市大型项目始终期望在吸引国际金融投资的竞争中有更强的竞争力，这就不得不要求城市能更好地利用现有的自然资源和文化资源，后者则是赢得经济和社会收益的保障。

城市通过自身的市场营销来传达一种“城市形象”，这使它能够在被称为“新经济”的领域内实现所期望的投资。这是一种在文化、休闲、旅游及娱乐通信等大众消费领域的无形经济体。越来越多的城市，甚至包括那些主要业务指向类似贸易、服务或工业等特定经济领域的城市，开始在原先比较传统的经济社会模式上寻求重要转变以创造契机，来塑造并传播富有创新性的、与时俱进的城市视角，而这一视角旨在将这个城市打造成具有适合任何类型的活动发展的广阔潜力的所在，这一形象要向境外传播，以此达到被称为国际都市的目的。

近年来，人们越来越多地将文化因素看作地方和区域的发展政策的决定性要素，并以文化、娱乐和体育活动为依托，这些活动被视为财富与就业的来源，这主要是因为这些活动会带来大量和文化旅游业挂钩的消费和收益，同时也是因为产业结构的转型和发展，它们将共同作用，为城市和地区寻求新的比较性优势。

文化是一个创造因素，这不仅是因为举办艺术展示等活动需要增加新的基础设施并对现有城市空间进行改造，也是因为文化产品和旅游宣传卖点的多样性，总之，城市试图打造一个更具吸引力和代表性的生活品质的形象，它足以通过这一差异化战略，与其他“飞地”或地区展开竞争。因此，各个城市和地区为了满足来自游客、居民、投资者、企业等不同使用群体的，且被文化不断加强的需求，相互展开竞争，逐渐增强这个地方的竞争力。在21世纪，文化与经济领域的融合是非常显著的，在融合过程中，文化不仅仅被理解成一种继承与接纳，同时也被看成是一种创造性的潜能，故而可以形成新的比较性优势，并形成和其他城市相比具有差异性与专业性的新因素。如今，各个城市在文化发展和创造性发展上展开竞争来吸引新的创意阶层。而那些主办专门的、独一无二的、特殊的且具有国际声誉的传统大型活动的城市，从一开始就具有巨大的比较性优势，而多亏了以科技为基础的文化生产，这一优势被进一步放大，更有助于塑造因举办大型活动而家喻户晓的城市形象和城市符号，而这些大型活动对于新经济获得竞争性优势是至关重要的。

在这一背景下，伴随着物质生活水平的提高以及对文化和文化消费的兴趣的显著提升，中国各个城市和地区的文化活动的供应得到了推广和提升。这一趋势具体体现在近年来对为数众多的文化遗迹和遗产进行修复与价值重估的努力上，如博物馆的建造，或是用于表演艺术的基础设施的建设，例如音乐厅、剧场、文化宫和会展厅。同样，文化活动和节庆的场次也得到了恢复与增加，例如端午节庆活动，最有名的庆祝活动是在香港举行的，同时很多亚洲城市如今也都在庆祝这个节日，以至于在2009年联合国教科文组织宣布它成为人类非物质文化遗产。

大型文化盛事已成为文化遗产中最具代表性的典范，同时也已经转变成今日的文化大背景下最有活力的现象之一。近年来，它的数量得到显著增加，不同大洲的许多城市都会主办一至数个以某种艺术形式为主的大型盛事。如今，这些活动不仅承担起展示、传播或是维护某一社会文化的传统任务，也强调了它们可以在举办城市产生财富的能力，这是由于这类盛事有助于发展当地旅游产品的多样性，或是提升地区形象。说到底，大型文化盛事拥有一个文化、经济和旅游维度，尽管这在本质上并不新颖，但其在最近几年的内容拓展上却是全新的。

文化盛事和举办地之间有着重要的关系，因为一方面，这些文化活动会受到地域、城市历史与城市居民的约束；而在另一方面，它们又会给举办和组织活动的地方产生回馈和影响。

考虑到经济效应、自然效应、社会文化效应、心理效应、旅游效应以及对社区的地域发展的影响，或是它作为城市形象的塑造者以及旅游吸引点所带来的效果，大型盛事在树立社区意识上的作用，或是它在当地的全球化和多样性上所扮演的角色，如今已成为城市和地区的重要资源，因为大型盛事是旅游业最出众的吸引点之一。某一盛事的举办可能会成为游客选择旅游目的地的关键因素，或二度重游的重要原因，或是提高游客满意度的元素，这就能使这个地方的旅游特征和文化形象不断发展，直到它作为旅游资源所产生的吸引力和潜在旅游群体显得不可限量，这会对制造业、租赁与就业产生经济效益。

二、文化盛事对城市社会进步的推动

虽然文化盛事可能含有多元特性，但顾名思义，主要特性还是聚焦在文化上。所以在这一层面上，它是只有在一年中某个特定的时间段里才可能欣赏并参与的艺术形式。文化盛事给不论是当地的还是外来的观众都提供了文化体验，而这些体验通常是新颖的、创新的、新潮的，因此它们实则是对固定的文化基础的一项补充。文化盛事是综合的文化产品，其所有演出环节都不是孤立的，而是组成了围绕着某个特定目标展开的一部分。文化盛事是文化传递的中心，观众在此对文化进行消费。文化得以复制，如戏剧作品，甚至也有在某一特定环境下即兴创造的文化，例如辩论，还有具体的文化产品，例如交响乐团本身。有时，文化盛事就如同艺术创造的指路明灯，因为比起固定的文化基础，它们可能会承担更多的风险，同时也提供了另一种不同的、往往更为创新的文化选择，给这个城市和地区提供了更丰富的文化供应。

文化盛事同样有助于社会发展，从个人角度来看带来了自尊、自信、创造力，从社会角度来看则营造了愉悦的社会氛围。在这一层面上，这些盛事所提供的文化机遇，往往伴随着这类盛事所特有的喜庆氛围，能够产生相关的社会效益，普遍而言，可以改善民生，增强社会凝聚力，发展市民价值观。以上这一切都来源于创造力的展现、人际关系网络的建立以及举办地的选择。

有时候，文化盛事会超越文化和社会影响，给地区留下更深刻的痕迹、真实可见的痕迹。为活动而建造的永久性设施，为举办活动而对城市空间所做的重新排序，在一年的其他时间或是城市的其他地区所进行活动时，都可能会反映在建筑、城市规划以及对公共和私人空间的使用上，成为大型活动和文化庆典留下的最明显的影响。

近年来，文化逐渐成为当地和地区发展战略以及城区改造措施的组成部分，这不仅仅是因为文化具有创造财富和就业的潜力，也是由于文化能对旅游产品的多样化作出贡献，增强社会凝聚力，改善市民福利，有利于打造地区差异化特色。大型文化盛事是当今文化领域中最具有活力和吸引力的形式之一，同时因其对活动举办地在经济、社会、文化、旅游和自然等方面所产生的多重影响，也成为经济发展政策的组成部分。

归根结底，大型文化盛事对于丰富城市和地区的文化供应，维持一个社会的文化，改善市民福利和增强社会凝聚力，起了至关重要的作用。它们应该也会对地方的经济发展和社会文化进步作出贡献。

文化活动或节日庆典的规模并不一定需要拥有百年历史传统以达到世界级的规模和影响力，它们的举办地在被列入世界旅游地图以前，可能原本是除了周边地区以外任何人都不认识的地方。有一些热门的活动，比方说端午节，它和西班牙的奔牛节、意大利的威尼斯狂欢节一样，都拥有长达好几个世纪的传统，但是很多其他大型文化和节庆活动，寿命几乎还不到一个世纪，比如说所有与电影相关的活动，像是好莱坞的奥斯卡电影节或是戛纳电影节，包括一些体育赛事，如世界杯足球赛，甚至全球最大的体育盛宴——奥运会，虽然它的根源可以追溯到千年前在古希腊举行的地方性体育赛事，但实质上它依然是现代的产物。有些城市通过举办独一无二的大型盛事，把传统和现代化结合在一起，这些城市懂得利用它古老的文化传统，围绕着全年进行的大型活动，发展强大的文化产业，把传统旅游业和举办大型盛事的特色旅游业结合在一起。

全球化经济进程，被看成是地区间功能分化的日趋专业化。这一进程导致分属行政系统和经济系统的不同官员们，在一个城市或是地区的特色身份的塑造上，采用日趋详尽的策略。尽管自 19 世纪末以来就已经存在着城市的国际市场定位策略，近几年来，城市营销的热浪再次有力袭来，伴随着国际博览会、奥运会或是世界科学大会的举办，通过以下表现形式予以表达：通过艺术创作进行传达的美学艺术表达；通过一个时代的媒体日复一日地进行的媒体宣传；从科学以及对空间形象合理化的思考出发所制定的内容；由政治家的演讲构成的表达；由某一特定城市或地区的居民在其生活空间内所做的行为构成的、日常的、随心所欲的表达。

三、城市通过举办双年展类似的文化盛事来提升地缘因素和市民精神

全球各个城市试图对于当代艺术进行横向推广，其目的在于创建单纯的社会储存以外的利益，也包括希望融入有着大量资金流动的国际商业网络。跻身这个网络会给城市带来一系列关于城市的国际形象及其在跨国范围内的相应实力的利用和开发。这些城市可以被看成是特定的美学的发展平台，借助这些平台当地政府可以传达某一特定信息，而这一信息可能会和其他谋求相同目标的城市所传达出来的信息展开竞争。

突出的一点在于，我们要能够理解，艺术作为一个整体系统所开

创的各种可行性：艺术可以给信息定位，这些信息是直接或间接地为形成艺术品的大宗交易而服务的，这一交易围绕着这些艺术品的创作、传播及商业化进行；艺术还能使一系列广泛的经济体获得活力，这些经济活动则与艺术环境的创建、维持和巩固联系在一起。

一般来说，一方面现代艺术体系被分割成双年展和展会，它们在这一体系内承担着特定的角色，虽然都旨在使地方和区域的艺术环境更富有活力，它们的发展方式却并不相同；而在另一方面，当代艺术博物馆通过更新常规展览和举办越来越壮观的临时特展，希望不断丰富展览日程并吸引新的参观者和投资者。这就是所谓的旅游空间的“飞地”建设，在那里对兴趣、消费、人员流动和时间进行调节，并以此来确保财务报表的收益性，维持观众满意度，并促进新的访客到来，同时也进一步整合城市内的文化街区或是文化区域。此外，这类机制在世界各地的繁衍，也揭示了那些发展中国家想要通过被纳入审美知识的生产网络而获得现代化和当代性的象征符号的长久梦想。

除了常规手段，城市为了推广艺术所使用的手段，在于组织类似艺术双年展这样的专项活动。双年展可能被归类为文化节的一种变体，它被看成是艺术系统内部的一项机制，在历史上总起着为公众讨论开设空间的作用，而这一讨论则是关于艺术在其所处的社会中的意义。然而，这些机制并不能摆脱全球经济体系中与融资及城市竞争力有关的各种复杂性，因为艺术对于经济变量的依赖，有时候已经使关于参与者和作品形式的艺术标准，去迎合那些能够确保得到最大程度的传播与商业化的艺术标准，因此有人对双年展进行指责，认为它出于给社会带来立竿见影的实际效果的要求，促成了一种把艺术工具化的认知。

表 3-6 世界三大艺术展

展名	所在国家	举办频率	创立时间
威尼斯双年展	意大利	两年一次	1895 年
圣保罗双年展	巴西	两年一次	1951 年
卡塞尔文献展	德国	五年一次	1955 年

如今的双年展，往往是作为文化政策协议的产物出现的。双年展是一项地理范围仅限于城市级别的活动，是国家、地区和企业之间为建立投资平台所达成的协议的产物。双年展是国家、地区和地方政府的一种探索性手段，目的是加入能与私企建立联系的新型行动路线，帮助地方上的小型艺术企业成长，并推动城市内某些区域的发展。这些区域作为贸易平台，能给城市居民中的一部分人口带来福利机遇。一般这类文化单位的管理模式，是由代表相关利益的基金会进行制度化管理的，比如说威尼斯双年展基金会，它是由市议会成员、意大利文化部官员和私人投资者组成的。

城市寻找着和其他城市的区分标准，其竞争力就体现在这里。而地缘因素对于完成预设的经济目标的重要性，也正日益成为共识。政府当局努力发展城市潜力，使其成为专业化的举办中心，目的是让在某一特定城市所举办的双年展在全球艺术界更具吸引力，通过一系列专门的活动项目，使这一双年展独具特色，并成为享誉全球的一项活动；同时双年展也为新的艺术作品的供应提供了场所，而这些作品则通过画廊主、收藏机构或是拍卖行的收藏家，还有私人收藏家，把地方及区域的艺术活动与世界艺术市场联系到了一起。于是，地方艺术和世界艺术之间建立了连接纽带，同时也使双年展和它的主办城市获得了走向成功的一项关键信息，正是这项信息确定了哪些艺术趋势和哪些艺术家有潜力大卖，构建起世界艺术市场，而这些市场则在媒体的推动下走向大众，它们参与到世界艺术体系中，不断自我调节，并创造引领性的艺术潮流。

通过一次双年展，城市试图在全球艺术领域获得有利的定位，不管是作为对艺术作品进行创作、反思、传播和交易的中心，还是作为和艺术体系相关的多元化活力产业发展的空间，这些产业包括旅游、娱乐、银行、私人保险、运输和电信企业等等。

双年展作为极好的商业化场所，已经在艺术体系内部得到认可，画廊主、代理人、艺术家、会展商、出版商以及大批周边活动的参与者赶赴此处，对艺术品进行交换与交易。考虑到类似这样的活动可能吸引来的大量商业交易所带来的整体影响，这一活动在世界上的选址应该要提供以下一系列条件属性：市场以及广阔的需求潜力、艺术品货源上的特权地位、酒店供应、金融安全（交易、税收等），以及成熟的或正走向成熟的文化艺术环境等等。总之，这一主办地会在全球艺术大舞台中得到巩固，但是必须具备足够的条件属性以使其风险最小化。

双年展尝试鼓励和强化地方和区域艺术表演的上升过程，目的是为了开辟进行艺术创作和反思的新空间，而艺术创作和艺术反思又会从整体上对这一体系进行反馈。双年展的好处在于，作为一项时间和地点都受到具体限定的城市活动，它的日程设置良好，这有利于它自身的推广战略，得以吸引住潜在的访客，为对活动进行赞助的企业以及地方、地区和国家的各级政府带来收益。

当今全球艺术圈子的运作，除了作为一个美学和政治现象所表达的含义，还能够像任何一个技术上成熟的行业一样，把各项运作结合成一个网络体系，而围绕着建设国际都市的视角和形象所进行的投资和城区改造的过程也是如此。

威尼斯双年展就是典型案例。自 1895 年以来，这座城市开始举办威尼斯双年展，其中包括一年一度的国际电影节（MostraInternazionaled’Arte cinematogr ά fica），但是毫无疑问，威尼斯最古老的节日是狂欢节，它在 13 世纪被宣布成为最高级别的节庆，在之后的几个世纪里，它都是威尼斯市民从政府的严格统治下解放出来的发泄渠道。一直到 18 世纪，威尼斯的狂欢节发展到了顶峰，欧洲各地的游客和贵族阶级前来赶赴这场盛宴，寻找消遣和娱乐。而伴随着威尼斯的商业和军事实力的衰落，狂欢节失去了往日的光芒。而等到威尼斯被拿破仑的军队占领以后，因为怕有人利用狂欢节作为掩护来制造阴谋，狂欢节便被取缔了，直至 1979 年才得以正式恢复。

但是如今，吸引艺术界全部关注的，则是威尼斯艺术双年展，它是全球历史最悠久也是最负盛名的双年展，被大量公众和专业媒体争相追逐。最近几年，到威尼斯参加双年展的游客人数一直在上升，2013 年则创下了 45 万游客的总纪录，共有 90 个国家参加，多项活动同时在不同的展厅中进行展览。每个国家都会在自己的展馆中，推出其国内艺术界最具代表性的艺术家们的作品，所以这些展馆也被看成是每个国家的“大使馆”。

这种每个国家分别占据一个展馆的做法，使威尼斯双年展和同类活动相比独具一格，而且这些展馆在全城各处的空间分布，也具有历史内涵。那些古老的欧洲列强，例如西班牙、英国和荷兰，它们的国家展馆占据了全城的黄金地段，也就是被人们称为“花园”区域附近最豪华且最具有象征意义的建筑物；而其他新兴国家的展厅则分布在其周边，且在某些情况下，例如中国或是印度，则无法拥有永久性展厅。这些展厅的分配和空间分布是一个很重要的问题，因为它象征着各个国家对于艺术和文化至上的普遍竞争。

威尼斯双年展上对于各国展厅的地理位置的划定，可以被解读成一个关于全球既定秩序的隐喻。在这层背景下，管理员或是策展人以及那些艺术家们起到了大使的作用，而他们的艺术作品则代表了其在全球文化实力竞技场上所占有的领地。在威尼斯双年展的背景下，艺术以不同的方式对这个世界展开想象，它对世界的解读，比这个世界自己看待自己还要更为精准；换个方式而言，威尼斯双年展上各个展厅的地域代表性，可以被看成是一张交替性的世界地图。

图 3-3　2015 年威尼斯双年展海报

图 3-4　2015 年威尼斯双年展展馆门口

威尼斯双年展是一场包揽现代艺术的世界性展览，在意大利的威尼斯每两年举行一次。电影节是双年展的组成部分之一，每逢奇数年举办的威尼斯建筑双年展也是其中一部分。1999 年设立了舞蹈环节，即“国际现代舞蹈艺术节”。

第一届双年展是在 1895 年 4 月 30 日举行的。在 20 世纪 30 年代，这一活动创立了多项新的环节：1930 年设立了音乐节，1932 年国际电影节，而 1934 年则是戏剧节。从 1938 年起，开始在艺术展览这一环节上颁发大奖。

在第二次世界大战期间，威尼斯双年展沉寂了 6 年，于 1948 年得以恢复。它重新关注欧洲及全球的先锋派运动，后来又关注现代艺术的走向。抽象表现主义是在 20 世纪 50 年代被引入的，波普艺术则是在60年代被引入。从1948年到1972年，关于双年展的展出场地，进行了一系列的调整。

双年展的正式展出地主要位于一个名为“Giardini”（花园）的公园内，那里有30个永久性国家展厅。这些永久性展厅的分配，主要是由20世纪30年代以及冷战时期的国际政治所决定的。对于每个国家如何处理它的展厅并不存在某种单一的制式，他们拥有自主权。英国展厅一向由英国文化协会进行管理，而美国则由国务院负责。Giardini公园内还有一个大展厅，里面展出由双年展的总监负责策划的主题展览。

双年展的场所还包括一栋经过翻修的建筑物，名为“阿森纳”。背景各异的、最年轻的艺术家们在那里创作着自己的作品。这些艺术作品的范围包括：视觉艺术（始于1895年的国际艺术展览），也就是最初的展览；现代音乐（始于1930年的国际现代音乐节）；电影（始于1932年的国际电影艺术展，自1936年开始每年举办一次）；戏剧（始于1934年的国际戏剧节）；建筑（始于1980年的国际建筑展）；现代舞蹈（始于1998年的国际现代舞蹈节）。

威尼斯双年展是所有双年展之母，它是全世界200种双年展中的首家，历史最悠久，也最负盛名。它显然是全球各地的艺术家们进行会面的场所，也是这批人进行展示的一扇橱窗，而且任何一个国家都可参与其中。但是，这一双年展的核心场所Giardini公园，一共只提供了30个带有国家性质的展馆，这就意味着其余剩下的国家必须在双年展的第二主办中心——阿森纳，或是这个城市的其他场所租用空间。

在威尼斯，除了双年展和它的展馆群，还有为数众多的机构，例如格拉西宫和普拉达基金会（它是几十家重要的现代艺术基金会的代表），此外还有十几家大型博物馆。但是所有这些机构常年在双年展的庇护下，作为文化机构展开运作，因为双年展吸引来的公众非同一般，不仅人数众多，而且欣赏能力强，由无数的策展人、批评家、艺术家、画廊主和实体文化单位的代表所组成。当地的这些机构抓紧机会，从双年展的游客潮获益，充分展示其最重要的演出和展览。尽管它们并没有被看成是双年展的展馆，却从各个方面加强了双年展的渲染力。

威尼斯是欧洲游客数量最多，也是城市的生存发展最依赖于旅游业的世界遗产城市之一。尽管威尼斯的城市规模相对比较小，但它却是世界上最具代表性的文化城市之一，以至于有几十个水城把自己和威尼斯进行比拟，比如说阿姆斯特丹和斯德哥尔摩，两者都被称为“北方威尼斯”并相互展开竞争，还有无数城镇争相成为“小威尼斯”的情况正在反复上演。

四、大型活动铸造独特的城市名片

这些城市已经成功打造了独特的城市名片，它通过一些和城市认同感挂钩的价值和特性，以及符合城市利益的特殊对话，对这个城市加以定义；这些城市把它们的城市名片作为获得集体认同、吸引投资者及获取利益的渠道。

为了构建城市名片，这些城市都巧妙地运用了名字、术语、符号或设计，或是上述内容的组合，试图定义城市特色，并把自己和其他城市区分开来。很显然，这些城市名片最主要的功能之一就是使这个城市与众不同，比方说，威尼斯的城市名片的标志之一就是它的“贡多拉”，达沃斯是世界经济论坛，而斯德哥尔摩则是诺贝尔奖。

威尼斯狂欢节上的“贡多拉”

因举办“世界经济论坛”而出名的瑞士小镇达沃斯

每年因诺贝尔奖颁奖仪式而举世瞩目的瑞典首都斯德哥尔摩

图 3–5　大型活动铸造独特的城市名片

这些城市通过自己的城市名片将无形的和有形的资源关联组合，以美化城市形象，并将一种基于价值观、信仰和文化的设计作为具有竞争力的资源，向接受者传达在其他城市无法被复制的元素。

在设计上，这一城市形象的酝酿和构建，企图抓住这个城市想要向外传达的理想形象、真实形象及战略形象。

在理想形象上，这些城市试图将它们想要传达出来的身份特征具体化。在斯德哥尔摩，理想形象是一个有序的、和谐的城市，所以发生在斯德哥尔摩街头的、在世界上其他城市司空见惯的社会骚乱，就会引发特别的关注。达沃斯则想要传达这样一个理想形象，那就是达沃斯世界经济论坛在对世界经济进行调节，而事实上任何一个稍微了解情况的人都知道其实它的各项报告还有待商榷。威尼斯想要传达这是一个被运河围绕着的浪漫之都的理想形象，而实际上这些运河中的很多条看上去就像是污水池一般。

执政者应该运用策略对其进行改造，使其所了解的实际城市形象更加接近理想形象，或者至少维持原状。有时候，这不仅仅取决于城市本身，还取决于其他官方机构或是私立组织。以这三个城市为例，在斯德哥尔摩，因为缺乏真实的就业机会和其他机遇，年轻人受到挫折，只要这种情况不消失，表达不满的游行还会反复发生，并将最终毁掉这个城市的城市名片。尽管达沃斯得到了全球精英的高度肯定，然而对这座城市的负面看法不断增长，因为城市内，充斥着一些代表着世界贫富差距的社会团体和组织，并且在任何时候，各国政治领导人都可能会认为参加经济论坛的选举人花费太高，而且只要经济危机依然存在，这一看法就很难被改变。在威尼斯，运河的问题已经获得了关注，当局正在采取措施建造大坝来维持水体的洁净，以此维持其洁净无瑕的理想城市名片。

这就是为什么这些被用来作为城市名片的理想城市形象，应该要面对任何社会、文化、科技或是政治上的改变，以作出调整，使用最合适的沟通技巧，调整城市形象，使自身优于其他城市。重要的是，要去发掘和传播城市的历史底蕴及本城居民的特质，并在推动城市发展的同时，或是在其他任何一个放眼未来的时刻，把这些作为战略资源融入进去。随着科技的发展，如今去了解地球上任何一个角落已经变得越来越容易，本质上而言，它展示了一种交流上的透明度。事实上，正是因为这个因素，使发展理想城市形象并建立基于真实基础之上的城市名片成为可能，这样才能真正使一个地方和一种文化的真谛走向世界！

第四章 文化遗产视角下的大型活动与城市文化特色构建

第一节 文化遗产与大型活动和城市文化特色的关系研究与理论概述

大型活动一般指参与人数较多、涉及方面较广的非日常性活动，包括大型展会、大型赛事、大型演艺、大型节庆等。文化遗产是指某个民族、国家或群体在社会发展过程中所创造、传承下来的一切精神财富和物质财富，可以分为物质文化遗产和非物质文化遗产。物质文化遗产是具有历史、艺术和科学价值的文物；非物质文化遗产是指各种以非物质形态存在的与群众生活密切相关、世代相承的传统文化表现形式。城市文化特色是城市特色在社会人文方面的体现，可以表现为外在的文化形象和内在的文化气质。其构成要素主要有地标建筑、城市风情、历史遗迹、特色街区、特色活动、城市精神等。

大型活动与城市文化特色之间，往往通过文化遗产的中介作用而发生建构关系。

首先，大型活动与文化遗产之间关系密不可分。一方面，从文化遗产的角度看，大型活动无论是活动前的策划设计，还是活动中的展开呈现，或是活动后的传播影响，都会或多或少地依托于文化资源，可以说大型活动既是文化遗产的呈现者，也是文化遗产的创造者，很多大型活动本身就在创造明日的文化遗产。同时，就大型活动的操作流程而言，每一个环节都会对文化遗产产生影响。活动前的影响主要是遗产资源的开发与宣传，活动中的影响主要是文化遗产的呈示与表征，活动后的结果则可能造成文化遗产的弘扬或变形。另一方面，从大型活动的角度看，无论是活动的主办者还是参与者，都需要文化遗产的介入，主办者需要文化遗产来凸显文化特征、塑造城市形象，从而制造大事件，实现注意力经济，实现城市营销；而对于活动的参与者，文化遗产可以激发外来旅游者的好奇心，也可以强化当地居民的凝聚力。

其次，文化遗产与城市特色之间存在内在联系。文化遗产通过岁月的积淀，已经成了人民心中不可磨灭的文化记忆，它构成了隐性的城市文脉，展示为显性的文化特色。可以说文化遗产是城市文化精神、文化特征的根基，而文化特色是文化遗产的表征和提炼。

一、大型活动的概念与类型

（一）大型活动的概念

大型活动一般指非日常性活动：对活动组织者来说，大型活动是赞助商或组织机构举办的非常规性的一次性或有规律的但非日常发生的活动；对于活动的参与者来说，大型活动是为人们提供非常规选择范围内的或非日常经历的娱乐、社交或文化经历的机会。[①] 这是从大

① 程大兴：《大型活动旅游效益最大化战略初探》，《北京第二外国语学院学报》2003年第1期。

型活动的性质对其界定的，从活动组织者与参观者两个角度分别突出了“非日常性”与“非常规性”的特点，认为大型活动的特征在于它的发生时间以及表现形式都有一定的偶然性、突发性和选择性，不是日常常态化的活动。大型活动的形式可以是展会、节庆、赛事、演艺等。

（二）大型活动的类型

1. 大型展览会

从字面拆分并阐述其含义：所谓“展”，就是陈列、展示；所谓“览”，就是参观、观看；所谓“会”，就是为了实现某种目的集中到一起进行交流。据美国《百科全书》定义，展览会是一种具有一定规模、定期在固定场所举办的、来自不同地区的有组织的商人聚会。

纵观现有研究成果，业内人士对展览会的界定主要从产品、传播信息和价值三个角度入手：首先，展览会是展览会组织者提供给参展商和观众的一种中介性的服务，展览会的整个流程都是围绕产品进行展开的。其次，从信息传播的角度来看，展览会组织者是连接参展商和观众之间的桥梁，在项目策划确定后，组织者一方面邀请或招商，另一方面向观众打广告。最后，从价值的角度来看，包括两层含义：一是展览会的能力要素，二是展览会给不同的利益主体带来的不同价值和意义。

2. 大型赛事

赛事是各种比赛的统称，主要是指有组织的，遵守相同规则，以竞技的形式进行较量的相关形式，如体育赛事、选秀赛事、文化赛事、网络赛事等等，其中以体育赛事居多，相关研究也主要集中在体育类赛事。刘建和等提出，“运动竞赛是人类的一种实践活动，它是一个特殊的过程，有明确的目的性，有鲜明的竞技特征，有完善的规则和一整套竞技办法及决定竞赛胜负的‘法律依据’”。[①]王守恒和叶庆晖认为：“大型体育赛事是一种提供竞赛产品和相关服务产品的特殊事件，具有项目管理特征、组织文化背景和市场潜力，能够迎合不同参与体分享经历的需要，对社会和文化、自然和环境、政治和经济、旅游等多个领域发生冲击影响，能够产生显著的社会效益、经济效益和综合效益。”[②]

3. 大型演艺

大型演艺是指演出规模较大、观众人数较多的演艺活动。通常大型演艺，或具有临时性，或具有异地性。也就是说，大型演艺一般是非常规性的演出，是为了某个特殊的节庆或活动而举行的；如果规模大且持续演出，那它多半是旅游演艺，针对的目标市场一般是异地市场，也就是说主要是演给来自异地的旅游者看的。这是演艺活动的市场容量所决定的。

如果大型演艺是临时性、应时性的演出，那它须配合或展示所依附的活动的主题；如果大型演艺是持续性、经常性的演出，那么它需要迎合旅游者的口味，通常会表现旅游目的地的历史文化及风俗民情，充分挖掘和体现地域文化，具有较强的地域色彩和不可复制性。

4. 大型节庆

节庆活动是在固定或不固定的日期内，以特定主题活动方式，约定俗成、世代相传的一种社会活动。我国节庆种类很多，从节庆性

① 刘建和等：《运动竞赛学》，四川教育出版社1990年版，第5页。
② 王守恒、叶庆晖：《体育赛事的界定及分类》，《首都体育学院学报》2005年第2期。

质可分为单一性和综合性节庆；从节庆内容可分为祭祀节庆、纪念节庆、庆贺节庆、社交游乐节庆等；从节庆时代性可分为传统节庆和现代节庆。

传统节庆又称原赋节庆，是指通过多年的文化积淀或者传统民风习俗的传承，为了纪念某些人、某件事而形成的节庆。中华民族传统的节庆活动有春节、元宵节、清明节、端午节和中秋节；还有一些少数民族节会，如农祀节会、纪庆节会、交游节会。现代社会，随着经济文化的发展，人民生活水平的提高和对文化休闲需求的增长，在保持和巩固中国传统节庆主导地位的基础上，各地又不断创设了许多新兴节庆活动，例如陕西临潼石榴节、海南椰子节、吐鲁番葡萄节、大连服装节、潍坊风筝节、青岛啤酒节、上海国际艺术节、北京音乐节等。国外亦是如此。我们现在所说的大型节庆通常是指这类文化商贸类新兴节庆活动。

二、文化遗产的概念与类型

（一）文化遗产的概念

“文化遗产”作为一个普通词汇，它通常是指某个民族、国家或群体在社会发展过程中所创造的一切精神财富和物质财富。这种精神财富和物质财富代代相传，构成了该民族、国家或群体区别于其他民族、国家或群体的重要文化特征，它往往等同于文化传统。

“文化遗产”作为一个法律词汇，它是从文化财产演变过来的。如1954年《武装冲突情况下保护文化财产公约》，1970年《关于禁止和防止非法进出口文化财产和非法转让其所有权的方法的公约》，用的都是文化财产。1972年召开的联合国教科文组织（UNESCO）第17届全体会议上，通过了著名的《保护世界文化和自然遗产公约》。在该公约中，“文化遗产”被定义为：“从历史、艺术或科学角度看具有突出的普遍价值的建筑物、碑雕和碑画、具有考古性质成分或结构、铭文、窟洞以及联合体；从历史、艺术或科学角度看在建筑式样、分布均匀或与环境景色结合方面具有突出的普遍价值的单立或连接的建筑群；从历史、审美、人种学或人类学角度看具有突出的普遍价值的人类工程或自然与人联合工程以及考古地址等地方。”该定义仅用列举法确定了公约保护范围内的文化遗产，都是从历史、艺术、科学的角度来看那些被公认为有价值的、不可移动的、大型的文化财产。

2005年12月，国务院发布的《关于加强文化遗产保护的通知》指出：“文化遗产包括物质文化遗产和非物质文化遗产。物质文化遗产是具有历史、艺术和科学价值的文物，包括古遗址、古墓葬、古建筑、石窟寺、石刻、壁画、近代现代重要史迹及代表性建筑等不可移动文物，历史上各时代的重要实物、艺术品、文献、手稿、图书资料等可移动文物；以及在建筑式样、分布均匀或与环境景色结合方面具有突出普遍价值的历史文化名城（街区、村镇）。非物质文化遗产是指各种以非物质形态存在的与群众生活密切相关、世代相承的传统文化表现形式，包括口头传统、传统表演艺术、民俗活动和礼仪与节庆、有关自然界和宇宙的民间传统知识和实践、传统手工艺技能等以及与上述传统文化表现形式相关的文化空间。”这是迄今为止中国法律文件中对“文化遗产”概念的最权威、最明确的解释。该定义从形态上对文化遗产的外延进行界定，点明了文化遗产不仅包括那些不可移动的有形的文物，还包括无形的活遗产。

（二）文化遗产的类型

1. 物质文化遗产

物质文化遗产，简单来说就是有物质形态的、看得见摸得着的文化遗产。根据1972年11月在巴黎召开的联合国教科文组织第17届全体会议上通过的《保护世界文化和自然遗产公约》（简称《世界遗产公约》）指出，物质文化遗产主要包括历史文物、历史建筑（群）和人类文化遗址。也有学者从文化遗产的可移动性上看，将其分为两类，即小型的可移动文化遗产和大型的不可移动文化遗产。前者主要以出土的古器物、传世文物和工艺美术品等为代表；后者主要指具有特殊价值的建筑或建筑群，如历史建筑、历史街区、古镇、古墓、贝冢、桥梁等。

2. 非物质文化遗产

非物质文化遗产，或称“无形文化遗产”（Intangible Heritage），又叫“活遗产”（Living Heritage），在某种意义上来说，非物质文化遗产的提出扩大了文化遗产的外延，是文化多样性的源泉和保持创造性的维系所在。

2003年，联合国教科文组织通过了《保护非物质文化遗产公约》，确立了非物质文化遗产这一概念。根据《保护非物质文化遗产公约》第2条的规定，非物质文化遗产即无形文化载体，“是指被各群体、团体、有时为个人视为其文化遗产的各种实践、表演、表现形式、知识和技能及其有关的工具、实物、工艺品和文化场所。”一般而言，非物质文化遗产的范围包括口头传说和表述、表演艺术、社会风俗、礼仪、节庆、传统的手工艺技能和文化创造形式、与上述表现形式相关的文化空间。

三、城市文化特色的概念与构成要素

（一）概念

美国著名城市学家伊里尔·沙里宁（Eliel Saarinen）曾经说过："让我看看你的城市，我就能说出这个城市的居民在文化上追求的是什么。"[①] 每座城市都有其独具特色的文化，这种文化构成了城市的鲜明标志，彰显了这座城市的唯一性与独特性，以及长期积累的厚重的文化积淀。城市文化特色也就成为城市的灵魂和具有个性化的表情。

城市特色文化体现在两个方面：在外观上体现特有的文化形象，在内涵上体现鲜明的文化气质。世界上没有完全相同的城市，每个城市都有不同的地理环境、气候环境、自然环境，以及各不相同的历史背景、社会背景、人文背景，从而使城市文化呈现不同的个性特征。

城市文化特色是由城市所创造的特有的物质文化、制度文化和精神文化等共同构建、形成的整体景象，它可以让生活在其中的人们产生认同感和归属感；同时也可以对异地的人们产生好奇感和吸引力。

（二）要素

关于城市文化特色的构成要素，目前学者讨论较少。单霁翔认为城市文化特色包含外在景观形象与内在精神风貌两方面构成。外在景观指建筑、道路、广场、山水等；内在风貌指历史传承、风土人情、社会环境等。[②] 张一方研究了城市文化底蕴的要素，他认为一座城市的文化底蕴包括这五大要素：地标建筑、城市风韵、名人胜迹、老街古巷、特色节日，这些要素相互作用、相互协调，共同构成了具有特色

---

① ［美］伊利尔·沙里宁著：《城市　它的发展　衰败与未来》，顾启源译，中国建筑工业出版社 1986 年版，第 17 页。

② 单霁翔：《城市文化特色重塑与文化城市建设（上）》，《北京规划建设》2007 年第 6 期。

文化的城市。[①] 综合上述两人的分析，可以大致梳理出以下几个方面：

1. 地标建筑

地标建筑是指某地方具有独特地理特色的建筑物或者自然物，游客或其他一般人可以看图而认出自己身在何方，有“北斗星”的作用，例如摩天大楼、教堂、寺庙、雕像、灯塔、桥梁等，它是一个城市的名片。

对地标建筑的认识不仅仅是从物质层面上理解为它的外观、高度或是规模，应该更深层次地去挖掘精神层面。地标建筑承载了城市厚重的文化底蕴，具备高度精神的象征和文化标志性意义，通过视觉形象直观呈现城市风貌，塑造了特色文化城市形象的价值理念，是文化与艺术创新的结晶，展示着城市综合实力，象征着文化软实力。

2. 城市风情

城市是一定社会形态的必然反映，城市风土人情是一种长期积累与不断传承的结果，是一种历史性的过程，由于地理位置、气候条件、生产生活方式的差异，历史地形成了不同的地域文化特色。一座城市发展历史的特殊性以及地域性是城市风韵形成与存在的决定性因素。

3. 历史遗迹

历史遗迹体现了一个地方的历史传承和地方特色。一些历史事件和人物留下的遗迹是一个城市的重要文化财富，是一个地方的历史、社会、文化特征的集中体现。由于历史遗迹是在特定历史时期、特定地域发生的，具有不可复制性和唯一性，能够充分展示一座城市的独特的文化内涵，构成城市文化特色不可或缺的一部分。

① 张一方：《城市文化底蕴的要素及民居旅游的优点》，《湖南城市学院学报》2012年第2期。

4. 特色街区

特色街区是集中反映当地自然景观演变、历史文化发展、社会人文精神和历史文化精华的地方。它是当地自然景区、传统建筑群、老街道、历史风貌区等特殊的“历史地段”，具有绝对的不可替代性。老街古巷作为历史的承载者，具有丰富的历史文化价值和旅游价值，渗透着独特的文化内涵和古韵风情，具有悠久的历史和深厚的文化底蕴。

城市文化特色街区渊源于该地的某一特有文化，因此该地特有的文化建筑自然而然地成为此处发展各项活动的依托，各项活动以此为基地辐散开来，从而能够体现城市的特色文化。

5. 特色活动

富有地方特色的活动是一种重要的城市文化活动形式，现在正流行的是一些具有地方传统特产及传统色彩的特色节日，如凉山的“火把节”、西双版纳的“泼水节”、西藏的“雪顿节”等等。每个城市或地域都有其独特的文化和内涵，人们根据当地的风俗习惯及适当的当地文化元素的参与，围绕本土文化并将其挖掘和创新，开展出多种多样的文化节庆活动，张扬出城市的个性，形成独特的城市文化。

6. 城市精神

城市精神是一座城市的灵魂，是城市文化特色的概括与提炼。它根植于历史而紧贴于时代，是城市市民认同的精神价值与共同追求。它是城市文化特色中最抽象而最深层的元素，无所在而又无所不在。把握了一座城市的文化精神就从根本上抓住了这座城市的文化特色。例如上海的“海纳百川、追求卓越、开明睿智、大气谦和”；呼和浩特的“骏马精神、草原气质”；徐州的“承两汉雄风、集南北大成、展英雄气概、铸徐州辉煌”；太仓的“书承七录船系五洲、毓秀钟灵人争上游”；银川的“贺兰岿然、长河不息”等，都是很精辟的城市精神概括。

四、大型活动与文化遗产关系分析

（一）从文化遗产角度看二者关系

1. 大型活动与文化遗产的呈现与创造

（1）大型活动对文化遗产的呈现

文化遗产是历史和文明发展所积淀的精华，是在长期的生活和实践中形成的。它形式多样，内容丰富，渗透于我们的生活之中，流淌于我们的血脉之中，但也正因为如此，我们往往会在习以为常中忽略它的存在，尤其是故事传说、传统技能之类的非物质文化遗产，由于没有直观的物质形态，更容易被人们所忽视。因此，文化遗产想要得到人们的关注，就需要以各种方式刷存在感，而参与度高、影响面广的大型活动就是文化遗产刷存在感的最佳方式之一。大型活动往往会采掘文化遗产元素并以生动直观的方式呈现出来，给公众以强烈的感知冲击，从而让文化遗产为公众所接受和关注。

由此，大型活动与文化遗产之间构建起了依存关系：前者是载体，后者是内容，二者相互渗透、相互促进。

一方面，从内容上看，大型活动无论其核心主题是什么，通常总会吸纳进一些文化元素，这些文化元素可以作为活动的主色调或者辅助色，为活动增光添彩。而地方文化特色又是文化元素中最夺人眼球的部分，这个地方特色可以是当地特色凸显，也可以是异地特色的挪移。为了营造这些特色，就需要文化遗产的介入。2010 年上海世博会期间，各类文艺演出精彩纷呈，其中有不少少数民族风情表演，例如土苗兄妹组合的长阳高腔、广场巡游中的摆手舞、展示台上的西兰卡普等等，得到了全方位的展示，大大提升了土家族非物质文化遗产的知名度，也营造出浓浓的中国民族风。同时，由于很多的文化遗产尤其是非物质文化遗产更多的是动态的、精神的元素，而大型活动这种活态的形式正好与之相契合。立足于本土的文化、历史和地域特色，与市场受众相结合，通过对文化遗产资源的挖掘和整理，将这些遗产艺术化、情景化、主题化，并通过文字、实物、多媒体等综合展示方式，给予一种体验式的展示和呈现，从而将文化遗产所反映的文化情感、智慧、思维方式、特有的性格和价值观强烈而直观地呈现出来。

另一方面，从物质和渠道上来说，无论何种文化遗产的展示和呈现的方式都需要一定的物质支撑，而大型活动作为一种经济与文化的双重行为，可以通过集聚人流而产生经济收益，为遗产的进一步传播提供物质帮助。比如我国成功案例颇多的山水实景剧，2002 年 4 月广西桂林的大型山水实景演出剧《梦幻漓江》、2005 年 9 月湖北宜昌的大型山水实景剧《梦·三峡》、2006 年 7 月云南丽江的大型实景演出剧《印象·丽江》、2007 年 4 月浙江杭州的大型山水实景演出剧《印象·西湖》以及 2009 年 9 月湖南张家界的大型山水实景音乐歌舞剧《天门狐仙·新刘海砍樵》等等。[①] 这些剧目的成功推广带来的巨大收入，为当地文化遗产的传播和呈现提供了一定程度的物质保障。

（2）大型活动对文化遗产的创造

文化遗产是随着历史的发展而延续的，是某一文化区域不断适应其所处自然和历史环境变化而不断传承下去的文化精髓，其核心因素

① 贾芸：《论我国旅游演艺的内涵与发展对策》，《职大学报》2014 年第 3 期。

文化不会是一成不变的，它会受到社会历史环境变迁发展的影响，这就使得文化遗产的传承是动态延续并不断创新的。

从内容上来看，大型活动往往是通过特色展会、大型演艺和节事活动对文化遗产进行表达和传播，其过程是将过去的传统和当下的风尚相结合，对原有的文化遗产进行合理的继承和变革。例如：西藏拉萨每年一次的雪顿节，最初是一种纯宗教活动，后来逐渐演变为融晒佛、演戏、娱乐为一体的综合性节日，又称藏戏节。并且藏戏也不断推陈出新，从原来只能演出某些剧目的片断发展到能演出整本大戏，从最初不多的几个基本唱腔发展到比较定型化的几大类近百种唱腔，从早期模拟生活式的简单表演发展成以唱为主，兼有诵、舞、表、白、技、艺等的程式表演，逐渐使藏剧衍变为一种独特的综合艺术，从而实现了大型活动对于文化遗产的创造。

从渠道和平台来看，已经初具规模的大型活动本身在发展过程中也是进行不断创新的，即它们改变的不是原有的文化遗产内容，而是改变自身对于文化遗产的呈现方式，进而表现出文化遗产的创新。创新是保证一个大型活动能够长久发展延续的重要因素，需要抓住时代的脉搏，不断寻找新的活动形式和载体，从不同角度和不同感官多元化地呈现文化遗产，从而使文化遗产的展示渠道丰富和多元化，不断给大众更为新颖的文化感受。

2. 大型活动对文化遗产的影响

（1）大型活动前对文化遗产的影响：开发与宣传

任何大型活动都会或多或少融入文化元素，而文化元素的表现、文化特色的提炼又离不开文化遗产，由此大型活动在策划、组织、实施的前前后后都可能与文化遗产发生联系。

在活动前，大型活动对文化遗产的影响主要体现在文化资源的开发利用和文化产品的包装宣传。对于一些湮没于寻常生活或濒临于消失边缘的文化遗产，借助各类大型活动予以展示，不失为一种挽救和维护的措施。大型活动在开始前期，在活动的策划设计过程中，对文化遗产进行深入挖掘、开发并据此打造出鲜活的文化产品，可以使原本零落民间或者被人遗忘的文化遗产得以激活和保存，并重新焕发活力。同时，伴随即将展开的大型活动而进行的电视、报纸、网络等媒体各类宣传，在推广活动的同时必然也会推广其所依据的文化遗产。通过这些宣传，可以让更多的人接受，并唤起大众对于该文化遗产的认同感，引起情感上的共鸣，使他们自觉地参与进来，有利于文化遗产的传承和发展。

（2）大型活动中对文化遗产的影响：展示与表征

大型活动是一种体验性的消费，具有明显的效益性。大量的人流在一段时间的集聚，可以为举办地带来巨大的经济效益，对于当下很多文化遗产保护工作中所面临的资源流失、环境恶化、资金匮乏等问题起到一定的缓解作用，从而为文化遗产的发展提供了广阔的物质空间。同时，大型活动对于文化遗产的传播也能起到重要作用。大众聚集在一起通过参与活动，生动直观地体验文化产品，领略该区域独特的文化精髓和内涵，加深了他们对于这种文化遗产的理解和热爱。

（3）大型活动后对文化遗产的影响：弘扬或扭曲

相关大型活动在对于文化遗产的利用开发过程中，对于文化遗产的保护会产生积极和消极的两方面影响。

活动将公众的视线引向文化遗产，越来越多的人参与其中，对于文化遗产的破坏现象也随之出现，尤其是对于可接触性的文化遗产，其灵魂是原生性和真实性，其根本特点是不可再生，一旦失去便永远失去，任何复制品都不可能具有原有的价值。[①]大型活动的受众广泛，参与者之间差别较大，很多人对于文化遗产的保护意识较为淡薄，往往意识不到自己的一些行为可能对文化遗产造成一定的损害。其次，越来越多的人看到基于文化遗产的大型活动所产生的巨大效应，纷纷参与其中，出现了过度开发和不合理的利用。过度的商业开发对真实性产生了巨大的破坏，造成了参与者体验失真，丧失了原本的意义；大量活动在展示和演艺过程中，并非真正的传承人在表演，有些甚至为了商业需求随意添加些真实性完全扭曲的元素等等，这些行为造成了文化遗产的失真和变形。因此，合理的开发和利用文化遗产尤为重要。

但与之相对应的是，大型活动在文化遗产保护方面也是有一定积极作用。

首先，大型活动凭借着其参与者多、受众面广的特点，可以最大限度地进行文化遗产宣传并且可以实现保护主体的扩大化，能够“提高民众的文化自觉，消除错误的思想观念，使他们能正确认识和对待祖先创造的优秀文化遗产，自觉地加入到保护和弘扬非物质文化遗产的行动中，并成为保护的真正主体”[②]。同时，在开发中，旅游企业要不断提升旅游产品质量、旅游者要满足自身深度文化体验的需求、社区民众和传承个人要追求经济上的获利能力、政府部门肩负地区发展和遗产保护的双重职责、学术机构和新闻媒介对各种文化和旅游现象的

① 吴晓隽：《文化遗产旅游的真实性困境研究》，《思想战线》2004 年第 2 期。
② 王文章主编：《非物质文化遗产概论》，教育科学出版社 2008 年版，第 278 页。

关注等等，相关利益者们的利益诉求驱使他们联结起来，形成一股合力，逐渐演变为“非遗”的保护主体。[①] 例如三峡人家把演艺活动和三峡文化遗产相结合，吸引了大批游客和专家学者加入研究和保护这一文化遗产的行列。

其次，在扩大的受众群体之中，有一部分人不仅仅停留于活动欣赏，而且还进一步产生了学习和参与文化遗产本身的巨大渴望，加入了遗产传承人的行列，从而文化遗产的传承人队伍得以扩大。这一点对于非物质文化遗产的传承来说尤为重要，即非物质文化遗产的保护传承最终是为人类服务，因此，培养传承人使得其根脉相传是非物质文化遗产保护机制的重要因素。

（二）从大型活动角度看二者关系

1. 基于主办视角的关系分析

文化遗产产生于一定的历史条件之下，并且随着历史的发展，与其所处的人、事、物等自然和社会环境紧密结合所形成的一个完整的整体。同时也为大型活动提供一个契机，利用其独特的文化内涵，塑造出独有的品牌特色，进一步发展成为代表城市特色的品牌活动，甚至成为当地特色文化产业的一部分。

首先，文化遗产能够提供巨大的经济价值。从经济的角度分析，文化遗产的经济价值就是文化遗产被市场化消费后，表现出的可评估的市场价格或带来的经济利益。文化遗产的直接盈利性利用表现在两个方面。一是对遗产的直接展示、展览、表演等带来的门票收入；二

① 余丹:《民族节庆旅游开发与非物质文化遗产保护互动模式研究》,《西南民族大学学报（人文社科版）》2009 年第 9 期。

是对遗产承载的标志性的精神文化价值、历史记忆等进行创意开发的精神文化商品带来的经济利益。①文化遗产除了直接的经济收益，还有强大的带动作用，能促进整个地区的经济发展，从而从整体上提升大型活动本身的服务质量。比如我国的大型节会活动随着城市文化产业的需求而逐渐兴起并得以迅速发展起来，各种节会活动对于传播当地文化，促进当地经贸活动及相关产业发展以及提升城市知名度有着一定的积极作用。如以彝族“尚火”习俗发展起来的“火把节”，被誉为“东方的狂欢节”，原本只是彝族人的传统节日，意为驱赶邪恶、祈求幸福安康。②但是通过对彝族的这一传统文化进行挖掘和展现，融入了赛马、摔跤、斗牛等传统文化活动，将这种传统上只是驱邪祈福的非物质文化遗产塑造成为凉山的形象代表，树立了鲜明的区域特征，并创造了巨大的经济效益。

其次，文化遗产的根本还是在于文化，而文化内涵则是大型活动的灵魂，独一无二的文化特色则是大型活动得以展开的基础。利用文化特色，举办具有民族特色的品牌活动，形成城市或者地区的独特标志，进行推广和营销，为大型活动的发展营造更为便利的社会和经济的氛围，同时产生巨大的品牌价值和文化价值，使得原本单薄的大型活动也充满了厚实的文化底蕴。例如著名实景演出《印象·刘三姐》，就是将刘三姐和广西歌舞结合，使之成为广西歌舞这种非物质文化遗产的符号，从而显得更为独特和厚重。

① 但文红、张聪：《文化遗产对地方经济发展贡献研究——以遵义会议纪念馆经济价值评估为例》，《贵州师范大学学报（自然科学版）》2009年第3期。

② 余丹：《民族节庆旅游开发与非物质文化遗产保护互动模式研究》，《西南民族大学学报（人文社科版）》2009年第9期。

2. 基于参与者视角的关系分析

（1）外来游客的好奇与刺激

我国是个历史悠久的多民族的国家，蕴藏着极其丰厚的文化遗产。这些具有地域特征和历史内涵的文化遗产恰好可以满足活动参与者以及潜在参与者的猎奇求新的心理。同样以实景舞台剧为例，实景舞台剧并不是只追求华丽的舞台装饰及高科技设备的利用，同时还要求具有明显的地域特征，能够突出地域的唯一性，且能恰如其分地融合当地自然和人文景观。[①] 类似于这样的遗产资源的利用能够充分地展现出当地的文化遗产精神和自然人文特色，对于大部分受众来说，这些和当地文化遗产、民俗传统、自然建筑等紧密结合的，完整保持了其本真性的大型活动已经被烙上特有的文化符号，而当代的消费者呈现出一种共性：强烈的符号消费欲望。[②] 这些巨大差异性的文化符号让他们产生巨大的好奇心和想象，进而产生强烈的参与动机。

（2）本地居民的认知与归属

每种文化遗产都是在历史传承中和周围的自然、人和社会相互影响、相互表述和相互借鉴中发展的，其内容更多的产生于人们的传统习俗、宗教活动、生活休闲过程中，与当地居民紧密贴合，是当地民众在特定的时间和空间条件下主动或者被动地参与和发展的成果，这种先天的人和文化的同步性不仅仅体现在传承人身上，也体现在一般的本地居民身上。通常某个地方、某个群体的人总会对自己所属的文化有一种天然的认同感和归属感，例如上海人对海派

① 贺小荣、何清宇：《非物质文化遗产旅游开发的新范式：景区实景舞台剧模式》，《教育教学论坛》2011 年第 20 期。

② 吴晓隽：《文化遗产旅游的真实性困境研究》，《思想战线》2004 年第 2 期。

文化、山东人对齐鲁文化。而大型活动如果能恰当展示地方文化遗产，将可能有助于赢得当地人的亲近感，并强化其文化认识和文化认同，激发他们对于区域文化遗产价值的重新审视和考量，从而对自己的文化遗产及其内涵精神产生更加尊重的态度。联合国教科文组织通过的《保护非物质文化遗产公约》指出："各个群体和团体随着其所处环境、与自然界的相互关系和历史条件的变化不断使这种代代相传的非物质文化遗产得到创新，同时使他们自己具有一种认同感和历史感，从而促进了文化多样性和人类的创造力。"①这也就说明其中更为重要的是他们因此产生的文化自觉心理，一方面报以极大热情参与活动，利用这些活动展示自己独有的文化特色，同时提高了民族向心力，而这种向心力反过来又是活动能够顺利推广的有力保证；另一方面群众积极地参与到相关活动的策划、运营和维护工作之中，对于活动向更广阔领域的传播起了促进作用，也使大众更加重视对于自身文化遗产的保护，从而又为活动的长久持续发展以及文化品牌的树立提供了"活的保障"。

3. 基于活动创造视角的关系分析

文化遗产是人类社会的特殊产物，产生于人们的日常劳动和生产生活，无论是有着具体形态的物质文化遗产，还是非直接可触的非物质文化遗产，都承载着人类发展的文明成果和人类的创造性、精神和文化气质。所有的文化遗产的价值不仅仅体现在其单纯的物质用途中，更重要的是这些遗产所包含和传递出来的人类发展积累的智慧、文化特征和民族特性。将这些物质实体、精神内涵与当地的社会环境结合

① 乌丙安著：《非物质文化遗产保护理论与方法》，文化艺术出版社 2010 年版，第 17 页。

起来，经过挖掘、整合、营销，就有可能创造出一个有着独特区域特色和文化吸引力的大型活动，而这些大型活动经过进一步发展，还能够进一步联合周边资源形成强大的文化产业。换言之，文化遗产是大型活动得以产生和发展的重要资源，是大型活动展示、演绎的内容中不可或缺的部分，离开了文化遗产资源的支撑，很多以传统为特色的大型活动是难以生存下去的。例如洛阳的牡丹文化节就是典型的例子，洛阳牡丹文化节正是创造性地将有形的资源与无形的资源相结合，将关于牡丹的传统文化诗词、神话传说与牡丹种植产业、传统手工艺品结合，深化牡丹精神内涵，凸显牡丹文化价值，与中国人传统的文化观、价值观产生共鸣。牡丹和洛阳古老的历史遗迹为主要内容的河洛文化紧密结合，将多种文化遗产连接起来，挖掘出超越物质的精神内涵，从而使简单的牡丹文化节成为一种品牌象征，与文化产业相结合，成为洛阳市文化产业的一部分。

五、文化遗产与城市文化特色关系分析

（一）文化遗产是城市特色的根基

城市特色是一个城市特有的自然地理特征、文化传统和历史文脉的体现。隐性的文化外化为一个城市的文化特色。文化遗产来源于一个城市的文脉。城市记忆是在历史长河中一点一滴地积累起来的，从文化景观到历史街区，从文物古迹到地方民居，从传统技能到社会习俗等，众多物质的与非物质的文化遗产，都是形成一座城市记忆的有力物证，也是一座城市文化价值与文化特色的重要体现。

首先，文化遗产的地域性是形成城市特色的基础。文化之所以具有地域性，主要是由于文化在形成环境上的不同。每个城市存在于特

定的自然和社会环境之中，造就了不尽相同有时甚至是迥然相异的生产、生活方式，以及语言、习俗、习惯上的差异。

其次，文化遗产的传承性赋予城市以义不容辞的历史保护责任。文化的传承是文化积累的主要手段。人类文化是通过由前人的创造、积累，后人继承、发展的过程，把从生产、生活中积累的经验、知识和创造的财富代代相传，并不断完善，不断修补，使文化总量不断增加。城市是文化传承的主要载体。这就要求城市必须继承留存下来的有形与无形的文化遗产，延续并发展城市文化。

再次，文化的变异性是城市特色创新的源泉。一种文化一旦形成会具有恒定性，从而使优秀的文化世代相传。但是这种恒定性是相对的、有条件的，文化的变异性则是绝对的、必然的。随着环境条件的变化，文化的形态、结构以及表现形式都会发生变异。因此城市文化必须承载历史，反映城市的历史发展过程及其特有的文化积淀；城市文化也要展现现实，多层次、多侧面、多角度地反映现实城市文化内涵；城市文化还必须昭示未来，顺应城市的文脉，发展、创造属于自己城市独特的新文化。

（二）文化遗产是城市文脉的延续

文脉是保护城市历史文化与城市特色的线索，在城市规划和建设中发挥重要作用。“文脉”（Context）源于语言学范畴，可以理解为“文化的脉络”。城市的文脉实际上应广泛包括城市发展过程中的全部历史信息。以历史街区、文物保护单位等为主要载体的“历史文脉”是“文脉”的重要组成部分，但并非是“文脉”的全部。完整的城市文脉是在历史的发展过程中及特定条件下，包括自然环境、建成环境、社会文化和人的心理与行为四大部分组成，涵盖城市周边自然环境、城市空间结构与形态、城市景观与风貌、城市历史建筑与历史街区、社会文化遗存、社会意识形态、居民生活方式等诸多内容的复杂系统。①

文化遗产在城市文化脉络中占有重要地位，是城市文化传承脉络的重要组成部分，代表着整个城市的文化个性。以历史街区为例，它作为城市的重要文化遗产，是城市文化遗存的集中体现，以可观、可游、感知的具象方式承载着城市丰富的历史记忆，是城市文脉机理的有力传承者。它们独特不可再生，是城市无与伦比的宝贵财富。因此保护和改造城市历史街区，传承城市文脉，是塑造城市文化特色的重要任务之一。不论是物质文化遗产还是非物质文化遗产都是一座城市在城市文脉上的有形或是无形的延续。

（三）文化遗产、城市文脉、城市特色的价值分析

1. 本地人产生认同感、归属感——凝聚功能

认同感是指个体对所属的群体在文化上的认可、接受程度，认同感的强弱直接影响群体凝聚力的大小。文化遗产作为过去的见证、历史的印痕，成为留住昨日时光、凝聚人心和力量，为人们保留了一块记忆和情感家园。文化遗产得以传承就足以证明其所在的文化空间或传承地的集体对其的认同，只有自觉参与、自觉接受、自觉维护、自觉传承，才能集成地方文化的最大认同感，才能凝聚最大的力量，才能表达地域文化最鲜明的形象。

从某种意义来说，认同一种文化，意味着信仰和遵循这一文化的

① 苗阳：《我国传统城市文脉构成要素的价值评判及传承方法框架的建立》，《城市规划学刊》2005年第4期。

基本价值和行为规范。[①] 换言之，以一定文化心理为基础某个群体中的个体成员的行为必然会受到一定的社会文化环境的影响和陶冶，并且常常会按照这个群体的社会准则形成固定的群体行为。文化遗产代表着某一群体的文化传承和文化符号，其存在和显现有助于强化个体对于群体的认同感，有助于强化群体内部的凝聚力。例如龙、长城等文化符号和遗产，就能有助于强化中华民族的凝聚力，中国人自称为龙的传人，并以此为骄傲。看到长城、故宫就会心潮澎湃、激动不已，油然而起一股爱国情怀。

2. 异地人产生差异感、好奇感——审美功能

文化遗产是内涵丰富的文化载体，是了解和认识这些民族文化史的标本和化石。任何民族的文化遗产中，都包含着该民族传统文化、生存状态、思维方式和审美方式等各种原生态的文化元素，是该民族独特历史文化发展踪迹和路途的忠实记录，展现出了鲜明的文化价值。[②] 文化遗产作为重要的旅游吸引物，使得异地游客产生差异感和好奇感，进而带来观光、游览等一系列旅游行为，可以说，文化遗产在旅游业发展过程中起到了极为重要的作用。

这种差异感和好奇感将会拓展文化遗产的审美功能，游客在探奇心理的驱使下去寻觅文化遗产，去参加展示文化遗产的活动，并在此过程中获得艺术启迪和美的享受，在对历史和文化的凝视中，发现自我，深化自我，陶冶情操，丰富自己的精神生活。文化遗产的形式多种多样，建筑文化遗产、雕塑文化遗产、绘画文化遗产、工艺美术和

① 王仕民：《论传统文化对民族的凝聚功能》，《社会科学家》2006 年第 2 期。
② 张昕、陈惊：《文化遗产的审美教育价值》，《湖北美术学院学报》2008 年第 3 期。

古典设计文化遗产，都从不同的维度和侧面，传达了人类从物质到精神的历史性传承和延续，纵向地归纳和总结了人类文化的核心理念。提高审美感受力是审美教育的重要目的，文化遗产正是承载了这一功能的载体。

第二节 大型博览会与文化遗产、文化特色关系实证研究

在大型展览中，文化遗产的应用使展会更具有文化代表性。文化遗产是展览所在地物象的一部分，其文化性和历史性提升了展览的趣味性和吸引力。将文化遗产符号化，融入大型展览活动的视觉设计中，在建筑、标识、展台和管理过程中能够直观展现当地的特色文化和展览的主体信息，并提升现代科技展览的文化内涵。同时，通过大型展览对文化遗产的展示，能够提升公众对文化遗产的多方位感知，使其符号性更加鲜明，成为大型展览的符号记忆以及城市的符号印记。文化遗产是会展旅游的主要吸引物，大型展览对文化遗产旅游的开发与保护有良好的促进作用。

全球化背景下，大型展览已成为经济、文化、贸易、技术等有效的交流平台，也是城市走向世界的重要桥梁。大型展览的举办，汇聚了多方凝视，城市鲜明的文化特色将有效促进外界对大型展览举办地的旅游目的地认同，增强其吸引力，带来经济收益。文化遗产是城市文化的历史见证，也是城市文化的外显符号，凝聚了城市文化的核心价值观，因此，文化遗产作为大型展览的表达方式，正在以文化符号角色建立展览与城市文化之间的有机联系。

一、大型展览中文化遗产与城市文化特色

（一）文化遗产的符号意义

在信息大量涌入的大数据时代，以符号增值为社会资本积累新来源的消费形成使人们广泛地使用符号和依赖符号，通过符号在众多信息中获取最具有价值的部分。在旅游符号的互动中，旅游者对目的地的感知与记忆是对目的地旅游符号的解读过程。文化遗产以物质或非物质的形态存在，与群众的生活密切相关，是世代传承的文化表现形式。因此，独特的文化遗产与文化共生发展，代表文化的核心部分，并且有明确的物质形象或精神形象。

1. 符号的定义与理解

符号是携带意义的感知。意义需要通过符号来表达，符号的存在也是用来表达意义的。恩斯特·卡西尔（Ernst Cassirer）特认为符号是人们共同约定用来指称一定对象的标志物。根据索绪尔的观点认为，每一个符号都是包含了能指部分和所指部分，符号就是以此代彼的过程。[①] 其中能指，是具有物质性质和物质形式的用以承载符号内容的中介物、是承载内容的表达层面。所指则是符号在使用者心理的表象，承载符号的内容层面，不可见却可以被想象。能指和所指之间所建立关系的过程为意指，其目的不在于结合，而在于区分，这一过程便是符号使用的特色性。

2. 文化遗产的符号特征

文化遗产是一个地域在一个时期的历史、生活和文化的诠释，是人类历史发展的见证。物质文化遗产是具有历史、艺术和科学价值的

① 隋岩著：《符号中国》，中国人民大学出版社 2014 年版，第 4 页。

文物，包括古遗址、古墓葬、古建筑、石窟寺、石刻、壁画、近代现代重要史迹及代表性建筑等不可移动文物；历史上各时代的重要实物、艺术品、文献、手稿、图书资料等可移动文物；以及在建筑式样、分布均匀或与环境景色结合方面具有突出普遍价值的历史文化名城（街区、村镇）。[①] 非物质文化遗产是历代先民创造的极其丰富和珍贵的文化财富，是一个民族的民族精神、个性特征以及凝聚力和亲和力的重要载体。这些文化记忆通过人类的生活习惯和社会认同得以传承，使人类核心价值观传承延续，凝聚了人类的文化情感与民族认同。

从符号学的角度来看，任何一种文化遗产都是一个可以具象的“物体”，其可以承载符号的内容，是表达层面的“能指”，而其在意指过程中，所指由于使用者的心理不同蕴含了丰富的表达含义。随着对符号的建立和有目的的传播，能指和所指的关系则由最初的随意性逐渐发展成被历史、文化、意识形态固定的关联性。与此同时，这些记忆随社会生活环境的变迁与生存发展的需要，其最初形态已相去甚远，我们如今所感知到的文化遗产本身已经趋于符号化了。

（二）文化遗产与大型展览的关系

大型展览是会展业的重大活动之一。大型展览在规模和重要性方面不仅能够给主办社区或目的地带来较高的经济收入，并且提升了旅游、媒体覆盖率以及声誉，世界上许多著名城市都伴随着会展的同步发展而闻名于世，如德国的汉诺威、意大利的米兰。城市良好的基础建设和丰厚的文化遗产使会展旅游日渐兴旺，对城市经济

① 《关于加强文化遗产保护的通知》，2005 年 12 月 22 日。

发展起到了重要的作用。此外，如巴拿马博览会、上海世博会等国际性大型展览甚至会带动城市关联产业结构改变、文化格局重组的经济效益与社会效益。然而在大型展览过程中所带来的跨产业跨文化的融合发展背景下，行业内趋同性愈演愈烈。科技与城市基础建设已经无法成为衡量展览吸引力的唯一标准，如何依托自身丰富而深厚的文化底蕴突破同质化，融合地方文脉及资源优势打造具有特色的展会，建立独特的展会品牌，梳理展会城市的特色形象，成为展会的核心要务。

在大型展览中，文化遗产的应用使展会更具有文化代表性。文化遗产是展览所在地物象的一部分，其文化性和历史性提升了展览的趣味性和吸引力。将文化遗产符号化，融入大型展览活动的视觉设计中，在建筑、标识、展台和管理过程中能够直观展现当地的特色文化和展览的主体信息，并提升现代科技展览的文化内涵。同时，通过大型展览对文化遗产的展示，能够提升公众对文化遗产的多方位感知，使其符号性更加鲜明，成为大型展览的符号记忆以及城市的符号印记。文化遗产是会展旅游的主要吸引物，大型展览对文化遗产旅游的开发与保护有良好的促进作用。

（三）文化遗产与城市文化特色的关系

特色是一个事物或一种事物显著区别于其他事物的风格形式，由事物的产生、发展的特定具体环境因素所决定的，是其所属事物独有的。一个城市的文化是人类经过长久的沉淀，形成了对于生活环境、法律风俗、知识信仰等都市社会的相似能力和习惯。显性的城市文化是城市的视觉感受，而隐性的城市文化则被表述为城市的精神气质和文化氛围。张祖群认为，文化遗产不仅有艺术价值和使用价值，同时还表现了与社会文化进步有关的事物。[①] 在城市的不断发展中，文化遗产发源、传承和演变。因此，文化遗产延续着城市的记忆，促进城市发展，不仅是城市历史的见证，更是城市文明的载体，对城市文化建设和品质产生深远的影响。现代化的建设使城市走向了高楼林立，崇尚经济的都市化生活，造就了城市“千城一面”的同质化现象。鲜明的城市特征代表着城市的文化特色才能够使城市脱颖而出，文化遗产易识别的差异性和知名度是城市文化特色最具有代表性的符号。

截至 2015 年 9 月，我国已将 127 座城市列入中国历史文化名城，并对城市中的历史古迹和文化进行保护，可见历史文化已经成为城市的形象符号。城市与文化遗产相生共存。城市是在人类历史活动的时空框架中，在文明与人类社会的发展进程中历史的生成，从某种意义上说，城市本身就是文化遗产。一方面，文化遗产是城市历史中某一时间节点下的生活习惯、科学技术、审美需求和价值观念的展现，它代表了这一时期城市的核心价值取向。文化遗产经过积累传承并加以创造，发展成了一种社会文化形态，它是规范着人们的思想观念、行为方式的一种基本力量，有利于人与社会的和谐、全面、平衡发展。另一方面，文化遗产是联结民族情感的牢固纽带，体现了一类人对民族文化的归属感和认同感，这是一个民族的共同财富，也是民族凝聚力的根本要素。文化遗产不仅是一个城市重要的代表符号，同时，代表了使用者传达的文化认同与文化号召。城市文化遗产体现着历史进

---

① 张祖群：《文化遗产：内涵、保护、优化利用及“申遗”思考》，《西北民族研究》2006 年第 1 期。

程中城市人民独特的思维方式和文化价值，他们是城市的历史，这样的精神同样影响着城市。

二、秉承遗产文脉，延续城市休闲特色：西湖博览会

（一）西湖博览会介绍

西湖博览会以大型展览为契机，借助西湖知名度、美誉度这一著名文化遗产为品牌形象，旨在通过大型展览提升杭州城市休闲品质，打造杭州城市休闲形象。与此同时，这一大型展会为杭州的会展业提供了物质基础与发展平台，创建会展城市形象。

杭州的西湖博览会最早起源于1929年，是民国时期国内最大的一次展览盛会。这次展会持续4个月之久，规模宏大，推动了民国政治、经济和社会发展，其对实业发展、国货振兴的促进和商业市场结构的转变起到了巨大的作用，同时也为杭州留下了一份珍贵的文化资源。第一届西湖博览会的会址选在西湖，不仅因为西湖风景的秀丽，更是因为西湖蕴含了丰富的传统文化底蕴和对民族国家美好的期待。同样，将外国展品设于岳王庙展出，则是借用岳飞精忠报国的热情来激发观者的民族情感。第一届西湖博览会为杭州城市建设打造了良好的设施基础，提升了城市文明水平。①

在2000年，杭州政府以浙江贸易中心为契机，为发展会展经济，利用西湖的人文资源，挖掘1929年西博会的历史文化效应，恢复举办了西湖博览会。杭州当时便提议将曾经辉煌过的西湖博览会开发成一

---

① 艾险峰：《1929年西湖博览会述论》，《华中师范大学学报（人文社会科学版）》2009年第4期。

个城市品牌，并融合充满传统文化气息的观潮节、桂花节、艺术节、烟花节。利用杭州的文化形象来带动品牌的发展，利用品牌的发展树立杭州的会展之都形象，通过会展的契机提升城市的魅力。复办的西湖博览会不再是单纯的商品展会，而是由一系列专业性展览、会议、活动有机结合的综合性博览会。历届展览活动都以杭州城市品牌为题，围绕住在杭州、游在杭州、学在杭州、创业在杭州的分主题举办系列活动以体现杭州城市的休闲功能与宜居特征。杭州正在以建设国际旅游休闲中心为目标，打造“东方休闲之都、品质生活之城”的品牌定位。

“江南忆，最忆是杭州”。杭州是中国历史文化名城，中国八大古都之一，被誉为“人间天堂”“丝绸之府”“中国茶都”。杭州文化遗产有其必然的自然因素和历史因素。一方面，自隋唐运河开凿以来，杭州一直是江南地区重要的商贸枢纽中心，经济发达，风景绮丽，汇集众多高官商贾、文人墨客；另一方面，杭州历史使其吸收了吴越文化、宋代雅文化、元代多民族文化，以及明清的市井文化。

雄厚经济背景和开放的社会背景下，杭州城市的休闲文化多种多样，才能使皇帝到百姓都有符合自己身份的娱乐方式。宗教开放，互通有无，以佛教为主的宗教广泛流传。因此，丰富的城市生活和多样的休闲文化使杭州自古以来都蕴含着浓郁的休闲特征。杭州城安定的政治背景使居民安居乐业、远离纷扰，更为杭州城市增添了恬静安逸的休闲氛围。不以阶级分人的杭州城市百姓具有参与休闲的机会，这也造就了杭州人喜爱安逸、享受生活的生活情趣和精神追求。综上所述，杭州是一个将多元休闲文化融入生活的城市特征。

由此，杭州文化更替和演进中存留了不同时期的种类繁多的文化遗产。这些文化遗产代表了杭州城市的文化精神和杭州人民的生活习惯和精神取向。在西博会举办的过程中，从展会到论坛都充分地体现了文化遗产在西博会的符号作用。

图 4-1　杭州西湖国际博览会海报

（二）西博会充分融合展现了杭州文化遗产

从西博会的展览地点来看，西博会展览中的重点项目主要围绕杭州的西湖进行，并以西湖为延伸辐射周边地区。西湖博览会的主会场以及西湖博物馆设立在西湖周围。如西湖狂欢节、西湖文化婚典、西湖烟火节、西湖灯光秀、书画造园主体文化交流活动，以及西泠印社都是以西湖及西湖周边区域进行的活动。这些互动是西博会的重点项目而且内容亲民，颇具趣味性和活动性。另外如吴山庙会、中国民间艺人节在吴山和南宋御街举行，在西湖孤山进行的西博会文化之旅启动仪式、文化创意产业博览会在白马湖国际会展中心举行。吴山代表了杭州的宗教文化，南宋御街则生动地再现了杭州南宋时期繁华街市丰富多彩的大众生活，代表着南宋时期市民休闲文化。

可以说杭州的城市品牌源于西湖。杭州是一座山水之城，其山水文化中的水便是西湖带来的文化，“欲把西湖比西子，浓妆淡抹总相宜”。西湖以其秀美吸引无数游人慕名而来，并汇聚不同心境的文化感知。提及西湖，就必然会引发人们对杭州城市的山水氤氲、诗情画意的城市想象，可以说西湖已经成为杭州城市的城市符号，寓意杭州的诗意文化。在西湖博览会中，人们在参与到展销会和节庆活动的过程中，也同样会观赏到西湖的盛景从而对西湖的文化性和功能性有了新感知。

（三）西博会唤起居民对城市休闲文化的情感认同

西博会的展览和项目中，不断融合物质文化遗产和非物质文化遗产元素，以期获得关注点和文化认同。西湖博览会突破了一般博览会的展销界限，在琳琅满目的会展活动中，走亲民路线，设计了与民俗文化相近的参与性活动，并延伸至各行各业。文化遗产在会展活动的应用，可以勾起观展方和参与者对历史的记忆和共鸣，拉近主办方与参展方、观展方之间的关系，使旅游者对展会认同，进而对目的地城市文化产生认同，也使当地居民产生城市文化的自我认同。从历届西博会的重点项目看，茶博会、丝绸文化节、丝博会、吴山庙会、西泠印社艺术节一直是西博会的关键环节。茶与丝绸一直是杭州物质文化遗产，其在世博会上也是声名远扬，而提及茶与丝绸，必定与中国传统的闲情逸致和温婉风韵联结在一起，使人联想起杭州城市悠然的休闲情调，以及江南女子的恬静温柔。民俗和文化的融入，则更加使人联想到富庶之地商贾云集的盛景。随着文化遗产符号为城市展览带来了颇高的人气和经济收益，西博会不断地增加了文化遗产的符号融入。

如荷花节、观潮节、大运河文化艺术节等一系列能够唤起杭州历史文化印记的遗产符号。同时，这些遗产符号更加贴近民众的生活，高参与度的活动调动了参与者的热情，使他们感受到了杭州城市休闲娱乐的文化特色、民众安居乐业的生活状态以及和谐的社会精神。

（四）西博会助推杭州城市休闲建设

西博会并不仅仅将文化遗产作为符号进行单一的展示以期获得休闲的城市形象，而是通过对文化遗产的修护和城市休闲基础建设提升城市休闲的硬件实力。杭州本着城市联动发展的良好目的，将西博会推广到下属的建德、临安等城市，统筹城乡城区的发展和会展名城的创新举措，全面展示了“新杭州”“新西湖”“新西溪”“新运河”的城市风采。新安江民俗风情节、环千岛湖骑游大赛等跟百姓风俗息息相关的节庆活动和竞技比赛的开展，拓宽了乡村居民休闲活动路线，将西博会的精神融入千家万户。在城市基础设施的建设方面，“人居展”“家具展”“房交会”“有线电视研讨会”的举办都是城市生活向休闲迈进的必要保障。近年来，西博会开始设立分会场，拉动了分会场的经济发展和城市基础设施建设。同时，在西博会举办期间吸引了外国友好使者，不仅专门设置了外国城市展日和文化周活动，在论坛期间，以“统筹城乡发展和会展名城建设”“文化创意产业博览会”“国际友好城市市长峰会”为主题的高端论坛也大力展开。对外文化的交流是西博会将展会和城市推向世界的重要渠道，同时也是城市文化融合和创新的良好机会。

西博会主题一直从宜居、休闲、文化、创业、城市的角度定位杭州，可以说一个城市的休闲程度代表的是城市的经济水平和发展程度，也衡量出城市文明的尺度。与此同时，休闲与城市经济是不可分离的共同体，城市休闲的发展带动了城市的就业。杭州的城市文化浑然天成，阿里巴巴等企业的支撑使杭州的新兴产业迅速兴起，西博会的主题与杭州的城市文化定位相吻合。随着西湖博览会的不断创新，会展势头强劲，西博会同样成为杭州城市文化的符号，成为城市文化的一张特色名片。

三、以运河为城，着眼文化遗产交流保护：扬州世界运河博览会

（一）扬州运博会介绍

自 2007 年起，每年 9 月举办。扬州的博览会以其文化遗产的渊源——大运河为主题进行了展览以及论坛活动。为期较短的运博会活动却异彩纷呈。多场学者、政府的专题论坛召开，其中最为隆重的是运河城市市长峰会论坛。扬州的城市文化与文化遗产同根共生，扬州运博会是为扬州遗产及城市文化而打造的大型展览活动，运博会也成为扬州运河申遗的良好契机。

扬州是运河带来的城市，扬州与运河共生共荣。扬州以其优越的地理区位，成为漕运粮食和盐的门户，成为商贾云集之地，曾有“扬州富甲天下”之说。扬州所吸引的南下的晋商、徽商尊崇儒家文化，因此形成了经济带动儒家文化发展的城市文化格局。

扬州博览会的开幕在扬州段运河举行。巡游花船与嘉宾船队相向而行形成互动，在两岸的亲水平台民俗表演团队载歌载舞，展现扬州当地的特色文化。伴随美丽的焰火，画舫的目的地是南门遗址广场。开幕式的场景再现了扬州古代的繁华盛景，通过文化遗产引发了活动参与者的城市想象，切身感受运河为扬州带来的城市文化。

（二）运博会与运河遗产的保护

1. 运博会以遗产结友，建立运河保护共同体

扬州运博览会吸引了五十多个国内外运河城市的参与，共同寻求危机时代运河城市发展的新理念和新方法。以“运河”为发展背景的城市汇聚产生了城市品牌聚集效应，塑造扬州城市国际形象影响力，吸引了世界对运河的关注。

运河城市以运河会友，以文化遗产会友。这里的文化遗产代表的是运河为城市带来的经济与文化的繁荣以及新技术背景下运河城市文化遗存的保护与传承问题的困惑。在扬州运博会的主题活动中，运博会主题论坛已成为扬州对外宣传的重要名片，成为面向国际推介扬州的重要平台。论坛不仅邀请到国内外遗产专家，并且举办汇集各国专家的交流会，谋求各运河遗产城市的遗产效应。

“运河”是运河城市的共同符号，其所传达的符号意义具有相通之处，其对“运河”这一符号的价值认定也具有相似的期望，因此运博会不仅仅是对新时代运河发展的交流与探讨，更是合作的契机，通过展会，聚集有相同意愿的运河共同发展，形成城市共同体，运河遗产保护、开发、营销、转型等方面实现合作共生。

运博会论坛为运河遗产申遗提供了契机。多个运河城市联合申遗，组成城市共同体，共同商讨运河遗产的保护、传承与转型。大运河申遗工作的有序进行，需要运河沿线的城市鼎力支持，相互合作。同时，运博会的成功举办是在为运河城市的发展树立信心，也是运河城市向外界展示对运河遗产发展保护以及运河城市转型的能力以及决心。

运河城市处于不同的发展阶段都在面临着机遇挑战，借助扬州运博会，城市之间能够产生对异文化的理解和认同。也为城市文化遗产

保护提供了更有力的保障。

2. 运博会活动激发城市自我认同

连续多年的扬州运博会以其开放性、创造性和文化品味高的特点得到了中外来宾的称赞，更得到了市民的支持和称赞。扬州是一座与运河同生共荣的城市，运河的再次兴盛将会为扬州城市的经济发展、城市建设以及城市文化的延续带来新的希望。借运河遗产之势，能够激发扬州城市居民对运河的关注和认同，对运河的保护作出实际行动，同时也会激发和提升原本对扬州城市的关注与认同。

借运博会之势，扬州完善了一系列居民生活基础设施。李宁体育园、西区体育公园均得以兴建并投入使用，在运博会期间居民可以使用游泳池以及室外场地。在综合场馆，可以容纳千人举行论坛会议。

运博会的主要活动均围绕运河及运河遗产及景区展开，大量活动的举办主要对象并非仅为官方的参展城市，而是与当地市民以及游客联动或互动，如划船巡游、月光晚会、“双东”古街巷游、运河城市记忆图片展等。而在运博会筹办期间，政府与市民还会联合举办以“爱运河、爱扬州、爱生活”为主题的活动，包括运河名城演唱会、诗词朗诵会、书画作品、征文活动、运河名城围棋邀请赛等，使居民能够参与到运博会中来，增强群众对城市的认同与热爱。

3. 城市论坛共创遗产保护对策

对京杭大运河的保护既是对自然文化遗产的生态保护，也是对运河文化遗产的保护。保护大运河仍在沿用大型古代水运和水利工程，沿岸遗存了众多的文化景观。在长期的历史发展过程中，根据不同的自然条件，不断延续、创造和发展着宗教类、产业类、民俗类等不同的文化景观。大运河是活的文化遗产，正在潜移默化地发生文化的变迁，如何正确地引导运河文化的变迁，传承文脉、维系生态，是大运河保护应当重视的。

通过峰会平台，运河城市展示了城市运河保护的方式，并探讨适合自身运河文化的发展方向。如提倡绿色可持续发展经济，提倡低碳旅游，就“低碳与城市建设”“低碳与城市交通”等进行讨论。大运河的保护连接着沿线众多城市的经济发展，维系着沿岸人民共同的情感记忆，大运河的整体保护，使保护工作有利于提升城市的文化品位，维护沿岸城市的历史风貌。

4. 运博会对扬州运河城市形象的塑造与传播

运河文化是扬州城市文化的源泉和基础，举办“运博会”，不仅能传承、弘扬运河文化，推进运河文化的保护和利用，还能彰显扬州城市特色，提升城市核心价值观，促进扬州更深更广地走向世界。扬州运博会为扬州的会展互动打造了独有品牌。从“扬州宣言”到“联合申遗”，从“运河旅游”到“低碳发展”，“运博会”的世界影响不仅越来越大，它对推动扬州基础建设、古城保护、资源的节约、名牌的打造、理念的创新、文化的多元，以及人民幸福指数的提升也发挥着越来越重要的作用。

运博会的成功举办给扬州的经济发展注入了活力。在“运博会”的推动下，扬州借助科技手段保护和利用运河，实现了城市经济的转型和升级。依托运河两岸农业合作试验区平台，向有机农业、观光农业、水产水禽产业园，花木产业园转型。从文化角度，运博会增强城市居民对城市文化的认同感，传承和保护了濒危的文化遗产，运博会为扬州的旅游产业提供了新的发展契机。可以说扬州的国际运博会已经创造出运河文化的新标志，而开放、包容、创新的运河精神也融入了扬州城市的文明基因。

四、城市文化的传承与创新：巴黎当代艺术博览会

（一）巴黎当代艺术博览会的介绍

巴黎当代艺术博览会（FIAC），首届举办于1974年。FIAC在巴黎市中心靠近香榭丽舍大道的大皇宫举行，最初的博览会仅以画廊的形式进行艺术品的展出和交易，逐渐增加了博览会交流以及特色活动。

巴黎当代艺术博览会兼具艺术与经济性质。在商业交易方面，每年的FIAC还是有着不俗的成绩，成交总额在估计艺术品交易中首屈一指。在商业交易之外，它是多渠道展览场所，展出当前时代最前沿的艺术作品。展会还散发出浓郁的文化色彩，让法国这个曾经的艺术之都焕发出新的生命力。

第41届巴黎艺博会在巴黎大皇宫美术博物馆举行，汇集了26个国家艺术灵感的188家艺术长廊。参展画廊中65%为欧洲画廊，主要以法国（48家）、美国（45家）、德国（26家）为主。同时，巴黎当代艺术博览会也正在吸引众多分别来自中国、美国和中东的国际收藏家。

欧洲文化艺术是世界艺术的发源地和聚集地，在欧洲，以艺术为主题的大型会展令人应接不暇。巴黎艺术博览会能够在激烈的竞争中举办四十余年，在于其对于欧洲传统艺术的敬重与保护，以及为对创新艺术家的接纳与包容，也正是因为巴黎文化艺术发展的自由空间，使巴黎成为充满浓厚艺术气息的时尚之都，使城市文化具有强大的生命力。

坐落在塞纳河畔的巴黎是欧洲历史中璀璨的一笔。巴黎是奢靡的宫廷文化最佳的诠释者，是自由、平等、博爱的发祥地。文艺复兴为

巴黎带来的自由与开放，孕育了诸多大家，文化在此汇聚碰撞，新旧文化在此传递，使巴黎成为艺术文化的舞台。历史为巴黎留下了丰厚的文化遗存，从物质文化遗存的卢浮宫、凯旋门、巴黎圣母院、歌剧院、市立图书馆、巴黎老城区的历史建筑，到非物质文化遗存红磨坊的歌舞表演、泰尔特尔广场的艺术表演，都散发着浓郁的艺术气息，成为巴黎的城市符号。

图 4–2 巴黎当代艺术博览会

（二）巴黎当代艺术博览会对艺术的传承与创新

1. 巴黎当代艺术博览会依托于巴黎的“文艺”特色

巴黎当代艺术博览会借力城市文化形象打造国际知名度。巴黎是世界文化艺术的中心，巴黎丰富的文化遗存以及从文艺复兴时期起所确立的文化中心地位，使文化、文学、思想、艺术、时尚、前卫、革新汇集于此，俨然成为文艺的象征。同样，巴黎存留了无数的文化遗产，是文化艺术品的聚集地，每一个元素都成为鲜明符号，从卢浮宫到蓬皮杜，从毕加索到达芬奇，每一个遗产元素都成为巴黎艺博会得天独厚的举办条件。

巴黎历来是皇权贵族、艺术家的向往之地。巴黎的基础设施完善，贵族云集、品位高雅、生活奢华，思想自由的文化氛围造就了无数批著名的艺术家以及经典作品。因此，巴黎举办当代艺术博览会势必吸引世界各地的艺术家、艺术爱好者与展商前来参与，同时自由化文化氛围也与主办方对当代艺术的鼓励与关注不谋而合。在展会上，会有名人的新作品问世，同时新人新作也会有机会亮相而得到重视。

法国艺博会正在用法国独有的艺术号召力和艺术符号维护着法国“艺术中心”的城市形象和生命力。借 FIAC 的举办之势，巴黎不断在此期间对落成的文化中心举办开馆仪式。在 FIAC 举办 40 周年之际，同时开幕了三大新文化艺术中心：毕加索博物馆、路易威登基金会、百代基金会。这三大新文化艺术中心分别代表了巴黎在美术创作、奢侈品牌、电影制作三大方面的艺术中心地位，是巴黎城市特有的世界前沿的文化艺术气质以及奢侈文化与创新文化的标志符号。与此同时，三大新文化艺术中心则是依托毕加索画作、罗丹建筑、电影院遗址等历史文化遗存。

FIAC 也在不断地突破单一展览的状态，增加了众多户外的互动活动，使艺术博览会不仅仅是艺术家和商人的专属，也是贴近民众的聚会。“Hors les Murs”（墙外）项目是 FIAC 的经典项目，历届举办地点不同，但它都依托于巴黎著名的历史文化遗迹，以展示巴黎浓郁的文艺浪漫主义气息。

2. 巴黎当代艺术博览会展现了对文化理解的突破与创新

在FIAC中对于当代艺术的鼓励与推崇则是博览会进步的意义所在，同时也是巴黎正在开始开放文化、创新进步的标志性大型活动。巴黎博览会借传统艺术品牌鼓励和发展当代艺术，为巴黎的艺术文化注入新的活力。同时，也将展览大众化，旨在培养艺术灵感，挖掘新人艺术家。

FIAC是对文艺复兴艺术、当代艺术、现代艺术、后现代艺术的融合、交流与碰撞，在充斥着文艺复兴时期气息的文化遗产中，融入了当代艺术的元素，如蓬皮杜艺术中心的巴黎中心，展览邀请到了多个国家的新锐艺术家展示其作品，后现代艺术作品是对巴黎传统的艺术审美的创新乃至颠覆，在此展览中，不同时段的不同艺术流派的作品相聚于此，跨越空间事件对艺术展开的新的诠释，同时也丰富了巴黎城市的艺术气质。

随着FIAC数年举办，主办方选择了包括中国在内的中南亚国家的艺术家参与展览，相对于创作者的名气，则是更加注重参展作品突破现有艺术创作手法、现有艺术知识和现有艺术经验。在2014年的FIAC举办过程中，中国艺术家丁乙个展在Karsten Greve画廊开幕；东京宫推出主题“Inside China”的群展，集合了中国和法国的年轻艺术家；曾梵志根据德拉克洛瓦《自由女神领导人民》再创作的《从1830年至今No.4》在卢浮宫的红色大厅和德拉克洛瓦的作品并列展出。可以看出，巴黎有意愿给创新的后生力量一个平台和机会在此展示和交流，并且致力于发掘和融合外来的优秀文化。同时，参展FIAC的新锐作品在方法上都有曲折的变化，能看到我们生活中的诸多现象，也能够把这些现象在作品上体现出来。

尽管作品使用的方法不是从学院教育、流行样式和大牌艺术家的常规方法去模仿，不一定是传统的艺术语言，但是有自己独立的语言，有自己的发展历程，愿意跳出传统而有所突破。这种展览方式也是巴黎正在走向创新的新方式。

由此可见，尽管巴黎城市的文化形象具有贵族的“高傲”，但是它正在以开放、好奇、冒险的精神接受着外来文化。这种敢于冒险、不怕入侵的精神，则是产生变化甚至进步的根本。若想找到这个时代最好的艺术，就必须得去了解世界不同地方的艺术创作的方向。这也正是巴黎当代艺术博览会成功举办的重要因素。

五、城市与世界联通：上海世博会

（一）上海世博会介绍

2010 年上海世博会曾是中国目前承办的规模最大的大型展览活动。2010 年 5 月 1 日至 10 月 31 日，上海世博会吸引了来自世界各地的 240 个国家和组织，海内外 7308 万游客前往上海共赴盛会。上海世博会以“城市　让生活更美好”为主题展示了现代城市中先进的经济、科技、文化、生态等人类文明，并对未来城市建设模式进行构想和探讨，通过展示、交流、合作促进人类城市发展，使人们拥有便捷和舒适的社会生活。世博会的展演期间，将关注点集中于城市多元文化融合、经济发展、科技创新、城乡互动等与城市相关的内容中。上海世博会，突破了以往世博会以展示最新科技与发明的办会理念，而是以文化为主导，呈现世界各国的科技与文化。上海世博会中，充分体现了上海城市海纳百川、兼容并蓄的海派文化风格。海派文化融汇江南地域文化的精华，吸纳近代西方文化的因子，创造了新的独特的个性特征：熔铸中西、开放多元、追新逐奇、敢于领风气之先。从国家馆和城市馆的场馆设计，到国家日的活动，再到游行表演、高峰论坛与会议，无处不展示了各个国家优秀的文化遗产和民族特色。异彩纷呈的文化展示不仅使中国的文化为世界所关注和熟知，也使世界的文化涌入上海，并为上海的文化产业发展引导了新的方向。上海是世博会的新起点，主题词是“中国元素”“文化创意”，中国文化元素中最重要的便是城市的文化遗产。

图 4-3　上海世博会中国馆

（二）上海世博会中上海市城市特色的体现

1. 世博会中上海城市文化遗产元素的表达

世博会场馆是对上海文化空间的展示。上海的一江一河孕育了上海的文化空间。从区位上看，上海世博会场馆坐落在南浦大桥和卢浦大桥之间的黄浦江亲水区域，这里工业遗产聚集，是上海开埠以来工业历史与城市文化的见证。黄浦江是上海城市文化的跨越，将浦西的历史和浦东的繁华连接到了一起。浦西是以苏州河为界老城厢为中心的传统里弄的文化空间，延展至淮海路、衡山路、四川北路的近代上海文化。海派，洋场，都市是浦西文化的代名词。改革开放后的浦东则是金融、科技的聚集地，成为上海都市的新名词。国家馆和产业馆分布在浦东浦西隔江相望，游客通过世博园的接驳车、地铁和轮渡到两岸参观游玩，并欣赏黄浦江及两岸风光。黄浦江蕴含着上海城市的双重性格，以及源远流长的海派文化。它贯穿整个世博会，不仅是世博会的重要景观，也是世博会的展示平台。世博会的建设也对上海的文化空间产生了巨大的影响：一方面，通过世博效应，将世博园所在旧城区进行基础设施修缮提升；另一方面，世博举行使文化项目落户浦东，增添了浦东区域的文化内涵。

世博会场馆同样都选择对文化遗产的使用，传达城市的形象与功能。中国馆的外形建筑以“东方之冠”为构思主题，表现了中国古代哲学天人合一、天地交泰的和谐理念，中国红充分展示了吉祥喜乐的气氛。巴西馆外壁数千根不对称放置的绿色木条象征着丰富的森林资源，富有热带雨林风情。馆内则重点表现巴西城市的人文多样性、大都市的活力、繁荣的经济以及在可持续发展方面获得的成就。非洲馆的木雕特别引人注目，大量出自尼日利亚、肯尼亚、马里、刚果等雕塑家之手的作品，充分显示非洲木雕的艺术风格：线条细腻、造型逼真、构思奇妙，如人物雕像健美丰满，神情静穆生动，女性雕像的杏核眼，微微凸起，眼神中有隐隐的忧郁，蕴含着活力与生命的气息。

2. 世博会中对上海文化遗产的可持续发展理念

世博会于上海海派文化的历史底蕴和传承创新解决方案是通过对以“文化遗产”为主题的论坛和会议提出的。自2009年4月至2010年4月，世博会公众论坛54场陆续在海内外、全国各省区市、上海市各区县举办。卢湾区论坛紧紧抓住石库门文化这一具有海派文化特色的建筑文化样式，发掘石库门的历史文化价值和品牌价值，寻找保护和开发文化遗产的有效途径，提出充分利用城市文化遗产达到对文化资源的整合，通过打造“石库门”这一文化品牌促进文化产业的发展。黄浦区论坛将城市发展与开埠地“三民文化”（民俗、民族、民间文化）的保护和创新结合起来，展现了在开埠之后近代上海庙会、戏曲等呈现的海派文化内涵与表现形态，从解读城市文化的历史与流变来审视海派文化的多元性和开放性。虹口区论坛则着眼于近代历史名人在虹口的文化活动和区域文化生态的多样性、丰富性，以保存文化记忆作为论坛的主线，探讨城市历史演进过程中文化教育事业的开拓和创新，并由此思考如何将历史文化资源转化为城市发展的软实力。金山区论坛以“中国历史文化名镇保护与开发”为主题，以枫泾水乡古镇的保护性开发为基点，聚焦于历史文化名城、名镇、名村以及历史文物的保护措施和思路，共同探讨在城市化进程中如何实现历史文化资源的保护和可持续发展，体现民族优秀文化传统的文化价值与经济价值。

一方面，世博会论坛在城市文化和城市精神形成与演进的历史过程中，探究当代上海文化的精神内核和文化品格，通过探讨以石库门、老城厢、市民生活和民俗活动等为载体的文化遗产，梳理和诠释了本土文化的历史底蕴，从中展示了城市文化个性特征的历史沿袭；另一方面，世博会论坛立足当下，针对经济增长方式转变和产业结构升级趋势，试图为城市发展与时代接轨、与世界接轨，确立清晰的思路，即在城市文化建设中吸纳国内外的先进理念和实践经验，走文化和产业相结合的道路，打造具有上海特色的文化产业，从现代生活方式、文化产业、公共文化服务体系、文化创新机制等方面，提出了在新的历史条件下实现文化繁荣的新机遇和新途径。

（三）上海世博会促进文化的汇聚交融

世博会是世界文化的汇聚，不同民族将城市的物质文化遗产带给上海，将非物质文化遗产以表演的形式再现，以世博会为平台促进文化交流。丹麦馆展出的小美人鱼是哥本哈根的标志，也是童话王国的象征。法国馆则是展出梵高、米勒等六位大师的油画以及罗丹的著名雕塑，以展现法国浓郁的文化气息。西班牙馆则通过斗牛、舞蹈、足球来展现古老的文化。在文化演艺中心和宝钢大舞台中200多个国家和地区都主动向上海世博会派遣了各自的文化使者，日本的民族舞蹈、英国的皇家芭蕾舞团为世博会翩翩起舞，多明戈、波切利两大男高音为世博会纵情放歌，加拿大“国宝”太阳马戏精彩纷呈，巴西的激情桑巴舞传递热情，非洲布隆迪大鼓表演释放野性纯真之美。这些民族的各具特色的文化遗产作为符号展现在观众面前，使观众对一个城市或国家有了初步的了解和解读。而每天的国家馆日活动更加丰富，不仅有大型的表演活动以宣传自己的国家，而且邀请友好场馆互相交流。不同的国家汇聚于此，使不同文化互补互惠。

（四）上海世博会为上海城市文化产业建设带来契机

上海世博会为上海的文化产业转型提供了机会。世博会是文化创意产业与旅游产业融合发展，并在特定空间高度集聚而成的产物。世博会在文化底蕴深厚、创意含量丰富的特定空间内，依托文化创意构成旅游吸引物，以满足旅游者体验需求为标准，打造完整的旅游产业链，从而形成旅游园区、企业及相关部门的空间和功能集聚区。世博会不仅涵盖旅游产业中的行业要素和核心的文化创意要素，而且带动了建筑设计、艺术创造、文化教育等相关产业的发展，从而促进了旅游产业与科技、文化、艺术、生态等多个领域的文化创意产业要素的有机融合及空间和功能集聚。[①]世博会为上海树立了文化品牌，成为上海文化符号的展示平台。城市的品牌是城市风格的展示，是城市个性的表达，是城市文化的集中体现，是城市整体功能的概括象征。

一方面，世博会会展经济是整体经济发展的“助推器”；另一方面，世博会会展经济对拉动相关行业发展具有特殊功能。国际上会展业的产业带动系数大约为1：9，世博会促进了会展的配套基础设施和服务体系，推动上海会展业和广告业进一步改善产业空间布局。同时，世博会对文化创意产业也提供了发展契机，创意对于整个世博会以及世博文化产品的设计、规划、创造、创新具有举足轻重的作用。世博会高度依赖文化的创新意识，对文化创造力和创造型人才有迫切的需求，并由此产生了相当大的文化吸附力与文化扩张力。

第三节 大型赛事与文化遗产、文化特色关系实证研究

大型赛事与文化遗产、城市特色同样具有密不可分的关系。赛事的主办地总会有凸显的地方特征以及打造赛事个性的城市动机，由此，

① 曾琪洁、吕丽、陆林、朱付彪：《文化创意旅游需求及其差异性分析——以上海世博会为例》，《旅游学刊》2012年第5期。

三者之间就构建起了内在的联系。

很多著名赛事本身就是以文化为主题的，例如河南郑州的“武林风”就是以中华武术为主题的，该赛事由河南卫视推出，以同名栏目作为播出平台，全方位、多角度地展现中华武学的博大精深。又如威尼斯赛舟会的举行，就是对威尼斯城市文化遗产的最好展示，精美古典的贡多拉船只穿行于威尼斯古老的桥梁之下，呈现出浓郁的水城风情和文化景观。

更多的赛事则是充分地利用了文化元素，在赛事组织中对文化遗产加以点缀或对文化遗产进行串接。例如兰州国际马拉松赛就是体现和宣传了城市文化特色和黄河文化遗产底蕴，让参赛者身临其境地体验古城兰州的独特魅力。

大型赛事在利用文化遗产资源的同时，也会对文化遗产产生一定的影响。大型赛事关注度高、传播面广，有利于扩大文化遗产的社会影响。

还有些赛事自身就积淀成了文化遗产。例如古希腊奥运会从一千多年前延续至今，给整个人类社会也留下了一笔宝贵的文化财富，它创造的竞技运动的组织模式与奥林匹克精神对现代体育产生了深远的影响，至今我们仍然可以从奥林匹克仪式的设计中看出端倪。

一、国内大型赛事中文化遗产与城市文化特色：“武林风”与“兰州国际马拉松赛”

（一）国内大型赛事与文化遗产的呈现与创造

1.“武林风”武术比赛栏目与文化遗产的呈现与创造

传统武术是中国几千年的传统文化，它集儒、释、道、兵思想为一体，经几千年的传承发展兴盛不衰。武术市场化发展，是中国经济改革、体育产业化发展的重要途径。传统武术在国家级非物质文化遗产中占据了重要位置，据不完全统计，进入各级第一批和第二批名录的传统武术已有四十多项。

图 4–4　武林风

河南是中华文明主要发源地之一，武术作为中原文化有着广泛的影响力。随着武术文化的积淀、传承、创新和发展，它们逐步融入河南地域文化，成为河南地域特征的鲜明标识。体现中华武术文化的“武林风”大型赛事，结合地域特征的独特性，将武术这一文化遗产通过大型电视赛事的方式，以传媒化手段，加速体育文化在城市中的传播，产生了巨大的经济效益和社会效益。

“武林风”作为中国电视界武术搏击类具有国际影响力的顶级栏目，由河南卫视于2004年1月鼎力推出，新模式、全方位、多角度地展现中华武学的博大精深。缤纷云集的武术套路、酣畅淋漓的搏击场面、深厚浓郁的文化底蕴、明星大腕的现场助阵，使得“武林风”迅速成为各类栏目中备受关注的焦点、众多武术爱好者追逐的热点，如今已成长为商业武术搏击类栏目中的著名品牌。现代城市体育的发展，使得人们对体育的兴趣逐渐增强，对体育的要求逐渐变高，不再满足于简单的模仿和参与，运动体验的乐趣激发了人们对体育更高层次的鉴赏和理解。作为城市文化中极具活力和魅力的城市体育文化，“武林风”是将武术文化遗产与大型赛事相结合的典型代表，丰富了城市体育文化内涵，也点缀了城市体育文化另一道亮丽的风景线。

2.“兰州国际马拉松赛”与文化遗产的呈现与创造

兰州是历史悠久的城市，黄河自古就被称为中华民族的母亲河，人们常将黄河比作中华民族的一部流动的历史。目前“黄河之都”已明确成为兰州的城市定位，“黄河百里风情线”已成为这座古老而又年轻的城市的亮丽名片。兰州地处祖国大陆的中心位置，是中西文化的交汇地，“丝绸之路”“黄河文化”等民族文化积淀深厚，特色非常突出，同时，西部奇境“敦煌神韵”风光与少数民族风情交相辉映，也构成了兰州丰富的文化旅游资源与文化遗产资源。

兰州国际马拉松赛比赛线路设在兰州多年精心打造的城市名片“黄河百里风情线”沿线，摈弃其他城市以环城道路作为马拉松比赛线路的设计，采用独一无二的集通行、观光等为一体的黄河风情线作为马拉松赛道，使整个比赛路线沿黄河两岸而行，绕黄河景观而走，突出了黄河特色，让城市历史和文化与黄河沿岸的自然景观镶嵌在一起，以独特的视觉效果彰显城市特色。沿途景色优美，山静水动，风景宜人。参赛者在奔跑过程中可以领略到黄河沿岸所特有的自然生态景观，将马拉松挑战自我、超越极限、坚韧不拔、永不放弃的精神与奔腾不息的黄河文化遗产相融合，成为西北地区独具魅力的马拉松赛事。兰州国际马拉松赛挖掘本地文化优势，把资源充分转化为马拉松赛事的重要组成部分，进一步丰富赛事的内涵，从而打造结合深厚黄河文化遗产并具备兰州城市文化特色的国际马拉松赛事。

（二）国内大型赛事对文化遗产的利用与影响

1.“武林风”武术比赛栏目对文化遗产的利用与影响

“武林风”武术比赛栏目通过认真了解武术这一非物质文化遗产的深刻内涵，把握武术市场构成的基本要素、严格遵循市场经济规律，不断总结经验和教训，讲求策略和步骤，实施并完成武术文化市场化发展，更好地促进推动中国武术发扬光大，走向世界。栏目中民间各路豪杰各显神通，充分发挥创造精神，使节目始终保持广泛的参与性、足够的娱乐性、丰富的观赏性，以及独特的文化内涵，从而产生了旺盛持久的生命力。

在“武林风”节目策划运作过程中，传统武术文化与城市商业文化深度融合，打造出一台既有传统色彩又有时代气息，既有地方特征又有国际影响的文化娱乐节目。诸多文化遗产元素被巧妙地加以现代商业包装，以大家喜闻乐见的方式传播开来。一个富于文化特色、充满艺术魅力的城市，其演化成长最重要的规律，就是在城市发展进程中应该新旧和谐协同，互为依存，共生共荣。这也是“武林风”通过现代新兴媒体手段演绎、传承武术文化的方式。

“武林风”武术比赛栏目以娱乐元素提升武术魅力、以全球视野扩大武术影响、以打擂比武展示武术精髓，以宏扬中华武学文化、展示中原武术功力为己任，让观众在精彩与快乐中，体会“搏艺有道，娱乐无边”的魅力。2013 年 8 月，由“武林风”倡导的 WLF 世界自由搏击理事会正式成立，这个在美国内华达州注册的世界性职业搏击认证机构是第一个由中国人倡导且具有广泛国际影响的职业搏击组织。“武林风”成为中国唯一一档拥有自己的搏击组织、播出平台、赛制模式和选手资源的武术搏击栏目，使中国在世界搏击界占据一席之地，对弘扬中国武术、让中国武术与世界搏击规则接轨产生了深远而重大的影响。

2.“兰州国际马拉松赛”对文化遗产的利用与影响

兰州国际马拉松赛既体现和宣传了城市文化特色和黄河文化遗产底蕴，也有利于运动竞赛路线的设置。依“黄河百里风情线”而设的隧道，沿线黄河母亲雕塑、水车博览园、百年中山桥、白塔山、古老的羊皮筏摆渡等多处兰州著名景点和名胜古迹，让参赛运动员及观众领略兰州市“黄河之都”的迷人风采，感受丝绸文化、黄河文化的无限魅力，体验避暑胜地“夏都兰州”的清凉感觉。

兰州国际马拉松赛以大型赛事为依托推动城市发展，通过特色大型赛事的举办，展现城市特有的文化遗产资源，这都提高了兰州的城市影响力和向心力。通过将赛事会徽与口号和兰州精神结合起来，创造出一种兰州特有的、与黄河文化遗产特色相融合的、极具活力与激情、追求健康美好生活的赛事文化，在很长的一段时间内带动兰州市民积极从事体育锻炼，追求幸福美好的生活，进而推动兰州市城市精神文明建设的大发展。兰州国际马拉松赛发挥了兰州城市优势，将奔腾不息的黄河文化与马拉松精神融合在一起，将一个具有厚重历史文化，又充满活力与希望的新兰州展现给了全世界。

（三）国内大型赛事基于文化遗产及城市文化特色的活动打造

1. 国内大型赛事结合文化遗产资源的产品定位

文化遗产保护和利用是建设特色城市的重要文化资源和载体，是构成特色城市所不可缺少的文化要素。对于一座城市特色化建设来说，文化遗产因留住了这座城市文化的根基，从而为这座城市特色化建设奠定了必不可少的文化内涵和特质。城市大型赛事的举办，应致力于保护和传承好文化遗产，将文化遗产在这座城市中体现城市历史的延续性和城市文化的传承性。唯有如此，这座城市才能依靠所保护的文化遗产，通过挖掘文化遗产的内涵和价值，使文化遗产在城市特色文化建设中，在大型赛事的深刻内涵中发挥出其独特作用。

大型赛事在坚守保护传承的原则下，以彰显文化遗产内涵和魅力为目的进行适度开发利用。文化遗产作为不可多得的文化资源，其内涵和价值必须进行深度挖掘和充分展示，在保护传承的基础上使其向现实价值转化，这样既可充分体现文化遗产的历史价值和人文精神，也可使之更好地融入城市建设和发展中发挥其不可替代的作用。同时，本土文化资源是发展城市文化旅游业的重要内容和载体，适度开发利用将有利于城市形象塑造和城市经济增长。

大型赛事举办的最终目标是满足作为社会个体的人的发展需要，提升市民的文化素养，进而促进人的全面发展，为建设社会主义和谐社会服务。因此在开展城市大型赛事时，首先要树立“以人为本”的发展思想，确立“以人为本”的发展思路，重视对人的尊严、价值、权利和责任的终极关怀，坚持以人为中心。把人的塑造这一根本目标贯穿于整个城市体育文化建设进程之中，用先进的知识武装头脑，倡导人文精神的重建与复归，倡导人文关怀，从而创造服务于广大城市市民的城市大型赛事先进文化。其次，要立足于本城市、本地区的现实，以实践为原动力，结合地区特色和城市传统，利用文化遗产资源，制定切实可行的、具有城市特色的大型赛事文化发展模式，从而为城市大型赛事开展做好规划和引导。

充分利用文化遗产资源，深入挖掘城市的文化特色，凝聚城市精神，通过传统文化和当代文化、体育文化的完美结合，赋予大型赛事长久生存之灵魂，这是国内大型赛事生存之道。

2. 国内大型赛事结合城市文化特色的营销手段

近年来，随着经济的发展和人们生活水平的不断提高，特别是闲暇时间的增多，人们对城市大型赛事给予了空前的关注。一批现代化传媒手段的问世，更加速了大型赛事文化在城市中的传播，经济、艺术、生活、体育等跨领域的结合，产生了巨大经济效益和深远的社会效益。作为城市文化中极具活力和魅力的城市体育文化，是城市文化发展到一定阶段的产物，是一个城市最具文化吸引力的组成部分。尽管城市体育文化的发展演变往往受到政治、经济、社会心理等多种因素的影响，但它却以其自身独特的特质，以各种表现形式丰富了城市文化的内涵。综观大型体育赛事的方方面面，人们参加体育活动或观看比赛，以及体育本身为人们所提供的各种场地或服务，如体育馆、体育场、职业俱乐部以及体育赛事等，都可以称得上是城市文化特色的特定表现。

当今文化的主要传承方式是语言，其实大型体育赛事中的身体运动也往往具有语言的功能。是为宣传城市文化特色重要的营销手段。城市大型体育赛事中不管是激烈的体育比赛，还是老幼皆宜的大众健身，动态的身体语言构成了体育文化的语言交际功能，群众往往能从体育运动中领悟到许多深刻的东西。此外，随着通信手段的发展，报刊、电视、网络等一批大众传媒逐渐成为城市大型赛事尤其是大型体育赛事宣传的主力军，大众传媒所承担的对现代城市所需要的诸如监视环境、联系社会、宣传营销、传承文化以及提供娱乐等功能，对城市化进程中逐渐形成的城市特性和城市文化的构建发挥着积极作用。新媒体的日益发展也使得城市形象传播复合扩散，放大了传播效果。城市与城市之间相互影响，城市自身文化特色传统得以进一步发扬，为城市文化的传承及城市文化遗产的保护提供了有利的环境。

3. 国内大型赛事结合城市文化活动的融合效应

任何一座城市都有自己的历史背景和人文传统，这是难以抹去的文化烙印。拥有灿烂文化传统的历史名城，以博大精深的文化来定位未来，必定能引起全体市民对城市悠久历史的追怀和对城市美好未来的向往。城市深层而无形的文化底蕴是历史的积淀和传承，城市一旦形成了这种深层次的文化，形成了所有市民的集体性格和意识，这个城市便有了灵性，有了魅力，也就具有了城市精神。要理解城市文化，就不能不认识城市文化的核心成分——城市精神。

今日世界，是以城市为主导的世界，城市生活作为人类的一种生存方式和活动方式，已经逐渐取得统治地位。城市日益成为人类的活动中心，深刻影响着人类的发展。而作为决定城市发展的核心要素之一，城市文化不仅保存着城市的记忆，明确城市定位，决定城市品质，同时也展示了城市的精神风貌，甚至在某种程度上决定了一座城市的发展方向。城市大型赛事作为一种渗透着城市人文精神内涵的文化方式，已经逐渐介入城市的发展轨迹和城市的文化创新之中。加强对城市大型赛事举办的研究，不仅是城市与社会发展的需要，更是社会进步的必然要求。

“国内大型赛事”与“城市文化特色”的联姻，是城市进步的表现，现代化城市发展离不开城市文明建设，城市文明建设离不开体现城市文化特色的大型赛事的蓬勃发展。现代城市为大型赛事的发展提供了更加广阔的空间与更加美好的发展前景；富有文化内涵和形式新颖的国内大型赛事举办方式为现代化城市经济建设和文明进步提供了强大的推动力，它滋养着城市建设和文化发展。结合城市文化特色的大型赛事的举办以其独有的魅力、独特的文化品质和健康向上的精神风貌以及愉快的情感体验，备受人们的青睐。新时期应该大力发展结合城市文化特色的大型赛事活动，为城市人民的文化生活服务，为构建社会主义和谐社会服务。

二、国外大型赛事中文化遗产与城市文化特色关系：古希腊“奥林匹克运动会”与威尼斯“传统赛舟会”

（一）国外大型赛事与文化遗产的呈现与创造

1. 古希腊“奥林匹克运动会”与文化遗产的呈现与创造

文化凝聚着人们对真善美的追求，是城市精神的深厚底蕴。一个缺少文化根基的城市，不可能提升出凝聚人心的城市精神。奥林匹克运动，作为世界性的体育竞技运动，是全球各民族人民的文化交流，这种交流从某种意义上讲，是最具有普遍性的活动。奥林匹克运动作为与人类同步发展的身体文化方式则越来越成为现代生活方式的一个重要内容，可以说，以奥林匹克运动为代表的现代体育运动的发展，成为消除现代“文明病”的重要途径，是城市文化发展的助推剂。奥林匹克精神是一种“更快、更高、更强”的自我挑战精神，同时它也是公平、公正、平等、自由的体育竞技精神。古代奥运会从公元前776年开始，它给整个人类社会留下了一笔宝贵的文化财富，它创造的竞技运动的组织模式与奥林匹克精神对现代体育产生了深远的影响。

图 4–5　奥运会圣火传递仪式

我们从奥林匹克仪式的设计就能见证，现代奥运会最突出的特征之一就是有一套独特而完整的仪式，诸如奥运会的开幕式、闭幕式、圣火传递仪式和优胜者颁奖仪式等，这是现代奥运会的有机组成部分，也是其他大型世界比赛没有的。这套不同寻常的奥林匹克仪式，与一场宗教的弥撒、一次节日的庆典一样，那是人们借此表达某种情绪和对这类活动的价值作出社会文化性的判断。应该说，奥运会的开幕式、闭幕式、圣火传递仪式和优胜者颁奖仪式等，不论在规模上、式样上，还是在它所包含的为人类所普遍接受的社会意义上，都是非常壮阔、精彩和激动人心的。当今，没有哪一项世界性的文化活动像奥运会开幕式如此引人入胜，吸引了几十亿双眼睛，这种巨大的社会影响力，有其深刻的社会文化意义。

2. 威尼斯“传统赛舟会”与文化遗产的呈现与创造

威尼斯及其潟湖在 1987 年作为文化遗产列入《世界遗产名录》。威尼斯游人如织，却无车马喧闹声。这里唯一的交通工具是船，既环保又有情调。威尼斯现有轮船、汽艇5000余艘，最具当地特色的是穿行于S形水巷间的凤尾船，又称“贡多拉”。这种黑色的造型奇特的浪漫之舟的历史可上溯到697年，在1094年官方文件中已可找到相关的记载。它船形狭长，船尾卷曲，总重量约1500磅（700公斤），由280个部分组成。威尼斯政府曾规定：贡多拉必须漆成黑色，用榆木、酸橙木、橡木、冷杉木、樱桃木、胡桃木、落叶松木、桃花心木8种不同质地的木头制造。船桨长10.87米，宽1.42米，是用山毛榉制成，浆架则雕刻成U形。贡多拉成为威尼斯这座城市不可或缺的一道亮丽的风景线。

每年9月，威尼斯人民会迎来这个城市最著名、最壮观的赛船会活动，这个引人入胜的盛会以具有传统历史的大游行开始，队伍里有精心雕刻的美丽船只以及几百个身着华丽的锦缎衣服的人物。贡多拉船赛精彩纷呈，久负盛名，是威尼斯城市生活中最动人的城市活动，不仅令游客大开眼界，也令当地居民兴奋激动。威尼斯作为意大利文化遗产保护的成果范例，与世界上其他负有盛名的水城如曼谷、阿姆斯特丹、斯德哥尔摩相比，威尼斯不仅以泽国风情浓郁著称，更以对历史文化遗存、建筑及艺术杰作、文化名城的整体性保护而驰名。今日威尼斯寓创新精神、时尚、前卫于传统、古典浪漫气息之中。通过举办各类文化艺术展和赛舟会等大型活动，使这座千年古城依然焕发着蓬勃的生命力。威尼斯这座“如凌波的维纳斯的海天之间迷人的城市”延续了它的历史文脉，保持了宜人的视觉环境和独有的魅力，使其古老的文化遗存与当代人和谐共处。

（二）国外大型赛事对文化遗产的利用与影响

1. 古希腊“奥林匹克运动会”对文化遗产的利用与影响

古奥运会就是在古希腊的城邦制国家发展起来的，一定的文化特征总是在社会历史环境的一定阶段上产生的，希腊民族之所以对健与美表现出如此强烈的兴趣和特殊的灵感，以至在古希腊人的社会意识中，对身体的健康、强壮的赞颂和对美的观念的追求处在和谐、一致的状态中，这不仅是因为古希腊的体育竞赛以美为主旨，而且古希腊的文化艺术的发展又在很大程度上依托于体育运动。奥运会文化遗产作为全世界的文化遗产，是奥林匹克运动发展史上不可缺少的一部分。

古代奥林匹克竞技赛会在希腊人中间形成一种超越于生死相搏的竞争新形式。当各个城邦在赛场会面的时候，他们不再兵戎相见，而是以公平的、赤身裸体参加竞技的形式追求城邦的荣誉。这不但有利于整个希腊民族的同体意识的形成，而且还“高扬了一种把人类的身体当作人类精神表现形式的人格理想，从而创造出最典范的希腊艺术的美，这种美注定在千秋万代之后仍将震惊世界，永为人类难以企及的楷模”。古奥林匹克运动与古希腊城邦文化的渊源关系，揭示了奥林匹克运动与城市文化发展的历史必然性，只是古奥林匹克运动对城市化的作用，某种程度上还依附于宗教的力量，它所影响的领域还仅仅只限于祭祀庆典、神话信仰等方面，奥林匹克运动作为一种独立的力量真正地介入城市文化并成为其重要的一部分，则是现代奥林匹克运动兴起之后。

2. 威尼斯“传统赛舟会”对文化遗产的利用与影响

美国学者加纳姆（H. L. Garnham）在《维护场所精神——城市特色的保护过程》一书中，对“场所精神”作出了界定。他指出，“场所精神”，即：城市形体的环境特征和面貌（Physical Features and Appearance），可观察的活动和功能（Observable Activities and Functions），城市中所蕴含的意义和象征（Meaning and Symbols）。具体而言，它存在于独特的自然环境、建筑风格、记忆与隐喻、地方材料的使用、技艺、重要建筑和桥梁选址的敏感性、文化差异与历史、高质量的公共环境、日常性和季节性的全城活动、气候等要素。①

一年一度赛舟会的举行，正是威尼斯对城市文化遗产和“场所精神”的最好展示，精美古典的贡多拉船只于威尼斯古老的桥梁下川流而过，威尼斯桥梁之多，堪称世界之最。千姿百态的桥梁，孕育出厚重文化意蕴的桥文化，它们构成了这座闻名遐迩古城绵延不断的文脉和生态景观，在这座文化遗产丰富的城市，赛舟会充分利用城市景观，彰显着威尼斯作为魅力水城的鲜明城市文化特色。将这一盛会融合在威尼斯城市环境面貌之中，作为城市文化遗产的载体，也作为宣传城市文化特色的方式，赛舟会真正维护了威尼斯的场所精神，体现了威尼斯在文化遗产保护方面的重要举措。

图 4–6　威尼斯赛舟会

① 李冈原：《意大利历史文化遗产保护刍议——以威尼斯为个案》，《浙江传媒学院学报》2007 年第 4 期。

（三）国外大型赛事基于文化遗产及城市文化特色的赛事举办

1. 国外大型赛事结合城市文化特色的城市形象塑造

考察特定城市文化的历史渊源和发展现状，我们会有若干角度和多种尺码，从世界范围来讲，古文化的遗传，人口的变迁，民族的融合，军事、经济的需要，本身自然条件优厚等均会加快各国城市文化的进程，城市文化也在城市化的过程中逐步繁荣，它的创造、发展同样依赖上述诸条件，其中也包括大型赛事运动对城市文明的促进。

丹纳在其名著《艺术哲学》中，专门章节写到古希腊城邦文化与古奥林匹克运动的关系。古希腊体育一开始就是以其恢弘而圣洁的面貌出现的。首先，古奥运会在运动的项目和运动竞赛的规模方面表现得那么有层次，那么有气势，使人感到它在总体上显得很充实、很合理。这充分说明了这个民族具有强烈的体育竞赛意识，而这意识表示出了人类的创造和希望。其次，古奥运会是作为祭祀的仪式出现的，也就多少带有宗教的色彩和力量，使运动竞赛能够在神圣的氛围中得到发展。但古奥运会并非从根本上表现为是在应验神的主旨，正如阿喀琉斯举办运动会是出于对英雄的尊敬，是为了对好友表白真诚的情谊。可见，在神的灵光的背后，是一片对人性表现的渴望，是一片对伦理价值的追求。所以说，在古希腊，奥运会等各种体育竞赛就不仅仅只是一种运动，它是城邦最重要的教育、娱乐活动，古奥运会是全希腊最神圣的文化集会，是希腊人生活中的头等大事，所以希腊的哲学家、文学家们不仅借助它获得表现的机会，更是在精神上受到它的浸润。

城市文化是多元的，而城市精神则是主导性的；多元的城市文化是自发形成的，主导性的城市精神则是在一定城市文化基础上的凝炼提升，并通过城市规划和城市活动等方式进一步增强而成的，是城市文化的核心和灵魂。具有地方特质，以传统的历史文化为核心的城市文化与城市精神是一个城市发展和参与竞争的关键。一个城市要能凝聚成一种精神、一种形象来使市民形成一种文化认同，必须要对市民的生活进行引导和规范，具有公众性和娱乐性的现代体育活动就是当代城市解决城市问题的思路，大型赛事活动往往激发市民对自己城市形象的认同感和自豪感，以主导性的城市精神体现在大型赛事之中，推进城市文化特色的彰显和完善。

2. 国外大型赛事结合城市文化遗产资源的开发性保护

一个民族的文化遗产是这个现存民族的文化记忆。在对本民族文化血脉体系的反复追溯中，在对其历史与民族性形成的认识过程中，一个民族将能更好地与其他民族建立和平友好的关系，继续进行古老的对话，向未来稳步前进。保护文化遗产，在观念上要对优秀的文化传统抱以敬畏的态度，不能任其自生自灭。既要传承好传统文化，但同时又不能脱离现实的经济社会发展，不能只是把传统文化当成标本、当成化石，一定要和现实生活密切结合起来，推动文化创新。大型赛事通过结合城市文化遗产举办，正是现代社会人们向古老对话的方式，实现保护文化遗存与发展城市文化活动有机结合，确保文化遗产与城市经济、居民生活的同步、可持续发展。

城市文化遗产的保护应从现阶段以保护古建筑与遗产、改造环境为主的物质形态的保护转向对社会文明、经济生活的整体保护，保护的同时保持城市活力，为居民创造舒适的居住环境。保护的最终目的是为了居住、生活在环境中的人，所以必须关注社会生活，维持社会的稳定性和可持续发展。文化记忆的发扬是在文化遗产的物质保护基础上更深层次的历史保护工作。文化记忆往往与自然、文化或者宗教相关联。它深深地植根于普通大众的日常生活中，潜移默化地影响着所有人的行为模式和思维方式。当一场赛事、一种精神与一座城市的人文气息和发展变化紧紧联系在一起时，大型赛事就超越其固有的局限，成为一座桥梁、一种媒介，进而释放出更大的能量，成为城市经济发展和社会进步的助力。它激发着人们对于城市文化遗产资源保护的认可，促进着政府在城市文化遗产保护上有更多作为。

3. 国外大型赛事结合城市文化活动的扩大效应

凝聚着文明时代人类文化内涵的城市，在世界同一文化区域内，以城市为中心的聚落形态必然会带给人类经济、文化乃至政治的聚拢和繁荣，近代工业文明的兴起，更是为大规模的城市化进程提供了前所未有的社会历史条件。作为近现代文明的产物，城市大型赛事的发展如影随形。一方面，城市的发展使得大型赛事的举办有了赖以生存壮大的土壤环境，城市人口众多，消费水平高，信息通信技术发达，重大赛事的举办需要多方面条件共同协作运行，城市正可以满足这种需求；另一方面，富有地域特色的城市大型赛事文化发展注入了新鲜的文化动力，举办或承办大型赛事，扩大了城市的知名度和影响力，城市的管理阶层已清醒地认识到这是提升城市形象、提高城市吸引力的最好媒介。

国外城市大型赛事文化发展的成果体现在市容、生态、人文等多个角度，吸引经济资源、人力资源的整合，形成区域间的比较优势，提升城市整体的竞争实力。城市文化在无形中强化了城市的形象，增强了人们对城市的认同感和归属感。

国外大型赛事重视对城市历史文化资源的发掘和利用，包括诸如城市文物、古迹、遗址等历史遗产的开发利用，这些宝贵资源在某种程度上反映了一个城市的历史轨迹和文化品位，不仅是城市的文化优势，也是城市文化特色的重要表现。在国外大型赛事的举办过程中，合理开发，有效利用，与体育结合而成为具有鲜明特色的大型赛事文化产业，优化配置各种城市文化资源，建立资源共享型的城市大型赛事文化整合机制，充分利用城市、社区无形的文化资源，深入挖掘，创造出形式灵活，内涵丰富的大型赛事文化产品，这对于优化城市的经济结构，改善经济的发展、质量和提升城市品位都会产生重大的影响。

第四节　节庆活动与文化遗产、文化特色关系实证研究

节庆活动与文化遗产之间存在双向互动关系：节庆活动是文化遗产的载体，能够起到传播文化遗产的作用，有利于文化遗产的保存和发展；而文化遗产所蕴含的内涵则可以作为节庆活动的灵魂与核心，使得节庆活动具有鲜明的特色，促进其可持续发展，两者具有互动共存关系。

曲阜国际孔子文化节和台中大甲妈祖国际观光文化节可以作为典型案例来说明三者之间的关系。孔子是中国儒家文化的创始人，也是中国传统文化的代表。曲阜国际孔子文化节的特色就是以孔子思想为核心的儒家文化。自创办以来，文化节始终坚持以孔子和儒家文化为依托，竭力塑造“东方圣城——孔子故里”城市旅游形象，打造孔子国际旅游品牌，充分发挥孔府、孔庙、孔林“三孔”世界遗产的优势，开发多层次的儒家文化旅游产品。由此使得曲阜在中国乃至在整个汉文化圈国家中，成了一个文化圣城。

妈祖信仰是中国沿海地区广泛流传的传统信仰。妈祖信仰虽然没有像基督教的圣经一般以文字来建立属于自己的解说系统，但它有一套经由仪式储存与累积的各种集体信仰记忆与活动模式。妈祖文化节正是保存并激活了宗教仪式和活动，充当着妈祖信仰文化的载体，将其传播与保存。妈祖文化节以妈祖信仰为内容，节庆的成功举办，激发了市民的归属感、责任感和自豪感，同时也让游客开始以观光体验的方式参与，加深了对当地文化的了解并弘扬了妈祖文化。

一、节庆活动与文化遗产、城市文化特色三维关系

（一）节庆活动与文化遗产的互动关系

文化遗产在当前的社会之中并不仅仅是一个需要保存和保护的对象，而且还是一个地区内涵、精神、艺术的所在，如果能够多层次、多角度地加以发展和利用，从保存、传承、延续，到弘扬和宣传，构建起一个具有历史文化特色的城市形象体系并走向世界，便能够使文化遗产的保护工作获得更为全面的价值。

节庆活动作为一种有效的载体，有利于文化遗产的保护和发展；而文化遗产所承载的文化作为节庆活动的灵魂，使得节庆活动具有鲜明的特色，促进其可持续发展，两者具有互动共存关系，具体如图 4–7 所示。

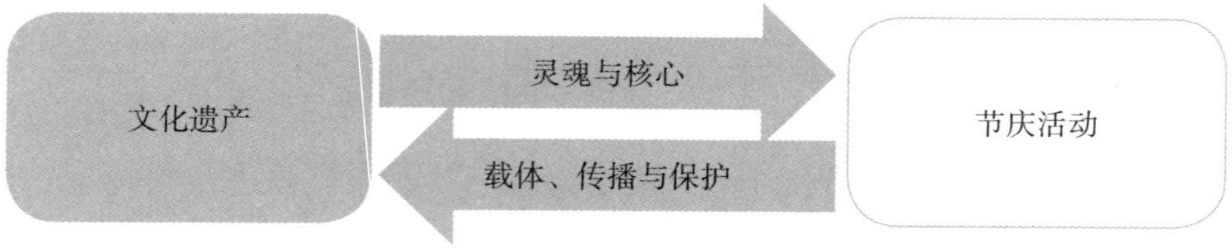

图 4–7　节庆活动与文化遗产的互动关系

1. 文化遗产是节庆活动的灵魂与核心

节庆活动是在不同国家、不同民族、不同区域的长期生产、活动实践中产生的一种特定的社会文化现象，是在特定的时间举办的、具有鲜明地方特色和群众基础的大型活动，它是该国家、民族或城区历史、经济以及文化现象的综合体现。任何节庆活动的生命力在于其自身的文化内涵，在于其厚重的文化积淀，具有文化内涵的节庆活动才能持续发展，走向国际。缺少文化内涵的节庆活动是不完整的，这也充分解释了新兴节庆容易流于哗众取宠、往往昙花一现的原因。节庆活动文化根植深厚，更具本土代表性的传统节庆才容易持续发展。

2. 节庆活动是文化遗产的表现载体

文化遗产内涵的展示不够、体验性不足是当前文化遗产保护面临的重要问题，而节庆活动所具有的体验性及广泛参与性则是将文化遗产“活化”“可视化”的过程，以节庆活动为表现载体，既体现了文化遗产的历史静态性，又体现了历史动态性。

节庆活动作为文化载体，有两种途径：第一，节庆活动是文化的表现形式。一些宗教活动如大甲妈祖文化节，其表现的就是妈祖文化的信仰，与宗教典籍以文字来建立自己的解说系统不同，这些活动是经由仪式储存与积累各种集体的信仰与记忆，并传承其信仰理念与活动模式。第二，节庆活动本身就是一种文化。比如具有民族特色的地方节庆活动，如彝族的火把节、傣族的泼水节、苗族的苗年等，节庆本身就是一种文化，且有许多已列入国家非物质文化遗产。

（二）文化遗产与城市文化特色关系

一座城市的文化遗产集中展示了文明发展史中最具价值的成

果，城市文化遗产是城市文脉的延续，最真实地体现了城市文化特色，也是城市发展的重要资源，对于当代社会发展具有重要的价值和意义。

1. 城市文化遗产是城市文脉的延续

城市文化遗产反映了人类在由野蛮走向文明的道路上不断追求、探索的过程，也体现了人类在认识和改造世界的过程中所作出的独特贡献。城市文化遗产区别于乡村文化遗产的最为显著的特点是它的那种鲜明的商业文化色彩与自由开拓精神，以及那种宏大、丰富、具有多元文化认同的城市品格。产生于传统社会各个历史时期的大量城市文化遗产，它们是一个城市历史发展的重要见证，代表了一个城市曾经走过的道路以及可能延续的方向。所以，城市文化遗产保护对于一个现代城市来说有着非常重要的意义，这是对于城市本质的认同和对于城市生命的尊重，更是城市文脉的延续。

2. 城市文化遗产是城市个性的体现

城市文化遗产不但是城市文化发展传承脉络中的重要组成部分，而且集中体现了城市文化的个性。基于每个城市各异的政治、经济、文化背景和地理环境，因此不同城市孕育催生不同特点的历史文化遗产形态，而正是这些不同特点的历史文化遗产形态，展现了各个城市不同的文化个性与文化风格。

历史文化遗产是一个城市文化个性的重要体现，是一个城市得以展现自身文化独特性与风格鲜明性的重要依据。只有较好地保护城市文化遗产，才能使城市的文化形态更为丰富多样，才能在更广的范围内满足不同人类群体对于生活的多元选择。20世纪末以来，由于受经济全球化与城市现代化等因素的影响，世界上有许多城市已经失去了固有的品质和个性，这些城市粗看起来都是一个模式，人们几乎无法分辨城市的特色。由于经济全球化的冲击，一些非常有特点的历史城市变成了万花筒式的城市，人们正在为传统的迅速消失而感到困惑。种种局面如果不迅速改变，必将给人类世界带来极大的遗憾。

3. 城市文化遗产是城市文化发展的资源

一位哲人说过："了解过去的一千年，是为了更好地建设今后的五百年。"当前提出城市文化遗产保护的理念，绝不仅仅是一个为了维护历史传统的陈旧话题，更重要的是有着促进当代城市社会与文化发展的价值取向。世界文化遗产是全人类共有的遗产，它必须与实际的城市生活共存。联合国教科文组织关注世界遗产的原因主要就在于，当今人们应当十分珍视祖先留下的历史文化遗产，并把它们变为传给后代子孙的前瞻性资源。对于一个可持续发展的城市而言，保护历史文化遗产非常重要，通过对历史文化遗产的开发和利用，可以为城市创造大量的经济发展的机会，同时也能为城市创造出一种更为适宜人居的生活环境。城市文化遗产作为一种资源，首先是可以推动城市旅游业、观光业等文化产业的发展。城市旅游业、观光业是适应当代文化消费需求而形成的新兴文化产业，这些产业的兴起与发展，帮助人们改变了对于城市文化遗产的传统认识，大大促发了人们对于城市文化遗产开发利用的需求。通过一定的市场机制对城市中大量存在的历史文化遗产进行功能置换，对城市中大量存在的建筑、街道、商店、教堂、庙宇、会馆、居民住宅进行开发利用与整合改造，可以使城市文化遗产重新焕发时代的青春，使城市文化遗产的价值在市场经济中得到转化和提升，大大加强了城市的综合竞争力。城市文化遗产同其他一切人类文化遗产一样，是各国人民的集体创造，体现了各个国家、民族的集体文化成就，是当代国际社会文化格局的重要组成部分，也是各个国家、民族的民族自信心的重要源泉。城市文化遗产作为一种资源，更重要的是可以营造一种充满历史感的生态氛围，为生活在喧闹嘈杂的现代城市人带来一种心理上的和谐与宁静。城市文化遗产大多是古代社会的产物，它们反映了古代人与自然和谐统一的旨趣，以及他们那种纯真、质朴、善良，崇尚真善美，追求理想化的人格品格。因此，通过对城市文化遗产的保护，可以将古人的许多情趣融化在当代人的生活世界里，从而促进城市文化的发展。

（三）以文化遗产为核心的节庆活动与城市文化的关系

文化遗产是城市文脉的延续，是城市个性的体现，是城市文化的发展资源。节庆活动以文化遗产为核心，这就连接了节庆活动与城市文化。

节庆活动作为文化遗产的表现载体，串联了当地的各种文化，包括当地的风俗民情、历史文化等独特的文化资源，是对城市文化遗产的集中体现，而文化遗产作为城市文化的发展资源，是城市个性的体现，节庆活动由于导入城市文化遗产就有助于彰显城市个性、突出城市文化特色。同时，在节庆活动对文化遗产的传播过程中，能够激发市民的归属感、责任感和自豪感，提升市民的道德水平，滋养熏陶城市文明，而游客的文化认同更加强化了本地居民的归属感、责任感和自豪感，从而能够升华城市文化和城市精神。

二、弘扬优秀传统文化、共建文明首善之区：曲阜国际孔子文化节

（一）曲阜国际孔子文化节概述

孔子文化节是为了纪念孔子对人类文化的杰出贡献、传承中华民族优秀传统文化、加强国际间的文化交流与合作而举办的国际性节庆活动，于每年孔子诞辰（公历 9 月 28 日）期间，即公历 9 月 26 日至 10 月 10 日，在中国民族始祖轩辕黄帝诞生地、孔子故里、著名历史文化名城山东省曲阜市举行。孔子文化节从 1984 年至今已连续举办了三十多届，被誉为中国最能代表汉民族历史文化内涵的节庆活动，并被国家旅游局确定为国家级“中国旅游节庆精选”之一。

图 4–8　中国曲阜国际孔子文化节

特色化是曲阜国际孔子文化节可持续发展的基础，曲阜国际孔子文化节的特色就是一场弘扬以孔子思想为核心的儒家文化活动，竭力塑造“东方圣城——孔子故里”的城市旅游形象。

（二）孔子文化节与儒家文化

1. 孔子文化节对儒家文化的活化

孔子文化节是一种文化传播的仪式，它承载了厚重的儒家文化，其核心事项——祭孔典礼，最早可以追溯到西汉时期，两千多年以来

绵延不绝，可以说是文化史上的“奇迹”。经过这些年来的不断探索创新与完善，在举办模式与文化内涵上均取得了长足的发展。21世纪以来，儒家文化日益受到国内外广泛关注，孔子文化节使得儒学文化不仅体现在纸上，而且活化在世人面前，为世人提供在日常生活中无法体验到的休闲、娱乐、社交、文化和历史传承。

（1）孔子文化节之礼乐观

孔子强调礼乐的教化作用，把艺术作为有助于思想教化和达到“仁”的人格理想的一种工具。“礼”是一种对人的外在规范，实是消极的教化；而“乐”则从人的生命根源之地，对人的性情加以疏导、转化，是为积极的教化。

祭孔乐舞中，它文雅的歌词、古朴的舞步、平和的曲调，歌——颂圣贤之德，乐——合中和雅韵，舞——谦逊礼让，正符合孔子对韶乐“尽善尽美”的评价，昭示着儒家文化礼乐教化的精髓。20世纪40年代，有一位叫江文也的音乐家曾经将祭孔乐舞改编成大型交响乐，他对祭孔乐舞有一种独到的体验，他说，“孔庙大成乐平稳肃穆，行迈迟迟，没有起伏，对听惯现代音乐的耳朵而言，这样的乐风真是烦人。然而孔庙音乐呈现的是一种独特的美感境界，这是没有欢乐，没有悲伤。大音希声，但五音俱备。它虽然构造简朴，却蕴含着最缜密的能量”。“祭孔乐舞”中体现出来的这一美学思想非常符合儒家的和合思想，《礼记·乐记》中说，“乐者，天地之和也”“大乐与天地同和”。祭孔的舞蹈，是谦逊礼让，立德立容。在祭孔大典的三次献礼部分，要跳佾舞。不过，当代的祭孔典礼是追求儒家文化内涵上的精致，而不是同一意义中礼仪环节的繁杂，“祭不欲数，数则烦，烦则不敬。祭不欲疏，疏则怠，怠则忘”（《礼记·祭义》）。要做到每一环节和形式上都有精神丰富和深刻的意义存在，不只是追求仿古的形似，更追求一种儒家文化与当代传播方式结合的“神似”。

（2）孔子文化节之和谐观

儒家文化的“和谐观”集中表现在中国古代的“天人合一”的思想中，它关注人与社会、自然的协调，并以看待“人”的眼光审视、关怀自然万物。这种精神所代表的是一种涵盖社会和自然的“人文主义”，它与西方那种反自然、反神学的个人式的人文主义有较大的差异，与那种注重人与自然的对立，注重人对自然的征服与改造，忽视人与自然的统一性的理论形成了鲜明的对比，它提倡天人合一、万物一体、民胞物与，认为人和自然万物是一个和谐的统一体。因此，培养美好的德性，使人对他人、对环境常常心存爱护的善意。只有这样，才能达到内与外的统一，即净化人心与净化环境的统一，才能从根本上巩固环境保护的成果。

当代祭孔活动与历代的有所不同，它具有更纯粹的文化意义，它是从文化纪念的角度出发，旨在倡导对中华传统文化的尊重。当代祭孔采用最高规格的明代“八佾舞”，即八人一排、共八排的舞阵。其舞蹈音乐“中正和平”，歌词“典雅纯正”，乃祭祀乐舞中的最高典范。“祭孔乐舞”展示的是道德的至高境界与“大乐与天地同和”（《礼记·乐记》）之艺术境界的高度一致。舞蹈使艺术与道德在最深的根源处，也即在最高的境界中，得以自然而然地融合统一。道德充实了艺术的表现，艺术助长了道德的力量，孔子为人生的艺术精神在此得以高度象征、凝练地体现，并由此展示了中国传统文化里的两大支柱——道德与艺术。此外，儒家道德精神中的伦理纲常，其倡导的安分守己、尽伦尽职等，在乐舞仪式中以其不同规格对应不同的等级，体现出乐舞的社会教化功能，以及儒家文化倡导的伦理与秩序典范。观看乐舞时，让人更多感到的是“和谐”“秩序”的审美情结，它不仅具有一种特殊的感染力而且生发联想。当前，我们的社会正处于转型期，各种社会矛盾和不同思想、价值观的相互冲撞带来动荡与不定，并由此而影响个人内心的冲突，此时，儒家文化能够帮助“浮世”中的人们找回精神的寄托。“反求诸己”的修身之法，可以极大地安抚人的“心智”；儒家文化对秩序、和谐、均衡的重视，也为处于社会转型期的人们提供了哲学道德和人生价值的引导。

2. 孔子文化节是对儒家文化的保护和推广

孔子文化节以儒家文化为核心，文化底蕴深厚，且符合文化期待，满足游客对节庆活动参与的文化体验。21 世纪以来，儒家文化日益受到国内外广泛关注。

祭孔的历史就是一部中华民族的发展史，可谓源远流长、意义高远，它所要表达的是对古老的中华文明的敬意，具有鲜明的提倡文教的意义。我国文化传承具有很强的凝聚力，构成这一凝聚力的因素很多，孔子作为中华文化的象征，受到广泛的认同，应该说是其中的重要因素之一。历史上少数民族建立的政权不在少数，但不论政权如何更迭，中华文化始终绵延不绝，而祭孔大典作为中华文化的重要传承仪式，是发挥过一定积极作用的。

（三）孔子文化节与曲阜文化特色

1. 曲阜文化特色

（1）儒家文化

曲阜市位于山东省的西南部，是一个孔姓人口非常多的县级市，更是有着五千多年悠久历史的“东方圣城”。“千年礼乐归东鲁，万古衣冠拜素王”，曲阜因其与孔子的名字紧密相连在一起，而闻名于海内外。孔子作为世界上最伟大的哲学家之一，是中国儒家学派的始祖。在中华文化几千年漫长的历史长河中，儒家文化逐渐发展成为中国的正统文化，并深远地影响到东亚以及东南亚的各国，成为整个东方文化的发展根本。位于山东省曲阜市的孔府、孔庙以及孔林，被统称为“三孔”，是中国历代纪念孔子、推崇儒学的象征，并以深厚的文化沉积、悠久的历史、宏大的规模和丰富的文物珍藏，以及科学艺术价值而世界著名。由于“三孔”在中国的历史上以及世界的东方文化中都有着举足轻重的地位，而于 1994 年 12 月被正式列入《世界遗产名录》，且被世人尊崇为世界三大圣城之一。

（2）传统民俗

祭孔大典是曲阜市专门用来祭祀孔子的大型庙堂乐舞活动，也被称为“丁祭乐舞”或是“大成乐舞”，是一种集乐、歌、舞、礼于一体的综合性艺术表演形式，每年农历的八月二十七日孔子诞辰的时候都会举行，而如今的祭孔大典自 9 月 26 日一直持续到 10 月 10 日。祭孔大典主要在孔庙中举行，这种隆重的祀典历经两千多年从未间断过，成为世界祭祀史，乃至人类文化史上的一个奇迹。祭孔大典古代时被称为“国之大典”，自公元 739 年唐玄宗封孔子为“文宣王”之后，祭祀孔子的活动便开始升级，宋代以后更是飞速发展，到明代时已达帝王的规格。清朝时更为盛大隆重，达到了顶峰。祭孔大典中的乐、歌、舞都需要紧紧围绕礼仪而进行，而所有礼仪则要求“必丰、必洁、必诚、必敬”。

2. 孔子文化节升华曲阜特色文化

曲阜的特色文化多种多样，以儒家文化为核心，孔子文化节紧紧抓住文化核心，串联起曲阜各种各样的特色文化达到了对曲阜文化的升华。另外，孔子文化节参与主体的多样化也使得曲阜特色文化得到重视。从主办方来看，1998 年以前孔子文化节基本是由曲阜市地方政府主办，1999 年改由国家旅游局与山东省政府主办，2005 年开始由联合国教科文组织、国家旅游局、山东省人民政府、中华民族文化促进会、国际儒联、中国孔子基金会联合主办，2007 年由联合国教科文组织、山东省人民政府、文化部、教育部、国家旅游局、中华全国归国华侨联合会联合主办。至此，文化节的主办方已经实现了国际组织、各级政府、民间组织、学术团体的多元化，并升格为名副其实的国家级节庆。从社会参与的角度来看，1989 年前的参与者主要是国内外旅游者，到目前已经扩展到国内外旅游者、海外同胞、官员、学者、商业人士、科技人员、文化名人、民间艺术家、地方民众等社会各界人士。

三、信仰的传承：大甲妈祖国际文化节

（一）妈祖国际文化节介绍

1. 妈祖信仰的起源

人类的信仰起初是源于对自然与对灵魂的崇拜，人通过信仰所追求的本质不因宗教或信仰神灵的不同而有太大的差异，最重要的还是对自我生命的探寻。宗教是人为了克服自我心中的困境而产生，也就是说苦难是宗教产生的重要原因，同时也是社会集体共同意识的象征表现。①

---

①《李亦园自选集》，上海教育出版社 2002 年版。

台湾过去是个移民社会，时局动荡不安常有苦难，在当时宗教信仰对于渡海而来的先民是最大的慰藉与依靠。台湾的民间信仰多样化，常以救苦救难形象现世流转的神明是美丽善良的妈祖；身为保护海上航行安危的女神，成为先民们为了渡过俗称黑水沟的台湾海峡、在艰辛的环境条件下求助的神明。因此，妈祖信仰随着移民的迁徙开始广为流传，渐渐融入人民的生活中，成为文化的一部分。如今，妈祖身为移民的女神，随着福建移民的散布而已全球化。在2009年，妈祖信仰被列为世界非物质文化遗产。

2. 妈祖文化节的发展

大甲妈祖国际文化节原本是一种宗教庆典，表达着对妈祖的敬仰；妈祖进香是一种朝圣，是一种宗教文化现象。但随着时代的变迁出现了许多表演，融入了许多现代生活文化，妈祖节逐渐成为一种休闲文化，为大众休闲、社交和文化体验提供机会。2003年正式更名为大甲妈祖国际观光文化节，使得该节庆活动渐渐地从地方宗教活动演变成兼具宗教本质和观光旅游复合性的大型节庆活动，吸引世界各地远道而来的游客，促进了台湾的旅游发展。

（二）大甲妈祖国际观光文化节与妈祖信仰文化

1. 观光节是载体，妈祖信仰文化为灵魂

在妈祖信仰中，并没有像基督教的圣经一般，以文字来建立属于自己的解说系统，而是经由仪式储存与累积各种集体的信仰记忆，并传承其信仰理念与活动模式。妈祖文化节作为一种仪式，充当着妈祖信仰文化的载体，将其传播与保存。

随着时代的发展，妈祖文化节已不再是原始的宗教活动，它已然发展成为兼具宗教本质和旅游观光的大型节庆活动，其活动内容更加丰富多样，其规模及影响范围也逐渐扩大，但其核心文化仍是妈祖信仰。妈祖信仰源自于中国的民间信仰，而中国民间信仰并没有固定的信徒，更偏向于一种开放性的精神信仰，妈祖的信徒是开放的、是不固定的，受其庇佑的本地民众是她的信徒，闻道而来的观光体验游客也是她的精神追求者。

观光节为载体，妈祖信仰文化为灵魂，两者缺一不可。文化节注重文化内涵，得到了跨地域甚至全球性的可接受度与竞争力，而妈祖信仰文化借助文化节走向了世界，获得更高的知名度和关注度。

2. 妈祖文化节对文化的运用与创新

大甲妈祖绕境进香历史上是一个民俗宗教仪式，其采用节日庆典形式来带动观光，聚集人潮，从而深化民俗文化，促进经济发展。对大甲人来说，即使散居各地，每到进香时节都纷纷赶回家乡，或步行全程陪同或参加迎驾送驾活动。不过，虽然具有历史积淀和传承，绕境进香仅仅作为大甲人的庆典是不够的，随着都市化，大甲人移居各地，传统可能渐渐被淡忘。同时，随着老一辈的离去，传统更可能湮灭。因此，从绕境进香到“大甲妈祖文化观光节”再到“大甲妈祖国际文化观光节”，先从名字上将绕境进香从一个地方性寺庙组织、大甲妈祖信众参与的单纯的宗教仪式，扩大为值得所有妈祖信众和观光客躬逢的盛事。在活动内容上，台中县从 2004 年开始，将活动内容分为信仰文化、武术文化、戏曲文化、产业文化、艺术文化、观光旅游文化、学术文化等七大主轴，借由主轴带动观光旅游、宗教朝拜、艺术展演、学术研究和地方产业再升级。丰富多彩的活动内容对信众和非信众、本地游客和外地游客都充满吸引力。同时，活动还增加不少“年轻”元素和全民参与元素，如 2012 年的

"龙"来 Dance 街舞大赛、大甲马拉松、"龙"游台中万众骑 Bike 自行车活动等系列活动。

（三）妈祖文化节与台湾文化特色

1. 台湾的妈祖信仰文化

在台湾，妈祖信仰极为盛行，几乎每个市、县、乡、村都有妈祖寺庙。据统计，全岛大大小小的妈祖寺庙大约 4000 多座（较具规模者有 800 多座），供奉妈祖的家庭达 300 多万户，信众多达 1400 万人口，占台湾总人口的 61% 之多。台湾的妈祖宫庙都是各个地方的政治经济活动中心，地方士绅积极参与妈祖宫庙事务，将信众捐献结余的香油钱回馈乡里，从事社会公益慈善事业。信众通过对妈祖的虔诚信仰，将妈祖慈悲为怀、救苦救难的精神发扬光大，也反映出信众对乡土的认同与关怀。

2. 妈祖文化节对妈祖特色文化的强化

妈祖文化节以妈祖信仰为内容，节庆的成功举办，激发了市民的归属感、责任感和自豪感、提升了市民的道德水平，滋养熏陶了城市文明。使得妈祖特色文化得到进一步传播。

第五节　大型演艺与文化遗产、文化特色关系实证研究

大型演艺是指演出规模较大、观众人数较多的演艺活动。通常大型演艺，或具有临时性，或具有异地性。也就是说，大型演艺一般是非常规性的演出，是为了某个特殊的节庆或活动而举行的；如果规模大且持续演出，那它多半是旅游演艺，针对的目标市场一般是异地市场，也就是说主要是演给来自异地的旅游者看的。这是演艺活动的市

场容量所决定的。

无论是哪种类型，大型演艺通常都会充分表现当地的历史文化及风俗民情，充分挖掘和体现地域文化，具有较强的地域色彩和不可复制性。

大型演艺大多取材于当地的文化遗产，通过活化、利用文化遗产，加上现代灯光、音响和舞美的衬托，以夺人心魄的方式对观众视听感官形成较大的冲击力和吸引力。即在文化语境下较好地展现了文化传统的本真美与现代美的融合，从而诠释了一个城市的文化符号，构建独有的城市文化特色。

国内外不少成功的大型演艺都生动地阐释了演艺、文化、特色三者之间的关系。

20 世纪 90 年代末，中国许多重要城市在实施城市品牌战略中，参照西方城建模式建设了一批高档主题公园，使之成为城市中颇具特色的胜景。为了丰富园展内容，更好地展示景区形象，吸引游客驻留，主题公园投资方有意识地将演艺引入园区。人造景观和艺术演艺的有机结合，使主题公园成为城市旅游的热点，演艺以其特有的欢快情境、热烈氛围、艺术情调和异域风情等品质，日益受到人们的重视。21 世纪初，导演张艺谋另辟蹊径，把眼光从城市投向旅游地，以桂林漓江为场景，精心推出了《印象·刘三姐》，演艺的地位由城市主题公园的“附庸”迅速提升为一种独具魅力的新型艺术样式。

近年来，大型演艺已成为旅游产品和服务的一种重要表现形式，通过高科技和多媒体等新手段将传统文化中的精髓部分较完好地延续下来，起到传承的作用，并且有一定的创新和发展。通过“秀”的形式来增强感染力，吸引消费者。如桂林阳朔演出的《印象·刘三姐》，杭州西湖演出的《印象·西湖》、宋城演出的《宋城千古情》，云南丽江演出的《印象·丽江》、昆明演出的《云南映象》、大理演出的《蝴蝶之梦》、香格里拉演出的《香巴拉映像》，河南登封演出的《禅宗少林寺音乐大典》，西安大唐芙蓉园演出的《梦回大唐》，四川九寨沟演出的《藏王宴舞》、成都演出的《蜀风雅约》等等，都取得了较大的成功。各个地方都在积极地穿越历史，挖掘当地传统文化元素，然后把它演绎出来，也可以说，大型演艺实质是一种城市文化特色的营销。

一、大型演艺与文化遗产的传承以及城市文化特色的构建

（一）大型演艺与文化遗产的解读

文化遗产包括物质文化遗产和非物质文化遗产。文化遗产传承着一个国家和民族的历史文化和价值观念。大型演艺则敞开一场旅游与文化的盛宴，将旅游摆在文化消费活动的高度，刻意为游客提供一种快乐环境，使之在充分休闲的同时，展示独具特色的地域文化、传统文化和民族文化。使游客主动与一种异质文化深度接触，借助演艺平台，了解旅游地人民的生活方式和思想感情，感受旅游文化的鲜活魅力，体验异地文化的异质美。[①] 文化不等于旅游产品，大型演艺是在对文化资源进行整理、研究、解读的基础上，经过选择、加工、创造，才能将文化信息传达给旅游者，并转化为可供旅游者直接体验和消费的产品形态。

① 宋云、余屿：《旅游演艺：一种旅游营销的新范式》，《江西社会科学》2011年第12期。

（二）大型演艺与文化遗产的传承

文化遗产的传承不是被动地保护，更不能简单地复古。大型演艺正是在保护中“活用”城市的文化遗产，梳理和开发该城市的文化资源，给文化遗产注入“人气和活力”。旅游目的地的演艺活动，特别是民族民俗表演艺术类非物质文化遗产作为人类文明的载体，传承着民族血脉和民俗文脉，展现着绚烂多姿的民族民俗文化，凝聚着地域文化的高超智慧，同时它还具有高度的文化稀缺性。让公众和游客对文化产生需求，从而更好地了解、传承和保护城市文化遗产。大型演艺中非物质文化遗产再生产的价值主要是传播非物质文化遗产，扩大非物质文化遗产的影响力；以及激发非遗传承人、当地民众和整个社会对非物质文化遗产的自豪感，促进他们保护和传承非物质文化遗产自觉意识的形成。

（三）大型演艺与城市文化特色的构建

大型演艺大多取材于当地的文化遗产，并对其进行再生产。对文化遗产再生产时，既不偏颇于纯艺术的追求，也不停顿于原汁原味的纯民俗展示，而是通过多民族各具特色而又互相呼应的歌、舞、杂技、服饰和风情表演，加上现代灯光、音响和舞美的衬托，以极大的信息量对观众视听感官形成较大的冲击力和新的吸引力。[①] 即在文化语境下较好地展现了原生态美与现代美的融合，从而诠释了一个城市的文化符号，构建独有的城市文化特色。大型演艺以惊奇震撼的视觉盛宴让无数游人把大型实景演出作为城市文化的终极享受。

① 姚小云：《旅游演艺场域中非物质文化遗产的文化再生产——以〈张家界·魅力湘西〉为例》，《怀化学院学报》2013年第12期。

二、《宋城千古情》案例分析

（一）《宋城千古情》概述

图 4–9　宋城千古情

大型歌舞《宋城千古情》是以杭州景区为依托，用最先进声、光、电的科技手段和舞台机械，以出其不意的呈现方式演绎了良渚古人的艰辛、宋皇宫的辉煌、岳家军的惨烈、梁祝和白蛇许仙的千古绝唱，把丝绸、茶叶和烟雨江南表现得淋漓尽致，极具视觉体验和心灵震撼。《宋城千古情》通过多达 15 种民间杂艺表演、9 种宋史人物、17 种作坊表演、4 种大型影视表演，融入大量文化遗产元素，生动再现了杭州 800 年前“东南形胜，三吴都会”的繁华。

（二）地域文化元素在大型演艺产品中的植入与运用

1. 地域文化特征分析

杭州历史悠久，早在 4700 多年前，就有人类在此繁衍生息，并产生了被称为文明曙光的良渚文化。五代吴越国和南宋王朝两代定都于此，是我国七大古都之一。杭州的民俗风情与杭州的自然环境、人文积淀和发展历程，有着千丝万缕的内在联系。

（1）良渚文化

良渚文化是我国长江下游太湖流域一支重要的古文化，距今约5300—4000年。良渚文化发展分为石器时期、玉器时期、陶器时期。玉器是良渚先民所创造的物质文化和精神文化的精髓。良渚文化玉器，达到了中国史前文化之高峰，其数量之众多、品种之丰富、雕琢之精湛，在同时期中国乃至环太平洋拥有玉传统的部族中，独占鳌头。良渚遗址已成为实证中华五千多年文明史的最具规模和水平的地区之一，堪称东方文明圣地。

（2）西湖文化

西湖作为一千多年来自然与文化高度复合的产物，具有得天独厚的自然景观和独树一帜的文化魅力。尤其是西湖独有天人合一、城湖合璧、“三面云山一面城”的空间特征；风景优美的“两塔两堤一岛”景观格局；以闻名中外的“西湖十景”为代表的题名景观；内涵丰富的众多文化古迹，种类繁多的西湖特色植物；将自然山水与文化景观紧密融合共生，浑然一体；是十个多世纪以来中国传统文化精英的“精神家园”和社会各阶层的“人间天堂”，是“中国山水美学”独具一格的“世界文化景观”和“东方文化名湖”。2011年被列入《世界遗产名录》。

（3）茶文化

杭州自古以来就是名茶产区，茶文化历史悠久。杭州襟江带湖。它西有西湖，南临钱塘江，受一江一湖水汽调节和东南亚季风的影响，气候温暖湿润，时常有和风细雨，朝云暮雾，独特的气候十分有利于茶树的生长。因此早在唐代杭州就是著名的产茶区。南宋时杭州已茶事兴盛，城市茶肆大兴，同时从寺院到宫廷再到民间的茶礼仪已成体系。名扬中外的径山茶礼就是在这个时期形成的。[①] 如今的杭州名茶主要有中国十大名茶之首的西湖区的西湖龙井、余杭区的径山茶、淳安县的千岛玉叶、桐庐县的雪水云绿、建德市的千岛银针、临安市的天目青顶、富阳市的富春茗绿、萧山区的云石三清茶、滨江区的桂花茶。正是这些名茶构建了杭州茶文化的坚实基础。

（4）诗词文化

南宋时期涌现了不少举世闻名的文学大家，围绕西湖的湖光山色吟诵颇多曼妙的千古诗文，如《钱塘湖春行》《饮湖上初晴后雨》等。此外西湖民间文学也以西湖山水、名胜古迹为背景，其体裁包括故事、歌谣、谚语、谜语，如故事《明珠》《西湖女神》等；又如汹涌澎湃的钱江潮，诞生出《文潮与武潮》《六和镇江》《钱王射潮》等神话；断桥、雷峰塔，演绎出由“断桥相会”“镇压雷峰”等片段组成的《白蛇传》故事；凤凰山，为故事《梁山伯与祝英台》“杭州求学”“草桥结拜”“十八相送”提供了景色绮丽的场景；虎跑有《两虎跑泉》故事。另外，民间世代相传还有不少有关民族英雄、清官廉吏、文士靓女的传说故事，如《精忠报国》《张煌言写正气歌》《白公堤》《苏堤六吊桥》等。民间故事还与杭州工艺特产、风俗民情相结合，使“西湖醋鱼”“杭州织锦”“张小泉剪刀”等增添了不少传奇色彩。

2. 元素提取

根据对杭州地域文化特性的分析，特此对各类文化的具体表征进

① 赵浪平：《发展杭州茶文化旅游》，《中国茶叶》2005 年第 4 期。

行了罗列见表 4–1。

表 4–1 杭州主要地域文化及其具体表征

文化类型	具体表征
良渚文化	耕作、石器、玉器、陶器、丝绸
西湖文化	山水实景、断桥、白堤、岳庙、雷峰塔、传说、西湖醋鱼
茶文化	龙井、古都
诗词文化	宋词、文学作品、民俗乡情

3.《宋城千古情》中文化遗产的应用探究

文化赋予了《宋城千古情》持久的生命力。纵观《宋城千古情》可以发现，整台演出牢牢抓住了杭州文化最精髓的根和魂，《良渚之光》劳作生息的古越先民，《宋宫宴舞》繁华如烟的南宋王朝，《金戈铁马》慷慨激昂的岳飞抗金，《西子传说》感人至深的爱情传说，众多的杭州历史典故、民间传说和西湖人文景观融进了《宋城千古情》，它的每一个篇章都以多种表演艺术元素诠释了杭州的人文历史，再现了一个缠绵迷离的美丽传说，一段气贯长虹的悲壮故事，一场盛况空前的皇宫庆典，一派欢天喜地的繁荣景象。

白娘子、许仙、梁山伯、祝英台、岳飞，一个个耳熟能详的人物，杭州人熟悉，外地游客同样熟悉。断桥、白堤、岳庙、龙井，刚刚游玩过、欢喜赞叹过的地方，忽然在舞台上以另一种方式重新与游客撞个满怀。或凄美感人或豪气冲天的情节，让观众沉浸其中，犹如穿越时光的隧道，时喜时悲，或惊或叹，沉浸到那段既熟悉又陌生的历史当中。《宋城千古情》的不同篇章地域文化解读见表 4–2。

表 4-2 《宋城千古情》地域文化元素解读表

篇章	地域文化元素	文化解读
序《良渚之光》	石器、玉器、杂技	早在8000年到5000年前的新石器时代，“断发纹身”的先民们就已在古越大地上创造了无比灿烂的史前文明。从跨湖桥文化到良渚文化，形成了一个又一个举世闻名的文化高峰。它们是蒙昧与文明的最初分野，也是后起的夏、商、周文明的主要构成要素，是古老东方悠久文明的前奏和第一道曙光
《宋宫宴舞》	舞蹈、茶、民间丝竹、杂技、宫廷场景	南宋王朝是中国封建经济走向鼎盛的时期，无论在经济、科技，还是文化艺术都取得了巨大的成就。都市经济和对外贸易的发展水平更是大大超越前代，居当时世界的前列。南宋时的杭州人口多达百万，是四方辐辏、万物所聚的著名大都市。市内街衢纵横，茶楼酒肆、艺场教坊林立，处处笙歌管弦，一派歌舞升平的景象
《金戈铁马》	南宋迁都、岳飞抗金历史典故	“东南形胜，三吴都会，钱塘自古繁华。烟柳画桥，风帘翠幕，参差十万人家。”杭州的繁华使北方的金国皇帝为之心动，公元1127年正月，金兵攻入汴京，俘徽钦二帝，史称“靖康之难”，宋室被迫南渡。宋徽宗第九个儿子康王赵构，史称宋高宗，建立南宋王朝，最后定都杭州。从此黄河两岸、江淮之间的人民纷纷起兵反抗金兵，掀起了波澜壮阔的民族战争的巨浪。岳飞，就是这时涌现出来的民族英雄。岳飞一生曾四次从军，一直奋战沙场，他率领的岳家军身经百战，收复了建康和中原的大片土地，直抵汴京
《西子传说》	宋词、传说	杭州为我国著名古都之一，有东海明珠之称，早在900年前就已被宋仁宗誉为“东南第一州”。悠久的历史给杭州留下了极为丰盛的名胜古迹，“淡妆浓抹总相宜”的西子湖更使杭州享有“人间天堂”的美誉
《魅力杭州》	西湖十景、茶文化	今天，勤劳智慧的杭州人民，书写了杭州历史上最辉煌的篇章。每年数百万游客相聚在宋城，体验杭州“东方休闲之都，生活品质之城”的无穷魅力。杭州正形成西湖观光、宋城怀古、休博园杭州乐园休闲度假游的主流旅游线路。让美丽的西子姑娘们，以曼妙的舞姿，轻盈的脚步，捧出沁人心脾的龙井茶，迎接来自五湖四海的宾朋

（三）《宋城千古情》对城市文化的影响

1. 对城市文化遗产的保护与再生产

《宋城千古情》通过舞台化表演对杭州物质文化遗产进行了展现，对杭州非物质文化遗产进行了再生产。让人们更好地领会了杭州城市的市民精神和城市活力，以及保护文化遗产的渴望。整场演出既不偏颇于纯艺术的追求，也不停顿于原汁原味的纯民俗展示，而是融汇多种艺术手段于一体的新颖旅游制。在以市场与投资者为主导的多种力量的综合作用下，非物质文化遗产在旅游演艺这个新场域中上演的并非传承人原真性的“文化再生产”，而是经过改编的舞台化的“文化再生产”。但旅游演艺场域中非物质文化遗产再生产的价值主要是传播非物质文化遗产，扩大文化遗产的影响力；以及激发非遗传承人、当地民众和整个社会对非物质文化遗产的自豪感，促进他们保护和传承非物质文化遗产自觉意识的形成。

2. 对城市文化特色的展现与城市文化内涵的深化

《宋城千古情》通过舞台化形式对当地的历史文脉，文化遗产起到了梳理作用，呈现了该城市独有的文化特色和城市文化内涵。整场演出将杭州的历史和现在进行了诠释，把人们对精神的寄托与信仰，对自由爱情的追求与渴望，对民族英雄、历史名人的缅怀与崇敬，对建筑艺术的刻画与展示等西湖文化进行淋漓尽致的表达，充分体现了西湖的景观文化特色，锻造了杭州人间仙境的城市内涵。既增强了当地民众的归属感和自豪感，同时也满足了异地人对异域文化产生的审美需求。

三、《印象·刘三姐》案例分析

（一）《印象·刘三姐》概述

《印象·刘三姐》由桂林广维文华旅游文化产业有限公司投资建设，我国著名导演王潮歌、张艺谋、樊跃出任总导演，国家一级编剧、中国实景演出创始人、山水文化机构董事长梅帅元任总策划、制作人，历时五年半努力制作完成。它集漓江山水、广西少数民族文化及中国精英艺术家创作之大成，是全国第一部全新概念的“山水实景演出”。它完美诠释了桂林山水和广西民歌文化，在作品中将当地的渔民文化、漓江风情还有少数民族文化融为一体，真正做到了用歌舞诠释文化。

图 4-10 《印象·刘三姐》海报

（二）地域文化元素在大型演艺产品中的植入与应用

1. 地域文化特征分析

（1）少数民族风情文化

桂林所在广西壮族自治区，是国家重点风景名胜区和中国历史文化名城。全区聚居壮族、苗族、瑶族、侗族等28个少数民族，保持着古朴、奇特、多彩的民俗风情。其中人口最多的少数民族当属壮族，壮族人民热爱歌唱。歌舞文化是广西文化中最绚烂的一部分。传说中的壮族姑娘刘三姐被壮族人民尊为歌仙、歌神，是壮族民族精神和理想的化身。此外，广西少数民族原汁原味的生产、生活方式也具有地域文化的独特性。

（2）桂林山水文化

桂林山水是世界级的旅游资源，桂林山水一向以山青、水秀、洞奇、石美而享有“山水甲天下”的美誉，桂林山水包括山、水、喀斯特岩洞、石刻等等。桂林山水中，又以漓江流经阳朔的那一段最为美丽，故而有“桂林山水甲天下，阳朔山水甲桂林”之美誉。

2. 元素提取

该剧对地域文化特性的表征如表4–3所示。

表4–3　桂林主要地域文化及其具体表征

文化类型	具体表征
少数民族风情文化	民族服饰、山歌传唱、刘三姐风情、红色丝绸、民族音乐、民族舞蹈、梯田、鼓
桂林山水文化	桂海碑林摩崖石刻、钟灵毓秀的山水、喀斯特地貌

3.《印象·刘三姐》中文化遗产的应用探究

《印象·刘三姐》每个篇章分别彰显了桂林山水及民族风情等文化元素，从演艺中所蕴含的文化遗产直接反映了我国自古以来就倡导人与自然、人与人之间的和谐共处的观念，这种观念对我国传统文化有着十分深刻的影响。具体文化解读，如表4–4所示。

表 4–4 《印象·刘三姐》地域文化元素解读表

篇章	地域文化元素	文化解读
红色山歌	山歌传唱、刘三姐风情、红色丝绸、民族音乐、民族舞蹈、民族服饰（蓝黑色衣裙、衣裤式短装、绣花围裙、百褶裙、腰带）、渔网	刘三姐传说山歌印象
金色渔火	满江的金色渔火、篝火、竹排、蓑衣、鱼鹰、帆船、落霞、炊烟、牛群、牧童、村妇浣衣、拉网捕鱼	漓江渔民古朴的生产生活方式
绿色家园	绿水、青山、竹林、木楼、帆影、渔火、荡舟、自行车、少女、青年男女的对歌声、耕牛归家	广西少数民族的民间生活场景
银色盛典	民族盛装、银灯服饰、民族歌舞、身着粗布白衣的渔民、拉网收鱼、竹筏、牛羊、农具、山歌、鱼虾满仓	刘三姐传说中的民间庆典

（三）《印象·刘三姐》对城市文化特色的影响

《印象·刘三姐》表演舞台坐落在阳朔县城漓江与田家河交汇处，与闻名遐迩的书童山隔水相望。演出以方圆 2 公里的漓江水域为舞台，以 12 座山峰和广袤天穹为背景，充分展现出因岩溶作用形成的桂林山水独特之秀美与灵动。演出将桂林独特的地理区位、浓厚的历史文化底蕴和淳朴的民族风情与钟灵毓秀的山水和谐地融为一体，构成了“看山如观画，游山如读史”的人间胜境。《印象·刘三姐》的演出具有强烈的原生态品味。演员中，有 400 多人是沿江 5 个村庄的渔民。本土演员晚上划着竹排来演出，以朴素的动作舞蹈，以原始的嗓音表演平时对歌时所唱的山歌。本土演员积极参与演出，保证了地域文化在某种意义上的文化真实性，进而避免地域文化在商业化过程中的严重失真。可以说，《印象·刘三姐》深入挖掘和准确认知城市的文化特征，真正体会和凝练城市的文化个性。激发了文化的本土认同之外，也获得了游客的认可，对城市的文化特色进行了较好的呈现，成为游客的旅游凝视热点，进而影响游客对桂林城市文化底蕴的本底感知。

四、《最忆是杭州》案例分析

（一）概述

《最忆是杭州》是2016年中国杭州G20峰会期间推出的大型水上实景演出，由张艺谋执导，共9个节目，总时长约50分钟。节目的创排历经了一年的时间，既服务于“构建创新、活力、联动、包容的世界经济”的G20杭州峰会主题，又体现出“西湖元素、杭州特色、江南韵味、中国气派和世界大同”的创作理念。所有的表演都在湖面上进行，舞台设置于水下3厘米处。演出节目由两个系列组成：一是中国风系列，二是世界范系列。前者有交响乐《春江花月夜》、舞蹈《采茶舞曲》、越剧《梁祝》、古琴大提琴合奏《高山流水》、歌曲《我和我的祖国》《难忘茉莉花》；后者有芭蕾舞《天鹅湖》、钢琴独奏《月光》、交响合唱《欢乐颂》。整台节目中西合璧，美轮美奂，让观众在波光灯影之中，观看水上表演，聆听中外名曲，感受中国元素与世界文化的交融与碰撞。

（二）《最忆是杭州》对文化遗产的展示

我们可以从符号元素和意象内涵两方面来分析《最忆是杭州》对文化遗产和文化精神的展示。

1. 元素分析

《最忆是杭州》的符号元素有三个层面：第一个层面是体现杭州的地方特色和文化遗产的符号元素，如西湖（水、月、桥、荷花）、龙井茶（采茶舞）、梁祝（据传梁祝故事发生地在杭州万松书院）、丝绸（杭州特产，体现于演员的服装）、纸扇（杭州特产，王星记纸扇，表现为巨型扇面）、油纸伞（杭州地方特产，列入浙江非物质文化遗产名录，《白蛇传》故事中有“游湖借伞”的段落），与之相关的主要节目是“采茶舞”“梁祝”，以及整个演出的场景。第二个层面是体现中国传统特色和文化遗产的符号，如斗笠、旗袍、茉莉花、越剧、琵琶、中国鼓、古琴、诗词（如《诗经·小雅》之“呦呦鹿鸣”，白居易《忆江南》之“最忆是杭州”）等，与之相关的主要节目有《春江花月夜》《高山流水》《难忘茉莉花》《我和我的祖国》等，表现形式则有传统戏曲、故事传说、民间小调、文人雅乐等。第三个层面是西洋文化传统与符号元素，如芭蕾舞“天鹅湖”、钢琴曲“月光”、交响合唱“欢乐颂”，体现中外文化的交流与融合。

2. 意象分析

《最忆是杭州》的主意象有三个：水、月、桥。这些富有文化内涵的意象，有助于由浅入深，从各个层面展示文化的底蕴。

其中，最主要、最核心的意象是“水”。水意象的文化意蕴可以从三个层面来理解。在最浅层的意义上，水是这台演出的背景，是演艺节目展开的空间环境。整台演出，几乎所有节目都与水有或明或暗的联系。《春江花月夜》《高山流水》《天鹅湖》与水的联系是显而易见的，而越剧《梁祝》故事柔情似水，发生地也在水乡，《十八相送》谓：“三载同窗情似海，山伯难舍祝英台。相依相伴送下山，又向钱塘道上来。”龙井茶、茉莉花的生长环境要求气候温润、水分充足，所以湖畔跳采茶舞、唱茉莉花，是很自然贴切的。甚至连《我和我的祖国》这样的歌曲也用水来隐喻我和祖国的关系：“我的祖国和我，像海和浪花一朵，浪是海的赤子，海是那浪的依托。”至于《欢乐颂》更是用撩水的动作来营造热烈狂欢的气氛，把整台演出推向高潮。在深一层的意义上，水是杭州地方特色、江南水乡特色，乃至中国文明特色的象征，它可以表征西湖、京杭大运河等标志性景物，以及由黄河、长江发育形成的大河文明。在更深一层的意义上，水是仁厚与包容的象征，利万物而不争，纳百川而入海。《老子》说："上善若水，水善利万物而不争。"晋朝郭璞著《玄中记》指出："浮天载地者，水也"，"高下无不至，万物无不润"。《管子·形势解》称："海不辞水，故能成其大。"李斯《谏逐客书》指出："河海不择细流，故能就其深。"同时，水又以其至柔至刚体现出典型的中国式智慧，《老子》说："天下莫柔弱于水，而攻坚强者莫之能胜"。由此说来，水的特性非常契合正在走向伟大复兴的中国形象，也吻合G20杭州峰会主题"构建创新、活力、联动、包容的世界经济"。

"水"之外，"月"是《最忆是杭州》的另一个核心意象。节目演出的时间是9月份，临近中秋，容易让人想到"花好月圆""圆圆满满"之类美好的祝福。为此，演出时特意制作了一个巨大的"月亮"作为布景。节目中的《春江花月夜》《月光》则与月有直接的关系。水与月相互映衬，又构成主题的对比，水在中国文化中是动态的，是流动的时间、绵延的空间的象征，"逝者如斯夫""似水流年""年光流不尽，东去水声长"；而月是静态的，是永恒的时间、无垠的空间的象征，"江畔何人初见月？江月何年初照人？人生代代无穷已，江月年年只相似""但愿人长久，千里共婵娟"。

"水""月"之外，第三个核心意象是"桥"。从实的层面讲，桥是江南水乡的符号表征，有水就会有桥，流传江南的很多故事都与桥有关，例如白娘子与许仙的断桥邂逅、梁山伯祝英台的草桥结拜等等。从虚的层面看，桥象征联结与沟通，这又刚好点出了G20峰会的主题，峰会的会标就是由20根线条构筑桥梁，寓意G20已成为全球经济增长之桥、国际社会合作之桥、面向未来的共赢之桥。同时，桥梁线条形似光纤，寓意信息时代的互联互通。这个桥形的会标典雅又有“带感”，显示了“杭州既是一座历史名城，也是一座创新之城，既充满浓郁的中华文化韵味，也拥有面向世界的宽广视野”。

图 4–11 《最忆是杭州》

（三）《最忆是杭州》的文化影响

富于浓重文化印记的《最忆是杭州》，通过 G20 峰会的演出以及媒体的传播，惊艳了整个世界，其演出照片和视频火爆网络，刷屏微信朋友圈，在海内外引发传播浪潮，在华人世界激起民族自豪感。腾讯视频、优酷等国内专业视频网站上，该演出专辑的总点击量已经累计超过 1 亿次。在油管（Youtube）上，中央电视台上传的《最忆是杭州》节目视频，被海内外媒体广泛转播，获得大量浏览，尤以《天鹅湖》《欢乐颂》《高山流水》《采茶舞曲》的浏览量为最大。在脸书（Facebook）上，《最忆是杭州》的文艺演出直播也成为一时热门，评论区几度达到高潮，外国友人对本次文艺演出纷纷赞叹不已。海外华文主流媒体评论《最忆是杭州》：“诗情画意，美轮美奂”“《最忆是杭州》成了杭州一张精美的国际城市名片。”在当年的10月，该节目稍加改编后，又开始向社会公演，成了一道精美的文化大餐，让公众在美的沉醉中，领略文化的魅力！

五、巴黎红磨坊歌舞案例分析

（一）巴黎红磨坊歌舞概述

红磨坊是巴黎著名的歌舞表演厅，位于巴黎城北蒙马特高地脚下白色广场，是较为地道的法国式歌舞厅，也是巴黎的一个旅游景点。红磨坊是世界演艺业中的奇迹，红磨坊的娱乐理念及其康康舞历时数百年，但是依旧散发着持久的生命力，在世界舞台长盛不衰。红磨坊的成功源于它对传统表演艺术的传承和发扬。

图4–12 红磨坊歌舞

（二）巴黎红磨坊歌舞中传统文化遗产的承袭

红磨坊最引人入胜的莫过于它的招牌演出——康康舞。这种舞蹈历史悠久，视觉冲击力强，是娱乐性和互动性较强的演出节目。红磨坊对于康康舞的演绎仍然保留着百年之前的装饰，奔放的节奏、激情的舞蹈、高难度的动作、奢华夺目的服饰，演员个个都是俊男美女，夜夜都让台下的观赏者热血沸腾、如痴如醉。同时，康康舞不仅是一个时期舞蹈艺术的象征，更见证了巴黎的过去。因此游客还会怀着发现巴黎的心情去看这场演出，以此了解这座城市的过去。①

（三）巴黎红磨坊歌舞对城市文化特色的作用

红磨坊其实在法国人眼里，是一个艺术圣地，那些为艺术而活着但又被逐出官方承认的艺术殿堂的人们，终于在这里找到了自己的位置。当然，这里的艺术指的是非主流艺术。但非主流艺术在这里活着活着，很可能就变成了主流艺术。正如巴黎的城市形象——一个大度包容的城市，既有世界上最大的正剧剧场巴黎歌剧院，又有红磨坊，既有满城的古典主义建筑，又矗立着工业化的大铁塔、后现代味的蓬皮杜，甚至卢浮宫门口也立着玻璃金字塔。可谓“海纳百川，有容乃大”。巴黎之为世界艺术中心，正是如此。红磨坊现在成了世界舞蹈艺术类出类拔萃的俊男美女汇集表演的圣地，成了梦幻式巴黎夜生活的象征，也成了世界游客到巴黎一睹为快的必到之处。表达的是法国人乐观的天性与奋斗不气馁的精神。其中较为著名的“康康舞”也是有一定故事情节。整个歌舞表达的是男女恋爱的旖旎浪漫。肌肉发达健壮的男演员着装较正统，而柔姿绰约的女演员大多数时候是敞露丰乳，

① 杨卫武等：《旅游演艺的理论与实践》，中国旅游出版社2013年版，第231页。

穿着造型别致的三角裤。演员们边歌边舞，满脸笑容，展示给观众的是一种完美的人体艺术，而非色情挑逗。

以上国内外的实例证明：通过梳理一个城市的文脉，将地域文化元素用大型演艺的表现形式，可以向人们呈现一个城市的文化特色。大型演艺对文化遗产再生产、对城市文脉的传承、对城市文化特色的识别有着不容忽视的作用。城市的文化遗产是城市特色文化的重要载体，是保持维护城市特色文化的重要方面。文化遗产包含了更多随着时代迁移与变革而被人们忽视或忘却的文化记忆，只有唤起这些记忆，才能真正懂得人类文化整体的内涵与意义。文化的延续发展需要一个民族的根，文化创新的高度往往取决于对文化遗产发掘的深度。同时，城市的发展，不仅要有对文化遗产的传承，还要有对新的城市文化的开拓和创造，应该有创新的能力，能够不断创造出属于自己的新的文化，这样才能始终保持活力。大型演艺这样的表现形式既是城市文化的受益者、传承者，也是城市文化的体现者、创造者。它一方面来源于当地和民族的传统文化，另一方面在受到全球化背景下外来文化、多元文化的冲击和影响下将文化进行再创造。可以说，大型演艺能够凝聚、提炼出城市精神和文化特色，从而受到广大市民及游客的青睐。

第五章　构筑城市公共空间中大型活动与特色文化城市的关系

第一节　特色活动、特色文化城市与公共空间、市民精神建构

如何理解特色城市公共空间的意义和作用，大型特色活动又以什么样的方式，参与并塑造城市的文化品位和价值导向——我国在经历世界历史上规模最大的城镇化过程中，城市的发展和未来，已经成为当前经济、社会、文化工作的重点热点。人类城市文明在“政治型城市”“经济型城市”两个阶段之后，“文化型城市”已经成为世界城市社会发展的更高目标与理想模式，我国在建设“文化型城市”的探索中，虽然取得了不少成绩，可是还有不顾当地历史文化特征，盲目追求所谓洋气、高端或眼前经济利益，导致缺乏特色、缺乏可持续发展的文化动力，从而出现千城一面以及原有文化优势流失的状况。如果一个城市对自己的文化资源没有清醒的认识，不能有效开发利用，就无法形成真正的文化吸引力，无法将文化资源转化为产业动能，无法形成持久的文化和城市竞争力。

事实上，我国的许多大中小城市都蕴含着丰富的历史文化人文资

源，概括而言可以分为以政治文化、历史文化、自然景观、人文景观等为突出表现的四大类。每一类大主题都可以衍生出若干小主题，而发展这些特色文化资源和城市公共空间，一方面可以形成新的经济增长点，提升城市文化竞争力和知名度；另一方面也可以为市民提供安妥灵魂的精神家园，形成文化意义上的凝聚力和共同体。具体而言，依据城市公共空间具体形态，在特色文化的意义上，城市公共空间大致可以分为商业空间、文化空间、艺术空间、创意空间、原生态文化空间与虚拟空间等，它们的形成既受到不同的特色文化因素影响，又相应地分别参与了城市特色文化的构成。城市公共空间类型的形成和发展，核心关系是人的"参与"。正是由于特色文化的丰富性和感召力，以及城市居民充满能动性的参与、对话、互动，城市公共空间才能彰显其独特魅力，成为城市中真正有效的"公共空间"。城市文化影响市民文化精神，反过来市民文化气质又直接影响到城市公共空间的构成和城市文化的品牌价值。就市民对特色城市文化建设的参与方式和成效而言，主要有文学家与城市文化、艺术家与城市文化、思想家与城市文化、媒体人与城市文化、城市民众与城市文化等几类。而在世界范围内，越来越多定期举行的大型特色活动正在成为一座城市的季风性文化标识，本节最后将以在各自领域历史悠久且具备世界影响力的威尼斯双年展与足球世界杯作为研究案例，为我国的大型特色活动及重要节庆的举办提供文化参考。

一、特色文化、特色城市语境中的城市公共空间

2015年12月20日至21日中央城市工作会议在北京举行，这是我国城市发展史上影响深远的一次重要会议。会议分析了我国城市发展

面临的新形势、新问题，指出改革开放以来，我国经历了世界历史上规模最大、速度最快的城镇化进程，城市发展取得了举世瞩目的成就，已经进入新的发展时期。城市发展带动了整个经济社会发展，城市建设成为现代化建设的重要引擎。会议指明我国城市工作的指导思想，并强调要“建设和谐宜居、富有活力、各具特色的现代化城市，提高新型城镇化水平，走出一条中国特色城市发展道路”。

在聚焦特色文化城市的形成和发展过程中，大型特色活动建构城市公共空间、培养市民文化精神的积极影响和重要推动作用不容小觑。一座城市经济水平和文化内涵的发展，离不开城市文化战略的全局支撑。文化凝聚了一个民族的思想风貌、价值追求、道德标准和精神气度，对于城市而言，体现了城市的灵魂和身份认同。优秀文化的传承、创新和发展，能够为城市的建设和提升，提供强大的精神动力、文化感召，也能够通过发展文化产业，促进文化贸易，发展旅游业、创意产业等，将“无形”的文化资源转化为“有形”的物质基础。如果一个城市没有自己独特的文化内涵和文化特色，就不可能在当今世界的发展中具有文化竞争力。中国已经纳入世界都市化进程，未来城市发展竞争力已经从资源、经济、科技等“硬实力”转向以城市文化资源影响力、城市精神凝聚力、城市形象感召力等“城市文化软实力”的竞争。

特色文化，主要指的是一座城市由于其独特的地理位置和发展历史而呈现出的城市自我特色，主要表现在城市空间格局、城市风貌、主要建筑物、文物古迹、自然环境和绿化等“硬件”和人群的精神面貌、文化修养、生活方式和语言表达等“软件”。特色文化城市则是依托特色文化，形成具有鲜明文化特征和文化身份的文化型城市。就分类而言，根据特色文化的不同，特色文化城市可以划分为几大类别：一是以政治文化为突出表现的城市，如北京、华盛顿、新加坡等；二是以历史文化为突出表现的城市，如雅典、巴黎、西安等；三是以自然景观为突出表现的城市，如巴厘岛、桂林、夏威夷等；四是以人文景观为突出表现的城市，如威尼斯、马赛、苏州、清迈等；五是以现代文明为突出表现的城市，如上海、香港、纽约、东京等。特色城市的特色文化有两点核心功能：其一，就外在的维度而言，特色城市的特色文化是提升文化软实力、提高城市竞争力的重要基础。有利于发扬城市竞争力的精神价值，提高城市文化的吸引力、凝聚力和影响力，有助于建立良好的城市文化形象，对于城市的全面发展有着强大的推动力和重要的影响力。而发展特色城市文化，正是发展城市文化竞争力的核心要点。其二，就内在的维度而言，在城市化迅猛发展的当下，特色城市的特色文化为城市居民提供了安妥心灵的特色文化家园。城市居民的自我身份认同，城市内在的精神要素，反映着一个城市和地区中人们的价值取向与精神诉求，也在很大程度上影响着一个城市的发展方向和路径。而开展带有鲜明文化特征的大型特色活动，不仅有利于特色文化城市的形成和发展，也有利于城市文化品牌的树立和维护；不仅有利于提升城市特色文化影响力，也有利于建构城市公共空间和市民文化精神。

（一）特色文化与城市公共空间多元形态构建

对于一座城市来说，公共空间如同住宅中的客厅，是城市文化品位的集中体现；城市公共空间也被誉为城市的“眼睛”，是代表城市形象和文化特色的重要载体。理解城市公共空间，关键点在于把握精神空间（感知的、想象的、被表现）与社会空间（被建构、被生产、被规划）之间的关系。具有城市文化内涵的公共空间不仅彰显城市的特色和魅力，也揭示城市的地方精神与文化特质。“一方水土养一方人”，正是不同的人，创造了不同的城市。而城市公共空间作为人们阅读城市、体验城市的首选场所，其实质是以人为主体，促进社会生活实践发生的社会活动场所。人的精神素质与生命质量，最终决定了一座城市的气质。城市公共空间的特定地位赋予了它表达城市人文属性的特殊使命。依据城市公共空间具体形态，在特色文化的意义上，城市公共空间大致可以分为商业空间、文化空间、艺术空间、创意空间、原生态文化空间与虚拟空间等，它们的形成既受到不同的特色文化因素影响，又相应地分别参与城市特色文化构成。

就商业空间与城市特色而言，新加坡的乌节路相当于北京的王府井大街，是一条著名的商业街。在这条街上，商业大厦和酒店鳞次栉比，各种名牌店比比皆是，令人目不暇接。乌节路是当之无愧的全球最佳商业街之一，也是新加坡的地标性商业街。而香榭丽舍大街是法国巴黎一条著名的大街，位于巴黎八区，城市的西北部，它被看作是巴黎最美丽的街道，是法国四百年历史的见证和代言。街道两旁是商家云集之地，布满了世界各地的大公司、大银行、航空公司和餐馆。在这条街上，仅电影院和电影发行公司就有五十多家，著名的有“高蒙”等。行人与日常的城市生活使这条新的、宽阔的人行大道平添了一种高贵优雅的气质，他们在享受城市、街道和生活的乐趣。

就文化空间与城市特色而言，星罗棋布的图书馆是德国人生活中不可或缺的精神家园。全国 1.4 万多个图书馆深入每个居民社区，仅仅 10 欧元就能办一张一年期借书卡，可在城市的所有图书馆借阅图书。源自 18 世纪末的德国“阅读革命”而兴起的“听书”传统也一直延续至今。几乎每天的柏林报纸都有一二十个“朗读会”，新版书作者台上大声朗读，台下或数十人或上百人倾耳静听。“听书”已与德国文化融为一体成为提高人们生活质量的最佳形式。德国人常常说的一句话是：“没有书籍的家庭，等于没有窗户的房子”。

就艺术空间与城市特色而言，洛杉矶的哈默艺术博物馆，直接影响了整个城市的精神面貌，尤其是年青一代的精神世界。“音乐之都”维也纳，满街的歌剧院、音乐厅，市民心中的“神明”不是别的，是音乐与快乐，人们最爱做的事便是聚集在公园、广场或者街角观看各类艺术表演，音乐演奏、杂技表演、木偶表演，甚至流浪艺人变戏法皆被重重围观。热爱音乐的人们成就了今天的“音乐之都”。法国阿维尼翁城，只有 8 万人口，但每年戏剧节时，城里所有公共空间全都是戏剧表演，吸引全世界的游客前来观光，以此这个文化特色小城而闻名世界。

就创意空间与城市特色而言，作为世界闻名的艺术区，苏荷区（SOHO）原是纽约 19 世纪最集中的工厂与工业仓库区，20 世纪中叶，美国率先进入后工业时代，旧厂倒闭、商业萧条，大量仓库空间闲置废弃。20 世纪五六十年代，美国艺术新锐群起，各地艺术家以低廉租金入住该区，许多世界现代艺术史的大师级人物，沃霍、李奇斯坦、劳森柏格、约翰斯等都是那里的第一代居民。再比如，泰晤士河南岸艺术区以现代艺术为其醒目的标志，堪称是当今伦敦最富有活力的艺术聚集区。它是利用废旧港口码头和古老仓库改造的文化旅游区，其历史可以追溯到 20 世纪 50 年代。艺术区集现代文化、旅游、休闲、商业功能于一体，古老、现代风格交织，游览内容丰富而新鲜，为游人提供了浑然天成的休闲去处。

就原生态文化空间与城市特色而言，澳大利亚悉尼专门开辟土著人居住区瑞德芬，在新西兰距奥克兰270公里处也有罗托鲁亚主要为毛利人居住。文莱首都斯里巴加湾市中心的水村更是承建了原住民的生活方式，他们甚至拒绝了政府的邀约与安排，宁愿水漂而不愿陆居。所以有这种的说法，"没去过水村，就不算到过文莱"。对原住民居居住区的文化、生活形态的保护有效促进了特色城市文化的多样性。

就虚拟空间与城市特色而言，随着时代的发展，人们对于公共空间的认识已经发生了许多变化。城市中的公共空间，不再仅仅意味着传统意义上的中心广场或公园、会所等场域。这些场所大多只是设计者或城市历史使之形成的一些实体空间，而人们更多地需要依据自身的环境条件、生活方式，创造出多样的甚至即兴的可供公众参与和互动的共享空间。况且，当代公共空间在相当程度上已经隐形在诸如电子网络、电视、报刊等其他公共媒体之中，这使得公共空间形态（及社会政治学意义上的公共领域）形成了多元化、非物质化或非固定化的存在方式。

（二）公共空间里的城市公民：特色城市文化的参与者和创造者

从以上城市公共空间类型的形成和发展，可以看出城市居民与城市公共空间的核心关系是人的"参与"。国际建筑学会副主席，德国著名建筑师汉普尔认为："人，城市的人是公共空间最重要的因子。"[①] 公共空间的形状和建筑只是生活的一个载体，由于人们对多样性体验的渴望，才聚集到公共空间来，到庭院中、街道上、广场上和林荫大道

① ［德］安德烈斯·G. 汉普尔：《关于柏林的公共空间》，王晓京译，《建筑学报》2002年第2期。

上去体验和享受城市生活的魅力。正是由于特色文化的丰富性和感召力，以及城市居民充满能动性的参与、对话、互动，城市公共空间才能彰显其独特魅力，成为城市中真正有效的“公共空间”。城市文化影响市民文化精神，反过来市民文化气质又直接影响到城市公共空间的构成和城市文化的品牌价值。英国伦敦的海德公园已经成为公民自由论坛自我表现的公共空间，成为伦敦特色文化的一大景观。美国纽约中央公园的夏季音乐会也已经成为市民的文化企盼和文化享受，成为音乐的公共殿堂。市民与这些城市公共空间互动互衬，提升整座城市的品位，铸就城市的文化特色。

20世纪70年代以来，世界各国尤其是国际大城市十分重视城市市民文化建设问题。加强城市市民文化建设，已成为各国提高公民素质，增强城市文化凝聚力、加快本国经济发展的必然选择。城市市民文化是城市市民在长期的城市生活中形成的公民意识、生活方式和价值体系，包括市民的民主、法制、道德意识，生产、生活、行为、思维方式和价值观等，其中的市民文化精神，更是对城市的特色文化发展、城市文化气质的养成具有重要意义。尤其是在全球化的当下，特色城市文化已成为人们界定身份属性的重要标示，更成为城市竞争力的重要组成。纵观纽约、巴黎、伦敦、东京、里约热内卢、上海等特色文化城市的市民文化气质，深深影响了该城市的文化气质。就市民对特色城市文化建设的参与方式和成效而言，主要有以下几类。

1. 文学家与城市文化

正如雨果之于巴黎、狄更斯之于伦敦、老舍之于北京、王安忆之于上海，文学家在艺术世界中创造了想象的城市，在现实生活中也参与营造了独特的城市文化。随着这些描写城市的作品的流传，城市的文化底蕴愈加深厚。文学家作为城市重要的市民，对城市想象空间的拓展，对城市文化身份的建构都扮演着不可缺少的角色；经典文学作品中的城市，如《福尔摩斯探案集》中的伦敦、《巴黎圣母院》中的巴黎、《伊豆的舞女》中的伊豆等等，都以其作品中的意蕴影响和塑造着人们对该城市的理解，都已成为锻造城市文化名片中的不可或缺的一部分，增加了城市的享誉度和文化吸引力。

2. 艺术家与城市文化

西班牙的小城毕尔巴鄂在世界城市群中原本默默无名，后因古根海姆现代艺术博物馆和不断来此展览、讲座、学习的艺术家而跻身世界文化名城。又如“音乐之都”维也纳，随处可见艺术家的身影。艺术空间的开拓和艺术表现力的释放，正是城市创造力的重要源泉，更是城市独特文化的组成部分之一，艺术家的气质甚至影响到城市的精神风骨。例如提起巴塞罗那，人们自然会想到被誉为“上帝的建筑师”的安东尼奥·高迪（Antonio Gaudi），以及在此建造的圣家族大教堂、米拉之家、巴特罗公寓等独特建筑，巴塞罗那就是高迪作品的露天博物馆，也因此成为古典艺术与现代艺术完美融合的典范，吸引了全世界的目光。

3. 思想家与城市文化

思想是一个人的魂，思想家是一个城市的魂，思想家的高度决定着一个城市的高度。思想家在物理空间的实践和在精神空间的开拓，是都市特色文化形成的指南针和基石，更为都市特色文化启示着方向和把握着未来。例如中国著名的大思想家、大教育家、儒家学派的创始人孔子，其儒家思想对中国和世界都有深远影响，尤其是其故乡山东曲阜，因为有形的孔府、孔庙、孔林等历史遗迹和无形的思想教化、民风民俗，被国务院公布为首批历史文化名城，被西方人士誉为“东方耶路撒冷”，成为世界名城。

4. 媒体人与城市文化

媒体是城市的产物，媒体本身就构成了城市重要的公共空间。实践证明，大众传媒已深深影响到一个城市的政治文明、物质文明和精神文明建设。而媒体人作为城市公民，在媒体的公共空间中扮演着重要的角色，是打造城市生活和城市文化的重要组成部分。媒体人乃至大众媒体对于城市文化塑造的独特作用还需要在全球化的视域下，进行综合性的比较和呈现。1925 年哈罗德·罗斯（Harold Ross）和他的妻子简·格兰特（Jane Grant）共同创办了《纽约客》杂志，哈罗德逝世前一直任该杂志主编，《纽约客》杂志被塑造成为美国最具创新精神、最具影响力和知名度的杂志之一，不仅是人们了解纽约文化艺术、思想政治的重要渠道和风向标，杂志也对纽约甚至美国的形象塑造、文化潮流有着微妙的影响力。

5. 城市民众与城市文化

普通市民的多少构成了城市规模的大与小，普通市民文化素质与文化实践则构成了城市精神尺度的高与低。在都市化进程中，都市公民文化素质的高低，影响着都市文化气质的形成，也成为都市竞争成败的关键。例如被誉为“音乐家摇篮”和“钢琴之岛”的鼓浪屿，就因为市民普遍对音乐的爱好而散发着浓浓的文化气息。此外对比国际化都市的民众文化创造，吸收先进的都市市民文化建设经验，对都市文化的发展也起着至关重要的作用。例如东京市民对垃圾分类和环境保护的高度重视，台北市民集会后带走所有个人物品，西班牙潘普洛纳“奔牛节”中市民对游客的热情友好等都提升了城市文化的精神品质，值得我们在发展城市化过程中借鉴学习。

二、特色文化城市公共空间的大型特色活动及其文化效应

以城市或城市间的合作为主要支撑，世界范围内，越来越多定期举行的大型特色活动正在成为一座城市的季风性文化标识。例如一年一度的欧洲三大电影节——戛纳、柏林、威尼斯，均以城市命名；奥运会的一个惯例即是以当届举办城市作为永久称谓。近年来我国频频举办的当代艺术双年展、三年展，也离不开城市主题。据此，展览馆、电影宫、体育场等内含独特文化指向的特色城市公共空间应运而生。

城市公共空间的概念并非一蹴而就，周波教授认为其经历了“空间——内、外部空间——开放的空间——公共空间”的认识过程。无论英国伦敦 1877 年《大都市开放空间法》，或是美国 1961 年《房屋法》中对开放空间的界定，以及国内学者的认识倾向均可看出，开放空间与公共空间在功能阐述上已极为接近，而最终导向公共空间的助力则来自更明确的公民意识和文化属性。由此，一般意义上的公共空间可明确为：城市在建筑之间存在着的开放空间体，是城中供居民日常生活和社会生活公共使用的外部空间，是进行各种公共交往活动的开放性空间场所，它包括街道、广场、居住区户外场地、公园、绿地、商业街等，并在功能和形式上遵循相同原则的内部空间和外部空间两大部分。①

毫无疑问，为城市大型特色规划、设计、建造或改建的公共空间不仅具备公共空间的一般特征，通常还因活动的不同类型、强大影响力和持续性，以及活动与城市的一体化而产生某种无与伦比的文化效

① 周波教授在其博士学位论文《城市公共空间的历史演变》中详细阐述了公共空间的概念演变过程。

应。本节将以在各自领域历史悠久且具备世界影响力的威尼斯双年展与世界杯作为研究案例。

（一）威尼斯双年展

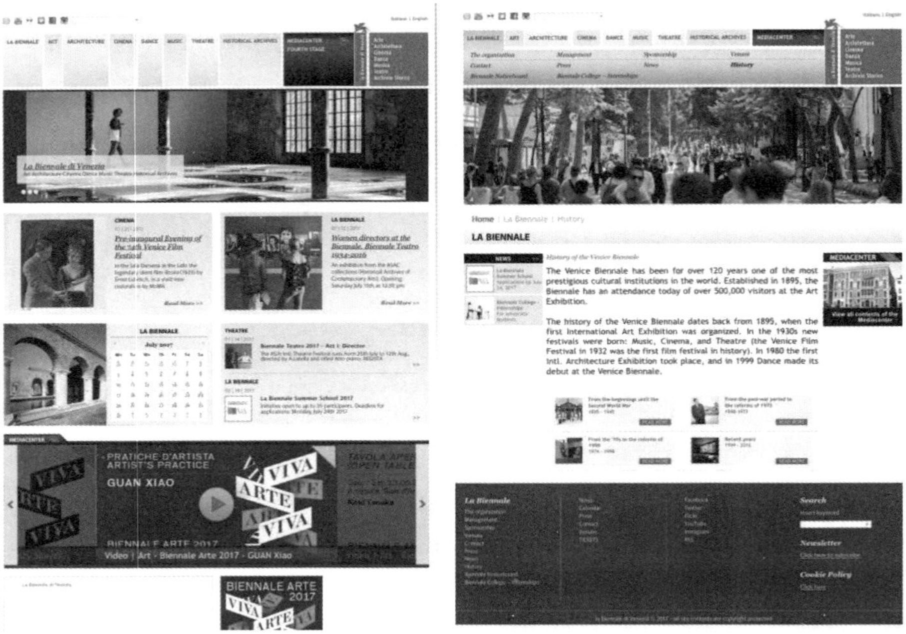

图 5–1　威尼斯双年展官方网站首页及历史介绍

意大利威尼斯双年展创始于 1895 年，是世界上第一个双年展，被誉为“双年展之母”。王镛教授的《威尼斯双年展的历史与现状》① 一文中，通过对展览百余年以来的考察，详尽梳理了整个“双年展”的来龙去脉，使人们清晰地感受到这个极具分量的艺术展如何反映出百年以来现代、当代艺术的转承起合，及其与世界历史呈现出怎样的相对

① 王镛：《威尼斯双年展的历史与现状》，2013 年，见 http://collection.sina.com.cn/plfx/20130507/0953112702.shtml.

关系，兼及与世界现代城市文明的关联。本节将引用其对双年展百年发展的四个阶段研究内容，还原该展与社会、城市变迁的互动过程。

第一阶段（1895—1914年）：初步发展时期。首届威尼斯双年展的官方文件宣称：威尼斯双年展作为“威尼斯市的国际艺术展览”，代表“无国家区分的现代精神的最高尚的活动”，同时也是“对我们（意大利）艺术家的教育”。这里的“现代精神”主要指19世纪末欧洲艺术从传统向现代演变时期的探索精神。曾经领先欧洲的意大利艺术当时已落后于法国艺术，因此威尼斯双年展强调打破国界的国际艺术交流，鼓励对新的艺术可能性的探索精神，提倡向其他国家特别是法国的先进艺术学习。首届威尼斯双年展共有16个国家参展，参展艺术家共285人，其中外国艺术家156人，参展作品共500多件。1914年第一次世界大战（1914—1918年）爆发，1915年意大利参战，威尼斯双年展暂停举办。第一阶段结束。

第二阶段（1920—1942年）：现代艺术与法西斯时期，并呈现出两种倾向：一种倾向是世界主义，积极引进欧洲主要是法国的现代艺术流派；另一种倾向是民族主义，努力复兴意大利主要是古罗马的艺术传统。这两种倾向互相对立又彼此交叉，情况错综复杂。在意大利法西斯统治时期，复古的民族主义往往沦为法西斯政治的工具，而意大利本土的现代艺术流派未来派也与民族主义合流。在这一阶段共举办了12届双年展，展馆建设继续进行。尽管意大利法西斯控制的双年展倡导民族主义，排斥外来文化，但各个国家馆仍旧我行我素，介绍本国的现代艺术。

第三阶段（1948—1972年）：现代艺术流行时期。第二次世界大战结束以后，威尼斯双年展摆脱了意大利法西斯统治时期的民族主义和保守主义的阴影，开始了在国际上重新启动双年展的任务，重申双年展初期的开放政策和教育目标，把双年展引向现代前卫艺术的方向。艺术史的分类方法被引入双年展，提升了双年展的学术品格，获得了各参展国的认同。

第四阶段（1976—2003年）：后现代艺术或多元文化时期。1973年的改革在威尼斯双年展的历史上具有划时代的意义。首先是组织机构和制度的改革。双年展主席由理事会推选，主席再任命视觉艺术部、电影部、音乐部、戏剧部（现已新增建筑部、舞蹈部）等部门的主任，主任负责各部门展览或演出活动的总体策划，即通常所说的策划人。其次也许更重要的是策划思想的改革。当时文化界占支配地位的两种观念，一种是“去中心化”，另一种是“跨学科的”。这两种观念的结合，为艺术向文化延伸、文化向多元发展的后现代艺术敞开了大门。1973年改革以后，历届双年展的策划思想都带有后现代艺术或多元文化的倾向。

2003年，中国政府第一次以国家馆的形式正式参加威尼斯双年展。国家高度重视这次展出，由文化部艺术司司长冯远负责组织专家组论证和审查，最后确定由范迪安和王镛担任策划人，黄笃担任策划助理，中国对外艺术展览中心承办。主题是“新家”——“造境”，展览强调设计统一变化的整体性，运用中国传统文化的元素和符号，造型突出单纯而丰富的现代感；从主题到各单元设计都有深层的隐喻和象征意味，尽量增加超现实的梦幻和神秘色彩，表现的主要是梦想而不是冲突。

从威尼斯双年展的发展历程，以及中国参加双年展的主题，可以看出威尼斯双年展之所以能够在世界文化、艺术史中成为重要的一部分，就在于其不断的自我否定、更新、成长，具有新鲜的生命力和思想、艺术的创新性和创造力，能够结合和吸收所在城市、国家以及历史潮流甚至域外不同文化的特点，表达出自己独特的艺术和思想审美。正是由于威尼斯双年展的包容、革新和反思精神，威尼斯除了历史悠久的水城之外，也向世界展现出其现代、前卫、创新的面貌，成为享誉世界的现代艺术重要园地之一。

（二）世界杯与足球城市

2014 年第 20 届世界杯在巴西里约热内卢落下帷幕，德国队最终以 1 ： 0 战胜阿根廷，摘得桂冠。世界杯的影响力无需多言，尽管它不是奥运会，但它的公众力以及所带来的城市影响力却非同一般。譬如中国，虽然只在 2002 年入围过一次世界杯决赛，但中国的球迷、媒体以及足球发展热情并不亚于任何一个欧美足球发达国家。能否进入四年一度的世界杯亦是每个参与球队的统一终极目标。在体育赛事中，世界杯充分体现出多元参与的特征，难怪许多媒体对世界杯的一个昵称即是“全世界的盛大节日”。世界杯的“节日感”完全感染了每个人，并呈现出无差别的包容性。然而要举办这个盛大的节日就必须运用合适的城市公共空间，因此每一届的世界杯都无法摒弃举办城市的文化特征。只要愿意，世界杯可以成为每个城市狂欢一月的唯一理由。

以巴西阿雷格里港市（Porto Alegre）为例[①]，为迎接 2014 年世界杯，政府提前两年左右对体育馆进行了改建。以“参与式预算”市政闻名，并成为世界趋势先锋者的阿雷格里港市非常重视建筑与城市发展的关

① ［巴西］约瑟·福尔图纳蒂：《世界杯前的城市改建》，《21 世纪经济报道》2010 年 6 月 21 日。

系，他们在 2010 年上海世博会展示了“社区团结管治”的城市案例，即“指政府鼓励社区居民参与社区管理的民主决策，发动社区居民群策群力，共同解决社区问题，从而实现社区可持续发展”，该理念在此次世界杯场馆改建中也被引入。

图 5-2　巴西阿雷格里港市贝拉里奥球场

阿雷格里港市一边响应世界杯的号召，一边坚持城市独有的融入方法和发展路径。这是世界杯给城市带来的机遇和宽容度，只要是能踢比赛，能让世人享受足球盛宴，以何种方法并不那么重要。它需要城市承担，但无须像奥运会一样，仅以 1—2 个城市承担并安排所有不同体育项目的比赛。在世界杯上，比赛、足球、球迷、城市、记者、美食、风光同等重要，并不是观众适应比赛，而是比赛适应观众，或者说，每一场比赛都胜似表演，如果没有人呐喊、鼓掌、欢呼雀跃，那场球一定不够精彩，而不够精彩的足球，即使没有失分，也会让人不满。

因此，世界杯的魅力并不单单局限于足球运动，可以说每届世界杯盛会都是一场全世界共同瞩目、共同参与的狂欢节，不仅展现东道主城市的风光、风情、历史文化，也会呈现城市中市民的文化心态、文明水准，以及城市对大型活动的组织能力、管理水平和艺术品位，深刻影响该城市的文化形象。

以上案例讲述了城市—大型特色活动共同体的形成或呈现，每一个过程都显示出城市与大型特色活动的统一性。在这样的统一体中，城市一般会朝向一种寄托逐步发展出某种文化特征。寄托是人们对大型特色活动固定而持续的期待，由此形成了一套独有的活动模式和文化热点，在此基础上，城市原有的文化对大型活动形成的新的文化要素不断吸收、强化、发展、创新，最终大型活动的主题、内涵、价值、文化风格等逐步与城市原有文化融为一体并发展提升，形成更具生命力的新的特色文化。因此在全球化背景下，以奥运会、世界杯这样的大型特色活动，实现了跨文化对话和人类文明的共通共融。

第二节　“开放的空间”：以上海双年展为例

随着全球化经济发展的日益扩张，城市间越来越相似的事实已成为不容忽视的问题。在城市历史的维度被抹平的同时，城市的深度与其具有辨识力的特质也被一概抹去。问题随之而来，当我们将一座城市看成具有生命力的主体时，城市该怎样反思并重新启用它过去的历史文化形式？又如何借由这一反思来启迪并丰富城市如今多元化和人性化的发展空间？艺术性的文化是怎样赋予一个城市独特的生命动力的？事实上，特色文化可以塑造并改变我们的生活。艺术家不仅仅被动地描述并反映社会变化，他们更有一种能动性的洞察社会变化并用艺术的方法去改变城市里生活的能力。本章借由上海双年展这一独特载体，考察上海在经历改革变化中如何反思并不断重新制造自己的文化身份、文化定位，以及如何以一种开放的心态，利用“开放的空间”参与并影响市民文化建设。[①]

值得注意的是，大多数的上海双年展在艺术评论家，尤其是欧美的艺术评论家们那里，不但没有得到足够的重视，反而受到了严厉的指责。批评大多指向双年展的主题设置不具有鲜明的地方性，其艺术作品无法匹敌国际标准。这样的观点显然是偏激的。因为，只有将双年展置放于一个多元化的城市发展过程，只有分析历届双年展如何苦苦搜寻自己的历史和在全球化城市中的独有定位，才可以充分理解双年展的策划人及艺术家的远见卓识。

本章通过剖析上海双年展的举办背景和举办意义，逐年分析上海双年展的主题宣言和部分代表性作品，试图阐述双年展对于上海现代艺术与城市文化建设的贡献，艺术家群体对市民文化的影响，以及市民在参观、参与艺术展及相关活动中的文化心态和文化实践，探讨双年展自身如何在与传统、当下、世界的对话中不断重新寻找和定位自身的特色文化内涵，如何通过与艺术家及市民的相互影响、塑造，实现与城市特色文化的互动。

① 双年展特指每两年一届的艺术展。世界最早的双年展于1895年在威尼斯举办。其余艺术展览如三年展也跟随双年展的逻辑而进行。

一、发展与需求：文化功能与举办意义

上海与世界级城市画上等号并不是由来如此的，美国哥伦比亚大学教授萨斯基娅·萨森（Saskia Sassen）在1991年定义了“世界级城市”一词，并以全球金融为指标确定了三座世界级城市：纽约、伦敦和东京。[①]上海并未在列。直到2001年，在《全球网络·连结城市》一书中，萨森才将上海作为崛起的世界级城市来讨论。[②]萨森呈现了有关上海的另一种叙述模式，即上海通过努力变成一个世界级城市。在这个努力的过程中，很大一部分是通过学习模仿其他已成为世界级城市的模式而来的。萨森注意到纽约、伦敦和东京即使历史不同，在一个特定的时间段都会经历一段几乎相同的文化、政治和经济的发展和变化。在她的理论框架中，世界级城市有其独特的运行方式，与传统的巨型城市不同，也并不一定在经济和政治上与帝国主义或民族国家挂钩。[③]世界级城市主要在经济、金融、电信方面最为突出，而这些方面主要通过在城市间，而非国家间的资本流动和信息流动而实现，这就显而易见为何全球要求一种新型的管理方式和城市建构去为经济发展服务。因此，被称为世界级城市的城市建构大体相同，也会重复出现一种相似的城市风貌。[④]我们至少可以从萨森的研究中学到三个重点，第一，

① Saskia Sassen, *The Global City: New York, London, Tokyo*, Princeton University Press, 1991.

② Saskia Sassen, *Global Networks and Linked Cities*, New York: Routledge, 2002.

③ 根据萨斯基娅·萨森，世界级城市在四个方面发生作用，第一，其在世界经济体系中高度集中的指挥力度。第二，世界级城市是已取代制造业从而成为经济支柱行业的金融和特殊服务公司存在的重要定居点。第三，作为生产的中心，世界级城市同时在同行业内制造创新。第四，世界级城市是产品与创新产品的消费地。［美］丝奇雅·沙森：《全球城市：纽约、伦敦、东京》，周振华等译，上海社会科学院出版社2005年版。

④ Saskia Sassen, "Why Cities Matter", in Burdett, R. and Ichioka, S.（Eds.）, *Cities: People, Society, Architecture, Exhibition Catalogue of the 10th International Architecture Exhibition -Venice Biennale*, Venice: Rizzoli, 2006, pp.26-51.

城市聚焦发达资本主义的矛盾与冲突；第二，有一种占主导地位的基础设施重复出现在城市里；第三，城市肩负两个重要的功能：经济金融中心和满足其城市居民包括外来移民的居住地。①

但是，上海城市的两个功能并不平衡，因为与对市民和新市民的关注相比，城市的发展重心更偏向资本发展的部分。上海在经济迅猛发展的同时，其基础设施却主要由经济需求来决定，而不是城市居民的需要。城市里的居民因此被资本发展所带来的生活方式所同化，也因此不堪重负。这样的基础设施增加了空间与心理上的紧张感、拥挤度和文化的分裂与独自发展。这样的紧张感和拥挤度在日常生活中随时显现：工作场所、公共交通、城市活动等等。个人与个人之间如同陌生人一般，即使出现在同一个地方也没有交流。更有甚者，集中的科技发展与电子设备造成的电子基础设施营造了一个网络空间，使得一般的市民无法穿透。② 如何反思并重新启用上海过去的历史与丰富的文化，从而启迪现在的上海去寻找一个充满人性化的身分和发展空间？这一问题显然已经提上了日程。

双年展可以被视为一个城市在全球城市社区中定位自己的一个载体。双年展这个词汇本身就意味着与其他艺术展的不同。这是一个特殊的、有古老的传统的和最大规模的展览。③ 双年展和其他展览不仅有规模上、时间上的区别，还有对于现代艺术的关注度，国际上的影响

① Saskia Sassen, "The Repositioning of Citizenship: Emergent Subjects and Spaces for Politics", *The New Centennial Review*, 3.2, 2003, pp.41-66.

② Saskia Sassen, "Why Cities Matter", in Burdett, R. and Ichioka, S. (Eds.), *Cities: People, Society, Architecture, Exhibition Catalogue of the 10th International Architecture Exhibition -Venice Biennale*, Venice: Rizzoli, 2006, pp.26-51.

③ Barbara Vanderlinden & Elena Filipovic, *The Manifesta Decade: Debates on Contemporary Art Exhibitions and Biennials in Post-Wall Europe*, MIT Press, 2005, p.47.

力和与展出城市当地特有的区别。尤其重要的是，双年展强调的并不是国家的身份，而是以城市为主题的网络关系。

针对双年展与城市关系这一话题，2004 年维也纳双年展的主席大卫·科洛夫（Davide Croff）说，双年展是维持城市与各种节日艺术形式的链接。双年展对于维也纳、意大利，甚至对于全世界来说都至关重要。维也纳拥有辉煌的过去，但它现在却站在创新的最前沿。它不仅是一座纪念过去的丰碑，它更作用于当下，并面向未来。[①] 在科洛夫的理解中，双年展作用于城市的定位。借用这种理解考察上海双年展，就会发现双年展是上海在构建自我定位，解惑城市居民需求，和寻找文人化都市文化中的重要一环和不可或缺的场所。

二、创新与突破："文化身份"和"文化定位"

自 1996 年至 2016 年，每一届双年展都通过艺术来折射城市对于自我定位的反思，进行着文化特色的创建与再创建。简要分析历届双年展的主题宣言，并将其置于社会政治文化相关的大格局中，对"开放的空间"（1996）、"融合与拓展"（1998）、"海上·上海"（2000）、"都市营造"（2002）、"影像生存"（2004）、"超设计"（2006）、"快城快客"（2008）、"巡回排演"（2010）、"重新发电"（2012）、"社会工厂"（2014）、"何不再问？正辩，反辩，故事"（2016）等进行历时性的解读，分析上海双年展如何在开放的精神中一步步寻找和确定自己的文化身份与文化定位。

① "A Mission to Make Sense of the Biennale: Interview Davide Croff", *Financial Times*, 24 May 2005.

表 5-1 历届上海双年展主题

上海双年展	主题	举办时间
第一届	开放的空间	1996 年 3 月 18 日—4 月 7 日
第二届	融合与拓展	1998 年 10 月 20 日—11 月 20 日
第三届	海上・上海	2000 年 11 月 6 日—12 月 6 日
第四届	都市营造	2002 年 11 月 22 日—2003 年 1 月 20 日
第五届	影像生存	2004 年 9 月 28 日—11 月 28 日
第六届	超设计	2006 年 9 月 6 日—11 月 5 日
第七届	快城快客	2008 年 9 月 8 日—11 月 16 日
第八届	巡回排演	2010 年 10 月 24 日—2011 年 1 月 23 日
第九届	重新发电	2012 年 10 月 1 日—2013 年 3 月 31 日
第十届	社会工厂	2014 年 11 月 23 日—2015 年 3 月 31 日
第十一届	何不再问？正辩，反辩，故事	2016 年 11 月 11 日—2017 年 3 月 12 日

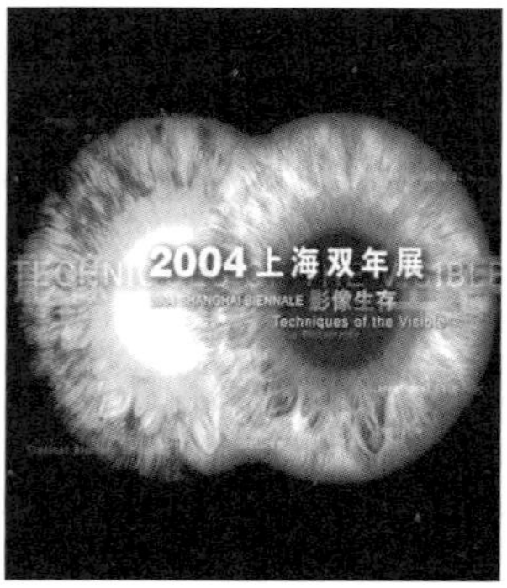

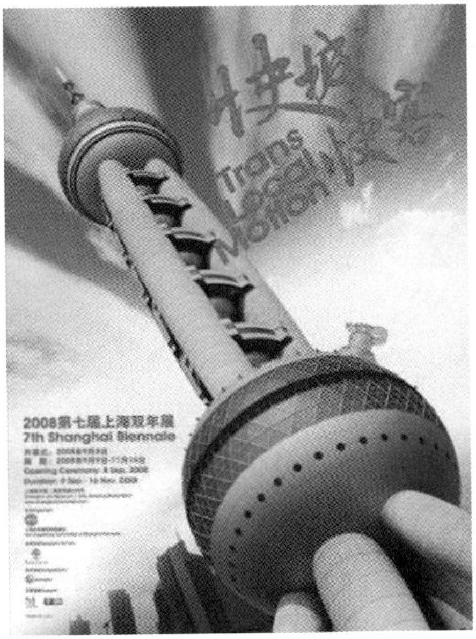
Trans Local Motion
2008第七届上海双年展
7th Shanghai Biennale

2010第八届上海双年展
The 8th Shanghai Biennale
巡回排演
REHEARSAL
10/24/2010 ~ 1/23/2011
上海美术馆
Shanghai Art Museum
上海市南京西路325号
325, Nanjing Road(w), Shanghai
上海双年展组织委员会
SARASIN

2012/10.1-2013/3.31
重新发电
9TH
SHANGHAI
BIENNALE
REACTIVATION
重新发电·第九届上海双年展

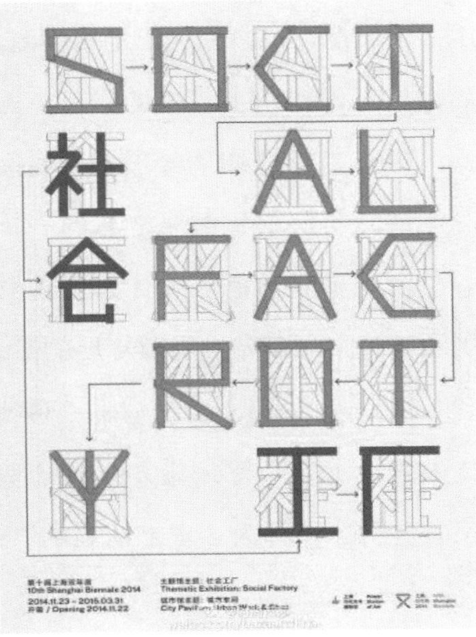
社会
SOCIAL FACTORY
第十届上海双年展
10th Shanghai Biennale 2014
2014.11.23 - 2015.03.31
Thematic Exhibition: Social Factory

图 5-3 1996—2016 年历届上海双年展官网海报

相对于 2000 年的双年展，1996 年以“开放的空间”为主题，1998 年以“融合与拓展”为主题的两届甚少被艺术评论家关注。[①] 只有在 2000 年回溯历届展览时，著名艺术评论家，现任尤伦斯当代艺术中心馆长的田霏宇（Philip Tinari）才点评道：“之前的两期，相对于单纯艺术上的展示，更多起到了地区性政治的气压计的功能。”[②] 他的评点一方面固然正确指出了艺术的非自主性，但另一方面却忽视了双年展的价值。1996 年第一届双年展这个时间至关重要，因为它正举办于世界上第一届双年展百年诞辰之后的一年。正如上海美术馆馆长阐述：举办一个活动本身远比展览什么更重要。于此，举办以上海为名义的双年展意味着上海跨向世界双年展的第一步。[③]

2000 年“海上·上海——一种特殊的现代性”和 2002 年“都市营造”集中关注了上海特殊地方性的极速都市化现象。2000 年最为受到艺术家的赞赏，被称为“史上留名的”的展览，因为其在邀请国际艺术家，

① 1996 年的双年展宣言称：以“开放的空间”为主题，旨在突出改革开放以来中国艺术多元并存、异彩纷呈的局面。

② Philip Tinari，“6th Shanghai Biennale”，*Artforum International*，2006，p.292.

③ Hu Zhirong，*Shanghai Biennale : 98 Shanghai Mei Shu Shuang Nian Zhan*，Shanghai Mei Shu Guan，1998.

运用新型艺术装置与多媒体，和具有艺术影响力三方面都在前两届的基础上有了巨大的变化。其在社会政治意义上更重要的是，2000 年标志着“上海是中国的上海”的一个宣言，正如著名艺术策展人侯瀚如所言：“重要的是，如今现代化的上海已经不是过去的形象了，虽然有一个半殖民的历史，但如今的上海是一个非常中国化的城市。上海的快速发展应该被理解为上海这座城市对于西方资本主义无穷尽的经济文化近乎统一模式的扩张的一种抵抗，而不是一种简单的延展。”① 上海过去的历史指的是 19 世纪末 20 世纪初上海作为西方半殖民城市的不好的名声；上海的快速发展指的是其重现在民族国家的框架中重新定义自己名声的过程。2000 年“海上 · 上海”的宣言不仅颂扬上海融合西方和东方的独特性，更标志着上海对于自身“中国的沿海城市”的一个确认。②

如果 2000 年的展览偏重上海在西方和东方之间地理性上的确认，2002 年的展览开始在全球化的大语境下探讨上海独特的文化环境、居住环境，和与其他城市不同的物理住宅环境的不同。正如宣言所言：“本届双年展（探讨）迅速推进的都市化进程……思考乡村与都市、传统与现代、本土与全球、保护与发展、传承与创新等当代全球文化发展的新课题。”考察展览后的评语，我们注意到一些国际上的评论家开始将上海双年展置于与其他城市双年展的对比之列。艺术评论家瑞秋 · 威瑟斯（Rachel Withers）在评论巴西圣保罗 2002 年“大都会图景”（Metropolitan Iconographies）的双年展时，注意到和上海 2002

① Hou Hanrou, *Shanghai Biennale: 2000 Shanghai Shuang Nian Zhan*, Shanghai Shu Hua Chu Ban She, 2000.

② Philip Tinari, “6th Shanghai Biennale”, *Artforum International*, 2006, p.292.

年“都市营造”主题的相关性，并称上海双年展“一鸣惊人的关注城市与全球化”。[①] 这个例子证实了上海与其他国际城市在关注现实问题的同步性。

2004 年的“影像生存”，2006 年的“超设计”，2008 年的“快城快客”作为一个整体，集中关注上海在其几年中最新的问题，包括高科技对人类生存环境的影响，实用艺术的另一种可能性，和快速都市化进程中多元化都市空间与居住环境的冲突。对于策展人来说，设立下“上海双年展有志于更好地为公众服务并实现作为文化中心的价值和意义”的目标，这个目标其实远远超过了展出时下科技、艺术和外来人口增多等社会问题，它真正的目标是提出一个可行性方案。[②]

以 2004 年“影像生存”为例，当宣言中写道，“它致力于在人文关怀中思考技术的发展，在技术发展中建立人文的关怀”，它其实包含了两个步骤。[③] 第一步是反思科技发展的历史并指出这个发展并不受控于人类。当科技依照自己的逻辑发展下去，它便拥有了不需要人类指挥的自主性。第二步则建议人类应该将自己的自主性融入科技的发展中，不但不要被最新的科技所吓退，更要自如地将科技作为自己的一个道具来使用。这可以不断更新的手机为例，从翻盖到滑盖，从键盘到指点到声控，从接打电话功能到拍照上网等多功能，不断发展更新的功能超过人们原先对手机的基本需要，这时，人是否能够根据自己的需求来挑选和使用手机的功能成为关键。

2006 年以“超设计”为主题，宣言进一步阐释道，“设计往往被与

---

① Rachel Withers, “Shanghai Biennale (Preview)”, *Artforum International* , 41.1 , 2002, p.103.

② 2004 年双年展宣言。

③ 2004 年双年展宣言。

功能化和实用主义联系在一起，（本届双年展）旨在打破艺术和实用之间的那种过于简单的对立关系。"① 田霏宇敏锐地指出这一年的主题与国家当下呼吁的"创新性生产"有紧密的关联。这个呼吁针对当下中国作为世界工厂的窘况提出建议，强调设计与艺术的融入可以提升产品的价值（非价格）。这不但与大量无目的消费相反，更是鼓励在生产过程中融合人类的自主性创造力。② 进而言之，它是一个对于现行主流消费文化的挑战，和对中国城市的非生产中心的可能性的思量。

2008 年的主题"快城快客"是一个综合城市及其居民的词汇，包含了城市对人的整体的关怀。"快城"意指城市的快速发展，"快客"意指其居民的快速位移和其对城市活力作出的贡献。双年展针对公共交通、城市与居民的多元化互动等问题加以探究。

自 2010 年上海世博会以来，同年的"巡回排演"和 2012 年的"重新发电"与之前双年展的主题稍有不同。如果 2004 年至 2008 年针对城市当下问题予以深究，2010 年至 2012 年则开始关注起更深层也更隐秘的问题：全球化影响下的消费崇拜。2010 年的"排演"不仅指其展馆可以被视为排练演出其艺术作品的平台，更强调这个充满艺术创造力的展馆可以触发创造力的敏锐。③ 若是从舞台演出的角度出发，"排演"不同于最后的"成品"，因为它强调的是过程而不是最终的结果。它认为过程比结果更重要。排演与商品消费对立，更深一层地说，最后的演出可以作为商品在市场上出售，排演的过程却是瞬间即逝，没有完

① 2006 年双年展宣言。

② 田霏宇：《第六届上海双年展》，第 292 页。

③ 方增先等主编：《2010 第八届上海双年展：巡回排演 REHERASAL》，文化艺术出版社 2010 年版。

成也没有办法销售。通过摆脱被销售的命运，排演的过程就不需要顺从于特定的形式，它的主题就可以更改也更具有流动性，正是在这流动性中产生了创意。诚如布莱希特所言，“排演的目的是突破各种成规旧事和既成定俗的解决方式。排演是一个实验，去探讨突破此时此刻的多种可能性”。[①]2010 年的双年展反思社会也反思自己的展览性质。

2012 年的双年展展示了以前没有的策略，即鼓励“发电机型”的艺术家：他们不仅不消耗能力，却能输出更多的能量。这与城市一样，“城市不但是能量输入的接受者与消耗者，更是能量的输出者”。这些艺术家贯通了个人与群体、他者与自我、劳动与创造、日常与奇迹的界限。正如宣言所说，“‘重新发电’是对于我们的生存方式的资源性因素的反思”。[②]

2014 年双年展的主题为“社会工厂”，旨在探究“社会性的生产”特点和“社会事实”的组成要素。展览增强了上海当代史反思的维度，“回溯 1978 年这一历史参照点，这同时也是中国步入现代化的转折点”。“社会工厂”意图与影响中国当代历史进程的政治家、文学家、社会批评家展开对话，探讨在曾经的历史转折点对当下产生深刻影响的种种饱含复杂历史能量的观念和实践，对当下社会建构的影响，以及未来多元发展的可能性。[③]

2016 年双年展更突出普通市民日常生活对城市文化的建构，“何不再问？ 正辩，反辩，故事”的主题，本身就具有浓厚的包容性、不确定性和开放性，对“故事”的反思，正体现了对未来发展方向的辩

① 2010 年上海双年展宣言。
② 2012 年上海双年展宣言。
③ 2014 年上海双年展宣言。

证思考。本届双年展并不局限于某一固定场馆，如“51 人”“理论剧院”有部分是发生在城市的不同空间，同时把展示机会更多地给了生活在上海的普通市民，“每一个人就是一个城市馆，也是流动的艺术项目。”[①]

从以上历年主题设立可以看出，上海双年展的关注视野已经逐步拓出本国甚至亚太地区，在美学思想上保持东方独特韵味的本土追求外，在科技、环保、民主等政治性、社会性问题上与世界展开对话，关心主流思潮也关心先锋艺术，关心全球参与度也关心在地参与度，以“开放”的空间和心态，反映、影响和塑造着上海文化开放包容的一脉。

三、开放与融入：文化指向与市民参与

本节将双年展的宣言作为自成一体的文类，进行细读，这里的宣言超出了其本身宣传的意义，它指向过去和现在对于缺点的认识，更指向并制造对于未来的憧憬和抱负。对宣言进行历时性的分析便能注意到宣言经历了从短到长、从描述现状到开放讨论的变化。宣言的变化证明会展策划人有意识地改进宣言，并意识到宣言本身可以吸引更多关注并散射影响力。值得注意的是，在中文的词汇里，“宣言”既是动词也是名词[②]，这意味着双年展的主办人不仅简单地陈述宣言，他们更积极地向观众宣言他们的想法。

① 2016 年上海双年展宣言，及上海双年展官方网站新闻《第 11 届上海双年展召开第二次新闻发布会，公布全部主题展艺术家名单》，见 http://www.shanghaibiennale.org/cn/news/detail/644dv.html。

② 斯唐·查拉发现法语中“宣言”可以同时作动词和名词。

每一届上海双年展的主题词汇都是全新的多语言的结合，不但有别于过去塑造民族国家一类的词汇，也并非中文词语中的日常用语或是古文。它们似乎从英语翻译而来，却也不是已存在的常用英文，而是新构成的词汇。“排演”（ Rehearsal ）和“重新发电”（ Reactivation ）都用“Re”这样一个词素，表示自省和重新开始。“超设计”和“快城快客”都不是合语法的词汇，超设计的“超”意味着充分和极致，设计更是动词兼名词的形式。这个词与“工业设计”正好相对，意旨对大批量生产的工业设计的批判。“快城快客”（Translocalmotion）拥有三部分，“Trans”“local”“motion”，意味着对于地理空间和界限的超越。这些主题名词并不属于任何现存的中文或者英文，意味着它们为上海双年展所独有，也展示双年展的一个雄心壮志：不仅仅使用现有词汇去描绘艺术的能力，而是用探讨未来的方式去开拓新的词汇并实现新的价值。

双年展中一以贯之的重点之一是对空间的重视，不但 2012 年的双年展强调了展馆的位置从上海美术馆移动到热电厂，其他几届的展览，尤其是 2016 年的双年展，都强调在中心场馆之外还有网状铺开的其他展馆。从举办了八届的上海美术馆移动到 2012 年的上海热电厂不但暗示从一个文化聚焦点移动到一个资本生产的聚焦点，这个移动本身也达到了吸引观众的目的。主展馆与分展馆的并存更在上海全面铺开了双年展的影响力，这样中心与边缘的结合更寓言式地叙述一种现代化强压下集中建构的另一种可能性，即边缘的存在。这种边缘的并存更是一种孩童式的否定对话，展出的内容也更具有偏向自由主义的元素。将中心与边缘对比，我们能看出一种对比：博物馆中的总体艺术完成品，和博物馆外完成却表达异质想法的作品。在博物馆中的欣赏总抱有一种乔纳森·卡勒提出的“超保护合作原则”，即使艺术作品光怪陆离甚至无法理解，艺术作品却总被放置在中心位置，被观众注视并试图理解。这样一种展品顺利实现本雅明所谓的“其展览价值”。然而，设想同样光怪陆离的展品被放置在城市建筑群之中，艺术作品无法避免地和周围的功能性建筑物产生冲突，这时“超保护合作原则”失效了，艺术作品直接面对冰冷的现代化发展而接受比较。这时的艺术面临两种潜在的未来：一种是被完全忽视，另一种是被观看者挑战。[①]然而这种挑战、震惊，与其所处环境的离合感正塑造了它的价值：边缘的艺术作品与其强调和谐更强调碰撞与摩擦。当展馆内的艺术寻求认同感的同时，展馆外的艺术却寻求批判与革命性的震惊效果，它需要更多勇气去承担批评，也同时背负起改变城市日常生活中居民的重担：如同梁启超曾经倡导过的一般，去“刺”“提”观者的想法并制造思考的空间。

双年展不仅影响参观展览的人，更对参与者的美学经验造成影响，而这个影响延续到参展以外的时间。美学经验不是空洞的词汇，正如著名美学家王斑所说，美学经验包含我们的感触、知觉、感觉、感性、情感和身体的经验。这种美学经验不仅作用于主体创造艺术的时候，更作用于每个个体每一天的日常生活，和其在群体之中的生活方式。当我们对某种文化模式有了非常强烈的接受，这个特有的韵律和行为方式的本质，我们就可以说是一种美学经验。[②]或者，当我们在对某种形式产生极度的愉悦时，感觉到感观的无限丰富和身体的融入，我们

① “超保护合作原则”原是文艺理论领域的词汇。参见 Jonathan Culler，*Literary Theory: A Very Short Introduction*，Oxford University Press，1997。

② Wang Ban，*The Sublime Figure of History: Aesthetics and Politics in Twentieth-Century China*，Stanford，Stanford University Press，1997，pp.6-7.

也可以说是一种美学经验。[①] 如此，看完展览并受到其感染的观者将这种感染带到日常生活中去，在潜意识中丰富并改变自己对于外物的接受，从观者变为市民的时候，便可以带着这个经验重新认识上海这座城市，和自己与它的关系。

虽然每届双年展的宣言长短不一，但似乎都为了实现同一种目标：阐释在一个经济城市中移植艺术的重要性。这个艺术展览从未视其为封闭的空间，而是一个完全开放的空间，去思考过去，检验现在并重设未来。这一系列的宣言本身便是一个自己试图寻找、预言和实现的过程。[②] 新的宣言也都会视过去的宣言为自己的过去而予以影射。

开放的姿态在宣言中一览无遗，这也决定了其创新的实质。正如雷蒙·威廉斯（Raymond Williams）所言，“去阐释从未得到阐释的”。[③] 宣言不仅应被看成是一种象征，而更是一个将其顺理成章的过程打断并积极重构的转折点。[④] 我们知道宣言都会在双年展前期、中期和后期被打印，分发并流传。在 2006 年以后，宣言更多地使用“我们”这个代词来表明策展人与艺术家的主动参与，“我们关注那些‘发电机型’的艺术家们和知识生产方式”。[⑤] 策展人不是居高临下，而是将自己与读者并置，表达同一种目标。这个“我们”至关重要，因为它不是一个单独的权威性的表达形式，而是一个集体的声音，一个人们共同需

---

① Wang Ban, *The Sublime Figure of History: Aesthetics and Politics in Twentieth-Century China*, Stanford University Press, 1997, pp.6–7.

② Reinhart Koselleck, Vergangene Zukunft, *Zur Semantik Geschichtl Zeiten*, Frankfurt am Main: Suhrkamp, 1979.

③ Raymond Williams, *Marxism and Literature*, Oxford University Press, 1977, p.206.

④ Martin Puchner, *Poetry of the Revolution: Marx, Manifestos, and the Avant-Gardes*, Princeton University Press, 2006, p.2.

⑤ 2012 年上海双年展宣言。

求的努力和一个用这种人性化的方式去塑造双年展的决心。这个“我们”也包含了城市里的居民。唯有认识到这些特性，我们才能更好理解策展人及双年展作出的努力。

四、历史与现在：多元市民文化的形成

上海面临的问题可以在其他城市找到，也在关于现代性的讨论中随处可见。许多学者意识到现代性带来的时间的真空性。例如阿兰·布迪厄认为我们所处的文化缺少“对时间的任何想法”，他认为“明天以后的时间都变成了抽象，昨天以前的时间又无法理”。[①] 弗雷德里克·杰姆逊也意识到我们回到了黑格尔体系中“历史的终结”，一种对于历史意识的准确把握消失的症状，这对杰姆逊来说，意味着“整个未来的液体化”。[②] 其他学者则注意到我们这个时代缺少人的能动性的参与，未来可能一并消失。[③] 安德里亚斯·胡伊森指出：“当我们越快地进入一个没有信心的未来，我们就更多的意识到有必要慢下来，我们更在过去的回忆中寻找答案。”[④]

针对担忧未来的哲学问题，艺术提供了一套解决方案。双年展试图构建一个曾经存在却被忽视的上海历史。这其中的两个例子分别是2010年展出的“城市的皱纹”和2012年展出的“上海方舟”。这两个展览不约而同地将过去视为我们这个后现代主义所能拥有的最好的避

① Alain Badiou，Alberto Toscano，*The Century*，Polity Press，2007，p.105.

② Fredric Jameson，“The End of Temporality”，*Critical Inquiry*，Volume 29，No.4，Summer 2003，p.704.

③ Amir Eshel，*Futurity: Contemporary Literature and the Quest for the Past*，The University of Chicago Press，2013，p.176.

④ Andreas Huyssen，*Present Pasts: Urban Palimpsests and the Politics of Memory*，Stanford University Press，2003，pp.21–25.

难所，一个可以改变我们生活中的时间性的重要环节。杰姆逊认为现代的文学和文化已经无法接纳将过去的时间和未来的时间作为自己的定位标志的事实。[①] 特里·伊格尔顿（Terry Eagleton）表示同意，并认为在1970年后的保守主义下，“我们的历史感知已经逐渐变得迟钝，这反而迎合了那些有权力者的希望，即我们不会再去想象一个与现在的世界大不同的另一种可能性。”[②] 这种“时间的末端”或是“历史的危机感”都是对于过去和未来的抹除，只活在当下。[③] 当然，现在的学术界对于这种悲观的、认为未来液体化的想法产生了质疑。这些学者向我们展示如何在如今的社会环境里依然可以维持一种对于未来的感知。[④]

艺术作品也同时看到了在与过去相关的印象里隐藏着对于未来的希望。其中的一个例子即是法国艺术家JR.的跨越全球维度的作品“城市的皱纹”。这一系列的作品质疑城市与其居住者的回忆。作为“80后”的JR.[⑤] 意识到城市里的年青一代无法感知时间的流逝，也无法理解历史的重要性。他们无法理解的更是历史隐藏的与每个个体的历史经验及整个人类的历史经验紧密相关的事实。JR.也深刻意识到回忆随时会消失得无影无踪，特别是当代表这个城市回忆的老年人离开我们的时候。将老年人的回忆与城市的建筑放置在一起想象，JR.告知观者：不要遗忘老年人传递给年青一代的历史的重要性。为了搜集素材，JR.会

---

① Fredric Jameson, *Postmodernism, or, the Cultural Logic of Late Capitalism*, Duke University Press, 1991, pp.16, 25.

② Terry Eagleton, *After Theory*, Basic Books, 2003, pp.6–7.

③ Fredric Jameson, "The End of Temporality", *Critical Inquiry*, Volume 29, No.4,2003, p.704.

④ Amir Eshel, *Futurity: Contemporary Literature and the Quest for the Past*, The University of Chicago Press, 2013, p.15.

⑤ JR.是法国街头艺术家，1983年出生，无从考据他的真实身份。他执导的《脸庞，村庄》获卢米埃尔奖最佳纪录片，曾被美国授予TED年度大奖。《纽约时报》等世界重要媒体都介绍过他的艺术作品。

亲自采访上海的老年居民，与他们谈论他们的记忆，以及与这座城市一起承载的历史。在采访的过程中拍下照片，放成巨大的画像粘在城市里废弃房屋的墙上。这样巨型的肖像完全震撼了看到它们的人，而这个震惊正是艺术家所期待的，正如 JR. 所说："改变世人看世界的方法，也就是改变了事物本身。"[①]"城市的皱纹"是一个国际化的展览，在各个城市将老人，以及城市本身的皱纹展现给城市里的居民看。如今这个展览除上海外，还曾到过西班牙的卡塔赫纳，美国洛杉矶和古巴的哈瓦那。[②]

JR."城市的皱纹"让其观者经历了另一种现实（见图 5–4）。这并不是真实现实的完全再现，而是一种真诚的体验和一种被无意识唤醒的记忆的体验。这种无意识的记忆是本雅明所谓的与"有意识的功利的记忆相区分的"。并不是图片的真实性吸引了观者，也不是它的展演价值和颜色的展示，而是那张张饱经沧桑的脸，被弃置的房屋，那些具有强烈人性的岁月积累的皱纹给予了画像一种特殊的"灵韵"。整组分散至上海各个房屋墙面的画像强调的是个体的居民，每一个都有自己的灵魂和回忆，但却又是一个整体，一个整合了共同居住在这个城市里的见证。画面上的老人被照片捕捉的瞬间正是他们沉浸在自己无限回忆中的瞬间，他们闭着眼睛，或思考，或微笑，这样生动的画面绝不是为了拍照而刻意作出的样子，也因为如此，他们的脸部表情并不是僵化的或者可以被归类的。瓦尔特·本雅明谈道："早期的人们看到摄像机时，呈现出非人类和僵死的表情，似乎照相机记录了人和照

① Magda Danysz，Emile Abinal，*The Wrinkles of the City*，A Project by Jr.，Exhibition，Shanghai，Gallery Magda Danysz，from 23 October to 11 December，2010.

② The Wrinkles of the City，见 http://www.jr-art.net/projects/the-wrinkles-of-the-city-shanghai。

相机的相似处却不回赠一个关注。”[①] 当这些画像放置在一个以熟悉的城市风景线为背景的整体相片中时，这些充满人性化的画像给予了这座城市一种新的人性化的精神。

图 5-4 JR.“城市的皱纹”封面（Rome: Drago，2011）

第二个例子不但重新回溯了这个城市和城市里的人的历史，还重新调动这个历史去指引一个可能性的未来——市民与外来居民的和谐共处。当大都市逐渐变成跨国际劳动力的集中地时，也拥有了跨文化的身份。跨国际化对于一个城市的定位以及其居民对于这个城市的忠诚度有着重要的影响，这也决定了这个城市脱离国家城市，而和其他国际城市相比拟的可能性。[②] 城市是来自各国的人们相聚的场所，也是

① Walter Benjamin，*Illuminations*，Schoken Books，1968，p.188.

② Saskia Sassen，*The Global City Princeton*，University Press，2001，p.88.

多元文化产生的场所。而国际性大城市国际性的表现不仅在它的电信基础设施，也不在国际公司的多少，更在城市里多元化的生存环境。

“上海方舟”（Rescue: Shanghai Ark）展示了上海历史的一个切片：在第二次世界大战中作为拯救三万犹太难民的天堂。这个展示寓意强调上海的开放，在简介中写道：“第二次世界大战期间，德国法西斯大肆迫害犹太人，慑于纳粹的淫威，欧洲多国拒收犹太难民。而在此刻，上海向犹太难民敞开了大门。”“上海方舟”集合了一百多张由以色列摄影大师在 1927—1957 年间，在上海南京东路 171 号的摄影工作室拍摄的照片。照片中既有犹太人也有上海人。驻上海的以色列领事馆领事点评道：“这些照片讲述了真实发生在上海的故事，包括照片中的人，犹太社区的故事，犹太人在上海找到了庇护、工作、成功和天堂的故事。”[①] 照片的顺序也表示犹太人和当时上海居民友好生活在一起的场景。这个特殊展览的意义重大，它意味着在当灾难来临时，生存的办法便是互相帮助，而这正是 2012 年双年展的副主题——共存。虽然过去在讲述上海的历史时，犹太社区的存在并没有作为其主要构成部分，然而通过上海双年展，这个犹太难民的历史被重新唤起。[②] 这段历史在两个方面丰富了这个展览的意义，第一，与犹太社区共存的历史暗示着上海在过去有这个能力去适应并融合多种族的文化，并也预示着同样的能力可以适用于上海现在所处的全球化语境；第二，犹太人大屠杀被认为是人类历史上最黑暗的一个时段，然而，上海和当时的上海居民并没有对悲剧置之不理或者闭目不见，相反，他们适时地采

① Shanghai Art The Portraits of Old Shanghai，见 http://www.isconshanghai.org/web/event.php?id=93。

② Amir Eshel，*Futurity：Contemporary Literature and the Quest for the Past*，The University of Chicago Press，2013，p.14.

取行动加以干预。这段过去便被赋予了重量和意义，这个意义正是汉娜·阿伦特所指的“诞生性”（Natality），一种人类主体性与可能改变未来的憧憬。这样一种共存可以实现超越“我们”和“他们”之间的界限。在第二次世界大战中，德国正是指认犹太人是“他者”才对他们实行辨别、排斥甚至迫害。而当犹太人逃往上海，他们没有被认为是“他者”，结束了痛苦的经历。这种多种族共存的历史被重新唤起和塑造，意在作为指引现在上海新一轮多元化发展的灯塔。这个过去意在开拓人们曾经拥有的一种能力——关心并指涉真正的社会问题，通过人类主体去掌握未来。

对于“诞生性”的理解紧密地与对于过去和未来的理解挂钩。即使在几十年前，当学者提出“我们怎样才能将未来视为一个开放的和可以改变的空间”时，汉娜·阿伦特已经通过提供“诞生性”这个概念予以解答。[①] 在《人的境况》一书中，阿伦特初次构建了“诞生性”这一关键词。“诞生性”指的是：每一次出生的瞬间都表示一种“修改”未来世界的可能性，所以每一个瞬间都意味着改变未来的可能。阿伦特本身是犹太人，且经历过第二次世界大战。身处于一个对个人能力深表怀疑的年代，阿伦特却反而重申个人行动的重要性，因为这个行动会改变个人的命运。她对于人类可以重新塑造所处现实以及他所面对的境况的理念深信不疑。在 1952 年，阿伦特写道：“我们通过反思来捕捉过去，通过维持来把握现在，通过行动来掌握未来。”[②] 在同一篇

① Fredric Jameson, *Archaeologies of the Future: The Desire Called Utopia and Other Science Fictions*, Verso, 2005. Russell Jacoby, *Picture Imperfect: Utopian Thought for an Anti-Utopian Age*, Columbia University Press, 2005, p.5.

② We Capture the Past Through Reflection, the Present by Sustaining, and the Future through Action.

文章中，阿伦特强调无论是意识到自己所处环境无可救药，或者意识到只要变换一种行为方式便能干涉通向未来的道路，这两种情况同样重要。[①]

阿伦特提出的“诞生性”重申了人类主体可以制定并重设人的未来的可能性。即使社会变化不可避免，然而这些变化不应简单地理解为负面的，即外来居民涌入城内与原有住户形成对立关系。而是用一种积极的姿态去寻找社区内部的能力，并寻求共存。[②] 如此这般，双年展所展出的“上海方舟”应是诱发这一系列思考和取消二元对立的“我们”和“他们”间的重要一环。

图 5-5　“上海方舟”沈石蒂（Sam Sanzetti）

① Hannah Arendt, Ursula Ludz and Ingeborg Nordmann, *Denktagebuch: 1950 Bis 1973*, M ü nchen: Piper, 2002, p. 208. This Note was Written in May 1952, That is before the Publication of the Human Condition.

② 2012 年上海双年展宣言。

五、消费与参与：创意市民文化的实践

资本全球性扩张不但影响了各国各地，还影响了人们的日常活动和日常经验，从而制造出一种“异化的消费文化”[①]。对这种异化的消费文化的关注，解释了为何多期上海双年展持续关注“生产”这一元素，而且更重要的是，双年展不予强调最后的成品，而是强调成品完成之前的过程。在此，将先进行理论框架上的讨论，再具体分析双年展的展品。

早在《1844年经济学哲学手稿》中，马克思便指出生产环节中的异化，即工人被自己所生产的产品异化，因为产品一被生产出，就被他人剥夺从而脱离了工人的手。后马克思主义学者延承这一思考，指出了消费环境中的异化性，即消费者在消费和使用产品中被异化。埃里希·弗罗姆指出消费文化中的异化主要寄存于“占有商品”的模式取代了“成为所购物”的模式。占有模式把物品视为贪婪的私人财产，而成为模式则建立在群体共同经验、共同活动的基础之上。[②]弗罗姆将“占有”和“成为”作为完全对立的存在，并指出，只有当人类从占有模式转变为成为模式，才可以脱离心理和经济上的大灾难。占有模式无法让其消费者满意，因为物品已被异化，并在消费者无法参与的过程中完成。商品甚至遮掩住“生产”这一事实，不让消费者发现背后的生产关系和权利关系。法兰克福学派的特奥多尔·阿多诺曾将艺术与大众产品做区分，因为后者的功能主要是取乐与使人分心，而艺术却具有解放性质的潜在性。当艺术有了自己的主权，它便能拒绝物化

---

① Douglas Kellner, *Media Spectacle*, Routledge, 2003.

② Erich Fromm, *To Have or to be ?* , Harper & Row, 1976, p.128.

的思想，拒绝主流的秩序，同时提供一个“别一个世界”的想象和图景。

从 2004 年起一系列的上海双年展都洞察到了消费文化的霸权主义和消费社会的景观性存在。面对这些问题，双年展提出了两种解决方案。第一，将艺术生产的过程重点揭示出来。第二，指出通过参与这个过程，便可以将人的主体性与艺术相融合。通过参与艺术制造的过程，不但可以将人们的创造力和对于艺术的感知力重新唤醒，也可以平衡对消费文化的总体依赖性。

2004 年双年展的主题是“影像生存”，暗示了事物的存在与事物的视觉可观性的区别。照相技术和摄影技术大大提升了事物的可观性。然而，负面的作用却是将三维物体缩印成了二维的平面图片。一个二维的平面图片剥夺了去认知图片背后生产，矛盾、解决矛盾的多种因素。商品同样如此，商品的表面将社会关系隐藏起来，而剩下的只有图片——商品物化后的最终形式。2006 年的“超设计”更是直接且猛烈地批评了工业艺术。如上所述，“超设计”即非普通设计，不是为了大量生产而设计，而是为了表达艺术家自身的创意而设计。这个设计的想法即使稍纵即逝，却也是被称赞的。与实用设计不同，具有创意的设计会缩小并消除创作人和他的产品之间的鸿沟，减少创作人被异化的幅度。对于艺术来说，一件艺术品存在的最高价值就在于它消失的一瞬间，而它的意义则在那一瞬间内最大地得到体现。例如双年展中，在一个黑暗房间中设置许多发出微弱光芒的灯泡，然后每个灯泡只有一瞬间被点亮，由于这样一种瞬间性，这份艺术作品没有办法被保存，也没有办法完全被记录。这样的艺术作品通过确立自己的非消费性来讽刺消费文化。2010 年的“巡回排演”同样顺着这个逻辑，强调了不断更变的排演的过程和这种不确定性，而非最终的结局。 这样双年展的目的是使得生产背后的工序和机械透明化，从而使观者理解景观背后发生的事件和过程。

由此可见，上海双年展并不是一个边缘性的发生，它紧密地融合了国际危机下的对于艺术创造和艺术消费的关注的问题。上海双年展关注这些问题更将之与另一个国际性的因素相联系：与其余城市双年展的主题一致，例如2006年的塞维利亚双年展和2007年的莫斯科双年展。雅克·朗西埃（Jacques Ranciere）在谈论到2007年的莫斯科双年展时，强调其对于商品霸权性的关注。他说，“如今，似乎人们对于人权和人类自主性的普遍性追求被另一种普遍性取代了，即商品的普遍性，或者说，对于商品普遍性的某种定性的概念”。[①] 这种试图消解祛魅商品崇拜的尝试并不只存在于艺术领域，同时也在上海市民的日常生活中有所体现。面对上海市民消费崇拜的习惯，许多艺术家试图解释成为消费者并不是居民必须承担的社会责任，也不是其唯一的社会责任。艺术家试图摇醒那些沉睡在商品构建的梦幻里的人，增强他们的主体意识，从而减少被异化的程度。双年展也同时为城市出谋划策，正如2012年的双年展宣言所说：“热电厂建筑功能的重新定位和开发，并不只是废旧资源的再利用，而是整个城市生态的反思和重新设计……城市不但是能量输入的接受者与消耗者，更是能量的输出者。”这个能量是一个比喻，不同于石油或者天然气，这个能量来源于合作，也来源于商品资本与人文资本的和解。这段宣言想象了一个不只进口商品的城市，而是一个出口人文资本的城市。

综上所述，上海双年展不但质疑了艺术的生产，同时还提供了一

---

① ［法］雅克·朗西埃：《莫斯科双年展的发言》，2008年12月17日，见https://www.douban.com/group/topic/5337017/。

套与实践并行的理论上的关注。结果是理论与实际的结合与互相支持，这里的理论并不高深，而是直接指涉上海的艺术现状；实践也并不通俗，而是结合理论对于大问题的关注。上海双年展由此不应被视为一系列没有达到国际标准的艺术展，而应该被视为不断探索都市现存问题的场所，在失败中寻找另一种可能性的不断尝试。[①] 上海双年展的意义重大，不但反思上海历年的文化生产过程，并且强化文化生产的功效及其对于城市更好人文化发展的贡献。双年展起着如指南针一般的功能理解现在并指引未来。

第三节　“人文的空间”：以北京奥运会为例

本章以 2008 年北京奥运会为例，分析大型特色活动（节庆）如何在实践中展现城市公共空间的“人文维度”，如何通过活动蕴含的文化因素展现城市的文化魅力和文化追求，同时影响城市特色文化的未来发展，以及市民参与对公共空间人文维度的建设意义。

作为奥运空间核心的“鸟巢”建筑本身，它的诞生就经历了长达数年的抉择与博弈。从 2001 年北京入选第 29 届夏季奥林匹克运动会主办城市，到国家体育场设计方案的竞争、实施甚至建成之后，围绕“鸟巢”的争议，一直是本土与世界、东方与西方、实用与美观等跨文化、跨学科的各种观念博弈的焦点，最终“鸟巢”建筑以“冰裂纹”“彩陶罐”“天圆地方”等鲜明的中国文化特征，兼顾了“绿色奥运”“科技奥运”“人文奥运”等普适的文化理念而胜出。此外，就“鸟巢”与北京城所

---

① Puchner Martin，*Poetry of the Revolution*，Princeton Univ Pr.，2006，p.226.

代表的外部空间的空间型构而言，“鸟巢”居于北京城中轴线的北端，中轴线一方面是传统中国的象征，另一方面也在不断被改写空间意义的指向。“鸟巢”以高度异质性的后现代型构，表明它的文化政治内涵，即不在于传统的延续，而在于传统的创造性转化。因此只有在动态的意义上，方能深入把握其背后的空间政治意味：“改革”的中国以开放的胸怀吸纳各种文化传统并予以再创造，当我们谈论何谓中国时，中国不是一个完成的、封闭的样态，而是指向未来的多种可能性的交织。

塑造“鸟巢”的政治—文化逻辑，同样体现在以奥运会开幕式为代表的“中国故事”的文化呈现里，以及青年志愿者与奥运空间的互动中。分析开幕式内容的关键，并不在于美轮美奂的演出效果，而在于其形式背后所承载的价值指向。从升旗仪式对“和平”的强化，到文艺表演对“和谐”的强调，以及点火仪式对“奋斗”的渲染，整个奥运会（包括残奥会）开幕式，都在全球传媒的平台上，传播着当代中国所认可与主张的价值理念；开幕式真正的叙述线索，不是落实在具体的器物而是落实在“理念”上，即“同一个世界　同一个梦想”。评判奥运会的成败，竞技体育的成绩是一种指标，市民的广泛参与是另一种指标。对于奥运会这一巨大的公共空间而言，奥运会志愿者的公共空间参与模式，扭转了传统的社会主义动员体制，而具有社会化动员的面向。而北京奥运会志愿者的杰出工作，则扭转了部分西方媒体对于北京奥运会的“国家奥运”（举全国之力、唯金牌论、排斥普通市民）偏见，彰显着“社会”维度上城市居民对于奥运会的广泛参与，最终赢得了海内外媒体的高度评价。青年一代对于公共空间以及当代中国历史进程的深度参与，则深刻改写了以往表面化、印象化的理解，志愿者所代表的这一代青年，被视为社会的基石。因此可以说，某种程度上，北京奥运的公共空间中，“空间—人—文化”呈现着内在高度的一致性，构成了我们理解城市公共空间和城市公民对特色文化城市的建构的一个代表性案例。

一、“空间—人—文化”的一致：鸟巢的“空间政治”

无论对于2008北京奥运会的奥运赛事而言，还是对于北京的城市空间布局而言，奥运会主会场的国家体育场“鸟巢”，都是一处极为重要的公共空间。“鸟巢”的诞生经历了一场漫长的抉择与博弈。2001年7月13日，国际奥委会在北京、巴黎、多伦多、伊斯坦布尔、大阪五个候选的第29届夏季奥林匹克运动会主办城市中，选择了北京。作为奥运空间构建的重中之重，2002年10月25日，北京市规划委员会向全世界征集2008年奥运会主体育场即中国国家体育场的建筑概念设计方案。征集以竞赛的形式，分为资格预审和正式竞赛两个阶段。在资格预审阶段，主办单位共收到44家设计单位提供的有效资格预审文件，最终评选出了14家国内外设计单位进行正式竞赛。3个月后，其中的13家单位提交方案，评审委员会最后选定3个优秀方案：“鸟巢”“浮空开启屋面”“天空体育场”。结合专家评审与群众评比，“鸟巢”方案最终脱颖而出。“鸟巢”得名于标书中的一句话：“如同一个鸟巢，它的结构和外观是一体的”。外方设计师雅克·赫尔佐格（Jacouer Herzog）与德梅隆（Meuron），1978年合作开办建筑设计事务所，代表性的设计方案有巴塞尔体育场、慕尼黑世界杯足球赛体育场等，2001年获得普利兹克奖，展现出大型体育赛事场馆的设计经验。中方总设计师是李兴刚先生，与雅克·赫尔佐格、德梅隆之前有良好的合作基础，他在1998年赴法留学期间，曾经参与过该建筑设计事务所的相关工作。

2003 年 12 月 24 日，“鸟巢”体育场正式开工，过程同样充满波折。这一在工业、科技与美学上别具特色的超级建筑，在立项与开工后一度饱受争议，从方案实施直到多年使用后的今天，反对声音不绝于耳，批评意见大致有以下几种：其一，批评“鸟巢”使用巨量的钢材，建筑成本过于昂贵；其二，批评“鸟巢”的设计华而不实，求新求洋，概括起来是“崇洋奢华”；其三，质疑“鸟巢”的安全性能。国内代表性意见如周干峙、吴良镛等四位院士[①]联名致信时任总理温家宝，而海外学界也有批评声音，如“被美国当代著名的建筑理论家、哥伦比亚大学教授肯尼思·弗兰姆普敦称作是‘肆无忌惮和丧失理性’，被日本的川口卫先生认为‘鸟巢’的结构相当于生物进化过程中的恐龙，巨大体量支撑的不过是自己本身的重量，成为非常没有效率的构造物。”[②]2004 年政府提出“节俭办奥运”，在此背景下，“鸟巢”同年 7 月暂时停工，未来将要实施的建筑方案则经历着激烈的博弈。据当事人回忆：“意见多了，政府决策层也犹豫，中途甚至传出要换方案的说法。后来，我记得时任北京市委书记刘淇说了一句话：‘在奥运问题上，我们的改革开放路线是不会变的。’这可能对于当时的鸟巢起到了起死回生的作用。”[③]经过优化调整，“鸟巢”方案中 38 亿元的预算压缩到 31 亿元，取消了原设计方案中世界最大的可开启屋盖，钢结构的用钢量比原初的设计减少 22.3%。同时扩大屋顶开孔，膜结构减少 13%。2004 年 12 月 28 日，“鸟巢”体育场复工。2008 年 6 月 27 日，“鸟巢”正式竣工。整个建筑

---

① 这四位院士是建设部原副部长、两院院士周干峙；清华大学教授、两院院士吴良镛；北方交大教授、中国工程院院士王梦恕，以及中国工程院土木、水利与建筑工程学部一位结构学方面的院士。2000 年 6 月，周干峙、吴良镛等院士也曾为国家大剧院的设计方案上书中央。

② 季元振：《难道对“鸟巢”不应该批评吗？》，《住区》2012 年第 1 期。

③ 袁瑛、吴金勇、虞立琪：《“鸟巢是这个时代野心和理想碰撞的结果”——专访“鸟巢”设计者之一艾未未》，《商务周刊》2008 年第 14 期。

竣工时的体量如下："国家体育场规划占地面积是20.4万平方米，建筑面积是25.8万平方米，观众坐席共9.1万个，其中永久坐席是8万个，临时坐席1.1万个，设计使用年限为100年。国家体育场造型呈双曲面马鞍形，东西向结构高度为69.2米，南北向结构高度为40.1米，钢结构最大跨度长轴333米，短轴297米，由24榀门式桁架围绕体育场内部碗状看台旋转而成，钢结构组件相互支撑，形成网格状构架，组成体育场整个的'鸟巢'造型。"①

图5–6　正在建设中的"鸟巢"体育场

作为奥运会这样世界级重大赛事中的王冠，"鸟巢"的空间型构是当代中国文化政治的表征。就"鸟巢"自身的空间型构而言，它无疑是各种文化脉络一个复合的节点，其中如何体现中国文化脉络，设计师团队在设计时就有明确的考虑。中方团队人员曾经回忆："在这一设

① 陈治光：《鸟巢：三大奥运理念的结晶》，《科技潮》2007年第7期。

计拿去竞标之前，赫尔佐格和德梅隆告诉我，我们应该找些中国元素，这是必需的。这些对我来说很容易，因为例如冰裂纹、彩陶的罐子等等，都是我熟悉的。”[①] 在冰裂纹与彩陶罐的构型基础上，“鸟巢”在标书中还提到“无序中的有序”的理念。“鸟巢”与身边的国家游泳馆“水立方”一起，契合着“天圆地方”的传统思维与思维美学，展示着“圆与方，刚与柔，动与静，冰与火”所形成的完美平衡。

中国文化特色之外，“鸟巢”在文化普适的理念，即北京奥运会的三大口号“绿色奥运”“科技奥运”“人文奥运”的层面上，同样是一个典范。就“绿色奥运”而言，“鸟巢”采用先进可行的环保技术和环保建材。在节省能源和资源、固体废弃物处理、保护热能和回收热能、利用太阳能、节水技术等方面落实“绿色”理念。在施工和运营上，则对污染源有效控制；在运营管理体系的基础上，通过功能和性能的改变，降低功能成本，达到绿色环保的要求；在空气的处理上，通过相关的设计软件，使体育场内达到自然通风，充分利用自然通风来减少能源的使用。[②]

在“科技奥运”的意义上，仅仅“鸟巢”工程中的钢结构工程，就面临着七大科技难点：大量采用空间弯扭构件、节点复杂，加工制作及安装难度大；构件体型大、单体重量重，构件翻身、吊装难度大；焊接量大、焊接难度大；安装精度控制难、施工质量要求高；合拢口多，合拢温度要求严，实施难度大；卸载点多、吨位重、设计要求高，同步控制难度大；顶面及肩部次结构安装难度大。[③] 据负责施工的北京城建集团工程师回忆，“鸟巢”针对这些施工问题，取得了一系列的科技突破，

① 陈治光：《鸟巢：三大奥运理念的结晶》，《科技潮》2007 年第 7 期。
② 陈治光：《鸟巢：三大奥运理念的结晶》，《科技潮》2007 年第 7 期。
③ 李久林、杨俊锋、杨庆德、邱德隆、盛宇：《国家体育场（鸟巢）工程施工新技术综述》，《建筑技术》2008 年第 8 期。

"通过采用高强高性能混凝土技术、钻孔灌注桩后压浆技术、HRB 钢筋应用技术、Q460 高强钢厚板焊接技术、成套箱形弯扭构件加工制作技术等，取得了一系列研究成果，提高了我国建筑技术水平，社会经济效益和环保效益非常显著。其中 7 项科技成果填补国内空白，达到国际先进或国际领先水平。"①

在"人文奥运"的意义上，"鸟巢"在空间型构上赋予"人"以中心地位："从视觉上讲，连成整体的碗状坐席环抱赛场，上下层之间错落有致，无论观众坐在哪个位置，和赛场中心点之间都保持 140 米左右的最佳观赛视距。从听觉上讲，'鸟巢'的下层膜采用的吸声膜材料、钢结构构件上设置的吸声材料，以及场内使用的电声扩音系统，这三层'特殊装置'使内部的语音清晰度指标指数达到 0.6，保证了坐在任何位置的观众都能清晰地收听到广播。从皮肤感觉上讲，'鸟巢'的相关设计师们运用流体力学设计出自然通风系统，让所有观众都能享有同样的自然光和自然风。在'鸟巢'的观众席里，还有为残障人士设置了 200 多个轮椅坐席。这些轮椅坐席比普通坐席稍高，保证残障人士和普通观众有一样的视野。"②

就"鸟巢"与北京城所代表的外部空间的空间型构而言，"鸟巢"居于北京城中轴线的北端，这种中轴线由南至北沿着永定门、天安门广场、紫禁城、景山、钟鼓楼一路延伸到"鸟巢"，正是奥运会开场那气势恢宏的宛如巨人凌空而行的"大脚印"。"北京传统中轴线始于忽必烈建元大都，明朝建立以后，中轴线向南延伸，最终形成全长 7.8 公

① 李久林、杨俊锋、杨庆德、邱德隆、盛宇：《国家体育场（鸟巢）工程施工新技术综述》，《建筑技术》2008 年第 8 期。

② 梁爽、祁嘉华：《后现代主义建筑在中国—— 以鸟巢、水立方和央视新大楼为例》，《华中建筑》2010 年第 7 期。

里，南起永定门，北抵钟鼓楼，以紫禁城为中心的城市轴线。这条轴线形成了强烈的心理归属感，是北京城市的灵魂。梁思成先生说，‘北京独有的壮美秩序就由这条中轴的建立而产生’”[①]。随着北京城的现代化发展，这条中轴线不断延伸，而“鸟巢”相当于将中轴线延伸到25公里，一直延伸到北四环。

图5–7 以紫禁城为中心的北京城市中轴线

① 薛求理、贾巍：《北京奥运建筑——“鸟巢”的城市影响及社会效应》，《建筑师》2009年第4期。

图 5–8　位于延伸中轴线两侧的“鸟巢”和“水立方”，体现中国文化的天圆地方

这种空间型构无疑产生出新的文化政治内涵，有的论者不理解这一点，对于将“鸟巢”置于中轴线上持批评态度：“作为单体建筑，‘鸟巢’的设计无疑是成功的，但如果结合建筑环境来看，‘鸟巢’的选址就显得不合适了。首先，它位于老北京城中轴线北部的延长线上，在中国传统文化中，中轴线具有近乎神圣的文化地位，将体育场馆这样的建筑摆在这条线上，颇有些荒诞和调侃的味道了。另外，从大前门至景山近 8 千米的范围内，是风格统一的中国传统宫殿建筑，续上后现代风格的‘鸟巢’，从城市风格的整体性来看显然是不合适的。”① 殊不知，“鸟巢”的文化政治内涵，类似于处于长安街畔的国家大剧院“巨

① 梁爽、祁嘉华：《后现代主义建筑在中国——以鸟巢、水立方和央视新大楼为例》，《华中建筑》2010 年第 7 期。

蛋”，不在于传统的延续，而在于传统的创造性转化。中轴线一方面是传统中国的象征，另一方面也在被不断改写空间意义的指向，不能将“鸟巢”出现之前的中轴线视为单一的象征，否则如何理解居于中轴线中心的天安门广场呢？没有稳定的中轴线，和当代中国的意义指向相似，中轴线的意义指向一直处于变动之中。

正是在这个意义上，我们能够深入理解“鸟巢”的空间政治内涵。“鸟巢”作为奥运的标志，奥运作为中华振兴的标志，隶属于民族国家复兴的大叙事。沿着“中轴线”一路踏来的大脚印，潜移默化地缝合着传统中国、革命中国、改革中国的断裂。无疑，“鸟巢”对于中轴线的传统美学而言是不协调的，但这种不协调，正如天安门前的革命英雄纪念碑一样无法完全纳入紫禁城所代表的美学与意义的系统，在这个意义上，所谓“协调”的理论前提就是值得质疑的：这种思路将中轴线默认为一种静止的古典中国的代表。然而，中轴线不是一种传统的结晶，而是几种传统的博弈。在这种视角下，无论国家体育场“鸟巢”还是国家大剧院“巨蛋”，都是变动中的当代中国的美学结晶。只有在动态的意义上，我们方能深入把握“鸟巢”背后的空间政治意味：“改革”的中国以开放的胸怀吸纳各种文化传统并予以再创造，当我们谈论何谓中国时，中国不是一个完成的、封闭的样态，而是指向未来的多种可能性的交织。

二、庆典美学的“人文维度”：以北京奥运会开幕式为中心

在多年的举世期待里，奥运开幕式一直保持着“国家机密”的神秘色彩。当大幕揭开，宏大的场景、华丽的服饰、梦幻般的灯光运用、点燃北京夜空的美丽焰火，这场张氏（张艺谋、张继刚）“大片”可谓

成功。作为数字时代的奥运会，开幕式团队对LED、铝合金感光材料、“膛压发射”焰火技术以及地面升降舞台等娴熟运用，保证了开幕式“东方魔术”般的视觉效果。以坊间戏谑的“团队操”为主的演出形式，考虑到巨大的演出空间以及多年来的集体美学传统，从效果而言也确实精彩。不过开幕式值得反复琢磨之处，不在于美轮美奂的演出效果，而在于形式背后所承载的价值指向。毕竟这是比“春晚”更为典范的样本，在全球传媒的平台上，传播着当代中国所认可与主张的价值理念，几十亿的观众，影响无以复加。奥运会的开幕式（包括残奥会在内），无疑构成了我们理解当代中国时代精神的绝佳范例。

奥运会开幕式，搁置运动员进场等模式化部分不谈，可以分为升国旗、文艺表演、主题曲以及最后的点火仪式。国旗升起，素来是高度的政治符号与民族象征，恐怕是点火之外最为精心的设计。导演团队策划的重点是“孩子”：由9岁的北京小学生林妙可以稚嫩的童音领唱《歌唱祖国》，穿着民族服饰的五十六个孩子们护旗入场。众所周知《歌唱祖国》原本由王莘孕育创作于1950年国庆前夕，词曲铿锵，富于20世纪50年代的战斗气息，素来是激烈昂扬的爱国音乐，比如：“我们战胜了多少苦难，才得到今天的解放！”“谁敢侵犯我们就叫他死亡！”词曲经过了精心的改动：不仅旋律变得舒缓，而且在保证“爱国”的主旋律基础上，将原唱中第四段的“我们爱和平，我们爱家乡”提前到第二段，替换掉“英雄的人民站起来了”。这种精心“弱化”的处理方式，很明显回应着“中国威胁论”的潜台词。毋庸讳言，部分海外人士一直抨击北京奥运为柏林奥运的翻版，担心我国借此大肆扩张。面对相对不利的外部环境，升旗部分主动弱化了民族主义色彩与大国情调，以大气的胸怀回应误会甚或恶意，同时呼应着整个开幕式的核心主题。正是在这样的逻辑下，导演团队选择五十六个民族的孩子们护旗入场，不仅仅温和地寓意凝聚于“中国”的民族团结，而且对部分藏独分子挑起的争端所造成的关注也是一次委婉的回应。

升旗之后，开幕式过渡到文艺表演。如果说开幕式的焦点是点燃圣火，文艺表演则是重中之重。历时一个小时的表演，命名为《美丽的奥林匹克》，分为《灿烂文明》《辉煌时代》两部分。参考当晚的演出实况，又可以细分为古代的“画卷”“文字”“戏曲”“丝路”“礼乐”和现代的“星光”“自然”“梦想”。从古到今地表现五千年的“灿烂文明”与“辉煌时代”，关键性的难题在于叙述的线索——如何将上下五千年贯穿起来。表面上看，开幕式团队所选择的——用现场解说词来说——是“一幅跨越时空，意境优美的中国画卷，它讲述着博大厚重、意蕴悠远的中国故事”这种说法其实说不通，“画卷”仅仅是形式上的载体，它可以像显示器一样不断变换内容，但是这些内容又如何贯穿起来呢？开幕式真正的叙述线索，不是落实在具体的器物而是落实在“理念”上——“和谐”，换个说法即是“同一个世界　同一个梦想”。

“和谐”这一叙述线索，贯穿所有的节目形态。且看《灿烂文明》，这部分共分为五个小部分，各有迥然不同的侧重。笔者结合开幕式录像，不那么精确地做了一个统计：五部分中“文字”“丝路”部分用时最长，大约 7 分钟；“画卷”“礼乐”部分用时较短，接近 5 分钟；“戏曲”最短，不过 3 分 20 秒左右。为什么有如此差异？根本原因由距离“主题”的远近所决定。就“文字”“丝路”部分而言，“文字”部分最直接地点明“和谐”的理念，表演“和”字古往今来的三种书写，形态虽然细微有别，但是“和为贵”的理念贯穿始终，解说词甚至大胆地将孔子的思想核心归结于此；“丝路”部分则是追溯先人对交流沟通的殷殷渴望，尽管“风雨”时作，但是“同一个世界”的友好往来难以阻绝。“画卷”“礼乐”部分离“主题”相对远一些，“画卷”以舞蹈作画的方式展示中国画的空灵之美，同时带出贯穿后面表演的那幅山水画卷；“礼乐”部分作为《灿烂文明》的结尾，展现唐、宋、元、明、清各个朝代的盛世气象，“礼乐之邦”的“文明古国”的故事至此告一段落。“戏曲”部分和“和谐”主题关联最松散，毕竟京剧是一门高度形式化的艺术，又缺乏唱词提示（出场的是提线木偶），不适合承载相关理念。

图 5–9　北京奥运会开幕式现场

比较而言，《灿烂文明》这部分获得的赞誉更多一些，可能由于传统美学更为成熟。有论者认为《辉煌时代》部分杂乱，其实仔细分析的话，这一部分更为紧凑均衡，只不过调动的表意符号庞杂，古今中外杂陈在一起，乍看起来令人一头雾水——当然，另一个原因也是现代部分和晚清以来的“现代史”没有关联，缺乏年代的明晰标示，毕竟，“反殖”“革命”等并不“和谐”。《辉煌时代》部分细分为“星光”“自然”“梦想”三个小部分，如果我们把主题曲的时间也算上的话，这三部分时间非常平均，都在8分钟左右。就对应主题而言，分别叙述了族群之间、人与自然之间以及天人之间的“和谐”。“星光”部分的和平鸽与洲际图明确点题，表达了对国与国之间和平友好的期待，作为背景的“画卷”展现我国的南北风貌，“构建出一派人民安居乐业的和谐景象”；“自然”部分包括外在“环保”与内在“人与自然”的和谐两个主题。“太极”以太极圈的方式环环包围、旋转变化，暗指“人与自然”的“和谐”理念圆融相通；“梦想”部分比较而言就相对简短，在几位航天员的“飞天”之后，现场的地面神奇裂开，“地球”冉冉升起，衬托着浩瀚星光。同一个世界的我们，一起面对岑寂寥阔的宇宙，开幕式的气魄至此抵达巅峰，气氛也逼近高潮，在这一时刻，开幕式团队安排主题曲在“地球”上空唱响。

尽管争议不小，但是作为主题曲的《我和你》，无论是词曲旋律还是歌手的演绎，无疑是上乘之作。《我和你》之所以入选，还是在于严密地契合“和谐”的主题。“我和你，心连心，同住地球村”，还有比这样的歌词更直白地表达“同一个世界　同一个梦想”的吗？非常简单的歌词与旋律（一共四句，中英反复），使得“我和你”更像是可以唱出来的奥运口号，琅琅上口地传递着“和谐”的理念。作为最终的高潮，点火仪式可谓匠心独运，最打动人的并非屡见不鲜的威亚特技，而是伴随着“圣火传递”的回忆与重温，绕场奔跑的这一圈。基于众所周知的原因，中国的圣火传递，堪称奥运圣火几十年来最为委屈的一次旅程。如今点火仪式上的相逢一笑，消弭了“中国威胁”的论调，再次点明世界“和谐”的主题。无论如何分歧重重，曾经骄傲到自我封闭的古老中国，展现出的渴望回到世界的诚挚之心让人感动。

比较奥运会而言，残奥会的开幕式显得“简单”。必须声明，这绝非笔者心存歧视，而是二者的定位完全不同。无论如何反对“奥运政治化”，事实是奥运会的政治功能非常强大，这一点无论体育总局还是民间舆情并无异议。相反残奥会由于参赛团队的特殊性，反而可以更为朴素地回到体育与奥林匹克精神本身，或者用张继刚的话说，“要的就是静静的震撼”。

残奥会的文艺演出，大致可以分为由残疾艺术家表演的前半部分以及谭晶等明星表演的的后半部分。就歌曲、舞蹈、乐器演奏等节目而言，内涵并不复杂，比较震撼的还是点火方式——奥运会选择了“奔跑”，残奥会选择了“攀登”。出于对奥林匹克精神的尊重，在没有任何科技手段支持的情况下，残疾田径运动员侯斌背负着轮椅与火炬，用自己的双手攀升 37 米，在奥运圣火刚刚熄灭十多天后，点燃了同样光辉甚至更令人感动的残奥圣火。这正是“改革开放三十年”的大叙事，渴望“现代”的文明古国不断奔跑、顽强崛起，在世界面前徐徐展开“中国画卷”。

三、公共空间中的公民：奥运志愿者

评判奥运会的成败，竞技体育的成绩是一种指标，市民的广泛参与是另一种指标，这里包含着“国家 / 社会”的不同视角的理解。奥运会不仅是面向国际体育界的一次盛会，也是举办城市乃至举办国的一次盛会，对于奥运会这一巨大的公共空间而言，参与的主体不仅有各国的体育健儿，也有北京乃至外省的普通国人，他们不仅仅是坐在电视机前鼓掌的角色。毋庸讳言，由于政治体制与历史道路的差异，西

方部分媒体带着冷战的框架来看待中国，认为北京奥运会带有“国家奥运”的色彩，是国家主义的唯金牌论的炫耀，排斥着市民的广泛参与。

在这种背景下，作为公共空间的重要参与者，北京奥运会志愿者的杰出工作，扭转着这种偏见，彰显着“社会”维度上城市居民对于奥运会的广泛参与。就北京奥运会志愿者基本情况而言，“自 2006 年 8 月 28 日启动志愿者招募工作，到 2008 年 3 月 31 日报名结束，报名人数达到了 1125799 人，其中 908334 人同时报名残奥会志愿者，报名人数成为历届奥运会之最。最终录用了来自 98 个国家和地区的 74615 名志愿者，其中来自中国内地的 73195 人，来自中国香港的 299 人，来自中国澳门的 95 人，中国台湾也有 91 人入选，外籍志愿者共有 935 人。”[①] 就具体的人员组成而言，赛会志愿者以大学生群体为主，时任教

图 5–10　北京奥运志愿者

① 赖臻：《北京奥运会志愿者人数比计划原增加近 5000 人》，2008 年 7 月 17 日，新华社稿。

育部副部长的章新胜介绍，“参加北京奥运会赛会的大学生志愿者共有53000人，将参加残奥会的赛会志愿者共有21000人”。[①]

自信、开放、富于冒险精神的奥运志愿者的优秀工作，赢得了海内外媒体的高度评价，一种称呼应运而生——“鸟巢一代”。“奥运会开幕后第二天，韩国最大的报纸《朝鲜日报》就提出‘鸟巢一代’的概念，指那些为北京奥运会成功举办而活跃着的、受过高等教育和富有爱国心的中国年轻人，并视他们为未来中国现代化建设的领军群体。”[②]“鸟巢一代”的特征，集中体现在新浪网于奥运会闭幕当日举行的一次调查中。在网友们眼中，“鸟巢一代”首先是“自信”（55.3%）、“和平、和解、和谐”（51.9%）和“开放”（49.8%），其他还有理性爱国（48.4%）、友善（44.4%）、有梦想（44.1%）、敢于竞争（41.8%）、奉献精神（38.6%）、快乐（38.1%）、平等交流（35.0%）、责任心强（34.6%）和崇尚参与（34.0%）。这一切形象地描绘出了一幅中国“80后”青年的肖像。[③]从“鸟巢”、奥运会、竞技成绩到“鸟巢一代”“80后”及中国的现代化未来，奥运会志愿者的杰出工作，成为比竞技成绩更为深远的指标，显示着当代中国深刻的历史变化。

只有在深广的历史视野中，才能更好地理解志愿者的历史意义。奥运会志愿者的公共空间参与模式，扭转了传统的以单位、街道、居委会为主体的社会主义动员体制。社会学者在梳理新中国成立以来社会动员制度的历史性变迁基础上，将社会动员体制分为两个类别：组织化动员与社会化动员。“组织化动员是指利用原有行政管理框架、借

① 翟帆：《奥运赛会志愿者大学生近八成》，《中国教育报》2008年8月16日。
② 何流、段崴：《“鸟巢一代”的标本化意义》，《中国报道》2009年第2期。
③ 穆青：《“鸟巢一代”特点分析》，《北京青年政治学院学报》2009年第4期。

用组织推动、依托与国家完全同构的单位所进行的社会动员模式，其主要特征是每一个被动员者都和动员者密切相关，更确切地说，动员者与被动员者之间存在一种隶属性的组织纽带，其基础是动员者往往掌握了对被动员者而言至关重要的稀缺资源。而社会化动员则是指一种不再借助于体制内资源，毋须利用行政命令与组织推动的方式进行的资源动员，是基于市场机制的、利用各类传播媒介进行资源动员的模式。”①

无疑，奥运志愿者的动员机制，开始呈现出社会化动员的特征，奥运志愿者向全社会开放报名，自愿参与，不设政治待遇与物质报酬，而不再是依赖组织动员的强力支配。“志愿”所指向的“自愿”，意味着对于公民主体自由意志的尊重，这是一种对于社会成员的现代理解方式。志愿者之所以如此引人注目，正在于其折射的国家与社会关系的变化，以及这种变化所预示的青年一代与改革中国的未来走向：“社会动员模式的变化在某种程度上体现出转型时期国家与社会关系的变化。”② 同时，志愿者的出现，也挑战了以往对于“80后”一代“公/私”的理解。在以往的理解中，中国的青年一代被视为是“自私”的一代，高度自我，对于公共空间与公共事务保持冷漠。2008年，是围绕“80后”的各种舆论彻底转变的一年，奥运会志愿者乃至于之前的汶川大地震志愿者的出现，彻底扭转了围绕青年一代的印象。由于汶川大地震数十万青年志愿者令人感动地奔赴灾区，也由于“80后”的青年官兵构成了抗震救灾的主体，“80后”被评价为被地震改变的十

① 夏少琼：《建国以来社会动员制度的变迁》，《唯实》2006年第2期。

② 夏少琼：《建国以来社会动员制度的变迁》，《唯实》2006年第2期。

个关键词之一。从汶川大地震志愿者到奥运会志愿者，青年一代对于公共空间以及当代中国历史进程的深度参与，深刻改写了以往表面化、印象化的理解，志愿者所代表的这青年一代，被视为公民社会的基石。奥运会这样的重大节庆活动，留给我们的不仅仅是城市硬件的改善、奥运场馆的宏伟、金牌榜的傲人成绩，更包含着值得我们深思的价值遗产。

第四节　“心愿的空间”：作为参照的中小城市案例

改革开放以来，处于巨大历史转型中的中国社会，因其内部各地历史、资源、文化、制度等制约因素的不平衡，呈现出多元化的发展态势。北京、上海等一线城市之外，还有众多的中小型城市，包括小型城镇，都在我国的城市化道路上不断探索着自身的发展模式。不少中小型城市都在打造独具特色的文化品牌，并通过大型特色活动参与文化身份的建构。本章聚焦一线城市“开放”“人文”维度之外的二三线特色文化城市，以西安、苏州、常州的特色节庆活动为例，从节庆的产生背景、历史变更、主要内容等方面，代表性地分别分析其所体现出的“历史想象”“民俗想象”和“现代想象”，以及这些“想象”的文化指向。本章旨在特色文化城市的视角下，讨论节庆活动如何构建公共空间，以及市民文化对此的投射，是谓“心愿的空间”。

坐落在中国内陆拥有厚重历史资源的陕西，作为节庆大省，每年有各类节庆活动一百余项，主要分为当地自然景观与土特产的展示促销和在陕西悠久的历史传统中寻求自身特色文化建构两类主题。本章主要聚焦第二类，以长安国际书法节为例，通过活动内容和主要形式分析年会背后的三重维度，即文人雅集、经济振兴与文化认同。曾经的辉煌历史和如今的相对没落，西安有一种其他城市难以体会的历史与现实巨大落差的焦灼之感，一直谋求再次振兴。长安国际书法年会的模式，将西安复兴的心愿，落实在历史遗产的现代改造上。与上海的“大都会想象”比较，西安侧重建构以“历史想象”为特色文化的城市公共空间，谋求古都的现代化与国际化。如何从历史中复兴，长安国际书法年会给出了不同于京沪的答案。

如何在经济建设和历史文化保护中取得平衡，是大多数历史悠久的城市在现代化过程中遇到的难题，而苏州既有千年吴文化古迹和人文传统，又以骄人的经济指标引领区域发展，堪称其中的发展典范。在以特色文化引导城市公共空间发展的过程中，苏州的城市建设和布局体现了对古老与现代双重指向的看重，特色节庆中广大市民的普遍参与，也折射出传统民俗与现代文明相互融合的时代特质，彰显出新的活力以及再度演绎扩张的能力。以“心愿”为核心，“寒山寺除夕听钟”活动，既成为苏州面向世界的文化品牌，也寄托了苏州居民的美好祝愿与想象。

作为改革浪潮之下崛起的工业城市典型，常州 20 世纪末 21 世纪初期进入了后工业化转型阶段。成功举办过十余届的常州动漫节，不仅是常州产业结构转型的标志之一，同时也逐渐融入市民的公共文化生活，创造性地将动漫节和与之文化内涵一致的主题公园，整合为具有时尚性、科技性的新型城市节庆。与一般以商业贸易为目标的商业化节庆不同，动漫节是由政府与行业共同主导的大型节庆，以媒介事件的方式出现在常州的市民生活中，已经“泛化”到传统节日中，广大市民尤其是青年一代的积极参与，使得更开放、更富有青春活力和时尚品味的常州，还将在长三角城市群中大放异彩。

一、特色城市特色活动中的“历史想象”：长安国际书法年会

2013 年夏，在新媒体上一向平静到沉默的陕西，突然攀上了新浪微博等热点话题第一名，包括中央电视台、新华社等电视与平面媒体，也纷纷介入报道陕西的一则新闻：陕西师范大学六位老教师，年龄最大 80 岁，最小 59 岁，用毛笔为该校 4750 名新生手书入学通知书。这份全国唯一由毛笔填写的“饱蘸浓墨、一笔一画”的入学通知书，感动了网络时代的青年。习惯了网络时代的“速度、效率、标准化”这类资本社会特征的青年，面对书法所代表的古典时代的缓慢、认真、雅致，涌起一种久违的“乡愁”。

和发达的沿海城市相比，坐落在中国内陆历史尘埃中的陕西，对于自身有不同的文化定位，这种文化想象也决定着陕西节庆活动的特色，以及城市公民对于节庆活动的参与。据粗略整理，作为节庆大省，陕西每年有各类节庆活动一百余项，在节庆内涵上，大致分为两类：一类是当地自然景观与土特产的展示与促销，如汉中茶文化旅游节、汉中柑橘文化节、蓝田县杏花节、宜君县金秋核桃节、眉县草莓节、定边县马铃薯节、商洛市核桃节等。基本上是节庆的初级形态：所谓“文化搭台，经济唱戏”，借节庆开办商品交易大会。另一类是在陕西悠久的历史传统中寻求自身特色文化的建构，如汉中武侯墓清明文化旅游节、勉县诸葛亮文化旅游节、白水县仓颉文化旅游节、西安古文化艺术节、西安长安国际书法年会等。本节以西安长安国际书法年会为例，在特色文化城市的视角下，讨论这一节庆活动如何构建公共空

间，以及市民文化对此的投射，是谓“心愿的空间”。

西安长安国际书法年会每年举办一次，时间确定为每年3月最后一周，由陕西省旅游局主办，是一项面向海内外的国际书法交流活动。承袭长安的悠久文脉，西安被誉为“书法之乡”，书法名家辈出，又有碑林这样的书法圣地，其在世界上保存着数量最多的历代书法名作碑石。长安国际书法年会第一届举办于1986年11月，当时有中国、日本、新加坡、美国、欧洲及中国港澳地区一百多位书法名家参加。第一届是试运行，至1994年共举办了四届，之后中断了一段时间，于2005年恢复，取得一定社会关注，目前已成为海内外具有重要影响的书法节庆，每年有大量的书法家与书法爱好者借此机会雅集切磋。

图 5–11　泼墨挥毫的西安书法家

西安长安国际书法年会主要内容有：大型仿唐代雁塔题名仪式；中外书法家笔会；历代名人墨宝；文房四宝展销；书法理论研讨，参观碑林、石门十三品活动等。分析西安长安国际书法年会的活动，大致可以分为四类：其一是这类文化节庆的常见活动，如笔会与理论研讨会。其二是特色参观活动，如参观碑林博物馆，碑林收藏有自汉代以来的近 3000 件碑石，包含篆、隶、楷、行、草等各类书法名碑林。石门十三品则藏于陕西省汉中市汉中博物馆，系古褒斜栈道上 13 件摩崖石刻，作为传世不多的汉魏书法代表，被视为“国之瑰宝”。其三是仿古礼仪，如第一届就开创的大型仿唐代雁塔题名仪式，模仿古代考中进士时在长安大、小雁塔下题名。活动大致是由陕西歌舞剧团的演员身穿仿唐梨园子弟服装，演奏唐乐，海内外书法家在“唐开元皇帝”

的宣诏声中拾阶而上，在塔基下挥毫题名。[1]其四是经济活动，不仅有文房四宝展销，还要打造针对日韩等共享书法文化地区的文化旅游。2005年恢复长安国际书法年会的一个原因，就是重振受“非典”打击的旅游市场：“大批来自日本、韩国的旅游团队慕名前来，成为陕西省旅游节庆活动中文化与旅游相结合、相得益彰的典范。‘非典’后日本旅游市场的恢复一直不是很理想，于是陕西省将恢复年会，并办出新意，真正起到推动日、韩客源市场发展的作用。”[2]从以上的内容可以看出，长安国际书法年会包含着三重维度：文人雅集、经济振兴与文化认同。就文化认同而言，长安国际书法年会构建了城市公共文化空间，城市公民与节庆参与者以对于西安这座特色文化城市的理解参与其中，构建出契合城市自身的历史传统与文化想象的人文景观。

对于西安的理解，无法绕开对于长安的记忆。西安的前身长安，是一座曾经辉煌到让人目眩的世界级名城。作为十三朝古都，尤其在盛唐时期，长安成为当时世界上最大的城市，也是世界范围内第一个人口过百万的城市。然而“安史之乱”重创了黄河流域的经济，宫室廛闾，鞠为灰烬，大唐帝国落日，长安开始衰落，中国的经济中心也渐渐开始由黄河流域向长江流域转移。随着中心的转移，在新的国家想象中，长安不再是中心，而处于国土的西部。宋朝改名为京兆府路，元朝改名为安西路，而明朝建立后，明太祖洪武二年（1369），长安正式更名为西安。由于过去的历史过于辉煌，今天的西安，尽管依然是国家区域性中心城市，但往往被视为中国衰落城市之首，被视为颓败

① 刘荣庆：《首届长安国际书法年会：八方墨客会长安》，《陕西广播电视报》1986年12月18日。

② 李卫：《我省将恢复“长安国际书法年会”》，《陕西日报》2005年3月3日。

的“废都”。在全球化的经济格局中，传统守旧的观念沿袭、相对闭塞的西北内陆区位以及偏重农业、重工业的经济结构，使得西安的 GDP 排名始终在全国三四十位徘徊，不必说和北上广深一线城市比较，更是落后于东部沿海地区的中小城市。西安有一种其他城市难以体会的历史与现实巨大落差的焦灼之感，今天的西安，可能是全国最渴望认同、最期待证明自己的城市之一。

西安一直希望接续周秦汉唐的辉煌传统，谋求再次的振兴。2009 年 6 月，国务院批准《关中—天水经济区发展规划》，在该规划第二章“总体要求”之第四节“发展目标”第四条中，规划如下：城镇化水平有新提高。实现西（安）咸（阳）经济一体化，形成国际现代化大都市，城镇群集聚发展，城乡统筹取得突破，城镇化率达到 60%。在第三章“空间布局”之第三节“城镇体系”中提出：加快推进西（安）咸（阳）一体化建设，着力打造西安国际化大都市。据说这是中央文件在北京、上海后第三次出现“国际大都市”字样，西安城市发展目标从此定位于“国际化大都市”，在西安街头，这样的口号、旗帜铺天盖地。

诚如长安国际书法年会的模式，西安复兴的心愿，落在历史遗产的现代改造上，谋求古都的现代化与国际化。比较代表性的做法，是西安南城曲江新区的做法，曲江新区以大雁塔为核心，开发大慈恩寺遗址公园、陕西民俗大观园、大唐不夜城、曲江池遗址公园、唐城墙遗址公园等一系列城市公共文化空间。这些文化遗产保护区全部是开放式的，免费供市民休闲与游客参观。“在曲江模式背后，陕西省投资 7 亿元将 14 家文化产业整合为曲江集团公司，用‘国有民营’的方式来解决公共文化事业的经营难题。曲江模式为西安发展历史文化特色国际化大都市，打通了文化遗产保护之穴，也实现了文化产业和城市发展的共赢。”[①]

如果和上海以“大都会想象”为特色文化的城市公共空间比较，西安则侧重在以“历史想象”为特色文化的城市公共空间。只有在这个逻辑上，我们方能深切地理解长安国际书法年会。书法节不仅是文化旅游性质的商业空间，同样是构建文化认同与文化归属的心愿空间。西安作为长安古都的现代化，在某种程度上构成了中国作为文明古国的现代化的镜像，同时，对于如何从历史中复兴，长安国际书法年会给出了不同于京沪的答案。

二、特色城市特色活动中的“民俗想象”：苏州寒山寺钟声

“一座东方水城让世界读了 2500 年。一个现代工业园用 10 年时间磨砺出超越传统的利剑。她用古典园林的精巧，布局出现代经济的版图；她用双面刺绣的绝活，实现了东方与西方的对接。”——苏州荣获 2004 年中央电视台经济频道主办的“中国十大最具经济活力城市”大奖时所获的评语，非常精准地描述了苏州的文化定位。[②] 这个拥有悠久历史的城市，自春秋吴王阖闾初建以来，城址几乎未有迁移。古城区至今仍保留着水陆平行的双棋盘格局以及“三纵三横一环”的河道水系。苏州古城的古迹密度仅次于北京和西安，拥有保存完好的古典园林 73 座，其中拙政园、留园等 9 座被列入《世界遗产名录》。此外，昆曲、苏绣、丝绸、传统美食甚至吴侬软语等当地风物，都成为这一

① 《让 3100 年大秦历史文化唱主角》，《重庆时报》2010 年 8 月 6 日。

② 《让世界读了 2500 年　苏州规划三张必读牌》，见 http://business.sohu.com/20050413/n225185460.shtml。

古老东方水都的城市名片。与此同时，作为中国经济发展最快的城市之一，苏州 GDP 长期位居全国第六、江苏省第一。如何在经济建设和古城保护中取得平衡，这是大多数历史悠久的城市在现代化过程中遇到的难题，而苏州既坐拥千年吴文化古迹和人文传统，又以骄人的经济指标引领区域发展，两者的完美融合为其赢得了 2014 年城市规划界的诺贝尔奖——“李光耀世界城市奖”，成为唯一获此殊荣的中国城市。

苏州城市发展成功的“秘密”可从城市天际线中窥见一斑。苏州市中心根本见不到任何高楼，大多是老旧的城区，似乎与其惊人的经济实力并不相符。事实上，这正是为了保护老城区，苏州城市规划作出的硬性要求——市区不能建设 150 米以上高楼，古城区内建筑高度不得高于北寺塔的 23 米。苏州市区共辖 6 个区，市中心区域为古城姑苏区，古城西边为国家高新技术产业开发区，东边是苏州工业园区，苏州 200 米以上的高楼共有 8 座，均建于新区与园区两个开发区，从而形成了中心低、东西两边高的城市天际线形态。新区和园区是苏州经济发展的两大引擎，贡献了绝大部分的 GDP 产值。而城市中心的古城区则完美保留了“小桥流水，古迹名园”的风貌。融合传统与现代、东方与西方的苏州，正是这样一个具有多元特色文化的典范。

在城市特色文化的发展创新中，苏州同样注重非物质文化遗产和传统民俗的保护，每年在姑苏区都会举办元宵灯会、“轧神仙”庙会、端午民俗文化节等特色节庆活动，而跨年夜的“寒山寺除夕听钟声”则成为一项始于苏州、辐射全国，甚至名扬海外的苏州“新民俗”。随着苏州城的扩建，当年“姑苏城外”的寒山寺已然变成了城中古刹，然而其“夜半钟声”却随着张继《枫桥夜泊》的流传越敲越响。寒山寺建寺1500余年，在汉文化圈有相当广泛的影响。其开山鼻祖寒山与拾得在民间被认为是文殊、普贤的化身，合称“和合二仙”。所谓和合，即是“和谐”“融合”，是寒山寺文化的精髓。相传拾得曾飘扬过海，在日本传道，寒山的诗作也在日本广为流传，如今的东京近郊，也建有一座寒山寺，力图再现苏州枫桥寒山寺的景致。每年12月30日晚上，数千中外宾客齐聚寒山寺，等待辞旧迎新的钟声敲响。临近晚上10点，寺中僧人开始在大雄宝殿做佛事，诵经迎宾。11点42分10秒，寺中方丈将准时敲响祈福钟声，每10秒敲一次，共计108响。最后一声钟声响起时，正是新年的零点。关于为何要敲108响，历来主要有两种说法。一是认为一年有12个月、24个节气、72候，加起来108响，象征了一年轮回，除旧迎新；二是佛教认为人生有108种烦恼，钟声可消除烦恼，净化人心。

图 5–12 “寒山寺除夕听钟声”活动现场

自 1979 年起至今，“寒山寺除夕听钟声”活动已经连续开展了 38 届。其间，活动形式几经变动，海外游客人数亦逐年增加。38 年来，年年如是，对于苏州居民而言，新年之夜聆听寒山寺钟声已然成为“传统习俗”。然而如若细究下去，我们会发现“寒山寺除夕听钟声”其实是一项多元文化融合的现代“新民俗”。之所以称其“新”，是因为这一活动其实并不传统。就举行时间而言，“寒山寺除夕听钟声”活动准时在公历 12 月 31 日敲响，然而在中国的传统文化中，历来以农历正月初一为新年伊始，直到中华民国才开始使用公历纪年，定公历 1 月 1 日为新一年的起点。那么，寒山寺钟声为何在公历新年敲响？又为何被称为除夕钟声呢？这一切要追溯到寒山寺除夕钟声第一次响起之时——1979 年的“听钟声，祈祷世界和平法会”。

1979年盛夏，时任日本池田市中日友好协会副会长的藤尾昭先生向时任苏州市旅游局局长吴增璞先生提议，在除夕夜组织日本游客来寒山寺听钟，这一提议得到了中方的赞同。除夕之夜，藤尾昭先生率“迎春访华团”120位日本友人来到寒山寺聆听除夕听钟声，这是国内最早的一次寺院新年敲钟活动。此后这一活动连年举办，并逐渐扩散到全国其他寺院，专程赶来的海外游客也逐步扩大到奥地利、西班牙等10个国家和地区。[①]而公历12月31日，正是日本的除夕。当夜，日本寺庙会敲响108响钟声，人们会涌向神社和庙宇，参拜祈福。有趣的是，新年听108响钟声消除烦恼本是盛行于中国唐代的习俗，相传是鉴真和尚东渡时带到日本的，而现在这一习俗却因为一次“中日友好”活动在中国再次盛行起来，成为许多中国人尤其是佛教信徒不可或缺的节庆活动。

在政府的推动下，现在的“寒山寺除夕听钟声”活动已经从原来单纯的佛事活动转型为一个真正的现代民俗节庆。除了传统的亮灯祈福、听108响钟声外，还会上演佛教特色浓郁的梵呗音乐会；枫桥景区里更开起了节日庙会，重构了一个热闹非凡的江南传统节庆景象。人们可以在枫桥大街上一睹高跷队、大头娃娃巡回表演等活动，观赏灯彩、糖人、面塑等手工艺品制作，也可以品尝苏州特色小吃，甚至购买特色旅游产品。为了让更多市民参与进来，近年寒山寺发起了“网络钟声传递”活动，市民通过点击寒山寺网站上祈福古钟的Flash动画，便可听到寒山寺的钟声，还能收到方丈秋爽法师的新年祝福邮件。寒山寺的钟声带动了整个枫桥景区的发展，成为苏州城市发展文化旅游的

① 汪祖民：《寒山寺钟声魅力探源》，《中国·苏州——首届寒山寺文化论坛论文集》，2007年。

一个契机，甚至是海外游客体验“中国新年”的热门选择。作为文化古迹的寒山寺及其和合文化，在受到保护与传承的同时，也被转化为这座城市的文化资本。在对“寒山寺除夕听钟声”活动的消费中，海外游客满足了自身对古老苏州文化生活的想象，而普通苏州市民则通过一系列民俗活动获得了文化认同。

千年古刹、吴地禅风、钟声诗韵，当这些古老文化印记与民众的祈福心愿结合在一起的时候，便生出新的活力以及再度演绎扩张的能力。以“心愿”为核心，“寒山寺除夕听钟声”活动从最初的“中日友好”活动逐渐发展为融合佛教文化与苏州民俗文化的现代节庆，同时也打破了佛门清净之地与市井文化的界限，既成为苏州面向世界的文化品牌，也寄托了苏州居民的美好祝愿与想象。这一方面得益于寒山寺所倡导的和谐、融合的“和合文化”精神，另一方面也源于苏州的开放性特征。苏州经济具有明显的外向型特点，其经济增长的70%以上来自外资的贡献。而作为长三角的重要中心城市，苏州的现代城市文化也更具开放性和消化能力，在现代进程中将异质性的文化纳入自身日常生活的逻辑之中，进一步转化为文化资本，再度向世界输出。以“寒山寺除夕听钟声”为代表的这类现代“新民俗”，不仅是属于苏州市民的一种生活方式，也是面向世界的一场展览和一种文化消费品，日益呈现出市民化、市场化和国际化的特点。

三、特色城市特色活动中的“现代想象”：常州动漫节

早在1953年常州已是省辖市，2016年5月11日正式实施的《长江三角洲城市群发展规划》中常州作为长三角城市群中的一员，迎来了又一次高速发展的契机。新时期历史上，常州曾经是全国经济体制

综合改革试点城市和“苏南模式”的代表；作为改革浪潮之下崛起的工业城市典型，常州20世纪末21世纪初期进入后工业化转型阶段。常州常驻人口为四百多万人，城市规模在长三角属于中等偏上水平，户籍人口增长的主要原因为外来人口迁入。随着长三角经济带的崛起，逐渐富裕起来的原市民、城市新移民以及城市常住人口中的年轻群体形成了强大的动漫文化消费群，而在全球化时代，欧美、日韩等国的青年亚文化和大众流行文化在我国青少年受众中早已产生巨大的消费市场、产业前景和文化影响力。

2004年，常州动漫节正是面对这一新的文化和产业需求应运而生，最初名为中国国际卡通数码艺术周，作为文化部发展文化产业的重要试点之一，是由国家文化部批准立项的全国第一个得到国家主管部门认可的卡通数码艺术专业展会。2006年更名为中国（常州）国际动漫艺术周。自2014年开始，固定于每年的9月29日—10月5日举行。[①] 目前，常州已成为苏南动漫产业区域集群带[②]的龙头城市。[③]成功举办过十余届的常州动漫节，不仅是常州产业结构转型的标志之一，同时也逐渐融入市民的公共文化生活，成为具有时尚性、科技性的城市新节庆。

与日韩等国的动漫节相比，我国的动漫展会一般呈现“官方主导、政府推动、企业主角、媒体宣传、公众参与”[④]的典型特点，而能够举办高端动漫展会的城市必然具备开放性强、勇于创新的文化精神，同

① 《中国（常州）国际动漫艺术周》，见 http://js.qq.com/cicdaf/ysz/about.htm。

② 我国动漫产业区域集群带以京、沪中心城市和沿海经济发达地区为主导，集中在环渤海、长三角和珠三角。华东地区集中在上海、浙江、江苏和福建，以上海、杭州、苏州、无锡、常州、南京、厦门和福州为代表。

③ 李家国：《中国动漫产业结构优化研究》，南京大学出版社2012年版，第51页。

④ 赵勇：《中国动漫展会发展浅析》，载卢斌等主编：《中国动漫产业发展报告（2011）》，社会科学文献出版社2011年版，第236页。

时还要在动漫行业起步较早，拥有较为雄厚的产业基础和丰富的产业经验，以及准确的市场判断，能够通过拓展动漫形象、传播动漫文化，使动漫文化融入城市公共空间，[①] 常州恰恰具备这些优势，在文化产业发展的背景下，成功地将动漫节和与之文化内涵一致的主题公园整合为新型城市节庆，使得“乡土常州”“工业常州”变为“现代常州”“文化常州”。当前“生产基地—主题公园—文化节庆”三头并进，已经成为常州发展文化产业和展示城市形象的重要战略。[②]

著名的东京动漫节作为一种节庆经济形态，助推东京在世界城市中形成“动漫东京”的文化品牌，而常州这座处于城市文化转型之中的中国江南城市，极有可能结合本土经验，成为享誉全国甚至世界知名的中国动漫之城。20 世纪 80 年代的常州，市民文化生活与工业化图景息息相关。在这个以轻工纺织业、红梅照相机、火车头制造而闻名全国的工业城市，传统常州市民文化生活充满工业经济增长时期所带来秩序感与优越感。直至现在，当人们乘坐横贯长三角城市群的高铁经过常州戚墅堰区时，仍可看到高耸入云的巨大烟囱、笨重的运河驳船、怀旧感十足的废弃铁轨。这样的城市文化符号，可以基于人们对于工业时代的怀旧感重新包装，例如旧工业厂房、仓库改建的酒吧、咖啡厅等反而成为城市青年聚集的场所。然而这种工业符号并不能在其他缺乏工业记忆的居民中形成普遍认同，更无法形成能够影响全国的文化产业。随着城市经济结构调整，城市文化必然需要作出相应调整。常州敏锐地抓住了动漫这一朝阳产业，以动漫节为载体，通过一

① 殷俊主编：《动漫产业与国家软实力》，中国书籍出版社 2012 年版，第 208 页。

② 生产基地为常州国家创意产业基地（高新区）和常州国家动画产业西太湖基地；主题公园为恐龙园和环球动漫嬉戏谷；节庆为中国（常州）国际动漫艺术周。

图 5-13 常州动漫节活动现场

系列动感、可爱、轻松、时尚的青年文化符号，吸引了大量本地市民和外地游客参与，也促成了本地文化产业及文化贸易的发展，包括常州恐龙园、嬉戏谷等政府主导的新兴大型旅游项目，都是从同一文化定位出发，运用同一文化策略取得了口碑、民心和市场的多赢。这样的文化消费奇迹，被常州本地媒体引以为傲地称为“无中生有”。而这个“无中生有”，实质是以动漫为代表的现代时尚逐渐取代常州曾经的工业文化记忆的过程。

节庆在文化功能上发挥着实现情感交流、寄托信仰、传递社会习俗的作用，它以一种“仪式化”的事件形成了对城市居民及其文化生活方式的“召唤”，值得注意的是，与一般以商业贸易为目标的商业化节庆不同，动漫节是政府与行业主导的大型节庆，常常以媒介事件的方式出现在常州的市民生活中。一方面，20世纪后期，常州在经历了工业化浪潮的冲击之后，传统节庆例如庙会、祭祀等，逐渐退出了市民的日常生活和城市的中心区域，甚至被边缘化；另一方面，各大电视和报刊媒体、网络媒体、自媒体，尤其是常州本地媒体对动漫节的报道和呈现，往往将其建构为新兴城市空间中视觉化的节庆生活，强调其新锐、时尚、流行的一面，引导其为超越传统节庆形式的新市民文化。现在，动漫节作为一种节庆已经“泛化”到传统节日中，动漫主题公园以其刺激性项目和视觉化包装，在传统节假日吸引大量游客，为人们提供了一种迥异于传统的节日体验。以动漫为“节日”，为常州的经济文化转型构建新的城市公共空间，同时也深刻影响到常州与常州人的文化性格，如今更开放、更富有青春活力和时尚品味的常州，还将在长三角城市群中大放异彩。

第五节　城市公共空间在铸造城市文化中的公共职能

活动视野中的城市公共空间具备“多重指向”，在引导“文化认同”

和塑造“市民文化精神”方面发挥重要作用。城市空间的“公共性”，关键在于其公开的空间场所和广泛的公众参与，而以大型特色活动为表征的特色文化城市之“公共空间”，则能够提升城市的文化竞争力，发挥重要的公共文化功能。以大型活动为背景，城市公共空间的形成一定是政治、资源、经济、文化等多重因素合力的结果，城市公共空间的大型特色活动，为城市带来经济利益、文化效应，也彰显了城市的精神气度和政治水平、人文内涵。

上海双年展、上海世博会、北京奥运会等一线城市的文化公共空间，如何通过重要活动形成独特且符合自身发展定位和趋势的文化身份；二三线城市的公共空间在发展过程中，如何通过广泛的民众参与和集体化的自我想象建构出更富有活力和潜力的新市民文化。城市公共空间在不断的动态发展中，在共同记忆和集体意识的基础上，如何促使处于异质多元不稳定状态的大众形成文化认同。城市公共空间的大型活动，涉及城市空间构成的现代化变迁，以及传统公共文化生活在当代城市公共空间中功能和内涵的演变。中国的城市化进程影响了传统生产消费模式以及人们的价值观念，某种程度上使得时代精神与传统文化难以对话，成为各种现代性问题的现实根源，而通过节庆和大型特色活动建构城市的特色文化，恰恰可以对此作出有效回应。以大型特色活动为代表的特色文化产业创造的经济利益，不仅促使城市文化生产和再生产使其具有更广阔的发展空间，同时还为大型文化提供想象的空间，在具体社会生活中发挥精神凝聚力，不仅使生活在其中的城市居民产生认同感和归属感，也可以帮助建立独特城市印象。特色城市的公共文化空间如何影响和塑造市民的文化精神？节庆作为文化认同的重要载体之一，在文化功能上就是以一种“仪式化”的事件，形成对城市居民及其文化生活方式的“召唤”，个人体验由此得以与群体情感和集体意识链接，从而促进文化共同体的夯实和发展，而群体在大型活动中的集体意识以交流和互动为基础，反过来又有利于解决个体的文化困惑，最终凭借大型活动中的共同记忆和共同文化情结，人们对象征性的文化符号和仪式产生共鸣，使原子化的个体锚定其在城市空间中的文化位置，城市的市民精神由此得以发展。

综上所述，对大型活动空间生产的理解，既可以对城市化进程进行历史解读，也可以对特色城市的个案展开研究。发展特色城市文化和大型特色活动、特色节庆，不仅给传统节庆注入新的时代内容，唤起民族的集体记忆，加深民族文化认同，同时也会带来巨大的经济效益和社会效益，提高城市文化品牌美誉度，展现国家文化软实力和城市竞争力。

一、活动视野中城市公共空间的多重指向

城市公共空间以一定物质空间形态为载体，传达着特定的政治、经济、文化内涵，为城市公众建构精神归所。其“公共性”体现于公开的空间场所、公众参与等，其具有地域文化与特色内涵的“公共场所”，提升了城市的艺术格调与文化氛围，并具有重要的公共文化功能。列斐伏尔（Henri Lefebvre）在其《空间：社会产物与使用价值》一文中提出，“每个社会都处于既定的生产模式架构里，内含于这个架构的特殊性质则形塑了空间”[①]。福柯（Michel Foucault）也曾指出“空间是任何

① ［法］亨利·列斐伏尔著：《空间：社会产物与使用价值》，王志弘译，载薛毅主编：《西方都市文化研究读本》第三卷，广西师范大学出版社2008年版，第25页。

公共生活形式的基础。空间是任何权力运作的基础”[①]。可见城市公共空间，本身所体现的空间—权力关系隐含着深刻的意识形态，同时它的建构也离不开社会因素合力的影响，在城市的不同发展阶段，伴随社会文化思潮的变迁，城市的公共空间从物质实体到内涵、功能等都随之发生着历史性变化——“空间既是在历史发展中生产出来，又随历史的演变重新结构和转化”[②]，因此可以说，城市的公共空间正是多种元素合力形塑的结果。

活动视野中的公共空间，亦包含着“多重指向”。在特定的城市公共空间中，大型特色活动通过其特定主题，展现和影响着城市文化以及城市中的人。大型特色活动对城市文化的环境、资源都有着较强依赖性，在政治、经济、文化等推动力相互交织运作之下，既影响着城市的文化品牌，又转变为被人们所能感知的精神空间。列斐伏尔在《空间》中谈到“空间性”时曾提出这样的疑问：“精神空间（感知的、想象的、被表现的）与社会空间（被建构的、被生产的、被规划的，尤其是都市空间）之间是什么关系？”“空间（被表现的、被设计的、被建立的）是如何进入社会、经济，或者政治、工业与都市的实践中的？”[③]梳理城市公共空间中各因素的关系和相互作用并非易事，然而以节庆为背景，显而易见城市公共空间的形成也一定是多重合力的结果，离不开城市本身由来已久的文化积淀，离不开政府的政策支持。比如上海世博会之后，中国馆改名中华艺术宫，举行各种艺

① 包亚明主编：《后现代性与地理学的政治》，上海教育出版社 2001 年版，第 13—14 页。

② 包亚明主编：《现代性与都市文化理论》，上海社会科学院出版社 2008 年版，第 110—111 页。

③ ［法］亨利·列斐伏尔著：《空间：社会产物与使用价值》，王志弘译，载薛毅主编：《西方都市文化研究读本》第三卷，广西师范大学出版社 2008 年版，第 37 页。

术展览，成为上海城市艺术博物馆体系中的重要展馆，继续服务于上海的城市文化事业。此外，节庆视野中的城市公共空间也需要文化资源市场化之后的产业支持，以及城市文化底蕴赋予人们的对于空间的文化想象。值得注意的是，活动视野中的公共空间，与“人”关系甚密。“心愿的空间”正是取决于“人”在“活动”空间中对于城市以及自身的文化定位和发展想象。活动主题就是基于城市的文化特色及底蕴，通过广泛的民众参与和集体化的自我想象，对城市活动公共空间的符号化表达。

城市公共空间的大型特色活动，为城市带来经济利益、文化效应，也彰显了城市的精神气度和政治水平、人文内涵。2008 年北京奥运会，是一次体育和文化的盛会，“绿色、科技、人文”的诉求依托“鸟巢”——融建筑、人文、艺术、空间政治等元素于一体；奥运开幕式展示了中国传统文化的博大精深，体现着奥运会蕴含的文化与政治指向。在上海，从地域性走向国际性的上海美术馆，承接国际前沿的艺术交流活动，迁入世博园中国馆原址——今中华艺术宫后，艺术空间的迁移，并不影响其为上海这座城市增添艺术魅力，继续发挥艺术功能。而南市发电厂改建为城市未来馆，功能的转换也见证了上海城市文化的变迁，“发电厂”作为工业时代的典型表征，让位于城市未来馆的“未来想象”。上海当代艺术博物馆的上海双年展，代表了城市文化先锋的一面，建构了城市现代艺术交流空间，体现了上海文化自我反思、创新的一面。此外，双年展中的当代艺术与西方现代艺术有着颇深因缘，上海双年展的兼容并蓄，暗合了上海沟通东西、对话历史与当下的文化精神。

与私人空间相对的城市公共空间，最重要的特性便是其分享性，分享空间、分享心愿、分享对未来的美好愿景。城市公共空间的大型特色文化活动，完成着城市经济、文化等资本、资源的整合，也铸就着心愿的空间。西安长安国际书法年会于3月末举办，年会及其系列文化活动，在历史文化底蕴深厚的古长安城，相互增色，实现着文化传承与“现代”环境的相契合。“西安想象”通过书法传统文化精髓，转化为“长安想象”，在城市现代化进程中的发展焦虑，通过一系列大型特色文化活动，逐渐转化为文化身份自信。苏州寒山寺每年除夕隆重举行敲钟仪式，众多市民及游客慕名前来敲钟祈福，寄托美好愿望，实现了传统文化与当下日常生活中“新民俗”的链接。常州国际动漫节始于国内最早以动漫为主题的数码艺术周，经过十余年的打造，逐渐发展成为一个国家级、国际性动漫产业交流、交易平台，实现了城市发展中文化与经济的双赢。可以说，大型活动是一个城市历史、人文、风俗、习惯等文化积淀的综合产物，与城市文化结合紧密的节庆活动，凸显着整座城市的特色文化，打造城市品牌，增加城市知名度与美誉度，兼具文化与经济效益。

二、活动视野中城市公共空间的文化认同

城市公共空间作为流动性社会经济网络的主要空间链接点，既受政治、经济、历史、文化的合力影响，承担着各种复杂的社会功能，其本身也是不断动态发展的。传统的城市公共空间主要用于信息交流以及节日庆典，现代城市公共空间则更多承担人们的休闲娱乐。在构成共同记忆和集体意识的现代城市公共空间里，如何促使处于异质多元不稳定状态的大众形成文化认同以及他们如何想象各自的城市文化身份，成为当下对城市社会问题的研究课题。

对城市大型活动公共空间的理解，既可以作为都市的城市化历史解读，也可以结合具有地域文化特色的城市个案研究，探索城市特色文化和公共空间的发展策略。城市公共空间的大型活动，涉及城市空间构成的现代化变迁，以及传统公共文化生活在当代城市公共空间中功能和内涵的演变。某种意义上可以说，中国城市化进程影响了传统生产消费模式以及人们的价值观念，而在此过程中产生的许多问题，已经超出传统人文社会科学研究的框架。刘士林在论述城市化问题时指出影响波及全球的城市化浪潮和城市化进程本就是各种现代性问题的现实根源，当代城市纷纷以国际化大都市为发展目标，其所带来的各种经济、政治、社会问题不仅数量众多，性质也十分严重。[①]

具体到转型中的当代中国社会，由于人口基数巨大、城市化起点低、发展速度快以及自然环境与历史条件格外复杂等原因，中国城市化进程的曲折与痛苦可想而知。而当代中国社会经济的不断发展以及对于经济利益的过度重视，某种程度上使时代精神与传统文化难以对话，当下中国的传统节庆已呈式微。由于知识结构和情感结构的“西化”倾向，提到中国的城市节庆，许多人都会以西方现代知识话语作为理论依据和研究框架，用带有“冷战”和二元对立因素的思维定势，将节庆尤其是与传统文化相关的节庆，划分为与农耕文明相关联的概念，潜台词即为传统、落后、过时，与现代生活脱节。例如在微博、微信、贴吧等青年文化占主导地位的网络平台，全国性的传统节庆常常被贴上农历节日、农民节日的标签，被批评为老土、落伍

① 刘士林：《关于中国式城市化的若干问题与启蒙思考》，见 http://www.aisixiang.com/data/91667.html。

和无趣。因此，如何通过节庆和大型特色活动建构城市的特色文化，如何处理传统与现代、全国性与地方性、民族性与世界性之间的矛盾，如何在全球化浪潮中保持自身文化的独特性和影响力、吸引力，正是以北京、上海为代表的国际化大都市，以及正在寻求城市化改革策略的中小型城市，在锻造文化品牌、传播文化形象上无法回避的课题。

节庆等大型活动以群体参与性强为特点，受地缘政治、历史地理资源、经济文化水平等因素制约，其内容和形式在流传与传承过程中发生一系列的变化，也会导致市民参与体验和价值观的差异。伴随着中国社会的巨大转系，我国开展了世界上规模最大的城市化进程，大量农业人口涌向城市，资本裹挟的强大市场力量与微弱的城市市民社会两股不对称力量的巨大反差，共同影响、塑造了新的城市公共空间，以大型活动为代表的特色文化产业创造的经济利益，促使城市文化生产和再生产具有更广阔的发展空间，同时还为大型文化提供想象的空间，不仅使生活在其中的城市居民产生认同感和归属感，也可以帮助游客建立独特城市印象。从中国现代城市公共空间的特色大型活动文化建设个案来看，无论是北京、上海等大都市重新审视城市文化本体的根基促使地域文化与外来文化融合，在大型活动中模糊不同社会群体的界限，还是西安、苏州等特色文化城市利用历史文化优势，在节庆活动中将价值观念、民俗特长、发展愿景等元素整合一起，于休闲娱乐中最大限度展示地方习俗和生活方式，并由于获得同源、异质文化的较高评价，一定程度上都影响了市民参与者的价值取向和文化心理，在节庆活动中最大限度地展现了特色文化城市的文化自觉和文化自信。

表 5–2　节庆活动综合价值评价示意[①]

经济综合效益	社会综合效益	科技效益
特色收益	商誉和知名度	引进项目
经贸洽谈	社会交往	引进技术
商品交易	自豪感	
资金投入	交通影响	
人力投入	文化影响	
	环境污染	

综合常州动漫节的案例，可以发现无论是以儒家学说为主流的传统文化，还是新中国成立初期的工业文化，当城市公共空间的社会结构经过历史变迁产生巨大变化，传统的节庆仪式就会在城市化过程中随着人们生活方式的改变发生位移，而现代城市公共空间所负载的现代人的生活体验和情感结构已不断转换成各种新的文化符号，由此节庆活动在展现城市社会与文化变迁的同时，也具有了与时俱进的时尚特征。在全球化的时代背景下，跨国资本参与制造了全球化的景观社会，某种程度上西方流行文化、大众文化正通过文化产品向全球范围内不同国家、区域渗透，诱使发展中国家复制模仿生活方式以及价值观。面对以生活化、通俗化为特征且渐成主流的大众文化，青年一代的文化观日益出现趋同性、从众性与平面化倾向，发展特色文化城市、大力提倡特色文化活动和大型特色文化、特色节庆，正好回应这一文化难题。如何在异质文化面前保持本土意识和文化传统，不应只关注抽象层面的文化共性或文化差距，而应更注重能在具体社会生活中发挥作用的精神凝聚力的形成，和文化认同

① 刘亚禄、徐铁夫：《节庆活动的综合评价》，《中国统计》2004 年第 8 期。

的引导力。

当代节庆仪式融合渗透着当代国家治理技术和权力关系，政府对节庆等大型活动的积极干预和支持，不仅会给节庆注入新的时代主流文化精神，也会唤起民族的集体记忆，加深人们的文化认同。例如北京奥运会的举办从选址规划到各种主题活动，以及志愿者和市民参与，都有政府力量的介入和保障，而奥运会的成功举办对整个国家文化—政治形象的建立和中国文化软实力的展示，以及中国民族文化的传播都意义重大、影响深远。此外例如政府积极倡导的常州动漫节、青岛国际啤酒节、丝绸之路艺术节等，对于当地的文化产业、文化贸易和文化定位及未来城市文化发展策略都具有巨大的推动力。不可否认，成功举办的特色节庆活动往往会给举办城市带来巨大的经济效益和社会效益，如依照图5-14[①]中的长短期评价标准，举办节庆不仅是对当地经济水平、管理能力的考验，更会从诸多方面促进城市发展。然而就目前的发展规模和影响力而言，我国的大多数大型特色活动与特色节庆，都还局限在一地一区，没有形成规模化体量，也没有世界范围内的影响力，同时值得注意的是当前国内各大城市节庆活动虽名目繁多，但总体看来文化水平不高、管理能力不强、公共参与性不足，且不少活动缺乏个性特色甚至已经出现同质化模仿的情况。如何塑造城市特色文化、加强文化认同，仍可谓全球化时代城市公共空间发展的重要问题，仍需要各方面力量协同努力。

① 黄翔、连建功：《中国节庆旅游研究进展》，《旅游科学》2006年第1期。

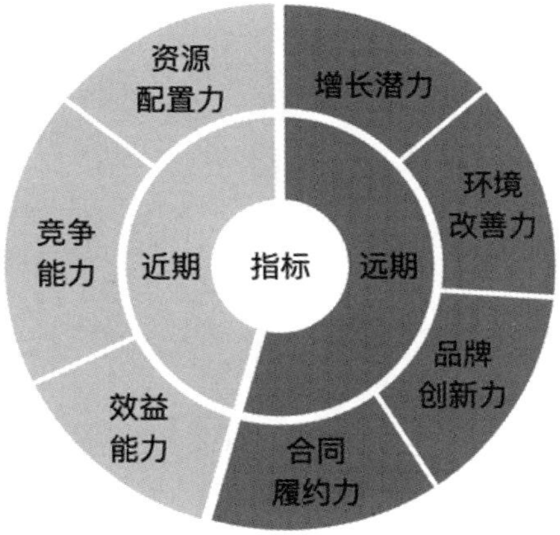

图 5-14 节庆经济定量评价体系

三、活动视野中市民的文化精神

在一个高度竞争性的时代，文化的刚性功能容易被不断强化，文化的基本功能反而易被忽视。“文化价值作为一个国家和地区公民身份认知的根本，是人们相互交流的基础，文化为经济发展的启动设定了成功的框架”[①]。正是城市文化，让人们感知城市变化，完成着自我身份的确认。城市文化构成了城市内在的精神要素，反映着一个城市和地区中人们的价值取向、精神诉求、思维方式和内在认同，也在很大程度上影响着一个城市的发展方向和路径。城市作为市民居住生活的场所，无时无刻不在塑造着人们的家园意识。莫里斯·哈布瓦赫（Maurice Halbwachs）在《论集体记忆》中指出，“文化记忆关涉到人类社会和思想的历史延续性问题，通过群体成员一起参加纪念性集会，能在想象、在通过重演过去来再现集体思想”。[②] 这种集体潜意识促使人们对城市

① 张伦书：《论节庆经济持续创新力与评价指标体系》，《桂海论丛》2002 年第 3 期。
② ［法］莫里斯·哈布瓦赫著：《论集体记忆》，毕然等译，上海人民出版社 2002 年版。

空间文化的感受，不仅有外在形象诸如公园、街道等视觉感知，更有触及内心的生命体验。

德国哲学家斯宾格勒（Oswald Arnold Gottfried Spengle）曾在其《没落的西方》一书中认为，“每一种文化都植根于它自己的土壤，各有自己的家乡和故土观念，有自己的风景和图像”[①]。结合当地文化特色，与城市文化相联系的节庆形式多样，艺术类的诸如爱丁堡戏剧节、威尼斯双年展等，民俗类的有西班牙奔牛节、突尼斯沙漠节等，产业类的有东京国际动漫节和威尼斯、戛纳、柏林世界三大电影节等。我国国内比较知名的城市节庆有上海国际电影节、青岛国际啤酒节、山东潍坊国际风筝节、西湖国际博览会、曲阜国际孔子文化节等。这些城市公共空间中的节庆，都兼具文化与经济效益，以独特的文化定位实践着文化与产业的融合，提高了城市知名度、美誉度与影响力，同时也参与了市民文化精神的塑造。

很大程度上可以说城市公民是城市公共空间中的重要主体，而公共空间是公民身份的象征意义得以成立和实现的空间场域。城市公民对于城市的情感记忆与身份意识，体现于城市建筑、文化艺术、历史等有形与无形的资源上，也体现在具有城市文化特色的大型活动中。大型活动作为文化认同的重要载体之一，在文化功能上是以一种“仪式化”的事件，形成了对城市居民及其文化生活方式的“召唤”，个人体验由此得以与群体情感和集体意识链接，从而促进文化共同体的夯实和发展，而群体在大型活动中的集体意识以交流和互动为基础，反

① ［美］伯顿·克拉克主编：《高等教育新论——多学科的研究》，王承绪等译，浙江教育出版社2001年版，第22页。

过来又有利于解决个体的文化困惑，最终凭借大型活动中的共同记忆和共同文化情结，人们对象征性的文化符号和仪式产生共鸣，使原子化的个体锚定其在城市空间中的位置，由此城市的市民精神得以发展。例如2008年北京奥运会期间，“鸟巢”作为空间化的物质形态，体现了传统、现代、未来相结合的文化寓意；“鸟巢”内部，开幕式所标识的奥运内部空间，铸就着想象化、情感化的精神空间。而北京奥运会期间，无数志愿者的参与，则推动了城市公民精神建设。“文化价值是人们作为一个国家和地区公民身份认知的根本，是人们相互交流的基础，文化为经济发展的启动设定了成功的框架”[①]。因此可以说，正是城市文化，让人们感知城市变化，完成着自我身份的确认，正是市民文化、市民精神，铸就和影响了城市文化。

不容忽视的是全球化背景下，当代中国城市传统文化及其延伸的传统生活方式受到冲击，城市中的居民在大众传媒与商业资本联合打造的“景观社会”中，逐渐失去对自身文化身份的定位和认同，曾经的生活方式、习俗遭到遗弃和变革，传统民族文化正在失去凝聚力和影响力，城市文化日益趋同，不少地方呈现出“千城一面”的文化形态，从而产生“谁是城市主体”以及“家园何处去”等忧虑。对活动空间生产的理解，既可以对城市化进程进行历史解读，也可以对特色城市的个案展开研究，这不仅涉及城市的现代性变迁，也涉及传统的社会空间到当代城市空间功能和内涵的演变。以2013年国家城市文化竞争力指数城市排名前十位（见图5-15）的城市为例，无不积极发展城市

① Logan William S., “The Cultural Role of Capital Cities: Hanoi and Hue, Vietnam”, *Pacific Affairs*, 2005, pp.559–575.

特色文化产业，而以大型活动为代表的特色文化产业创造的经济利益，反过来会促使城市文化生产和再生产具有更广阔的发展空间。城市为活动文化提供想象的空间，使生活在城市的居民产生文化认同和精神归属，提供了安妥灵魂的精神家园，也提高了城市文化的凝聚力、影响力和辐射力。发展特色城市文化和大型特色活动、特色节庆，不仅给传统节庆注入新的时代内容，唤起民族的集体记忆，加深民族文化认同，同时也会带来巨大的经济效益和社会效益，提高城市文化品牌美誉度，展现国家文化软实力和城市竞争力。

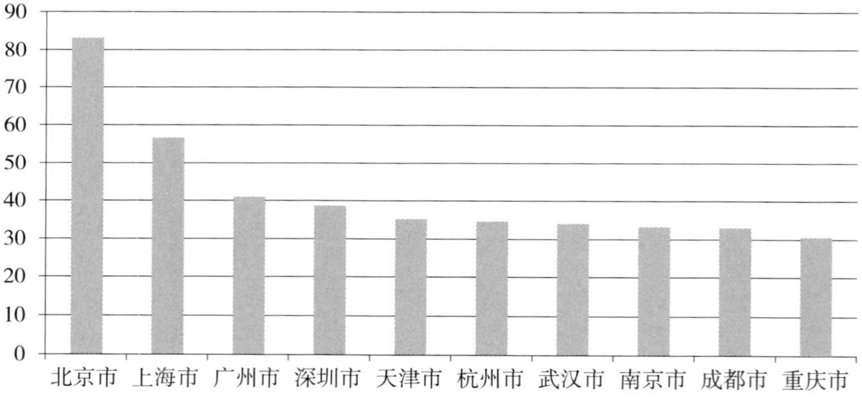

图 5–15　2013 年国家城市文化竞争力指数城市排名前十位[①]

① 范周主编：《中国城市文化竞争力研究报告（2015）》，知识产权出版社 2016 年版，第 66 页。

第六章　特色节庆与特色文化城市

第一节　节日的含义、分类以及与特色文化城市的关系

节日是社会生活中的重要而特殊的日子，是人类社会传承下来的一种民俗文化。这种特定的日子以法律或民间约定俗成的形式固定下来，并衍化成一种全民的习俗和习惯。节日大体可分为两类：一类是传统的节日，一类是新兴的节日。无论是传统的节日还是新兴的节日，但凡散落到民间，发生在各地域各城市之间，就会折射出斑驳陆离、迥然相异的色彩。节日总是发生于人口聚集区域，因此节庆文化就会勾连和攀附着城市文化。城市人通过现代节庆躲避生活的重荷与城市的喧嚣；城市人也通过节庆铸造地域的特色和城市的地标。

一、节日的含义与分类

传统节日的形成往往是个历史的过程，起始的原因或源自历法节气，或源自图腾崇拜，或源自宗教祭祀。而现代节日则往往源自某人某事某物的纪念，或某种倡导和某种营销。

2008 年开始我国政府修正国定节假日，实行春节、清明节、端午节、劳动节、中秋节、国庆节、元旦等节日的休假制度。这是国家明

确以国定假日形式固定下来的全民节日，除此之外以国定节假日形式固定下来并在部分人群中实行的还有妇女节、青年节、儿童节、建军节。就这些法定节日而言，实际上大致可以分为两大类，一类是传统的节日，是人类在千百年来约定俗成的特殊日子，如春节、中秋节、端午节、清明节等都属于这类传统的节日；另一类是新兴的节日，是现代社会为了某种纪念和倡导，某种需要和寄托，人为营造和筑就的特殊日子，如国庆节、劳动节、妇女节、青年节、儿童节、建军节等。其实游离于这些国定节日之外还有许多节日被老百姓承认并活跃于民间，比如传统的元宵节、重阳节、腊八节等等，新兴的教师节、情人节、母亲节等等。

近年来异军突起的11月11日所谓的“光棍节”，本来以为是一场自发的民间“轻喜剧”，后经过商业炒作和互联网的加盟，竟演变成为以青年为主体裹挟全民参与的购物“狂欢节”，2016年“双11”淘宝商城购物狂欢节营业额已突破1207亿元大关，早在2011年淘宝购物这一天就突破40亿元大关，2012年达到191亿元，2013年翻倍达到350亿元，2014年已突破571亿元，2015年“双11”达到912亿元，2016年刚好遇上周五，据统计单日淘宝支付宝交易金额就突破1207亿元大关。因此，这一民间兴起的“光棍节”所产生的商业效益和经济总量，令全世界瞠目结舌。

综观世界各国，在节日方面的布局与我国大同小异，传统的节日有类似圣诞节、复活节、感恩节、万圣节等，加之各国各地有各自的风俗习惯和宗教信仰，因此不乏各自形形色色的传统节日。而新兴的节日就更不胜枚举了，尤其在经济和文化发达地区，新兴节日层出不穷。这些新兴节日大体可分类为文化艺术类、物产花卉类、民俗风情类、历史遗产类、人物名胜类、旅游购物类等等。

二、节日与特色文化城市的关系

无论是传统的节日还是新兴的节日，无论是举国共庆还是举世共庆，各地域各城市之间，过节的方式与习惯往往会呈现出或大或小的差别，因为传统节日是从人们日常生活方式和生产方式中积淀而生的一种纪念日，是特殊的民俗聚集和民风发散。这种聚集和发散因地制宜因人而宜，必然会彰显出不同城市不同文化的传承和特色。

比如春节是中国人最隆重最在意的节日，就拿春节贴年画来说，

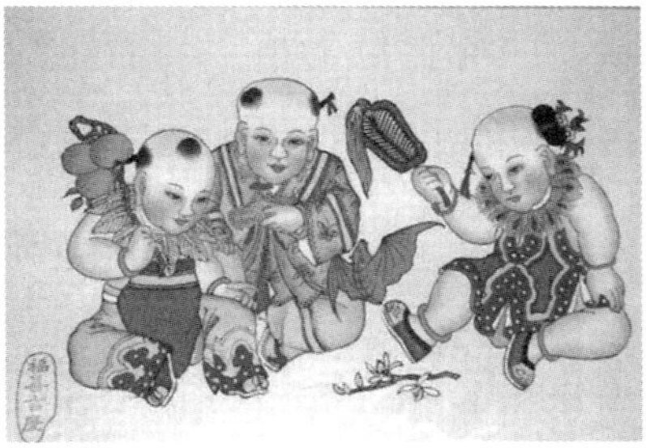
天津杨柳青年画

苏州桃花坞年画

山东潍坊年画

四川绵竹年画

图 6–1　四大年画流派

它是传统的民间习俗，是从贴门神的习俗演化而来，现在已列入国家非物质文化遗产保护。但同样的贴年画，苏州有桃花坞年画，天津有杨柳青年画，山东有潍坊年画，四川有绵竹年画，这四大年画生产基地同宗同源，但反映出不同地域不同城市的不同衍变和不同流派，这种不同实际上是城市文化特色使然。

还比如国外的感恩节，在威尼斯以假面舞会蜚声世界，而在纽约以梅西大游行吸引市民。这又是城市文化特色使然。因为威尼斯当时作为威尼斯国就有面具文化的传统，威尼斯的法律曾允许市民出行时佩戴面具，当时的威尼斯一个是斗篷、一个是面具成为市民的两大标配，市民会带着面具上街购物，甚至会晤客人。这样的传统沿袭下来，因此感恩节举办假面狂欢也就是水到渠成、顺应自然的事了。而纽约的梅西百货是当时的城市商业巨头，是市民购物的向往之地，梅西公司作为商业促销行为，也作为回馈市民的举措，举行梅西大游行也就

图 6-2　威尼斯假面狂欢节 / 纽约梅西大游行

是顺理成章的事了。上述无论是假面狂欢节，还是梅西大游行，都是城市文化的特色支脉，体现城市文化的特色基因。

因此，传统的节日虽然是普天同庆的，但各地各城市的节庆方式与习惯却往往反映出当地的民风民俗，有着当地特色文化的浸润。随着社会转型，传统节日也会发生嬗变，尤其是原先的各种节庆形式会出现更迭和蜕化，如春节的互寄贺年卡渐渐为互致短信所替代，现在又被微信所颠覆。原先看社戏现在也被看央视春晚和贺岁大片所取代。春节间的走亲访友，现在往往会被几个家庭的集体旅游所替换。这种节庆的移风易俗并非动员和强制，而是生活方式的自然演变所致。但这种移风易俗也会因城市的背景不同而不同，如春节和元宵节放鞭炮，在上海、北京和香港等特大城市都因安全和污染等原因被陆续禁止了，而许多城市还是大行其道，因此各城市所谓的“年味”也就浓淡不一了。

至于新兴的节日更是某种程度上城市特色文化的直接衍化，现代社会的新兴节日中有一彪新军特别值得关注与研究，这就是艺术节、音乐节、戏剧节、电影节，乃至旅游节、花卉节、物产节、人物节等等。这些人造的新兴节日往往因当地的人、事、物、景、艺等资源而起，这类新兴节日有很强的城市地方属性，有很明显的大型活动内涵，有很清晰的活动范围边界。它与传统节日的区隔在于：传统节日已经渗透到市民的生活形态之中，成为一种弥散的糅合的寻常的状况；而新兴节日往往是凸显于市民的生活形态之上，成为一种高调的结集的特殊的状况。因此，从大型活动和特色文化角度着眼，新兴节日与之是有天然渊源和相辅相成的关联。比如洛阳牡丹花节和东京樱花节，慕尼黑啤酒节与江苏盱眙龙虾节，波恩贝多芬音乐节与曲阜国际孔子文化节，潘普洛纳奔牛节与西双版纳泼水节，不一而足。这些新兴节日的萌生就是凭借城市的特色资源，而通过举办这些节日进一步强化和张扬了城市的个性与特色。

三、节庆文化与城市文化

在世界范围和中国范围，生活的重心都已偏移到城市，城市已承载着地球上的多数人口，而且这种趋势正在加剧。节日总是发生于人口聚集区域，因此节庆文化就会勾连和攀附着城市文化。放眼全球，各种节庆汗牛充栋，节庆活动、节庆产业、节庆研究都方兴未艾。为此，美国还发起成立了国际节庆协会（International Festivals & Events Association，简称 IFEA），总部设在美国爱达荷州博伊西城，这一节庆大家族在各大洲都有分部，目前在全球拥有 3000 多家专业会员单位。

国际节庆协会还专门举行全球节庆城市的评选，评选从六大方面着手，内容非常广泛，如城市基本简介、文化设施、节庆活动状况、志愿者和赞助商、艺术家参与度、政府部门的扶持、职业培训、市场目标、相关行业的支持、对残疾人群的关怀、交通和安全状况、社区的作用、媒体的参与、城市参与人口、散客数量及对旅游业、会展业、演艺业、竞技业的促进等等。从西方国家节庆发展的历史来看，节庆活动是增强社会成员凝聚力，提升城市和地区的文化特色和国际知名度，以及经济社会和谐发展的助推器，节庆产业已成为城市现代服务业的重要组成内容，节庆活动作为一种特殊的文化形态和经济形式，对经济的发展和文化的发展正发挥着举足轻重的作用。

在国内，随着经济的不断发展，人民生活水平的不断提高，老百姓乃至地方政府对文化的需求，对文化作为城市核心竞争力并由此所带来的各方面商机都有了新的认识。节庆活动也随之方兴未艾。据不完全统计，目前全国有定期或不定期举办的各种节庆活动近万个，根据中国城市经济学会节庆工作委员会提供的数据，2010 年全国各类节庆活动 7200 多个，节庆总消费达到 2450 多亿元，近 5 年来节庆经济总量年均增长达到 20%。但是具有一定规模且定期举办的城市和地区节庆活动也只有两百多个。数量和质量之间巨大的落差，反映了节庆经济的繁荣发展和节庆活动的迅速扩张所带来的一些问题。比如举办节庆活动的随意性，对节庆活动的宗旨和定位不清晰，没有长远的计划和目标，没有稳定的专业运作团队，办节人员的经验和素质不足以及对城市或地区承受能力的误判，还有对办节的急功近利和竭泽而渔，等等，这些都导致了许多的节庆活动举办没有连贯性、规模不恰当、政府和民间投资亏损、社会效益低，甚至有的节庆活动因此而中途夭折。虽然全国节庆活动风起云涌、如火如荼，但是中国的节庆比之欧美等发达国家和地区的节庆明显不够成熟，这里主要指新兴节庆，全国类似的节庆活动，政府的介入普遍太深，社会的参与不够。中国关于节庆的研究也相对薄弱，特别是缺乏在节庆的总体理论、主题设计、品牌塑造、国际交流、产业运作以及与城市特色文化建设的关系等方面的深入研究，也未能将文化传统的深层内涵充分融入到节庆与特色文化城市的建设之中。换言之，在特色节庆的策划、举行和宣扬中，并未能将文化传统的内核与精神真正领悟并发扬，导致特色节庆与文化传统的割裂，城市文化精神与城市节庆活动的游离，从而也导致了特色文化城市的建构未能获得特色节庆的有力支撑。因此，在特色文化城市的建构中，我们要十分重视特色节庆所能起到的城市文化引擎的巨大推动作用。

节庆是种特定的文化现象，必定与举办和欢度的城市和当地人群有着密切的关系。上海每年举办一届国家级的国际艺术节，文化部原部长孙家正曾说："艺术节因上海这座城市而更妩媚多姿，上海因艺术节而更魅力四射。"这就道出了上海国际艺术节与上海这座城市相互依傍、相互辉映、相互提携的关系，也一定程度上阐述了节庆文化与城市文化的关系。因为城市是节庆的发生地，也是节庆活动时空概念的空间特定方，凭借着这座城市所生存的节日，必定是这座城市的文化写照与文化折射，而节庆文化则是这座城市文化的镜子。

四、现代节庆对城市生活的消解和城市地标的再造

（一）城市人通过现代节庆躲避生活的重荷与城市的喧嚣

古希腊的先哲柏拉图说过这么一段话："众神为了怜悯人类，这个

天生劳碌的种族，就赐给他们许多的节庆活动，借此消除他们的疲劳；赐给他们缪斯，以阿波罗和迪奥尼索斯为缪斯的主人，以便他们在众神的陪伴下恢复元气，恢复人类原本的样子。”[①]

我们细析柏拉图这段精彩的论述，其中至少包含四层含义：（1）节庆活动是消除疲劳、创造愉悦的特殊生活状态；（2）节庆是一种具有祭祀感与仪式感的活动；（3）人类原本的天性是会在节日状态下复原并得以显现的；（4）节日与艺术是不可须臾分离的。

柏拉图提出了节日之缘起，无论是传统节日缘由祭祀、典仪或农作节气，还是新兴节日缘由政治、商业或旅游，但它们都共同裹挟着一个不可回避、不可替代的目的，人们通过节日追求轻松、闲达、舒适的生活状态，愉悦、狂放、快乐的精神宣泄。随着生活与时代的嬗递，这样的目的追求越来越明显，尤其是现代社会，处在城市生活的市民，繁忙的工作，紧张的节奏，竞争的压力以及逼仄的空间，使人们需要一种临时的逃避与躲藏，而这种逃避与躲藏的临时庇护所就是节日。通过短暂的对刻板机械生活状态的一种颠覆与叛逆，使不堪重荷的都市生活的市民得到一种无拘无束的释放与栖息，就像孔子所言：“百日之劳，一日之乐，一日之泽，非尔所知也。张而不弛，文武弗能；弛而不张，文武弗为；一张一弛，文武之道也。”[②]孔子的这段话已演绎并浓缩成生活的经典，为大众所警示与诫勉，正是这种一张一弛，使生活有了弹性、使精神有了节律、使劳累有了舒解、使人类有了休养生息。

节日是一种聚众行为，而这种聚众行为有别于赶集，有别于逛街，

① ［德］约瑟夫·皮珀著：《闲暇：文化的基础》，刘森尧译，新星出版社2005年版，第3页。

② （魏）王肃注：《孔子京语·卷七·观乡射第二十八》，四库全书本，上海古籍出版社1990年版，第75页。

这是有仪式感、有祭典礼仪的活动，是特定时间人们内心神圣感与崇尚意识的外化，因此，这样的活动无形中也造成了人们自觉的趋同与从众心理，形成一种集体的无意识。

柏拉图还就此告诉我们，人类的原生态是快乐的，是生活沉重的枷锁，使人类生活充满艰辛与劳顿，而这一切是可以通过节庆这种特殊方式予以缓解和恢复的。同时他还精辟地阐明节日与艺术的关系，但凡有节庆就一定会有缪斯女神如影相随，节日属于缪斯的专利，也是她的特权，更是她义不容辞的责任。因此，节日究其实质必定是艺术的节日、欢乐的节日。中国人爱热闹，爱扎堆，这恐怕是秉性使然，于是硬生生从 365 天里揪出那么几个日子，衍生出一个个节日来，以便聚众欢腾。传统的节日如春节、端午节、中秋节、元宵节……都是老少咸宜、童叟无欺的庆典。节是一种祭祀、一种礼仪，更是一种休闲、一种释怀、一种人人关注与投入的重要日子与重要事件。试想如果一年 365 天，一旦没有了任何节日，生活是否会变得黯然失色，呆滞平淡。因此，节日是轻松的闸门、情绪的杠杆、欢愉的宣泄，值得庆贺、值得企盼。

我国这些年政治稳定、经济发展，于是民众这种本性得到充分的发酵与张扬，不仅传统的节日搞得有滋有味，新生的节日更是如雨后春笋般不断萌生滋长。这种人造的新生节日作为城市的狂欢和城市的营销被不断炮制出来，这里固然有明显的商业指征，包括繁荣经济、促进旅游、提升知名度等功利目标，但也有一种集体无意识的追求以及对幸福和愉悦的承载，对于日益趋重趋紧的城市人的生活，节日实在是一种最好的解脱与调剂，是一种心灵上卸除盔甲的放松。

（二）城市人通过节庆铸造地域的特色和城市的地标

中国幅员辽阔，节事兴旺，所以很难精确统计出全国到底有多少节庆活动。各地各城市充分开掘人文资源、自然资源，营造一个个具备本地特色的节庆，推销城市品牌，打造城市名片。如青岛啤酒节、哈尔滨冰雕节、曲阜国际孔子文化节、宜昌三峡旅游节……林林总总，不一而足。各类节庆紧扣城市主题，繁衍节庆文化，发展节庆经济，吸引节庆旅游，这些节庆有物产类的，有民俗类的，有文化类的，有遗产类的，有名胜类的，琳琅满目，五彩缤纷，个性凸显，特色迥异。节庆已成为一种行当、一门学问、一项产业，成为不容小觑的资源矿藏。我们不妨从节庆这一特殊角度去采撷各城市的菁华琼液，去探视各城市的生存状态，这既是对全国节庆活动的浓缩反映，也是对城市生活的美好展示，同时更是对城市文化的最佳诠释。以一叶知秋、以一斑窥豹，特色节庆真的是一座城市的标志性地标、代表性品牌。

比如哈尔滨，它是处在我国最北端黑龙江的省会城市，是国内纬度最高、气温最低的大城市。这里夏天短暂而凉爽，7 月平均气温仅为 19℃—23℃，堪称难得的避暑胜地。冬季则漫长寒冷，一年内有 5 个月（11 月到第二年 3 月）平均气温在 0℃以下，降雪、积雪期较长，土壤、江河封冻期也很长，松花江结冰最厚时可达两米以上，素有“冰城”之称。如今随着城市生活的发展，哈尔滨的冰雪资源正逐渐从一个自然景观变成复杂的文化概念，并呈现出多元开发的态势，这主要仰仗哈尔滨的“冰雪节”。

哈尔滨的冰灯最早起源于民间，被农夫和渔民用来照明，后来过节时也有人制作冰灯，烫孔穿绳让孩子提着玩，以增加节日气氛，并逐渐成为生活习俗。通常士大夫家的冰灯更精致，如清末沈钧平咏冰灯诗中所言：“玲珑剔透放光明，一片心同彻底清。仙佛镂空谁得似，美人狮象雪雕成”。哈尔滨大规模制作和展出冰灯始于 1963 年，当时人们用盆、桶等简单模具冷冻了千余盏冰灯、冰花，元宵佳节在兆麟公园展出，形成万人空巷看冰灯的盛况，这就是哈尔滨冰雪节的滥觞，其后冰雪文化成为哈尔滨城市特色之一。哈尔滨的“冰雪节”是中国最早也是规模最大的冰雪节庆活动。哈尔滨的冰雪文化传统远远早于长春。上述兆麟公园的冰雕展示奠定了哈尔滨“冰雪节”的开启史，其时为1963年，而长春的第一届“冰雪节”1998年才拉开帷幕，晚了整整35年。哈尔滨以先行者的身份把冰雪文化深深植根于人们心中。

哈尔滨的“冰雪大世界”与日本的札幌雪节、加拿大的魁北克冬季狂欢节、挪威的奥斯陆冰雪节一同被誉为世界四大冰雪盛会。哈尔滨的冰雪文化品牌在中国各北方城市中是国际知名度最高的，哈尔滨已经举办过多次世界级的冰雪运动赛事，如举办过1996年亚洲冬季运动会，2004年、2005年国际滑联短道速滑世界杯赛第一站，2007年世界花样滑冰大奖赛，2008年国际滑联短道速滑世锦赛，2009年世界大学生冬季运动会。这些国际赛事在哈尔滨的举办，大大提升了其冰雪文化品牌的全球影响力。

哈尔滨的冰雪文化除了具备冰雪体育运动和冰雕雪雕艺术等世界上各大著名冰雪节庆活动中都有的冰雪项目以外，也充分展示了其民族文化特色。哈尔滨的冰灯是带有鲜明中国传统文化色彩的冰雪项目，不仅堪称世界之最，而且接地气，令哈尔滨的冰雪文化在世界各大冰城中独树一帜，个性鲜明。哈尔滨市委、市政府明确提出要建设“冰雪圣地”。哈尔滨将充分发挥冰雪产业优势，整合全市冰雪资源和项目，确立世界第一流冰雪艺术城市地位。提升“中国·哈尔滨国际冰雪节”的国际影响力，提升冰雪大世界的创意水平、科技含量和园区规模。进一步完善亚布力、帽儿山和乌吉密景区整体功能，着力打造平赛结合、冬夏结合、体游结合、文体结合、四季均衡发展的世界级滑雪旅游休闲胜地。策划举办具有国际影响力的冰雪文化展会，进一步提升冰雪主题文化活动层次和水平。为此哈尔滨建造了三大主题公园——兆麟公园的冰灯艺术游园会、太阳岛雪雕艺术博览会、伏尔加庄园的梦幻城堡。依托这几大特色鲜明的公园，哈尔滨每年冬季都开展具有浓厚的地域文化气息的冰雪活动。在漫长的哈尔滨冬季，不仅在兆麟冰雕主题公园内，在哈尔滨市内随处都可以看见美丽的冰雕作品。宾馆前、酒店后、中央大街、公路两边，一座座晶莹剔透的冰雕无时无刻不带给游客惊喜。

图 6–3 哈尔滨国际冰雪节

然而，除了北方都市所具有的传统冰雪都市的魅力，哈尔滨的冰雪文化更重要的特点体现于它所拥有的欧式文化建筑如索菲亚大教堂、中央大街、伏尔加庄园等城市地标，是独有的欧陆风情。当这些元素与哈尔滨的冰雪结合起来的时候，就成为独特的城市名片。在伏尔加庄园内他们营造出一个梦幻般的童话世界：雪橇列车、丽丽娅宫高山雪圈，冬钓表演，在冰船里面吃火锅，参与越野滑雪、雪屋、雪地足球、拔河、打雪仗等活动新鲜而刺激，吸引全国各地的游客纷至沓来。他们甚至在哈尔滨市区建造了一年四季都开放的重点景区“冰雪大世界”，让全国乃至全球的游客哪怕夏季来哈尔滨都能看到它的冰雪文化。哈尔滨冰雪节还有一个其他冰雪城市不具有的文艺节庆——哈尔滨冰雪电影艺术节。它创建于1989年，早于上海电影节、长春电影节、金鸡百花电影节国内三大电影节，是新中国举办时间最早和历史最长的电影节。已举办了28届的“哈尔滨国际冰雕比赛”，是世界三大顶级赛事之一，代表国际冰雕艺术最高水准，来自十几个国家和地区的艺术家竞技冰城。此外，哈尔滨还举办冰雪动漫节，组委会邀请了10个国家众多的动漫企业和知名动漫形象加盟，设计了各种各样的冰雕。包括巴西世界杯吉祥物犰狳、荷兰的大黄鸭、韩国的倒霉熊、德国的小飞狗韦伯、美国的迪士尼、芬兰的愤怒的小鸟、比利时的蓝精灵、日本的Hello Kitty和哆啦A梦，中国的麦兜、熊出没、老夫子等，展现了各国各文化品牌的特色。

哈尔滨国际冰雪节已经成为中国最具影响力的节庆和最具创意的节庆之一。精雕细琢又简约大气的冰雪雕刻，树立起哈尔滨国际著名的冰雪旅游中心城市形象。并且，随着时代的发展，哈尔滨冰雪文化还将不断被赋予新的内涵。

从20世纪60年代冰灯游园会的发轫，到80年代的冰雪大世界的延续和冰雪节、冰洽会的勃发，冰雪产业的兴起，哈尔滨冰雪文化不断被赋予新的时代内涵，成为这座中国北方省会城市的亮丽名片。

第二节　现代节庆以艺术节为例对城市文化的容纳与贮存

在欧洲现代节日中以艺术节一节独大，我们就以艺术节这一现代节庆为圭臬，探究这一城市容器内究竟容纳了什么。节日必定是种愉悦的释放和情绪的宣泄，是一种欢乐力量的聚集与迸发，而且借助艺术的内在驱动，它会狂放不羁得更有艺术风韵和节律，更令人难以忘怀。休闲是节日的基本形态，是节日的固化系统。艺术节就是通过缪斯女神的温柔之手来抚平生活沧桑与皱褶，让现代人的紧张的城市生活得到暂时性的休整，使现在城市人的生命方式与行为方式处于一种调适状态与松弛状态。艺术节作为一种新兴节庆，它肯定有别于主体日常生活的单一、规整、有序，而呈现一种颠覆、游离、另类的状态。人们在日常生活中往往按部就班、循规蹈矩，很难越雷池一步。而节日往往会打破原有井然有序的生活节奏，寻找新的组合、新的刺激，这就造就了艺术节期间艺术的冒险、艺术的突破、艺术的创意。艺术节以节庆这种特定的形式把各种争奇斗艳、万紫千红的艺术形式承揽和接纳到自己的麾下，同时也在节庆的日子里激发城市的多个光彩层面，予以汇聚整合并发散。艺术节的包容体现在对新兴艺术、新锐艺术的宽容与鼓励，对不同流派的兼收并蓄、从善如流，以及对青年人的扶掖与提携。时尚是一种生活的标杆，或者是一种对高品质生活的追求。时尚的内质有一种华贵，这与艺术节很契合，艺术节集中展示了举办城市对时尚的追求。

美国城市规划家和理论家芒福德在他享誉世界的代表作《城市发展史》中阐述：“贮存文化、流传文化和创造文化，这大约就是城市的三个基本的使命。”因此，他把城市喻为文化的“容器”。无独有偶，荷兰阿姆斯特丹剧院创始人兼艺术总监瑞采说：“什么才是真正的艺术节，艺术节无非是一个容器，以我们的信念、经历、知识、智慧，对可用资源的专业理解以及精挑细选出来能实现这个目标的产品来填满的容器。”不同时代、不同地域、不同职业的文化人士提出了共同的“容器”论，也客观上道出了类似艺术节这样新兴节日与城市内在的关联度与共通性。在欧洲现代节日中以艺术节一节独大，这里说的艺术节是对所有舞台艺术视觉艺术等的泛指和统称。因为但凡现代节庆都会以艺术的不同形式作为节日欢度的承载体，因此往往这些节庆虽然伴随着其他的诱发元素，而在欧洲都会以艺术节来统称和涵盖，并且在现代新兴节庆中，唯一只有艺术节设有联盟性机构，在欧盟所在地布鲁塞尔就有欧洲艺术节联盟的常设机构。在亚洲也有艺术节联盟，但是除了艺术节我们几乎不能找到其他现代节庆的联合体。

一、艺术节是一种狂欢

节日从一定程度上来说，就是一种狂欢，艺术节也概莫能外。且不说艺术节追根溯源起源于古罗马的狂欢节，而考据当下的狂欢节，实际上归根结底还都是一个艺术范畴的节日，如现在最出名的两个狂欢节——西班牙潘普罗纳的奔牛节与巴西里约热内卢的狂欢节。潘普罗纳这个西班牙的中小城市借助奔牛而全城狂欢，笔者曾亲身经历这一狂欢节。这一原本只有 10 万人口的小城由于奔牛节而引来全欧洲全世界 100 万人，使得这一平日安宁的小城人满为患。除每天早晨一个半小时的奔牛以外，满城歌舞从早到晚，甚至通宵达旦。既有会场内的自发歌舞，又有街头临时搭台的铜管乐队，更有来自世界各地席地而坐露宿街头的游客们齐唱合唱。节日期间流动在全城的上百万人都是白衣白裤红领巾红腰带，没有身份贵贱，没有地位高下，没有财产贫富，白衣白裤红领巾红腰带就是集体的身份认同。当地友人就是在一座古典礼堂内载歌载舞人群中把那瓦纳省省长辨识出来，介绍给笔者认识。她与任何在街道上行走的女性以及100万游客没有任何不同，那一身打扮就使她成为归隐于他们中间的一分子。这是真正精神的奔放、情感的宣泄。在这样的氛围里，你会为自己的矜持而汗颜，你必须释放你生命的能量与热情！这几天时间潘普罗纳全城放假，在斗牛场内管乐手的吹奏比观牛的呐喊更厉害，你搞不清楚这到底是斗牛表演还是音乐表演。艺术的奔放与狂欢的灼热浑然一体，你不能分辨是艺术催发了狂欢，还是狂欢刺激了艺术。

图 6–4　潘普罗纳奔牛节

而里约热内卢的狂欢节实际上就是全民桑巴舞表演与炫技，所有的桑巴舞学校都派出了最强大的阵容，所有的桑巴舞明星都比拼得热血沸腾。这期间，城市是欢歌的城市、是舞动的城市、是歌舞喧嚣的城市。城市的全民狂欢通过桑巴舞而表现得酣畅淋漓。

所以，所谓的狂欢就是建筑在歌舞基础上的狂欢，就是艺术的狂欢！

这是直接取名为狂欢，并以狂欢来标榜的节庆。其实所有艺术节哪怕一些非常专业的纯粹的音乐节也不乏狂欢的成分。如 BBC 逍遥音乐节每届最后闭幕演出时，总是在一种节日的狂欢气氛中结束。还是在音乐节早期，亨利·伍德（Henry Wood）领导和主宰音乐节期间，他自己就这样描绘：“年轻的漫步者们，在号角舞曲响起的时候

图 6–5　BBC 逍遥音乐节

开始跺脚，直到我让整个交响乐团渐渐加速，撇下那些并非一流的跺脚技术。如果可能的话，我很想能够领先他们两个节拍，但有时候只能领先一个半节拍，这一切非常有趣，我和他们一样享受这种氛围。当‘统治吧，大不列颠’合唱开始的时候，我们达到了一个只有英国人在一起才能达到的顶峰……”他描述了已举办四十多年音乐节结束时的狂欢。BBC逍遥音乐节举办到今天，由于电视转播的介入，借助现代传播手段使BBC逍遥音乐节的闭幕式扩展和弥散成全英伦的集体狂欢。凡在电视机前收看的观众都会情不自禁站起身来，共同高歌劲舞。

因此，无论艺术节冠不冠名“狂欢”，但凡作为节日，它就会有“狂欢”的成分与习俗。节日必定是种愉悦的释放和情绪的宣泄，是一种欢乐力量的聚集与迸发，艺术节概莫能外，而且借助艺术的内在驱动，它会狂放不羁得更有艺术风韵和节律，更令人难以忘怀。它就像轻松的闸门与快乐的杠杆，用艺术的一点撬起锁闭情感与情绪的闸阀，让城市族群与城市本身的激情充分张扬，无拘无束，无羁无绊，甚至有时放浪形骸、汪洋恣肆。

二、艺术节是一种休闲

休闲，一定是节日的基本形态，是节日的固化系统。艺术节就是通过缪斯女神的温柔之手来抚平生活沧桑与皱褶，让现代人的紧张的城市生活得到暂时性的休整，使现在城市人的生命方式与行为方式处于一种调适状态与松弛状态，这就是柏拉图所说恢复人类“原本样子”的很好的途径、手段与通路。当然，休闲也是一般节日的普遍属性与功能，只是艺术节以一种特殊的方式方法与手段技巧，更好地禀赋了艺术节自身这样的属性，并履行了它的使命、发挥了它的功能。

图 6–6　杭州休闲博览会

两千多年前的古希腊先哲亚里士多德说过："我们当再一次重复确认我们全部生活的目的应是操持闲暇。"[①] 他还论证说：知识最先出现于人们有闲暇的地方。休闲在当下社会已日益成为生活中的一种常态，它能规避和挣脱工业化社会带来的千篇一律和整齐划一。众所周知，千篇一律与整齐划一恰恰是艺术的大忌，艺术最讲究创造、讲究个性，而只有在休闲状态下才最能体现个性、出现个性。休闲不是简单的休息与闲适的组合词组，更不是慵懒与碌碌无为，甚至无所事事的代名词。休闲是一种积极状态，特别是艺术创造，有人说它是"有钱有闲人的玩意"，这说法虽有偏颇，但也有一定的真谛在其中。特别是在现代社会双休日的施行，国定假日的增多，甚至带薪休假的不断普及与推广，中国目前每年已有 192 天的休假日，欧美一些发达国家更多，有些地方已实现每周四天半工作日的制度。这就让现代城市人拥有更多自由支配自己的闲暇时间，人们利用这或短或长的休闲时间休息、旅游、娱乐、干家务，甚至学习。于是，休闲经济应运而起，有识之士将其作为一个蕴藏丰富的矿藏加以积极开掘。杭州就公然提出打造"休闲之城"的口号，成都也提出同样类似的目标。于是，杭州创办了一个"世界休闲博览会"，每两年举办一次，结合每年度的"西湖博览会"，再结合每年的西湖之春音乐节、西溪湿地的"花朝节"等等，使西子湖畔俨然成为一个休闲之都、节日之都。而成都也举办了中国非物质文化遗产艺术节，结合青城山之游、都江堰之游、乐山大佛之游，以及全城的大摆龙门阵，使这里的休闲文化也名至实归。据 2007 年《瞭望东方周刊》与中欧国家工商学院行为研究中心联合调查，这两个

① ［古希腊］亚里士多德著：《政治学》，吴寿彭译，商务印书馆 1965 年版，第 416 页。

城市幸福指数都名列前茅，杭州、成都排名分别列于第一名和第二名。另据2013年在京发布的《2013中国城市形象暨幸福感调查评估报告》，“2013中国最具幸福感城市”“2013中国形象最佳城市”评比结果均出炉，无论是最具幸福感城市还是形象最佳城市，杭州、成都都包揽了前两名。

这说明，在我国温饱问题基本解决以后，休闲已成为人民幸福生活的一项重要指标和内容，人们对幸福的追求和解读已有了新的方向和目标。而艺术节恰恰是收纳和释放休闲最佳的形式。由此，休闲经济相应崛起，休闲经济已成为文化发展的先导，乃至经济发展的重要支柱，成为“生活引领经济、自由激发创新”的新经济形式。这种新经济的表率，就是北欧地区，该地区是世界上居民收入水平最高的国家群，北欧五国的人均收入最近20年稳定在全球前20名。同时，北欧人的休闲时间与休闲节庆等活动也走在世界前列，这是一个典型的“有钱有闲”的国度与社会。民间有一句流行语“不会玩的人就不会学”，这句话是亚里士多德语的翻版，或通俗版，但也是“休闲经济”中一个真理性命题，而休闲经济的两大主要支柱，恰恰是旅游和节庆会展。

三、艺术节是一种跨界

上面我们说节日是一种休闲，并进一步阐述休闲并非是一种简单的休息，甚至一种慵懒，而是一种工作、学习、娱乐、休憩的调整状态，或者说边缘状态，甚至也可以说是一种临界状态。边缘是一种跨界、一种复合、一种多元，因为这是就主体而言，艺术节作为一种新兴节庆，它肯定有别于主体日常生活的单一、规整、有序，而呈现一种颠覆的状态、游离状态、另类状态。在节日这一个特定时期，生命的历程淫润在艺术的海洋里，颠簸遨游，原先的生活节律肯定被打破甚至重组。当了15年爱丁堡艺术节总监的麦克马斯特（Brian Mcmaster）举了这样一个例子：他在任爱丁堡艺术节总监期间，有一年艺术节正举办时，一天他正在排队买三明治，可能他太出名了，排在他前面的人也许认识他，转过身来对他说："今天早上的音乐会实在是太棒了！"接着又说，他打算吃完三明治后去赶一个讲座，然后看一场埃索尼·奈尔森戏剧的日场演出，之后在傍晚5点30分看艺术节别的演出，晚上再听音乐会。麦克马斯特爵士问："你是大老远赶来，特地为参加艺术节的吗？"因为根据他的经验，通常只有外地来的人才会看这么多场演出，但那人回答："不，我就住在爱丁堡。"他还说，会带外孙去看即将上演的斯图亚特·麦克雷（苏格兰作曲家）的歌剧，爵士很惊讶："你知道麦克雷的音乐有点太难理解了，你还带外孙？"那人的回答令爵士感慨不已："如果我的外孙不喜欢他的歌剧，那么他至少能知道一件事，这个世界上还有他们所无法掌控的东西，值得他们去调查研究。"从麦克马斯特讲的这个故事里，可以得到这样的信息：不要说远道而来爱丁堡城旅游的客人，就连爱丁堡本地市民在艺术节期间也处于这样一个全民狂欢的艺术节庆之中，他们的生活已经无序了，已经进入节日的边缘状态，沉浸在一种度假欢乐的无规则的边缘。

而艺术节本身肯定是一种多种元素的跨界组合和复合组合，以满足不同类别、不同层次、不同口味人群的需要。因此，所有沉湎于此的市民或者游客，在这段时间里享受艺术节，这既是娱乐、消遣，也是学习、进修，更是生活、休憩，是生命各种状态的边界状态和调适状态。

另外，艺术节的发展往往是主体与边缘会相互渗透乃至转化的。爱丁堡艺术节生长的同时，另一朵奇葩爱丁堡边缘艺术节几乎同时同地也开始萌生。而发展到现在，爱丁堡边缘艺术节的影子已经超过爱丁堡艺术节本身，无论是体态、规模、收入乃至社会影响力都几乎超过了爱丁堡艺术节的主体本身。2011 年，边缘艺术节共有 2542 个项目参与，演出 41689 场，参加表演者为 2.1 万人，有 187.7 万名观众参与了边缘艺术节注册活动，收入为 316 万英镑。因此，它已是名副其实的世界上最大的音乐节。而且，在爱丁堡发迹的边缘艺术节已为世界各地所仿效，阿德莱德边缘艺术节、布莱顿边缘艺术节、埃德蒙德边缘艺术节、温哥华边缘艺术节、伦敦边缘艺术节、都柏林边缘艺术节、纽约边缘艺术节纷纷揭竿而起，2012 年还以爱丁堡为大本营召开了“世界边缘艺术节大会”，从而确立了爱丁堡边缘艺术节的盟主地位和领袖地位。边缘 Fringe 这个词甚至成为爱丁堡乃至苏格兰“青春活力”“挑战传统”的代名词。

生活的主流与主体构成城市的主流与主体，而在现代社会背景下城市生活越趋雷同，反而因为边缘脱离了主流的控制，而显得更宽容和宽松，也更随意，更具开创性，从而使生活变得不那么千篇一律、千城一面，而显得千姿百态、风情万种。艺术节等现代节庆正是推动边缘与跨界的发酵剂。

四、艺术节是一种创意

人们在日常生活中往往按部就班、循规蹈矩，很难越雷池一步。而节日往往会打破原有井然有序的生活节奏，寻找新的组合、新的刺激，这就造就了艺术节期间艺术的冒险、艺术的突破。在如何设定艺术节门槛时，我国与国外尤其是欧洲艺术节是有区别的，我们普遍认为艺术节应该是成功艺术的展示，即使是新创原创或实验性的艺术，也应该有基本的把握、有绝高的成功概率，才能在艺术节上展示。而伦敦国际戏剧节创始人罗丝·方登（Ross Fenton）说："艺术节是允许你冒险的地方，这才是艺术节的本性；艺术节必须放弃原有的模式，颠覆传统事物的规律，必须带点玩笑、带点恶作剧，必须质疑自身。艺术节像一个实验室，在这个实验室里，思想进行测试，然后搬上秀场，接着供人挑选，最后被传递出去。"荷兰阿姆斯特丹剧院创始人与艺术总监瑞采（Ritsaert ten Cate）说："艺术节是一个绚丽多彩的邂逅场所，艺术节是一种互动的结构，艺术节是创造理念的高手，艺术节是没有重复没有代表性的横截面，没有建立在明显循回上的引用，是对未知的前所未有的冒险和研究。"[①] 这两位欧洲艺术节的资深人士不约而同地谈到艺术节必须具备的"冒险"精神，这就与我们平常谈到的创意相关，只有平庸的艺术节才会复制才会拷贝才会因循守旧，而这样的艺术节走不远，不是被淘汰就是中途夭折。澳大利亚阿德莱德艺术节创办之初羡慕于爱丁堡艺术节的成功辉煌，起初想拷贝爱丁堡，但很快就失败了。后来，它根据自身城市的特点，坚持以探索展示当代艺术为主要内容，结果它以创新创意而走出了一条成功之路，成为世界艺术节的翘楚。1966年它首创世界上第一部融合电子、影像、音乐、舞蹈于一体的作品；1991年创办第一届WOMAD节，推出世界音乐新概念；1998年的传奇巨作《摩诃婆罗多》在矿物场通宵演出，

---

① 陈圣来著：《品味艺术》，上海三联书店2009年版，第151页。

为室外上演大型作品开了先河……因此，阿德莱德艺术节公然大胆提出："艺术节不能受困于观众感觉的舒适，而要挑战他们的感觉。"尽管这样会有风险，但就像麦克马斯特爵士所言："艺术节如果不去冒险，那就只会走下坡路。"因为不去冒险，意味着不会有创意，而没有创意，艺术就会僵化，生命就会萎顿。其实世界上艺术节大多数每年举办，年复一年举办很容易使它陷入瓶颈，而这一瓶颈就是重复，然而不管是重复别人还是重复自己都是不可原谅的平庸，而突破发展瓶颈障碍的关节点就是每届要拿出新的创意，要给这个城市的市民一个惊喜、一个期盼。

笔者在执掌中国上海国际艺术节时就提出，每届艺术节要给这座城市市民平时看不到或不容易看得到的节目。

上海国际艺术节中心成立的当年艺术节就出其不意在 8 万人的上海体育场推出大型景观歌剧《阿依达》，这在上海可谓史无前例，体育场搭起了一个 4000 多平方米的舞台，竖起了 35 米高的狮身人面像与金字塔，动用了 2000 多名演员（包括群众志愿者以及大象、狮子、马、鹅、羊等动物演员），这部普契尼的经典歌剧从来没有在中国在上海如此普及。剧中第二场"凯旋"，1000 多名古埃及士兵身穿铠甲，手持剑盾，还有马车、大象上阵，焰火齐放，气势恢宏的凯旋盛典把现场近 5 万名观众的情绪推到巅峰。演员来自多国劲旅，有克罗地亚、有美国、有意大利、有俄罗斯，特别是意大利男高音巴托里尼和俄罗斯女高音曼琳的倾情演绎，使全场 5 万名观众如痴如醉。这是一场前所未有的歌剧狂欢，近 5 万张演出票一售而空。临时在第二天晚上加演一场。笔者当时陪同时任文化部副部长李源潮观看，李源潮十分兴奋地说，这是可以复制到许多大城市的精彩演出。果然演出后日本方面买断所有演出服装道具，准备移植去日本演出。

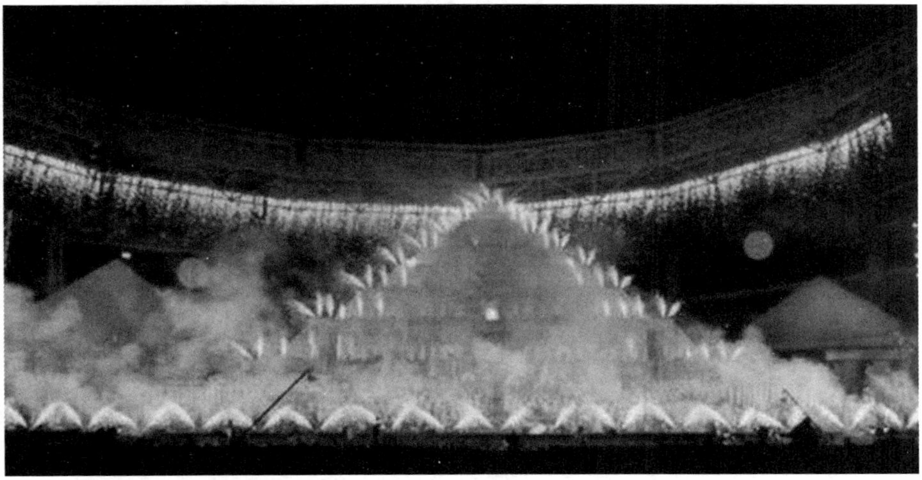

图 6-7　大型景观歌剧《阿依达》

紧接着第二年，上海国际艺术节又从法国斯特拉斯堡与巴黎引进了梦幻水幕电影与音乐焰火表演。这场表演在浦东世纪公园镜天湖上进行，那晚在镜天湖上呈现了世界上最大的水幕、最高的音乐喷泉，而在这水幕上升腾起天坛等中国建筑，就如海市蜃楼，天上幻境。水幕与水面连成一体，一会儿策马奔腾，一会儿飞鹰扑食，一会儿水妖翻腾，一会儿小丑嬉水，加上超现实主义的烟花表演，密如网络摇曳生姿的激光投射，以及德国、瑞士、中国等表演团队载舟在水面穿梭巡弋，完美呈现了一场自然景观与人文景观、魔幻与真实、浪漫与激情、现实与未来的奇妙对话，给人带来美轮美奂的视听盛宴。

这以后艺术节又奉献了意大利巴洛克灯雕展、埃及国宝展……

图 6–8 法国大型灯火景观和水上梦幻表演

上海国际艺术节就这样每年给市民一个惊喜、给世界一个惊喜，开拓着自己的创意，铸就着自己的品牌与辉煌。

但凡世界各国艺术节每届举办时主办者都会处心积虑、创意迭出，包括在演出场所的选择上别出心裁、另辟蹊径，上文提到阿德莱德艺术节在矿石场通宵达旦的演出，而澳大利亚另一个艺术节珀斯艺术节有一场很特殊的演出，每年在珀斯的一个半山坡的山坳里举办。这是一个天然的剧场，一边是绝壁，一边是悬崖，而中间是一大块平溜的青石板，正好可作舞台，后面是阶梯式的石阶，正好可作观赏台，每年珀斯艺术节期间，西澳芭蕾舞团总会在此连演 14 场，而票总是先被订购一空。

图 6-9　实景园林版《牡丹亭》

上海国际艺术节也在第 12 届时悉心在青浦朱家角水乡安排了两场特殊场所的演出：一场在课植园的亭台楼阁和小桥流水间，上演实景园林版《牡丹亭》，这仿佛是汤显祖《牡丹亭》的复原与再生，柳梦梅与杜丽娘在美景如画的庭园里演绎一场生死恋。还有一场是谭盾为艺术节开幕定制的演出《水乐堂 · 天顶上的一滴水》，在古镇老宅，在隔岸相望的古禅院前，在波光粼粼的水泊之畔，将音乐、河水、古刹、老宅、演员、观众融为一体，当老宅中演员站在水中演奏，对面古刹灯光亮起，身披袈裟的僧人也唱起僧乐，此刻人在画中，画在人中，人在水里，水在人里，室内室外，现实梦幻，浑然一体，及至演出结束，中外嘉宾登上挂着红灯笼的木船在小河港汊间摇曳离去时，他们仿佛还未苏醒，还沉浸在梦中……

这种对演出场所的颠覆，对艺术精灵的释放，某种程度上赋予艺术更大的活力，是艺术节匠心独运之处。选择合适季节，选择新奇场所和空间，别出心裁地演绎艺术，往往能使观众对艺术再生新鲜感，引发他们新的审美热情。这就是创意的魅力。

五、艺术节是一种包容

艺术节以节庆这种特定的形式把各种争奇斗艳、万紫千红的艺术形式承揽和接纳到自己的麾下，同时也在节庆的日子里激发城市的多个光彩层面，予以汇聚整合并发散。艺术节既然是节，它就不是一个沙龙，不是一个派对，它形神兼备，宽宏大度，具有强大的吸引力与包容性。澳大利亚布里斯班艺术节总监林登·特拉希尼（Lyndon Terracini）认为："艺术蓬勃发展的城市也是具有包容力和启示性的地方，这是艺术节带给城市有价值的收获。"① 前面我们说过艺术节是一个容器，有容乃大，这就是为什么像阿维尼翁戏剧节，像布雷根茨艺术节，在这么小的城市举办都容载了这么巨大的艺术能量，甚至都承载了那么巨大的游客接待量，这是艺术节在为这些城市扩容。一次笔者去参加爱丁堡艺术节，一位英国朋友从英国最北端的印威纳斯开车赶

① 陈圣来著：《品味艺术》，上海三联书店2009年版，第63页。

来专唔，但在爱丁堡竟找不到一间或豪华或简陋的住宿，只能再开一个小时的车程到格拉斯哥找旅馆临时栖身。2013 年 7 月，笔者去参加潘普洛纳奔牛节，这个 10 万人口的城市蜂拥而至 100 万人口，大多数参加节庆的游客通宵露宿街头。所有欧洲乃至世界艺术节举办期间的城市都会超大容量地接纳游客。

当然艺术节的包容性不只是体现在这些方面，更主要体现在对艺术的包容，特别是对新兴艺术、新锐艺术的宽容与鼓励，对不同流派的兼收并蓄、从善如流，以及对青年人的扶掖与提携。世界上大多数艺术节都会有扶植青年艺术家的计划，培养青年观众的策略。上海国际艺术节创办之初专门讨论过要不要吸纳流行音乐参加，因为世界上多数艺术节是排斥流行音乐这种商业文化元素的介入，但主办者最后决定吸纳流行音乐的加盟。他们考虑的基点在于流行音乐是一个城市年轻的声音，它与青年人有天然的结缘与结盟关系，如果一个艺术节想争取更多青年人的关注、喜爱与参与，就不能排斥青年人所喜爱的流行音乐，只是在分量的掌握上可适当注意，不要让其泛滥，以防淹没了其他艺术的空间与锋头。于是每届上海国际艺术节都会精心挑选一场港台流行歌星的演唱会，挑选一至两场欧美等流行歌星演唱会，如谢霆锋、五月天、S.H.E、周杰伦刚走红时都登上过上海国际艺术节的舞台，还如玛利亚·凯瑞、碧昂丝、滨崎步等也都登上过艺术节的舞台。

此外，上海国际艺术节还以更大的包容性接纳并培育现代艺术的介入。从最早的澳日合作多媒体剧《流亡》到加拿大多媒体现代剧《震颤》，从贝嘉芭蕾舞团现代舞剧《生命之舞》到格林·墨非的现代舞剧《钢琴别恋》，从瞿小松乐场的现代交响乐《观》到谭盾的的现代交响《纸乐・水乐》，十几年的历程，艺术节在现代艺术等亟待开垦的处女地上孜孜不倦耕耘，逐渐培育了一批固定的现代艺术的观众，使现代艺术在上海国际艺术节站稳了脚跟。

图 6–10　格林・墨非现代舞剧《钢琴别恋》

上海国际艺术节还举办了国际魔术节、国际木偶节、国际青年钢琴比赛等，它以最大的热情与宽广的胸襟，包容了多种门类、多种流派、多种风格的艺术呈现，使不同年龄、不同兴趣、不同品位、不同层次的观众在艺术节高低错落的台阶上对应找到各自欣赏的对象。

上海国际艺术节的包容度充分映现出举办地上海这座城市海纳百川的雍容恢宏。

六、艺术节是一种时尚

时尚也称作时髦，但比时髦更大气更宽泛更高雅，是人们对社会某项事物在一定阶段内的崇尚，这里的尚是指达到一定的高度，崇则表示敬仰和崇拜。时尚是一种美的象征，是一种通行的美的尺度，包含“内在美”和“外在美”，时尚离不开艺术，艺术可以创造时尚。时尚在特定时段内率先由少数人尝试、后来成为社会大众所崇尚和仿效的生活样式。时尚带给人的是一种愉悦的心情、一种优雅的品位、一种不凡的感受、一种有别于传统的气质和神韵，体现出华丽、精致、新颖、个性。这种时尚是一种生活的标杆，或者是一种高品质生活的追求。就像马斯洛理论从满足生存需求到满足精神生活的需求，无疑是迈上一个高层次的台阶。

艺术节集中展示了举办城市对时尚的追求。时尚的内质有一种华贵，这与艺术节很契合。节日的消费是一种特殊消费，是一种情感型消费或情绪型消费，某种程度上是一种非理智型消费。节日里人们会把平时舍不得穿的穿上，舍不得用的拿出来使用，舍不得吃的端上餐桌。节日消费与日常消费不同，消费的必须性让位于消费的快乐性，消费的实用性让位于消费的享受性，消费的满足生活功能让位于追求生活品质的功能。人们出钱买艺术、买情绪、买氛围、买精神享受、买审美体验，随着人们生活水平的提高，节日越来越成为一种集体无意识的追求和对幸福愉悦的天然承载，这就是节日消费的特点。所以，艺术节期间，各类演出的出票率要好于日常，这也隐含着这样的心理因素与行为导向。许多吝啬的人在节日里一反常态，变得大方起来。有些人一直不走进剧场，艺术节竟会掏钱买票进剧场看演出。这就是节日心理在作祟，这里包含着从众心理在起作用，这也是对时尚的追逐。

2006年萨尔茨堡艺术节为了纪念莫扎特诞辰250周年，将莫扎特生前创作的22部歌剧悉数搬上舞台，其中许多歌剧一般很少上演，这对歌剧爱好者来说、对莫扎特的爱好者来说，无疑是一个盛大的节日、是一次饕餮大餐。这样豪华的节日节目单，就犹如莫扎特歌剧的活的辞典，所以尽管票价不菲，艺术节期间这22部歌剧票还是全告售罄。

艺术节期间主办者经常会有大手笔大投入，北京国际音乐节的马勒第九交响曲千人合唱，第九届上海国际艺术节的千人交响慈善盛典，前面举例的景观歌剧《阿依达》，这样的宏伟场面与气势也许只有艺术节才会有如此铺排，观众也只有艺术节期间才有机会有此享受。屈指计算，上海国际艺术节期间，马林斯基交响乐团、圣彼得堡爱乐乐团、柏林爱乐乐团、维也纳爱乐乐团、荷兰阿姆斯特丹皇家音乐厅管弦乐团、伦敦爱乐乐团、捷克布拉格爱乐乐团、以色列爱乐乐团……世界顶尖交响乐团几乎悉数造访上海国际艺术节，有人开玩笑说，这就像艺术节这位名媛购买了Prada、LV、Hermes、Burberry……尽享奢华。对乐迷来说享用这些名团的奢华满足心态绝不亚于女士享用这些世界名牌。关键是这样的奢华享受绝非一般奢侈品享受可以同日而语的，因为这不是一种虚荣的满足，而是一种高尚的艺术熏陶、是一种身心的洗礼、是一种精神的华贵、是一种时尚的升华。

第三节　现代节庆以艺术节为例对城市文化的建构与重塑

艺术节作为艺术的节日，它会催生文化的繁荣、创作的涌现、新人的辈出、创意的萌发、观念的嬗变、市场的成熟、消费的兴旺。许多新的创意、新的理念、新的流派都从艺术节这块试验田出品，以至发酵成一种世界艺坛的现象。艺术节能推动城市文化的发展。艺术节对城市产业的推动表现为产业功能的构筑，在于它的集束效应、辐射效应与联动效应。艺术节还是营销城市的最佳手段。一个艺术节只有当它品牌塑造成功了，为大众所熟识并愿意自觉追随，这个艺术节才真正站稳了脚跟。由于它与城市捆绑在一起，它就无形中成为城市的名片，城市的形象大使，城市的营销员。艺术节能最大限度地吸引社会认同。它是激发社会认同感与文化表达的重要平台。艺术节还能体现和凝聚城市精神。一个城市的艺术节也一定会凝聚并凸显这个城市的时代雄心与市民精神，以艺术节的博大精深，以艺术节的多元共存，以艺术节的创新引领，不断去雕琢这座城市，雕琢这座城市的市民精神，使这座城市的品格和品质大大提升。

一、艺术节的文化催生

无论是世界各国的艺术节，还是各类纷繁的艺术节，几乎世界上所有艺术节都把推出最高水准的艺术作品与推出最新原创的艺术作品作为艺术节的宗旨和目标。爱丁堡艺术节的宗旨就是“打造世界上最激动人心，具有创新性及易于参与的表演节日”，而它的目标就是“促进并鼓励最高水准的艺术，向苏格兰观众展示世界文化，向世界观众展示苏格兰文化”。萨尔茨堡艺术节的目标是：“在萨尔茨堡只需要强烈的艺术感受，泛泛之作在此无安身之地。”阿维尼翁国际艺术节是法国目前现存最古老最具声望的艺术节，它的戏剧和舞蹈演出在国际舞台上独树一帜。从节日创办至今，促进新一代法国和世界戏剧、舞蹈的发展一直是节日不变的宗旨。这个节日每年推出新制作的作品数量保持在40部之多，以当代风格的法国作品为主，其中不乏世界首演新作，其他则是首次在法国上演的国际制作。由法国文化部部长米歇尔创办并连任19年艺术总监的巴黎秋季艺术节，长期致力于推出艺术新秀和新作，20世纪曾经先锋、后为经典的艺术家，几乎都能在巴黎秋季艺术节找到他们的名字和作品。这些艺术家和艺术品纷纷成为催生新文化的动力引擎。维也纳艺术节是欧洲产生新作品的重要平台，每年艺术节推出25个以上新作品，其中会有近10个是世界首演。爱丁堡边缘艺术节长期保持36%的世界首演概率，而如我们的“上海之春”音乐节，脍炙人口的小提琴协奏曲《梁祝》、协奏曲《红旗颂》都是从这里诞生，并走向全国、走向世界的。综上所述，如果全球的艺术节舞台合计起来，有多少新作力作从这里升起并光照艺坛？！

在艺术节舞台上，经典名作不断被演绎甚至重新诠释。而新作品不断被萌生，艺术新秀不断被发掘，艺术节组织会不断把目光投向青年艺术家与青年受众，如英国诺丁汉，来自100个国家的1000名青年艺术家参加了2013年9月7日开幕的第一届世界青年艺术节。青年艺术节为期10天，在诺丁汉30个场所举行包括展览、舞蹈表演、音乐会及讲座等诸多活动，成为催生青年艺术作品和青年艺术家的摇篮。上海国际艺术节也在每届推出扶持青年艺术家计划。

爱丁堡官方于2011年推出《爱丁堡艺术节影响研究》，其中结论的后两点特别提到：

艺术节推动公众对艺术进行更广泛参与，77%的观众认为艺术节为他们提供了发现新的表演人才，艺术类型及作品的机会。超量的受访者表示艺术节鼓励他们进行“冒险”，观看不太出名的表演、活动及电影。93%的父母认为全家参加艺术节活动开发了儿童的想象力。参加艺术节的记者普遍认为爱丁堡艺术节具有独特眼光，提供了在别处不能轻易看到的作品。艺术家参与其中，70% 的艺术家认为艺术节对其自身技巧发展有帮助，60% 认为艺术节为新作品提供了灵感，70% 认为艺术节提供了认识其他艺术家的机会。

这一调查报告非常有说服力地证明艺术节对催发文化的功效，由于艺术节的国际交流，往往把这座举办城市以及这座城市的艺术家和艺术品放在世界交流的入口处和坐标系中考察、度衡，这既疏缓了本土艺术的国际融合，又倒逼他们以更高的目标来提升自己，增强了文化发展的外在驱使与内生激情。

二、艺术节的产业构筑

在我国将文化作为一种产业来诠释来开发来经营也是最近十几年的事，在国外尤其在欧美发达国家文化产业早已成为国民经济的支柱产业，被开发得如火如荼，而在我国文化长期以来一直因其特殊意识形态功能而被列入事业范畴。其实特定的“事业”这类中国式的解读世界并不通行，国外大多数人不明了中国的事业和事业单位，国外只有非营利机构，这种非营利机构并不等同于中国的事业单位，所以事业单位的归类在国际上没有通行规则。中国现在通过党的十七届六中全会解构了文化功能，将其分为产业属性与事业属性。而艺术节在国外大多数是由社会非营利机构来操纵经营的，所以每位公民都可以到艺术节的官网上去查看每届艺术节的财务状况，这是国外非营利机构必须做的，但是非营利并不代表着它的不赢利，只是它的赢利部分必须投入它的再发展与再生产，而这部分功能必然具备它的产业功能，比如艺术节的票房经营、场地经营、剧目经营、版权经营以及它的品牌经营、服务经营，甚至它的品牌输出与衍生产品。爱丁堡艺术节期间，沿着它的王子大街行走，你只要随便拐入哪家商铺，触目所见，无论是杯子、毛巾、T恤、帽子，一直到徽章、杯垫、冰箱贴都印着艺术节的徽标，如此广泛商业化的运作着实令人感慨，既最大限度地开发了艺术节的产业功能，又最大限度地扩大了艺术节的社会影响。

图 6–11　爱丁堡艺术节海报

图 6-12　爱丁堡文学节中作家在图书馆演讲

然而艺术节的产业作用最主要不是体现在艺术节本身，当然艺术节本身也不容小觑。还是以爱丁堡为例，由爱丁堡国际艺术节为滥觞从而发散开去，已经形成了爱丁堡夏季艺术节的集束群：爱丁堡电影节，爱丁堡皇家军乐节，爱丁堡爵士布鲁斯国际音乐节，爱丁堡国际图书节，爱丁堡艺术节（视觉艺术），爱丁堡迷拉嘉年华，这样扎堆的艺术节都在爱丁堡最迷人的夏季举行，可以毫不夸张地说，是艺术节支撑了这座城市，艺术节也成了这座城市最大的文化产业。据统计，2012 年尽管有伦敦奥运会的分流，有世界范围内经济不景气的影响，夏季爱丁堡艺术节还是呈现出旺盛强劲的势头，爱丁堡国际艺术节票房收入增加了 9%，爱丁堡边缘艺术节销售了 180 万张票，爱丁堡电影节销售了 240 万张票，爱丁堡皇家军乐节销售了全部 22 万张票，爱丁堡图书节门票销售增加了 3%，爵士布鲁斯音乐节门票销售增加了 9%。就艺术节本身这是很大的一项文化产业，即使中国目前有数百万常住人口的大城市以及上千万常住人口的特大城市，也达不到如此盛况，而爱丁堡本身只是一个拥有 44 万人口的中等城市。

但是艺术节对城市产业功能的构筑，更主要的还在于它的辐射影响与联动效应。艺术节这么大人流量以及这些艺术门类的活动，使城市的旅游业、服务业、交通业、通信业、金融业等相关产业都同声而起，并提供了大量就业岗位。据统计，仅旅游业 2010 年艺术节就直接为爱丁堡带来 2.45 亿英镑的收入，再加上间接拉动和相关拉动，那更是一个可观的数字。

三、艺术节的城市营销

爱丁堡艺术节从 1947 年诞生时，旨在抚慰被战争创伤蹂躏的心灵。发展至今，这一当初的功能与目标早已改弦易辙了，它已成为城市的骄傲，以及城市发展的引擎了。这主要归功于她品牌塑造得成功，某种程度上爱丁堡与爱丁堡艺术节已浑然一体，互相帮衬、互相辉映。一个艺术节从创办到成熟，最核心的体现是什么？是品牌的塑造和确立，一个艺术节只有当它品牌塑造成功了，为大众所熟识并愿意自觉追随了，这个艺术节才真正站稳了脚跟。然而，由于它与城市捆绑在一起，它就无形中成为城市的名片，城市的形象大使，城市的营销员。

我们知道艺术节是新兴的人为的节日，它不像春节、圣诞节是个民族的人类的传统的约定俗成的节日，是千百年来传承下来的节日，不可取消，不可停止。

图 6-13　中国上海国际艺术节中心总裁陈圣来与意大利著名歌唱家安德烈·波切利交谈

欧洲节庆协会副主席杰尼·勃拉斯（Jan Briers）说得一针见血："艺术节与音乐厅、歌剧院、交响乐团之间有着非常明显的差别。音乐厅歌剧院这些建筑物是不可能消失的；拥有大批员工的交响乐团也是无法轻易解散的经济实体，而艺术节，当对其没有任何需求时，它就会自然消失。这说明艺术节的存在是因为它存在的必要性。"[①] 这话说得很率直也很真切，中国乃至世界上许多艺术节虎头蛇尾，中途夭折的大有其在，因此要像呵护生命一样呵护其品牌，要像培育婴儿一样培

① 陈圣来著：《品味艺术》，上海三联书店 2009 年版，第 55 页。

育其品牌。上海国际艺术节中心总裁陈圣来在执掌这一中国最大规模最高规格国际艺术节时就清醒地认识到，中国上海国际艺术节中心除了拥有艺术节这块牌子，不拥有任何剧场、团体等（世界上许多节庆组织都拥有自己的节庆剧场），因此，上海国际艺术节只有“走品牌发展之路”，努力提升自己的“品牌附加值与品牌含金量”。他以亲身经历举了这些例子：柏林爱乐乐团、维也纳爱乐乐团、以色列爱乐乐团、东京爱乐乐团都到上海国际艺术节来演出过，都是质量上乘的世界级乐团，指挥也都是世界名家：西蒙·拉特尔、小泽征尔、祖宾·梅塔、郑明勋，一个个如雷贯耳、难分仲伯，然而这四个乐团在上海演出开价分别为33万欧元/场、20万欧元/场、10万欧元/场、4万欧元/场，暂且不去评论这样开价是否合理，但为什么落差那么悬殊？归根结底的是品牌，是乐团本身的品牌所代表的身价地位，这就是品牌的力量、品牌的效应、品牌的价值！[①]

品牌是什么？陈圣来说：“品牌就是一种信誉度的符号。因此要维护中国上海国际艺术节的品牌，要做大做强这块品牌，就需要不断提升艺术节的品行，优化艺术节的品味，强化艺术节的品格。”这是他的经验之谈，也是他的肺腑之言。在当今世界，品牌已成为一个国家和地区经济实力和经济活力体现的重要标志，成为决定消费者购买行为的主要因素。因此，艺术节的品牌塑造至关重要，举目四望，全球至今活跃在公众视线并为大家所青睐的艺术节无一不是这个城市的代表性名片，无一不是世人瞩目的标志性品牌，提起爱丁堡你不会不马上联想到爱丁堡艺术节，提起戛纳你不会不马上联想到戛纳电影节，它

① 陈圣来：《打造对外文化交流的标志性品牌》，《文汇报》2007年11月19日。

们与城市已联为一体，互为印证，相得益彰。

澳大利亚阿德莱德是澳南部一个并没有特色的城市，但自创办阿德莱德艺术节并取得成功之后，阿德莱德就成为艺术节，艺术节就成为阿德莱德，甚至连阿德莱德在城市里行驶的车辆牌照上都烧铸上“阿德莱德艺术节”的字样。这个原先文化上并无特色与建树的城市，由于艺术节而成为澳大利亚文化艺术之都。在市北台地大街编织了阿德莱德一道亮丽的文化风景线，这条林荫大道两边布满博物馆、图书馆、画廊、剧场、大学和公共花园。2003 年诺贝尔文学奖获得者约翰·马克斯维尔·库切（J.M.Coetzee）在参加阿德莱德艺术节时惊叹：“这是什么地方啊？天堂吗？”于是这一赞叹被引用为阿德莱德宣传城市的广告用语。在城市的宣传品里，第一段话就是如此介绍：“两年一届的阿德莱德文化艺术节与英国爱丁堡及法国的阿维尼翁艺术节并驾齐驱，

图 6–14　阿德莱德艺术中心

是全球最大的艺术节之一，在艺术节期间，整个城市摇身一变，成为全澳洲乃至全世界艺术家、演员、视觉艺术家、作家及电影制作者的流动舞台。”这不是通过树立艺术节的品牌来营销城市吗？而且这是如此高超的营销艺术，难怪现在这两年一度的阿德莱德艺术节自 2012 年开始实行伟大的历史性转折，他们决定每两年一度的艺术节改为一年一度，在全球经济尚未复苏的形势下，阿德莱德逆势而上，足以证明艺术节对城市的营销作用。

就像爱丁堡的官方权威社调所表明的那样：93% 的游客认为艺术节使得爱丁堡具有独特性，82% 的游客认为艺术节使得他们在未来更有可能重返爱丁堡，82% 的游客认为艺术节是他们来苏格兰唯一的或者其中一个重要的理由。

《世界城市文化报告 2012》中也指出：“街头节庆是城市活力的另一个例子”，“一个有生气和活力的街头生活能证明一个城市具有更广泛的力量——地区的安全和活力；社区相互融合的意愿；居民作为社区成员自豪感的程度，以及在一个越来越个人主义的世界里对在公共庆典里凝聚到一起的渴望。”①

四、艺术节的社会认同

由于上述的一些原因，世界上大多数的艺术节基本上都是会在第一时间得到当地政府的支持、扶植、推动，这种支持与推动主要体现在资金上的一定程度的支持以及城市资源上的一定程度的支持，如剧

① ［英］罗伯特·保罗·欧文斯等著：《世界城市文化报告 2012》，黄昌勇等译，同济大学出版社 2013 年版，第 55 页。

场、广场空间、电力、警力、交通等。但世界上绝大多数政府都不会出现在第一线，直接操作与营运艺术节，而艺术节大多是由民间社会发起并由民间社会在操办的。这种政府的介入，使"文化嵌入于更广阔的社会、经济和政治关系中。参与文化因此能带来一系列潜在而广阔的正面效用，除了娱乐和审美，还有创造和保持身份，构筑社会凝聚力，培育社区发展和公民参与，增进社会福祉并产生经济价值"。[①] 这样的功效恰恰也是艺术节的功效，因此这一基础上，政府、城市、艺术节得到了高度认同。罗伯特在《世界城市文化报告 2012》里列举了许多城市的例子：约翰内斯堡，文化被视为健康和社会发展的一部分，是改变以往被边缘化的市民的生活的关键；在悉尼，对这座城市的土著居民的文化富有意义的认同是一个主要的目标；在伦敦，文化活动被认为是正规教育的至关重要的部分；在巴黎，除了传统的法国文化政策目标，文化是为促进经济发展而要优先发展的领域；在上海，文化被视为在快速的经济和社会变迁中社会和谐稳定的根源；在东京，强调各种文化活动不是仅由一个政府部门或是某一大型企业赞助，而是由众多不同的公共文化组织所支持。在这些城市，政府的公共政策、文化政策与城市的发展、市民的愿景找到了趋同点。

艺术节就是寻找一种社会认同，并通过艺术节体现出这种社会认同，一个艺术节所拥有与采纳的社会资本越多越丰厚，就说明这个艺术节社会认同越广泛越深入，这个艺术节就办得越好。亚洲区域办得最成功的艺术节之一——香港艺术节就是由民间社会发起并一直由民

---

① ［英］罗伯特·保罗·欧文斯等著：《世界城市文化报告 2012》，黄昌勇等译，同济大学出版社 2013 年版，第 28 页。

间社会操作，这个机构有两块牌子：香港艺术节有限公司和香港艺术节协会。一个是非营利机构，一个是社会团体。它的这届在任主席夏佳理是香港赛马会的原主席，也是香港港交所的原主席。他在就任艺术节主席的就职演说中这样说："香港艺术节成功可算是一项非常卓越的社区自发组建项目。"可见他上任伊始，就很明白艺术节追求社会认同的理念，它的前一任主席李业广是香港著名大律师，也当过港交所主席；再前任是香港著名电影制作人邵逸夫，这些社会贤达人士与香港的普通百姓都是以一个义工的身份参加香港艺术节，表现出香港艺术节的全社会认同。虽然每年香港特区政府对艺术节的支持差不多在1300万—1500万港元，但政府始终不插手艺术节任何具体事务。

这样的例子在其他艺术节不胜枚举，拉丁美洲最大的艺术节哥伦比亚波哥大伊比利亚美洲戏剧节创办于1988年，是当时为纪念波哥大

图6-15 哥伦比亚波哥大伊比利亚美洲戏剧节

城市建立450周年而兴起举办的。而这样一个为建城大庆而举办的艺术节发起者并不是市政府，而是波哥大剧作家拉米罗·奥索里奥和表演艺术家范妮·米凯伊。范妮在艺术节坚守20年，她去世后由她的学生和助手安娜·玛塔女士接过她手中的接力棒。

薰衣草的故乡，著名的普罗旺斯艺术节的起源更有意思，第二次世界大战结束后，一位名叫布里埃尔·杜维杰（Gabriel Dussurget）的年轻人，离开巴黎在法国乡间徜徉，他想寻找一个可以举办音乐节的地方，不久他在法国南方的普罗旺斯省，发现了中世纪遗留下来的教皇宫廷，高挑而宽阔的古建筑使他如获至宝，这正好符合音乐尤其是歌剧演出的场馆条件，第一届普罗旺斯国际音乐节也由此诞生。这一音乐节的创立除了音乐家杜维杰的热情投入以外，还有一位它的好友建筑师卡桑德拉（Cassandre）也功不可没，他为古建筑的重新利用投入了他的专业知识和专业热情，就是这两位民间人士去找到了他们的好友一位赌场老板，于是艺术、建筑与资金结合起来，一个艺术节在薰衣草的故乡诞生了，并逐渐成长为法国乃至欧洲著名的艺术节。

所以艺术节的崛起，它的力量、荣耀和精髓应该来自热爱艺术节、钟情艺术节以及受艺术节惠泽的人群，他们的关注、参与、投入甚至互动，都为艺术节注入了旺盛的生命力。艺术节是一个能够让社会族群聚集，让社会力量体现，让社会欢乐宣泄，让社会和谐滋生，让社会充分认同的盛会。如果你有幸去过西班牙潘普罗纳奔牛节，能感受到的最大的震撼，也是这一节日最大的特色，那就是全世界东西南北来到这座小城市的游客与当地市民，不约而同，没有谁强制规定，全都统一服饰：白衣白裤、红领巾、红腰带，这种对这一节日的社会认同、身份认同令人感动。艺术节作为一种新兴节日，它有别于传统节日，在于它的生存状态优劣乃至存续与否都有赖于社会认同。如世界节庆协会主席史蒂文（Steven Wood Schmader）所言，艺术节的存在在于它的“社会资本”。所谓社会资本，是指艺术节为社会所创造的价值，它包含诸多内容，如增强城市的品牌化效应、推动营销城市的旅游业、吸纳城市的招商引资、促进城市的社会和谐、增强城市的市民意识等等。此外，还有与学校合作进行节日专业的培训与志愿者的培训；利用城市闲置荒废资源诸如仓储、码头、车库、公共空间等开展艺术节活动；与城市市民共享在线艺术节活动体验；与全球友好城市交流往来等等。因此，艺术节拥有的社会资本越多，社会对它的认同度越高。

节庆活动是激发社会认同感与文化表达的重要平台。一个好的节庆应能使所在地方的社会组织与市民活跃起来，并激发他们以一种主人翁的身份热情参与，激荡他们的情感，启迪创意和思索，触动与抚摸社会心灵。如阿德莱德艺术节就完全将其与所处的南澳洲战略发展计划融合起来，它把自己完全融汇进城市的主体——“我们”。在“他们”的战略计划里是这样体现的：（1）我们的繁荣：通过吸引国内外游客到阿德莱德的方式来达到繁荣；（2）我们的健康：通过提供艺术和文化项目的便利来维持我们的生活质量；（3）我们的环境：以积极地采用节能和环保的管理措施来保护我们的环境；（4）我们的理念：让南澳洲成为表演艺术的家园；（5）我们的社区：为南澳洲的表演艺术提供安身立命之所，并为其达致广泛的使用者手中提供渠道；（6）我们的教育：在我们的项目中强化对教育的关注，联合南澳洲的本土艺术家，为所有的南澳洲人提供走进艺术的便利条件。这里的“我们”就体现了一种极大的社会认同，这就从根本上把阿德莱德艺术节与整个城市市民等同起来，使艺术节成为“我们”的节日，而非“他们”的艺术节。由此，阿德莱德艺术节体现出与这座城市的同根同源同命运。这就是艺术节的社会认同。

五、艺术节的精神凝聚

我们顺沿着上一节的阿德莱德案例，特别关注到操作阿德莱德艺术节的机构阿德莱德节庆中心，这一中心类似的组织在爱丁堡也同样存在。它通过实施阿德莱德艺术节等一系列节庆活动，不仅成功提升了阿德莱德在全球的知名度与享誉度，而且培育、塑造、发展、弘扬了阿德莱德的城市文化，在市民心中树立了一种根植于城市甚至国家体验的归属感。阿德莱德节庆中心信托基金会主席在2011—2012年度报告中说："阿德莱德节庆中心自身已经成为阿德莱德城市一个意义重大的故事，是阿德莱德城市文化遗产的一个重要组成部分。它以建筑的符号样式表征了阿德莱德城市的市民精神和时代雄心。"这里他提到了"时代雄心"与"市民精神"，确实，一个城市的艺术节也一定会凝聚并凸显这个城市的时代雄心与市民精神。艺术节是城市世界观与价值观的反映。城市的历史传承、文化氛围、风格秉性以及市民的兴趣爱好、鉴赏水准、道德素养一定会在这个城市举办艺术节里顽强地体现出来，打下这个城市不可磨灭的烙印。反转过来，通过艺术节这一扇窗口，使外部世界的文化、风格、时尚、观念以及优质文化的精髓如春风习习吹来，日久天长，潜移默化，一定会拓宽这座城市的视野、开阔它的胸襟、熏陶它的情操、提升它的精神。但凡举办成功艺术节的城市，不管它的规模是大是小，这座城市的市民精神绝不会蝇营狗苟、绝不会鼠目寸光、绝不会夜郎自大，也绝不会井底之蛙，以艺术节的博大精深，以艺术节的多元共存，以艺术节的创新引领，不断去雕琢这座城市，雕琢这座城市的市民精神，这座城市的品格和品质一定会大大提升。

罗伯特在他那本《世界城市文化报告 2012》中提到当下世界城市面临的三大挑战：（1）如何在传统和现代性之间取得平衡；（2）如何在迅速全球化的世界中保持一种地方感和独特感；（3）如何最好地将基础设施与受众参与联系在一起。这三大问题确实存在，并考验着我们应对挑战的能力和智慧。而各城市举办的艺术节就是解开这一困顿的一把钥匙。第二次世界大战以后的欧洲证明了这一点，“9・11”事件以后的纽约，种族隔离制度终结后的约翰内斯堡，大海啸后的巴厘岛再一次证明了这一点。文化再一次将一个城市凝聚到一起，并唤起一个城市重新振作的雄心和重新崛起的市民精神。

有学者在分析哲学家伽达默尔（Hans-Georg Gadamer）在《真理与方法》一书中有关节庆功能的论述时分析道：很明显，因为日常工作把人们拆散分开，为了忙忙碌碌的目的，他们不得不分散成单独的人。而在节日庆典中人们又重新聚拢在一起，彼此沟通交流，体验共同的生命经验。节日的这一特征表征着艺术经验的公共性与群体性，艺术就是使人们超越个体而趋向整体的人类共存的主要方式之一。该论者在总结伽达默尔有关艺术与节庆关系的相关评述时，进一步指出：总之，艺术是庆祝，是节日。在节日中人们欢聚在一起，打破日常状态中人为的界限与障碍，敞开心灵，达成理解，走向“共通”。人与人、人与世界的关系从“我—它”对立走向“我—你”和谐，人不再作为个体而存在，人是节日的一部分，从属于节日而敞开于节日。显然，艺术借助节庆活动方式，来最为集中地展示和演绎人性中那些代表“公共性”和“共通”的东西，对于强化、培育和弘扬城市核心价值观，无疑会起到十分积极的作用。[①]

艺术节对城市文明和市民素质的改变在细枝末节上，也会得到令人心悦诚服的体现。

2004年，上海国际艺术节请来了萨尔茨堡莫扎特管弦乐团在音乐厅演出，萨尔茨堡市市长沙登先生带团前来并一同观看。然而演出中段落之间的鼓掌令台上指挥频频回首，令坐在市长旁边的艺术节总裁如坐针毡。而曾几何时，美国芝加哥交响乐团来上海演出，演出后乐团一位华人演奏家给当时的韩正市长写信，信中说："坐得满满的上海大剧院内从头至尾鸦雀无声，音乐奏到渐弱处连根针掉到地上都能听见。乐章间不仅无人鼓掌，连咳嗽声都很少听见。一曲结束，欢呼声和掌声响彻大厅，也温暖了舞台上的大师和每一位

图6–16　美国芝加哥交响乐团上海演出

① 江盛：《哲学解释学眼中的节庆》，《经营管理者》2011年第5期。

音乐家的心。此时此刻，我由衷地为自己来自上海而无比自豪。我真想大声地向所有的听众大叫一声：‘Bravo！’”一个城市观众的素质比这座城市的演员与艺术家更能准确全面反映这座城市的文化与精神风貌。

在中国有一个完全民办的音乐节，也是中国内地第一个摇滚音乐节，始于2000年北京迷笛音乐学校，故称之为“迷笛音乐节”，2002年首开中国内地户外音乐节的先河，每届参加人数近十万人次。因为始终坚持摇滚的独立精神，同时还是中国新一代年轻人追随嬉皮士文化的一个开放舞台，迷笛音乐节由此被誉为“中国的伍德斯托克”。就这样一个令传统人士担忧的音乐节，2013年国庆期间在上海浦东华夏文化旅游区举办，规模宏大，11个舞台200组艺人，近7000人露营，7万人次参加，然而摇滚的狂热激情与乐迷的秩序井然相容相安，《新民晚报》2013年10月8日在娱乐版头条以《理智地“火爆”，节制地“欢闹”》予以报道。

观众的互动与参与往往成为艺术节组织者追求的目标，并成为一个艺术节成功的某种标识。英国BBC逍遥音乐节每届闭幕的固定节目“最后之夜”，从亨利·伍德到马尔科姆·萨金特，一直至今，百余年的历史，这是观众与艺术家互动的范例，许多来自世界各国的观众在参与并观看之后，都非常感动，“全世界没有任何其他地方可以有这样一种声音：超过7000种声音的合唱”。所以“最后之夜”闭幕音乐会一个令人瞩目的特点，就是每年观众人数不可阻挡，呈几何级数地增长。直至今日，“最后之夜”已成为每年电视直播的音乐会，为英国人，也为全世界打造了一种体现英国文化的特别景观。在电视传播力量的影响下，逍遥音乐节及“最后之夜”音乐会很快成为英国公共活动日程表中的重要组成部分，并且提升与凝聚了英国人的民族自豪感与爱国主义热情，同时向全世界展示了这一精神。

其实，不光是逍遥音乐节，笔者观英国的爱丁堡艺术节同样如此，特别是爱丁堡艺术节以爱丁堡军乐行列表演收尾，全场鼓乐齐鸣，万人同唱，灯光集束照耀着英国国旗，焰火绽放，完全将艺术融入了精神礼仪之中。苏格兰官方权威统计数据调查表明，85% 的受访者认为艺术节为苏格兰塑造了一个自信、正面的国家形象，89% 的爱丁堡当地受访者认为艺术节增加了他们对自己城市的自豪感。

第四节　艺术节与城市文化软实力

全球化浪潮中，融合与竞争共生共存，而能立于不败之地的城市一定是保持其文化特色的城市。在 GDP 已远不是城市竞争唯一指标的今天，发展城市文化软实力尤显意义重大。一座城市的崛起和发展，需要城市文化作为战略支撑。一个城市如果没有自己独特的文化特色，就不可能具有充满能量和潜力的优势，不可能在世界城市的竞争中脱颖而出。以特色城市为支撑，越来越多的公共节庆活动正在成为一座城市的文化标识。艺术节是城市文化力集中体现的方式之一。世界上所有主要中心城市都举办各自艺术节，作为生活质量的标尺，艺术节以其丰富的表现形式，表现了每个城市的世界观和价值观。自 1715 年开始，英国的格拉斯特、赫尔福德、华尔斯特共同举办三城音乐节（Three Choirs Festival），第一次公开亮出艺术节旗号，至今已 300 余年了。但它还作为一种新兴的节日伴随着世界各国城市化的发展而蔓延滋长。艺术节的本质是一种现代都市人追求诗意生活的集体行为和城市典礼，乃至像第二次世界大战、2008年全球金融危机，这些时代性的挫折都不能阻碍其蔓延生长的势头。而且近年来，这种势头在新兴经济体国家的城市内，在亚洲、非洲、拉丁美洲都有快速增长之势。某种程度而言，它是伴随着城市化、现代化进程的一种必然现象。

一、艺术节庆正在成为城市特色文化的标识

城市是不可移动的，世界各地每个城市都分置于地球东西南北中，偏于一隅，互不相干。但自全球化、现代化、信息化浪潮袭来，城市与城市之间也形成了竞争态势。如申办奥运会、世界杯足球赛、世博会等等，各城市都虎视眈眈，你争我夺，互不相让。还有产业的布局在各城市间也是生死博弈，以德国为代表的欧洲汽车工业与以日本为代表的亚洲汽车工业硬生生把美国的汽车工业逼上绝路，使昔日辉煌一时的汽车工业城底特律变成了“死城”。更不要说各城市的旅游营销、城市营销，对游客的招徕，对资金的吸纳，对跨国公司总部的献媚，都使出浑身解数。然而真正在这场全球性竞争中，能立于不败之地的城市一定是保持其文化特色的城市。

竞争战略之父迈克尔·波特（Michael Porter）认为：“基于文化的优势是最根本的、最难以替代和模仿的、最持久的和最核心的竞争优势。”[①] 在现代社会，一个城市的发展离不开文化的成熟，通过发展城市特色文化，提高城市竞争力，进而促进城市文化软实力，已经成为我国城市发展战略的共识和重心。不同城市在发展规划中都能从自身历史、人文资源中发掘出独特潜质和资源，以发展特色文化促进新的

① 王乐文：《竞争战略之父——迈克尔·波特》，《当代电力文化》2013年第3期。

经济增长点，提高城市声誉乃至世界知名度。与传统的城市发展模式不同，特色文化城市更加强调以特色文化为切入，以文化为核心资源和发展要素，通过保护城市文化遗产，发展文化活动、文化产业、文化创新、市民文化等因素，确立城市文化特色，合力建构出城市的文化软实力。作为一种未来社会城市发展理想图景和战略规划，发展特色文化城市，有助于实现三大核心功能：一是应对全球文化同化趋势，保障国家民族文化的基因与生存；二是以文化的手段促进城市经济可持续增长；三是强化城市市民交流，破解理性趋利决策造成的城市市民的心理与情感隔离。

目前世界各国都涌现出了一批各具文化特色的多样化特色城市。特色文化与特色城市的研究，其研究依据首先建立在世界各地城市的文化实践上。具体到当下中国的历史语境，讨论特色城市的特色文化，更重要的研究依据，即是国家文化软实力建设的需要。这其中，城市文化软实力是在软实力概念基础上提出来的一个新的概念，在城市化快速发展的今天，城市文化软实力既是国家文化软实力的地方体现，也是国家文化软实力的重要组成部分。目前中国已纳入世界都市化进程，无论放眼全球还是全国范围内考量，未来城市发展竞争力都已不仅仅局限于资源、经济、科技等“硬实力”，而更注重以城市文化资源的影响力、城市精神凝聚力、城市形象感召力等为核心的“城市文化软实力”之间的竞争。随着我国“提高文化软实力”的文化发展战略目标确立，城市文化的发展也迎来了重大机遇，城市文化软实力与文化竞争力已经成为国家文化发展的重要方面。强化特色文化优势是建设城市文化软实力的切入点。在城市将特色文化转变成为城市文化资本的过程中，有相当多城市的“特色文化”被闲置、被遗忘甚至被现代化建设所湮没。因此，在城市文化软实力的建构中如何挖掘并强化城市的特色文化优势，是一个十分重要的突破口。

当今世界各种思想文化不仅在外交战线而且在产业市场上激荡，文化越来越成为民族凝聚力和创造力的重要源泉，越来越成为综合国力竞争的重要因素。文化因其具有独特的精神特质，从而更能决定一个国家与民族的历史走向及基本品质，所以在这个意义上讲，文化是一个民族的灵魂。城市是文化的象征和载体，艺术节不光全面、立体、细腻地展示着一座城市的形象，也能在各个层面强化并提升城市文化软实力的发展。城市文化软实力主要体现在城市形象的感召力、城市品牌的影响力、文化产品的生产力、文化人才的吸纳力、文化对经济政治的塑造力、文化对城市市民的服务力，以及对促进社会和谐稳定的凝聚力。

节庆作为文化认同的载体使城市群体情感与集体意识相链接，形成市民对城市文化和城市精神的共同追求，群体在节庆活动中的集体意识以交流和互动为基础，试图消除城市中个体的困惑，并且凭借节庆活动中的共同记忆对象征性的符号和仪式产生共鸣，为每个城市个体提供安妥心灵和情绪的城市空间。节庆空间的构筑宏观上表现为对城市化的历史解读，微观上表现为对特色城市的个案研究，这不仅涉及城市的时代性变迁，也涉及传统的社会空间到当代城市空间功能和内涵的演变。城市为节庆文化提供想象驰骋的空间，使生活其间的市民产生认同感和归属感，也提高了城市的享誉度和知名度。发展特色城市文化给城市节庆注入新的时代内容，唤起民族的集体记忆，加深民族文化认同，同时带来巨大的经济效益和社会效益，并扩展了城市品牌。

以特色城市为支撑，越来越多的公共节庆活动正在成为一座城市的文化标识。

艺术节是城市文化力集中体现的方式之一。它是将艺术创作、艺术表演、艺术观光、艺术展览、艺术交流、艺术品交易等活动集于一体密集举行的城市文化活动模式；它是城市的集中性文化盛事，能深度影响城市文化内容体系和文化传播方式。艺术节普及了文化的公共性，丰富了举办城市的文化内容，集中呈现了文化加速发展的新成果，培养锻炼了文化建设队伍，是一种集约化的艺术形式，是当下体验式经济的重要方面，是文化资源逐步变成文化创新的有效途径。艺术节的国际性是经济全球化在文化上的反映，它能使举办城市与参加城市融入全球文化的大循环、大交流之中。艺术节对城市文化内容的深度影响是全面的，重点体现在城市文化内容拓展、城乡文化服务共享、城市民俗文化保护及城市文化国际交流等诸多方面。

二、艺术节庆正成为城市人诗意生活的集体追求

艺术节作为现代节庆的一种主体节日形式，还没有学者认真研究它的前生今世，我们仔细梳理了世界艺术节的发展史，发觉艺术节真正有了它独立的名字是在1715年。如同工业革命引领全球一样，英国在艺术节的建树上，也为世界作出了极大的贡献。1715年，英国的格拉斯特、赫尔福德、华尔斯特共同举办三城音乐节（Three Choirs Festival），这是迄今为止发掘最早的公开亮出艺术节旗号的艺术节，至今已300余年了。300余年，这是一段并不太短的历史，然而艺术节还欣欣向荣地在世界范围蓬勃发展，尤其在中国方兴未艾，因此这是一个非常值得研究的文化现象。

综上所述，作为一种新兴的节日，艺术节的本质是一种现代都市人追求诗意生活的集体行为和城市典礼。因此，现代社会的艺术节普遍发生在城市。它是一种城市作为，放眼世界，但凡一个成熟的城市都会有大大小小、形形色色的艺术节，乃至像比利时这个只有1000多万人口的欧洲国家，竟有370多个艺术节。作为现代节庆的主流表现，艺术节必定是这座城市的文化写照与文化折射，就像加拿大演出交易会首席执行官帕尔（Alain Pare）所言："世界上所有主要中心城市都举办各自艺术节，作为生活质量的标尺，艺术节以其丰富的表现形式，表现了每个城市的世界观和价值观。"①这是城市对艺术节的哺育，而一旦当这个艺术节成熟并逐渐声名远扬时，它也完成了对城市的反哺。艺术节以它特有的行为方式在艺术节期间融合了整个城市的各种元素，整合了城市的各方面资源，调动了城市的各个光彩层面，让城市浸润在艺术与欢乐的氛围之中，提升了城市的生活内涵与生活质量，增强了城市的吸引力与包容性，也提升了城市的知名度。

追溯历史，艺术节从古希腊古罗马时代就已胚胎于当时的狂欢节、酒神节中，近20个世纪的大浪淘沙，艺术节姿态万千地从林林总总的节庆中脱颖而出，成为木秀于林、独树一帜的节庆新兴体。可以讲，全世界借各种名义举办的节庆文化活动，包括民俗民风的、历史遗产的、时令节气的、人物纪念的、花卉物产的……除了这些节庆离不开艺术的参与和渗透之外，它们本身独立而形成的节庆都不能与艺术节比肩，至少它们没有像艺术节那样形成规模效应和集束效应，没有成为一种门类和行业。世界范围内艺术节不断崛起风行，某种程度而言，

① 陈圣来著：《品味艺术》，上海三联书店2009年版，第58页。

它是伴随着城市化、现代化进程的一种必然现象。

苏黎世艺术节主席彼特弗·韦伯（Peter Weibel）说："艺术节为艺术家们创造了一个演绎平台，也成为了高品质都市生活的推广，艺术节最终也勾勒出所在城市人们的独特形象。"[①] 艺术节一定是都市生活高品质的推广，勾勒出所在城市人们的独特形象。换句话说，这座城市市民的生活质量、经济状况、兴趣爱好、鉴赏水准乃至组织能力、道德素质、行为规范都会在艺术节里得到淋漓尽致的曝光与体现。这里传递了一个信息，并为我们阐释了缘由。中国城市随着城市化的积极推进，国民经济水平的提升，市民文化消费的扩大，艺术节一定会如雨后春笋般在各类城市得以萌生和普及。2013 年开始至今，小小的桐乡市下面的小小的乌镇，举办了乌镇戏剧节，一举轰动，吸引了海内外戏剧界人士云集乌镇，其趋势大有可能比肩阿维尼翁戏剧节，短短几届，已成为这个水乡小镇感召海内外的一面亮丽的旗帜。

图 6–17　乌镇戏剧节

① 陈圣来著：《品味艺术》，上海三联书店 2009 年版，第 57 页。

中国人的这种文化创造能力和消费能力将随着现代化与城市化的积极推进而被不断释放。他们内在的精神需求一定会被唤醒并凸显出来，并催生相应的形式与产业。英国罗伯特·保罗·欧文斯所著的《世界城市文化报告2012》中这样说："庆典活动，是一个城市同时吸引居民和企业的越来越重要的驱动力量。"这一点将在中国进一步得到证实。

当社会生产力发展到一定程度，精神生活的需求就会变得非常强烈并频繁释放。文化艺术消费为人们带来经验、知识、信仰、追求和理想方面的滋养，进而又促使城市文化转化为一种巨大的推动力量，对人类社会的发展和城市发展产生重要影响。这种源自文化的推动力量往往会在经济建设中起到先导作用，在思想建设中起到感召作用，在环境建设中起到辐射作用，在人才队伍建设中起到催化作用。因此，文化的力量在国家崛起、经济腾飞、企业发展中有重要作用，这也是我们强调"四个自信"中将文化自信列入其中的重要因素。文化的力量与欢乐的力量邂逅，这一交融点上产生了城市的节庆，产生了艺术节，然后再与城市的个性交集，这就是特色文化城市的推动力与塑造力。

第七章　在特色文化城市建设中市民文化的作为与贡献

第一节　大型特色市民文化活动在塑造特色文化城市中扮演的角色

现代城市发展最终是人的发展，让全体市民群众受益是现代城市发展的根本目的，要做到这一点，以城市大众为中心，引导群众关注、支持和参与城市特色文化活动是基本路径。总体上看，特色文化、特色文化活动特别是大型特色市民文化活动，业已成为现阶段我国特色文化城市建设发展的关键因素，也是塑造和形成特色文化城市不可忽视的直接动因。深入剖析和正确理解大型市民文化活动与特色城市文化建设的关系，广泛总结、提炼和借鉴国内外特色产业城市与特色城市文化协调发展的成功经验，对于因地制宜、因势利导地发挥大型群众活动在我国特色城市文化建设中的积极作用，繁荣和发展各地富有特色的城市文化，进一步带动城市发展方式转变，有效提升我国城市文化建设的科学发展水平，具有十分重要的现实意义和深远的历史意义。本书这一章节围绕“特色市民文化塑造特色文化城市——大型群众文化活动在特色城市文化建设中的重要作用”这一主题，从大型市民文化活动与特色文化城市建设的关系，大型市民文化活动在形成特色城市文化中的积极作用，特色城市文化对市民文化活动的带动和提升作用，我国部分城市文化建设面临的突出问题，当前国内外以大型群众文化活动带动特色文化城市建设的模式与经验，依托大型市民文化活动发展特色城市文化的方法与路径，深化大型市民文化活动与特色文化城市建设互动关系的体制机制创新等方面进行分析研究，以期对我国特色文化城市建设实践发挥一定的指导或借鉴作用。

一、大型市民文化活动是建设特色文化城市的重要动力

特色文化城市，因其存在富有特色的城市文化使然，亦是表明某一特定城市在精神、制度和物质层面所展示出的具有一定特点的历史底蕴、发展形态、创造活力和价值追求。特色文化城市总是在历史的长河中逐步形成的，富有特色的城市文化传统或历史文化底蕴的积淀与形成，除了与城市的经济发展方式存在十分紧密的联系之外，城市持续举办认同度高、参与者众的大型市民文化活动总是在特色文化城市形成和发展中扮演着重要甚至是决定性的角色。在现代社会，文化艺术不再如奴隶制和封建制社会那样只是少数人的专利，文化艺术逐渐从象牙之塔走向大众，文化的群众性、群众参与的文化、群众创造和喜爱的文化，成为现代特色文化城市持续发展的重要动力。

当今世界，城市的现代化发展在综合国力竞争中的地位和作用越来越突出。进入 21 世纪以来，国际间文化软实力竞争所表现出的一个显著特点，就是城市及其独特的文化扮演着越来越重要的角色，特别是富有特色文化的城市在开放的国际环境中，已经不仅是一般的文化

形态，而是作为国家文化软实力重要的载体而存在、而表达，那些富有活力、魅力和国际影响力的特色文化城市，往往集中展示着、体现着国家的意志、人民的追求和城市的价值，更为直接而有效地传播着民族优秀文化和地方特色文化。发挥好特色文化城市的积极作用，推动形成各具魅力的城市文化，能够有效增强国家文化软实力。

当前，我国正处在工业化、信息化和城市现代化迅速发展的阶段，这一发展阶段对于特色文化城市建设来说具有“双刃剑”的特点。一方面，工业化和信息化对于原先处于相对隔离状态或有着相对独立发展形态的城市文化可能形成巨大的冲击，可能会导致历史“惯性”的中断。事实上，古老建筑被拆除，传统村落被撤并，传统人文风貌和历史文化遗迹逐渐消失的现象大量存在。另一方面，工业化和信息化与地域特色文化在本质上并不是绝对冲突的关系，工业化在客观上也可以为保护历史文化遗迹提供更好的物质基础和技术手段，信息化则应有利于地方特色文化的挖掘、整理、保护和传播。世界诸多特色文化城市案例表明，城市的现代化可以而且必须与特色文化建设同步规划、同步推进，后者既是前者的关键要素，又是体现和展示前者的显著特征。在今天，更迫切的是需要深入思考如何趋利避害、化害为利，建设富有鲜明特色文化的现代化城市，使之在现代化的环境中更具有历史人文的韵味和魅力。

二、大型市民文化活动是体现市民精神和文化活力的重要载体

就特色文化城市建设来说，有别于政府出面主办和操持的奥运会、世博会等国际大型赛事与活动，日常及节日性的群众文化活动体现了

城市文化特色及市民的旨趣、气质、文化追求及自治能力，是城市文化精神最根本也是最具可延续性的代表。它与地方的历史与民俗相结合，成为体现地方风土人情的重要窗口；它也与市民新的理想与激情相结合，成为体现当代市民精神、文化活力与文化自治力的重要载体。建设特色文化城市必须重视培养与挖掘当地群众文化活动的特色与潜能、自主性与开拓性。

在我国现代化建设进程中，以群众文化为代表的文化建设和社会建设占据了越来越重要的地位。党的十六大报告对现代化建设提出的是“三位一体”（经济建设、政治建设、文化建设），到了十七大，提出了“四位一体”（经济建设、政治建设、文化建设和社会建设），十八大则拓展到“五位一体”（经济建设、政治建设、文化建设、社会建设、生态文明建设）。从这些提法中可以看出，我国对现代化建设的认识不断深入，对现代化布局日趋全面。其中，社会建设与文化建设堪称是我国推进现代化建设的条件与灵魂，正在引起党和各级政府的日益关注。改革开放四十多年以来，我国经济社会发展取得了举世瞩目的成就，综合国力与国际地位显著提升，人民生活水平不断提高；在物质生活得到基本保障以后，人民对精神文化生活也有了新追求与新期待。正是从这一背景来说，市民文化建设是社会建设与文化建设的有效结合体，而大型群众文化活动则是这种建设成果的具体展示。

此外，从城市治理的现实层面来说，群众文化活动是政府加强社会治理能力的有效抓手。加强和创新社会治理，是人类社会发展的客观要求；在充满不确定性的现代社会中，只有政府和社会携起手来，才能建设美好而安全的家园。城市生活的主体是市民，以市民为主体的群众文化活动是城市文化的基础；它不仅受城市的地理、历史与人文环境影响，具有一定的历史延续性，并且受时代风气与政府引导，是社会建设与社会治理的有效抓手。善不善于发挥社会主体积极性，推动形成政府治理和社会调节、居民自治良性互动的局面，是现代社会衡量政府社会治理能力高低的一个重要标志。大型群众文化活动作为以市民为主体的文化活动，通过活动的举办不仅可以培养市民及社会组织对文化的兴趣、表达与投入，培养主观能动性及社会自治能力，并且是通过文化活动激发社会认同感、体现政府与群众间良性互动的一个重要平台。

三、大型特色市民文化活动的基本概念

（一）国内

根据中华人民共和国公安部 1999 年 11 月 18 日《群众性文化体育活动治安管理办法》（公安部令第 44 号），200 人以上规模即为大型文化活动，包括在公园、风景旅游区、游乐园、广场、体育场（馆）、展览馆、俱乐部、公共道路、居民生活区等公共场所举办的演唱会、音乐会等文艺活动；游园、灯会、花会、龙舟会等民间传统活动；体育比赛、民间竞技、健身气功等群众性体育活动；其他群众性文化体育活动；以及在影剧场（院）举办其经营范围之外的活动。

（二）国际

在国外，文化活动被定义为“特殊活动”，是有资源使用、预定目标、经费预算和时间进度的有组织工作，这些“特殊活动”具有项目化特点，如明确的目标、确定的范围、一次性、受特定资源约束

等。国际上有专门从事这类“特殊活动”管理运行的“国际节庆协会”（International Festivals and Events Association，IFEA）、国际特殊活动协会（International Special Events Society，ISES）等。

（三）概念的提炼和表述

以上国内外两种概念，约略地指出了三个基本含义：一是在公共场所举办，面向不特定对象，如城市的市民皆可自愿参与；二是达到一定规模方为“大型”，充分显示大众参与的特点；三是有组织地发起和举办，在目的、资源、资金、范围等多方面纳入项目化有序管理。概言之，大型群众文化活动是指以项目化方式举办，参与者为非特定对象且达到一定规模，具有较大影响力的文化活动。

四、市民文化活动与特色文化城市的相互关系

（一）非特色的市民文化活动无助于特色文化城市建设

每座城市均有数量庞大的市民文化活动，内容健康、运行有序的市民文化活动对于丰富特定社区群众的精神文化生活有一定的积极作用，如当前风靡全国的广场舞活动，几乎成为城市大批中老年族群日常生活的一部分，这些文化活动在不扰民的前提下，值得提倡和推广。但是，缺乏特色的或模仿的群众文化活动，尽管参与人数较多、遍布街道社区，对于特色文化城市建设来说裨益并不明显。文化重在特色，无特色的文化活动，本质上是集体“娱乐”，其积极意义是通过对时间的“占用”来充实和丰富生活，然而并不能够在活动中有效激发人们的想象、激情和创造力。城市的管理运行者倘若仅仅满足于以活动“占用”人们的闲暇时光，而不是着力于鼓励和带动人们参与文化创造，那么不仅于特色文化城市建设不利，而且还有城市趋同、活动千篇一

律的潜在风险。

（二）影响力较小的特色市民文化活动是特色文化城市建设重要的元素

文化的特质在于个性，文化生命力在于个性化的创造，大到国家民族，小到城市社区，缺乏个性就不具有呈现和传播的价值，也就缺乏必要的吸引和凝聚的力量。无论是国家民族，还是一座城市，文化的个性既来自历史创造的传承延续，也来自当今创造的推广传播，文化的历史创造会累积为绵延不断的历史文脉，文化的当今创造也会在彰显历史文脉的同时，在时代的高起点上造就新的繁荣。那些微小的、局部的文化创造，虽然不能直接影响特色文化城市的建设进程，但是这些创新创造的元素叠加、积淀、累积到一定程度就会产生规模效应。

（三）大型特色市民文化活动与特色文化城市紧密关联

城市的规划风貌、建筑特色、符号标志、精神理念和文化活动，常常是城市文化特色的主要表现渠道。其中，大型特色群众文化活动，由于集合了来自多方面人群或群体，他们所携带的各种最具代表性的文化元素，以及由活动主题所引领的城市主流文化行为，从而最集中、最具体地代表着、表达着这座城市的文化特色。相比较而言，规划风貌、建筑特色和符号标志的表达，侧重于不同时空相对一致的城市文化特征，具有凝固、静止、隽永的特点；大型市民文化活动则侧重于即时的、变化的、灵动的、聚焦的城市文化特征，效果更直接、信息更真切、感受更强烈。由于这一原因，特色文化城市建设者往往主动依托、积极借助大型市民文化活动，将其纳入建设规划，扩大建设规模、加快建设进度。

第二节　大型特色市民文化活动与特色文化城市互动的国际实践

市民是城市的主体，国内外城市文化的主要载体都是市民文化活动，其中，大型特色文化活动更是一座城市对外展示城市形象、打造集体向心力、营造节日氛围、点亮城市的重要途径。从世界范围来看，大型特色文化活动一方面是历史、地理与人文传统的产物，另一方面也不乏城市领导者与社群主动设计、规划与发展的产物；第二次世界大战之后世界范围内大量出现的各种艺术节，即属于此类。这里所介绍的威尼斯狂欢节、日本樱花节、奥地利布雷根茨音乐节和西班牙潘普洛纳奔牛节，都分别体现了传统与现代的结合，城市物理条件、物产要素与文化传统的结合，以及大型文化活动对旅游经济的推动等特点，值得我们从其经营组织、对文化传统的保持与拓展、对城市文化形象的打造与推广、对市民文化的推动与积累等方面加以学习与借鉴。

一、威尼斯狂欢节：作为特色文化城市传统因素的大型特色市民文化活动

威尼斯狂欢节以化妆舞会、彩车游行、假面具和宴会为传统特色，是意大利水都威尼斯举办的历史最悠久的狂欢节之一，已经毫无悬念地成为威尼斯城市文化的显著特色。

威尼斯狂欢节为期半个月左右，每年根据复活节日期不同而改变，2015 年的威尼斯面具狂欢节时间为 1 月 31 日至 2 月 17 日，2016 年的威尼斯面具狂欢节时间为 1 月 23 日至 2 月 9 日。[①] 据官方统计，在每

① Venice Carnival 2016，2015-11-11，见 http://www.venice-carnival-italy.com/index.php。

年 18 天的狂欢节中，共吸引约 100 万人次参与，且 35% 的参与者为 18 岁以下的青少年，通过狂欢活动极大地拉动当地旅游，日均人数最高峰为 15 万人。[①] 从意大利全国范围上看，狂欢节吸引了 3180 万意大利人的关注，约占全国 14—64 岁人口比例中的 79.5%，是国民关注度和参与度"综合排名第一的全国性节日"（见表 7–1）。从狂欢节的全球化程度上看，约有 1.78 万名日本游客参与了 2014 年的狂欢节，其次为美国（8782 人）和中国（5278 人）（见图 7–1）。[②]

表 7–1 意大利全国性节日国民关注度和参与度综合排名

节日名称	国民关注度与参与度
威尼斯狂欢节（Carnival of Venice）	79.5%
威尼斯国际电影节（Venice International Film Festival）	74.0%
锡耶纳赛马节（Palio di Siena）	71.0%

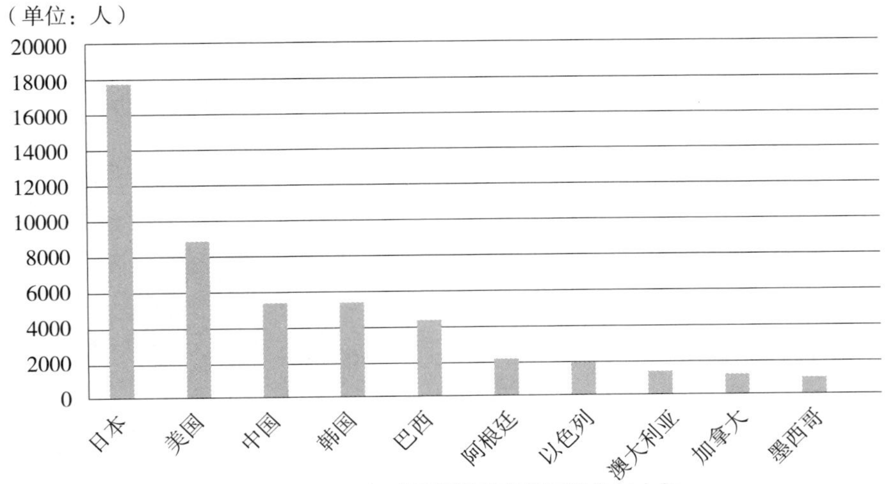

图 7–1 2014 年威尼斯狂欢节的国际参与人数

① Carnevale di Venezia 2016，2015–11–11，见 http://www.velaspa.com/index.php?option=com_content&view=article&id=2200&Itemid=319&lang=en。

② Carnival of Venice 2016，2015–11–11，见 http://www.velaspa.com/files/EVENT_CARNEVALE%20_2016_ENG_rev001.pdf。

（一）传统特色之一：围绕和传播城市重要传统文化景点

威尼斯大运河的水上巡游是狂欢节的一大亮点。威尼斯的各大广场、街道均成为节日欢庆的舞台，威尼斯城几乎所有的剧院和展览会场都会开展节目展演，不分时间、不分地点，吸引着全城参与。被拿破仑誉为“世界上最漂亮的舞厅”的圣马可广场（Piazza San Marco）是水城嘉年华狂欢活动的中心。

（二）传统特色之二：折射民族传统心理特征

佩戴面具和化妆是威尼斯狂欢节的一大特色和亮点（见图 7–2），这一传统可追述到 1700 年前。人与人之间的相处，可以通过面具融合在一起，在面具的后面，社会差异暂时被“消除”：没有贫富、阶级、身份、地位等差异。活动参与者身着各种影视和童话故事人物形象的服装、戴着不同的面具，享受节庆的氛围。

图 7–2 威尼斯狂欢节的装束

威尼斯的大街小巷，都有各具特色的面具服饰店，有的还会现场展示面具的制作工艺。“面具”可以直接画在脸上，也可以经过复杂的程序，用纸浆、布料、石膏、皮革、玻璃甚至塑料等制成。同时，活动期间，各艺术院校的大学生们也会自发到圣马可广场为游人画脸谱。

此外，圣马可广场上还会举行面具和服饰比赛。在狂欢节的最后一个周日，最佳面具候选人会在圣马可广场中心舞台集体亮相，一个接一个摆出姿势，由评委打分，角逐最佳面具冠军得主。除了圣马可广场，叹息桥、花神咖啡馆以及扎卡利亚教堂门前广场，都是面具化妆者“出镜率”最高的地方。

（三）传统特色之三：线上平台延伸城市传统服务

威尼斯狂欢节的官方网站上也有整套装束的租赁（见图 7–3），主要提供服饰（喜剧、历史剧、女士、男士、奇幻等）以及配饰这两大类的网上预订，服饰类价格为 200—300 欧元，配饰为 20 欧元，能够直接在网上提交尺寸信息（见图 7–4）。①

图 7–3　官网服饰预订界面价格信息

① Carnival Costume Hire，2015–11–13，见 http://www.venice–carnival–italy.com/carnival–costume–hire.php。

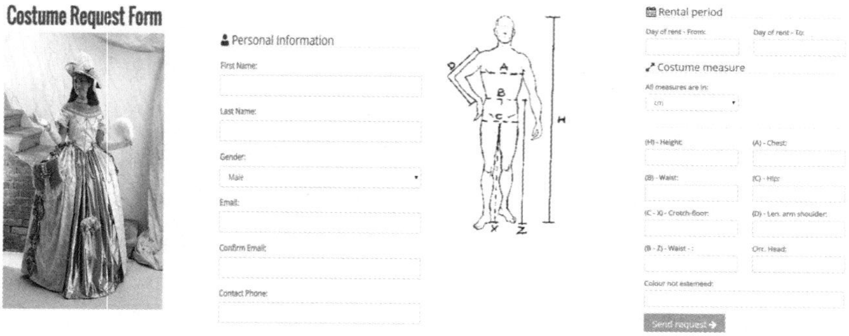

图 7–4　官网服饰预订界面尺寸信息

该服务平台还具有活动预约功能。活动主要分为旅行和舞会两大类，并能根据不同的时间段和价格，分类选择预订（见图 7–5）。活动的预订信息还能通过脸书（Facebook）、推特（Twitter）和拼趣（Pinterest）等个人社交平台推广出去。活动后还有留言评论板块（见图 7–6）。[1] 此外，该网站还提供历年活动视频和图集、活动期间天气预报、酒店预订、交通等较为全面的综合信息。

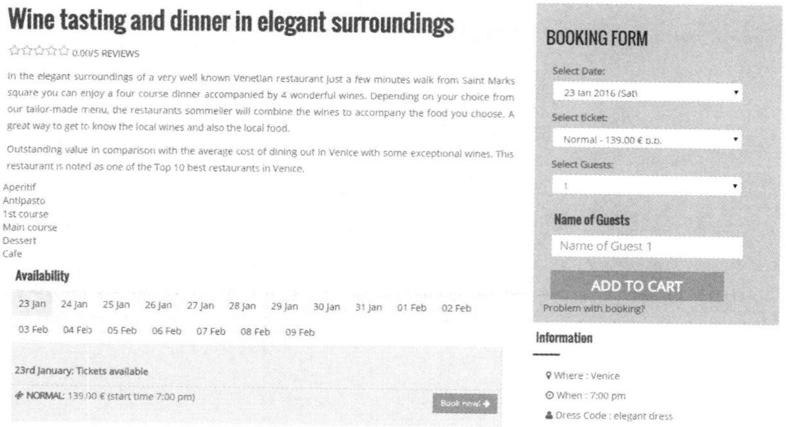

图 7–5　活动分类预订

① Wine Tasting and Dinner in Elegant Surroundings，2015–11–13，见 http://www.venice-carnival-italy.com/ball.php?id=49#reviews。

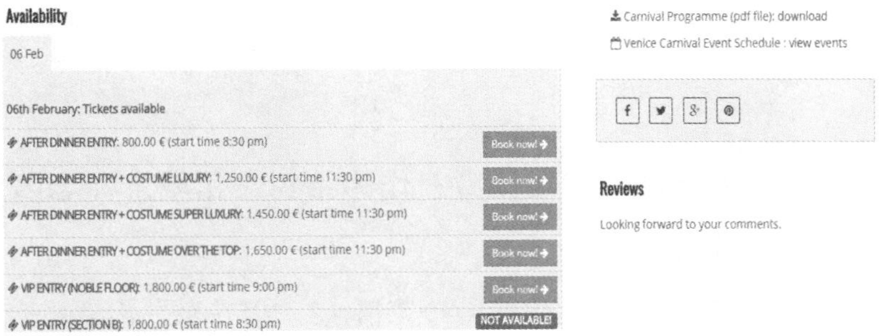

图 7-6 活动预订和留言评论

资料来源：http://www.venice-carnival-italy.com/multimedia.php。

(四)传统特色之四：组织与宣传展示城市传统文化

目前，威尼斯狂欢节由 2000 年成立的英属意大利旅游公司 Venice Events 负责运营管理。除了一年一度的嘉年华活动，该公司所承办和经营的业务还包括旅游、婚庆、餐饮、各类舞会等。此外，意大利著名导演、设计师马可·麦克潘尼（Marco Maccapani）[①] 担任 2016—2018 年的狂欢节艺术导演。[②] 狂欢节的宣传工作主要包括在城市主要区域的大幅海报宣传，在酒店、商场、酒吧、餐馆、旅游景点等免费发放宣传手册，官方网站进行宣传，以及联手意大利各大新闻媒体进行宣传。

总体来看，威尼斯因为有狂欢节这一大型群众文化活动，更充分显示出这座城市传统的面貌和质地，人们通过狂欢节所营造的传

① Marco Maccapani 为国际时尚界知名品牌 Valentino，Versace，Armani，Missoni，Ferré，Ferragamo，Dolce & Gabbana，Cerutti，Gucci 的设计师。

② Marco Maccapani is the new Artistic Director of the Carnival of Venice 2016–2018，2015-10-21，见 http://www.carnevale.venezia.it/en/marco-maccapani-is-the-new-artistic-director-of-the-carnival-of-venice-2016-2018/。

统氛围和“通道”，可全面领略和感受其深厚而富有特色的城市文化传统。

二、日本多个城市的樱花节：作为特色文化城市标志因素的大型特色市民文化活动

日本以“樱花节”表达民族的樱花情结，“樱花节”沿着由南到北的路径，覆盖多个日本城市，成为日本多个城市文化的重要标志。每年的3月15日到4月15日是日本全国性的樱花节。日本有樱花30多个种类、300多个品种，世界上共有800多个品种。在日本，樱花被赋予了高雅、刚劲、清秀质朴和独立的精神，是勤劳、勇敢、智慧的象征。

日本人酷爱樱花，把樱花作为与富士山并列的两大国家象征。以樱花命名的街道、车站、市镇、商标、饭菜、茶点、汤饮比比皆是。文学家写咏樱诗，画家绘樱花图，音乐家谱赞樱曲，银行发行樱花图案的钞票，工场制出樱花工艺品，电视台以樱花为背景作节目，并特辟报告樱花开放动态的专栏等等，可以说樱花的魅力和影响力渗透在日本人生活的各个领域。①

樱花节在日本拥有悠久的历史，覆盖面广、参与度高，在樱花盛开的2—5月，2月初从冲绳县（Okinawa）开始，3月底4月初到达京都（Kyoto）和东京（Tokyo），5月中旬到达北海道（Hokkaido）。②“樱花宴”一路由南向北，几乎全国各地都有庆祝、观赏樱花的场所和盛典活动（见图7–7）。

① 陈玲玲:《日本樱花旅游开发研究》,《中国花文化国际学术研讨会论文集》2007年第9期。
② Japan Cherry Blossom，2015–11–06，见 http://www.gojapango.com/garden/cherry_blossom.html。

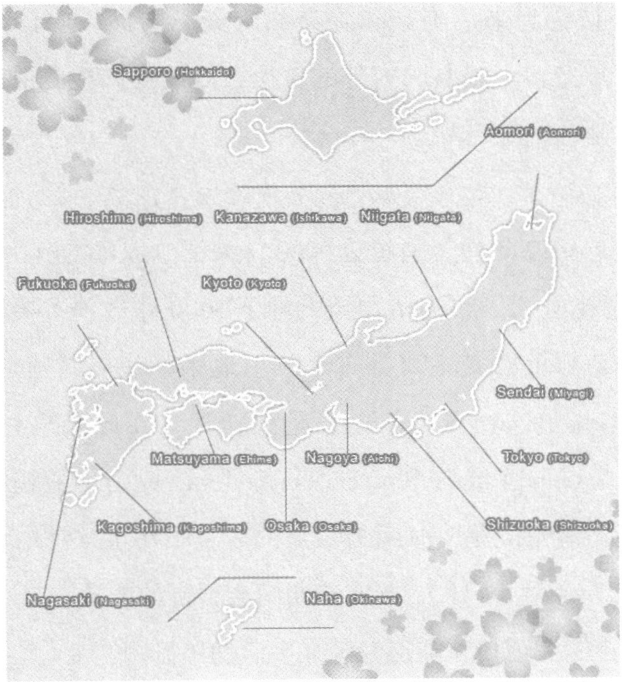

图 7-7　2015 年樱花节在日本的主要活动举办和观赏地

资源来源：http://www.jnto.go.jp/sakura/eng/index.php。

（一）标志特征之一：与城市樱花主题旅游结合

日本人通过将樱花与观光、参与、休闲、度假、教育等结合在一起，通过对樱花游览内容的多元延伸和文化内涵的活化，增加节庆本身的内涵。注重整合资源、开发农副产品。对樱花地的山岳、温泉、河湖、林果、乡村民俗、农业生产等相关资源进行地域整合，将相关资源要素渗透到樱花产品开发之中，如形成赏樱的知名景点、挖掘樱花茶、樱花美食、樱花酒等副产品。注重相互协调、拓宽旅游空间。在日本，有樱花处就有樱花旅游。各城市大力开发具有旅游功能的属地和周边地，拓宽樱花旅游的载体空间，与历史文化遗迹、美食、休闲、娱乐等结合起来，丰富和补充旅游资源内涵，向休闲度假方向拓展深化，打造多个闻名国内外的赏樱去处，提高樱花品牌的整体吸引力。

（二）标志特征之二：与城市文化海外主题传播结合

日本曾于 1912 年向美国赠送 6000 株象征“美日友谊”的樱花，其中 3000 株樱花送到了纽约植物园，剩下 3000 株送到了美国首都华盛顿。送到华盛顿的樱花主要分布于三个地区——华盛顿纪念碑附近、潮汐湖畔（Tidal Basin）以及东波托马克公园，[①] 由此而诞生的一年一度的樱花节（National Cherry Blossom Festival）已成为华盛顿特区的重要旅游项目。华盛顿樱花节时间为每年的 3 月中旬至 4 月中旬（2014 年为 3 月 20 日至 4 月 12 日），樱花节期间会举行如艺术展览、游船比赛、美食品尝、宪法大道樱花节巡游等众多活动（见图 7–8）。

图 7–8 华盛顿樱花节巡游

① Japan Cherry Blossom，2015–11–06，见 http://www.gojapango.com/garden/cherry_blossom.html。

樱花节对于华盛顿哥伦比亚特区而言，不仅是一个传统的城市文化庆典，还是城市的重要经济动力之一，2014 年，约 150 万人参加了樱花节，节庆期间为当地带来了 1.6 亿美元的消费。通过樱花节，还开发出了儿童玩具、首饰、服装、生活用品、文具等众多与樱花节相关的活动衍生品（见图 7–9）。

图 7–9　华盛顿樱花节开发的活动衍生品

资料来源：http://www.ncbfstore.org/。

非营利组织“国家樱花节股份有限公司”（National Cherry Blossom Festival，Inc.）是该活动的组织者，美国国家公园管理局（National Park Service）、日本大使馆、美国最大的点评网站（Yelp）等均是华盛顿樱花节的支持者和赞助者。

（三）标志特征之三：与学校特色美育结合

在举办节庆活动的同时，十分注重通过开展一系列校园活动、社区联动、部门合作来提升青少年的文化素养和知识水平[①]（见表 7–2）。同时，樱花节还为在校大学生提供活动策划、项目推广、媒体协调等实习和志愿者工作机会。[②]

表 7–2 华盛顿樱花节提升青少年文化素养的联动活动

活动名称	合作部门	活动内容
“青年艺术比赛”（Youth Art Contest）	华盛顿哥伦比亚特区人文艺术教育合作委员会（Arts Humanities Education Collaborative）	与本市三十多家中小学校合作，开展绘画培训项目，鼓励学生参加樱花节的绘画展
“樱花之子”（Blossom Kids）	当地中小学校	提供游戏、手工艺制作、绘画、表演培训，在樱花节期间展出
“社区种树”（Neighborhood Tree Planting Program）	当地中小学校、Casey Tree社团	带领中小学生种植樱花树，培育环保意识
“友好大使”（Goodwill Ambassador Program）	当地高校	遴选若干对日本语言、文化、艺术等感兴趣的大学生代表，作为增进美日关系的青年“友好大使”，参加文化交流活动

三、奥地利布雷根茨音乐节：作为特色文化城市引领因素的大型特色市民文化活动

每年夏季 7 —8 月，奥地利布雷根茨市的音乐节在康斯坦茨湖上举行，该湖位于德国、瑞士、奥地利三国交界处，一湖连着三个国家。布雷根茨音乐节是全欧洲唯一拥有水上舞台的音乐艺术节。

① 2015 ANNUAL REVIEW，2015–11–13，见 http://www.nationalcherryblossomfestival.org/about/2015–annual–review/。

② Internships，2015–11–13，见 http://www.nationalcherryblossomfestival.org/get–involved/internships/。

（一）引领功能之一：对和平的热爱

1946年，第二次世界大战摧残了奥地利，爱好音乐的奥地利人就利用康斯坦茨湖上两条清理废墟的驳船，搭建了一个临时舞台，拉开了第一届布雷根茨音乐节的序幕。虽然当时只演出了两部作品，但其意义重大，标志着战争的结束和和平生活的到来。

（二）引领功能之二：城市音乐艺术延续和发展

1950年，音乐节的影响力和规模不断扩大，原本只为解燃眉之急的水上舞台却因此声名远扬。为了保持和完善这一传统，当局决定重建水上舞台，建立了一个可容纳6500人的木制浮动舞台和一个容纳1000人的体育场，且造型别致、技术精湛、在远古气质中融入了现代元素。

此后，岸边又建立起了节日歌剧院，在天气不佳的情况下，可以转至室内。音乐节委员会围绕湖泊景观进行了进一步资源开发，创办了浮动舞台地旅游观光项目以及水面艺术展览等，更大范围地吸引了观众和游客。从此，布雷根茨音乐节成为一年一度的地方活动。[①] 布雷根茨音乐节充分利用了城市空间，以城市的人文景观及其得天独厚的自然风景——水，作为背景和舞台，使艺术节个性独特、魅力无限。它有世界最大的露天浮动舞台（Seeb ü hne）（见图7-7）[②]，固定在离岸25米的博登湖中，可以容纳近7000名观众，供大型音乐或歌剧演出使用，观众坐在岸边的陆地上观赏。

① 陈圣来等著：《艺术节与城市文化》，上海社会科学院出版社2013年版，第123页。

② Bregenzer Festspiele，2015-11-13，见 https://en.wikipedia.org/wiki/Bregenzer_Festspiele。

图 7-10 布雷根茨音乐节以水为“天然舞台”

据统计，2013 年，音乐节吸引了 25.94 万人；2014 年，约 26.4 万人参加，共售出 52.3 万张票。[①] 在 2014 年的活动参与人数中，德国人占到了大部分比例（61%），其次为奥地利本国人（25%）和瑞士人

① Geschichte der Bregenzer Festspiele Origin and Genesis，2015-10-18，见 http://bregenzerfestspiele.com/de/unternehmen/geschichte。

（10%）（见图 7–11）。①

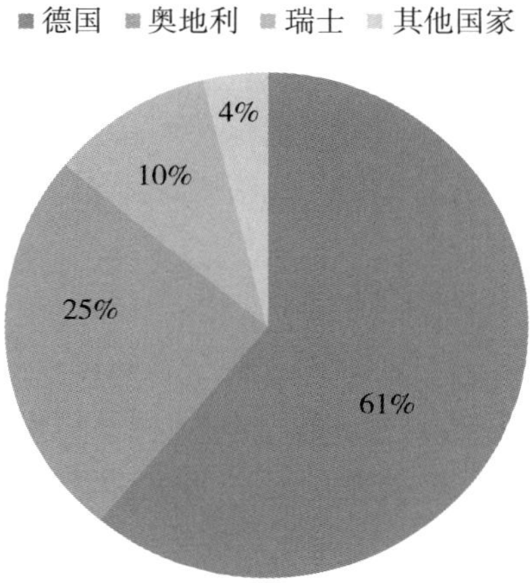

图 7–11　2014 年布雷根茨音乐节的参与人数国籍分布图

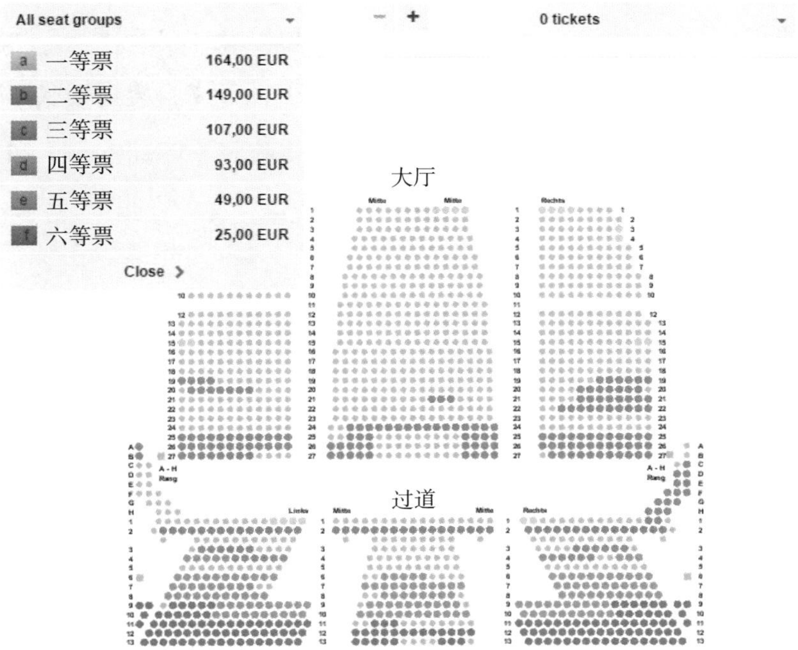

图 7–12　布雷根茨音乐节官网活动预定界面

① Facts and Figures of Bregenz Festival，2015–11–13，见 http://presse.bregenzerfestspiele.com/en/kategorie/hauptmen/bregenz-festival/facts-and-figures?i=l2。

（三）引领功能之三：组织带动全市音乐艺术发展

1949年，布雷根茨音乐节成立了布雷根茨音乐节协会（Bregenz Festival Society），组织和管理着音乐节的一大批赞助者和参与者。1989年成立有限责任公司专门负责运营音乐节，并主要依靠“布雷根茨音乐节之友”（Friends of the Bregenz Festival）来吸纳更多的社会资本参与音乐节。随后，“布雷根茨音乐节之友”的所有权逐步过渡给了布雷根茨音乐节私人基金会（Bregenz Festival Private Foundation）。现如今，整个音乐节共吸纳了1000多名海内外企业成员和个人成员。[①] 音乐节的年预算为2000万欧元，其资金来源中，有130万欧元来自企业和私人赞助，捐赠10万欧元以上即为“白金卡”捐赠者（Platinum Donor）、5万—10万欧元为“金卡”捐赠者（Gold Donor）、2.5万—5万欧元为“银卡”捐赠者（Silver Donor）；有570万欧元来自奥地利联邦政府（Bundeskanzleramt Österreich）、福拉尔贝格州政府（Vorarlberg）和布雷根茨市政府（Bregenz）的财政拨款。[②]

四、西班牙潘普洛纳奔牛节：作为特色文化城市品牌因素的大型特色市民文化活动

每年7月6日，为期九天的圣费尔明节（西班牙语 San Fermin，俗称“奔牛节”）在西班牙北部城市潘普洛纳举行，吸引了世界各地近百万计的游客前来观光、狂欢。“圣费尔明节”迄今已有六百多年的历

① Friends of the Bregenz Festival，2015-11-13，见 http://bregenzerfestspiele.com/en/partner/friends-bregenz-festival。

② Facts and Figures of Bregenz Festival，2015-11-13，见 http://presse.bregenzerfestspiele.com/en/kategorie/hauptmen/bregenz-festival/facts-and-figures?i=12。

史，在秉承传统的基础上，打造了一种经久不衰的狂欢与节日气氛，成为城市文化的亮点及旅游经济的助推器。

（一）仪式与传统之一："冲天响"花炮宣告节日开始

每年 7 月 6 日上午，会有上万人聚集在潘普洛纳市政厅广场上，等待圣费尔明节的正式开始。当地一位议员将于 12 点整在市政大楼中间的三楼阳台上点燃花炮，伴随着人群"圣费尔明万岁！"的呼喊——第一次以西班牙语，第二次以巴斯克语——盛大的节日就正式开始了。在市政厅阳台点燃花炮、宣告节日开始的仪式是从 1941 年开始的。此外，圣费尔明节的必备装束红领巾，潘普洛纳人只有在第一声响炮升天以后，才会将它戴在脖子上；14 日节日结束的午夜之前，也必须将它从脖子上摘掉。

（二）仪式与传统之二：巡游

7 月 7 日是"圣费尔明日"，是节日最重要的一天。成千上万的人

图 7–13 参加圣费尔明节巡游的“巨人”

身着节日的白衣（圣费尔明节的传统打扮是白衣、白裤、红领巾、红腰带），参加圣像巡游仪式。平日保存在圣洛伦索教堂的圣徒费尔明的圣像，将离开它的庇护所几个小时，接受潘普洛纳人的敬仰、虔诚及感谢；该传统可以追溯到 1187 年。巡游活动中最受欢迎的是“巨人”与“大头”木偶团；8 位“巨人”时而翩翩起舞、时而飞速旋转；5 位“大头”走在“巨人”前面，以一种非常尊贵的姿态前行，代表着庄严与严肃。

（三）仪式与传统之三：宗教仪式

节日期间最重要的宗教活动在圣洛伦索教堂的圣费尔明礼拜堂举行，包括圣像巡游仪式的启动、7 月 6 日和 14 日晚上举行的晚祷活动——前者是宗教意义上节日的开始，后者是宗教意义上节日的结束。7月6日晚8点，赞颂圣费尔明的晚间仪式在圣洛伦索教堂举行，这是圣费尔明节的第一个宗教活动，该活动可追溯到15世纪。市政府成员身着全套礼服参加这一活动。

1. 全民狂欢之一：缤纷多彩的群众活动

在圣费尔明节的9天中，各种节日活动如跳舞表演、民歌表演、巴斯克乡村体育运动、在斗牛场举办的与牛有关的各种活动等纷纷上演。1919年成立的城市乐队是节日期间的一颗明星，每天参与不同时段的官方活动，如斗牛、鸣炮、巡游等；而官方节目单并未列入的锣鼓表演，如今已成为一项传统。该表演通常在午夜12点举行，没有固定的日子，地点靠近市政厅及市政厅广场；参与者只需将低音鼓、鼓、巴斯克管、铜鼓等乐器中的任何一种带到现场，不间歇地进行演奏。声音震耳欲聋。此外，市民自发组织的各种圣费尔明社交俱乐部也会在大街上进行各种表演。当地共有16个这样的俱乐部，最早的一个成立于1903年。这些俱乐部虽然都是因为“圣费尔明节”而成立，但成员全年都有聚会并组织各种美食、文化及体育活动。俱乐部的活动场地在节日期间变成人们可以通宵喝酒、跳舞和狂欢的酒吧。

2. 全民狂欢之二：“奔牛”

“奔牛”的历史可以追溯到中世纪。最初是出于将牛从城外移到斗牛场的需要，因此圣费尔明节在当地还有另一个称呼——“关牛节”。牛群像今天这样被陌生人跑着引进斗牛场是从19世纪末开始的。活动开始前，当地参与者会向圣徒祈求保佑，在圣多明各山前的一个壁龛前举行这一仪式：在7:55、7:57、7:59的时候分别歌唱三次，歌词如下：“我们请求圣费尔明，因为他是我们的保护神，在奔牛中指引我们，保佑我们”；最后再用西班牙语和巴斯克语分别呼喊两次“圣费尔明万岁”。这是节日中最具有感染力的时刻之一。“奔牛”的牛群由六头当天下午参加斗牛比赛的公牛及两组阉牛组成。阉牛脖子上挂着铃铛，很容易识别。

3. 全民狂欢之三：“斗牛”

潘普洛纳的斗牛比赛仅在圣费尔明节期间举行，这是其与马德里、墨西哥城等城市的不同之处。正式的斗牛比赛则从下午 6:30 开始。当地数目众多的圣费尔明社交俱乐部是斗牛场上真正的明星。他们坐在票价便宜、没有遮挡、阳光直射的看台位置上，常常身着统一服装，喊着各种口号，尽情狂欢。

综上所述，潘普洛纳奔牛节能够享有盛名并且经久不衰，可以归纳为以下几方面的原因：

（1）秉承传统所带来的庄重气氛与归属感。奔牛节的历史可追溯到 14 世纪，而其中一些宗教仪式及巡游表演至今仍保留着当初的面貌，成为潘普洛纳人与城市的历史与文化建立联系的重要纽带。节日的宗教与巡游仪式保持着传统的庄严感，使得该节日成为潘普洛纳市向游客宣扬自身的历史与文化的重要载体。

（2）倾城打造的狂欢气氛。在长达 8 天半的狂欢中，市政府通常投入数百万欧元、准备数百个节目，包括音乐会、儿童节目及文艺表演等。节日活动主要是在室外；民众自发的活动与官方活动混合在一起，使得城市处处充满了节日气氛与表演。连续 8 天上午举办的“奔牛”活动吸引了数千人参加、数十万人旁观，每天都为节日打造新的挑战与高潮。

（3）人人平等的节日形式。奔牛节的传统服装为白衣、白裤、红领巾、红腰带。在奔牛节期间，不仅是潘普洛纳人，几乎所有前来参加节日的人都遵守着这一着装规则。这使得整座城市变成了白色的海洋，而系在脖子上的红领巾与绑在腰际的红腰带则是醒目的点缀。人人统一着装不仅打造了一种节日的“仪式感”，并且在形式上消弭了人与人之间的“身份”差异，打造了一种人人平等、共同狂欢的节日心理气氛。此外，奔牛节的巡游表演、“奔牛”、斗牛等活动及各种街头表演，也都体现了人人皆可参与的平等、开放的原则。

第三节 大型特色市民文化活动与特色文化城市互动的国内实践

目前我国各级政府逐渐意识到文化在社会可持续发展中的重要作用，意识到大型节庆活动、城市文化活动能够带动一座城市的基础设施、人才队伍、物质保障等多方面建设，保障人民群众的文化权益，促进文化资源的全面整合与有效利用，最终实现文化与社会的全面、协调与可持续发展。在日益蓬勃的国内城市文化建设中，以群众文化活动为抓手，打造活动平台与活动机制，创造活动空间与活动氛围是重中之重；上海市民文化节所实行的“政府主导、社会支持、各方参与、群众得益”的办节机制、“文化湘军”长沙所打造的全民参与、城乡共享的特色文化城市、克拉玛依通过“水节”所打造的全新城市形象及其所带来的新机遇，为我国特色文化城市打造树立了样板，提供了经验。

一、上海市民文化节：创新打造“政府主导、社会支持、各方参与、群众受益”的办节机制

艺术与文化活动为人类所带来的自由表达与灵感激发的快感，使

得文化艺术活动在历史上一直是上层阶级及特定群体的特权，尤其是与自主创造与自由发挥有关的文化艺术活动。然而，现代社会人类获得解放的一项重要标志就是文化艺术活动的高度普及及人人拥有参与和创造的权利、可能性及时间。“上海市民文化节”就是在这一文化背景及理念推动下所诞生的大型城市公共文化活动。该活动自2013年举办至今，采取“政府主导、社会支持、各方参与、群众受益”的方式，贯通全年，覆盖全市，分春、夏、秋、冬四个阶段推进，目前已发展成为全面展示上海群众文化建设成果和市民文化风采的平台。

上海市民文化节在城市文化建设与特色打造上取得了丰硕成果。具体表现为以下几点：

（一）通过市民文化节推动社会主体积极参与城市文化建设

举办市民文化节是上海不断丰富文化建设主体、切实转变政府职能的一项重要探索。在这一目标指导下，市民文化节在办节机制上打破了以往政府大包大揽的旧格局，开辟了活动项目社会化、专业化运作的新模式。

为改变过去城市公共文化活动由政府部门主办、文化事业单位运作的单一方式，市民文化节广发“英雄帖”，通过项目申办、活动赞助、社会招标、政府购买等多种形式，广泛吸纳区县、企业、社会机构、民间组织自发参与和自主操办。首届市民文化节的春季活动即收到近百家各类社会主体的策划方案，其中除了现代戏剧谷、东方绿舟等大型机构，还包括“上海一圈”上海青年文化联盟这样网罗近百家联盟单位和近万名白领青年的新兴主体，这使得市民文化节不仅成为整合条块文化资源的平台，也成为多元主体及新兴主体展示自身形象、扩大自身影响的新平台。

市民文化节征集的“举办主体”，凡是驻沪的各区县（社区）机关、企事业单位、各类社会组织和人民团体均可申请。2013年首批征集的“举办主体”，分别运作两大类活动：一是重大赛事活动，二是特色项目活动。随着活动的不断推进，市民文化节还会陆续发布新的“征集令”。根据季节特点，每一季的征集活动都有不同重点。以夏季为例，夏季活动的重点在丰富学生暑期活动，因此“征集令”要求应征者有重点地面向儿童、青少年和学生等群体设计策划相关活动，同时鼓励各级各类公共文化设施有效利用阵地资源，面向学生开放更多公共空间，策划组织形式多样的活动，为学生开展暑期实践、参与文化活动、展示才华才艺创造条件。

2017年市民文化节全年项目征集令显示，2017年市民文化节将设五个主题的专项活动：（1）中华优秀传统文化推广。征集围绕中华优秀传统文化主题开展的各类活动，重点体现中华优秀传统文化的创造性传承和创新性转化，以及本土文化的展示与推广等。（2）市民文化成果荟萃。鼓励开展各类群众性文艺团队、文化组织的展演展示活动，展示近年来市民文化的建设成果，鼓励结合迎接党的十九大的召开、庆祝建军九十周年，以及各类节庆活动等主题，为市民展示艺术风采提供舞台。（3）城市文化氛围营造。鼓励围绕城市地标、城市公共空间等开展文化活动，重点体现本土性、创意性，展现出富有特点的城市文化风貌，让更多艺术爱好者进入公共空间进行展示交流，参与城市文化氛围营造。（4）数字文化深度打造。鼓励依托网络数字技术和互联网传播优势，开拓线上文化空间，围绕某一主题，开展具有特色的线上文化活动。（5）市民艺术素养提升。鼓励运用各类专业资源和平台，为市民设计打造高质量的艺术教育产品，通过导赏、培训、体验、活动等形式，引导市民积极参与文化艺术活动，提升市民艺术素养。

在主题活动征集外，还开放“自主项目征集”，鼓励各类主体举办或创办具有特色的公益性文化活动，吸引市民广泛参与。社会力量的参与丰富了市民文化节的活动内容与范围。2013年首届文化节在十一黄金周期间所举办的活动中，辰山植物园举办的“辰山亲子音乐周”、浦东嘉里城举办的“乐享生活”户外音乐节及欧洲最大创意纸供应商法国康戴里（Antalis）主办的“纸介”艺术设计邀请展等，均受到市民的热烈欢迎，是以社会力量丰富节日活动的成功例子。

除此之外，市民文化节还吸引多元主体合作办节，已经分别与上海国际电影节、上海书展、夏季音乐节、上海国际艺术节等沪上既有文化品牌进行了良性互动。上海国际艺术节把群文活动中的常驻项目“天天演”“外国艺术家进社区”等活动纳入市民文化节的秋季活动中。2013年首届市民文化节举办时，上海旅游节的“大富贵”杯九子大赛、唐韵中秋游园会、2013年上海购物节系列“文商结合”活动、2013年中国（上海）国际乐器展览会、2013年中国海派玉雕艺术大展等，都以不同形式参与到文化节当中。

（二）通过市民文化节繁荣发展群众文化活动

市民文化节也是全面展示近年来上海群众文化建设丰硕成果和市民文化风采的新平台，是作为国际大都市的上海的一个公共文化盛事。短短几年间，上海通过市民文化节的组织与举办，涌现了成千上万个群文团队。

以往上海各区县、各行业自行策划组织各类赛事、展事，存在着门类撞车、覆盖面不广、难以形成规模效应等问题。首届上海市民文化节从2013年3月至年底，分春、夏、秋、冬四个阶段，共推出10项市级赛事，包括市民合唱大赛、市民舞蹈大赛、市民戏剧大赛（设话剧、小品、戏曲三个项目）、市民美术大赛（少儿美术）、市民书法大赛、市民摄影大赛、市民创意大赛、市民收藏大展、群文新人新作大赛、家庭才艺秀等，在全市层面上搭建起市民逐梦的舞台。以市民文化节中唯一以“家庭”为单位进行参赛的“家庭音乐会”为例，2013年举行时共有1114户音乐素养颇佳的家庭参赛，经过初赛、复赛后，在东方艺术中心举办了“家庭音乐会”展演，并有27户家庭分获最佳表演、才艺、创意等多个奖项。“市民合唱大赛”是文化节中群众参与面最广的一项赛事；首届大赛共吸引了2500支合唱团报名，经过少儿组、成人组、老年组的层层角逐，共有百支市民合唱团获得“优秀合唱团”称号。文化节办公室组织优秀师资对百支优秀合唱团进行为期两个月的培训后，当年这些合唱团还在梅赛德斯—奔驰文化中心演出了中外艺术经典及上海世博会歌曲等曲目。“市民戏剧大赛”共分小品、戏曲、话剧三个类别进行，最终成果在虹口区文体中心大舞台、嘉定区文化馆新馆、上戏剧场三处展演。“市民创意大赛”分生活用品、游戏动漫、艺术设计三大领域在全市范围内征集创意设计，最终选出100件创意产品，在月星环球港进行了集中展示；原创者（或主创者）获得“优秀市民创意设计师”称号。

2014年的市民文化节则围绕“听、说、读、写”四大系列举办各类活动，从各类赛事中诞生了百支优秀市民乐队、百名市民诵读达人、百名市民演说家、百名沪语高手、百支优秀相声团队、百个市民阅读家庭、百名市民知识达人、百名市民作家等一批公共文化成果。并通过培训、提升首届市民文化节所诞生的“百强”优秀团队和个人，在全市展开千场巡展巡演，使得千百万市民成为城市文化活动的主角。

2016年文化节市级项目主推七大项目：乡土文化大展、中华古诗词大赛、市民手工大赛、校园戏曲荟萃、市民烹饪比武、市民写作高手角逐、市民阅读大会等，从中评选出了新一批的市民“百强”，并为他们提供更大的舞台来进行展示。

2017年则通过五大市级赛事在市民中加大弘扬中华传统文化。中华传统文化内容作为市民文化节每年的常设项目，意图通过系列活动设计，激发市民对中华优秀传统文化的兴趣，加深对传统文化的认识与理解。2017年的市民文化节，中华优秀传统文化知识大赛将贯穿全年，同时开展古诗词、中华戏曲、民俗节庆、传统美德等各类优秀传统文化知识的学习、普及和竞赛，推出“讲诗团”“说艺坛”等项目，向市民传授传统文化之美，提升市民中华美学素养。此外，春季推出的“市民舞蹈大赛”，加强了具有中国民间舞特色和中华传统太极、武术等元素的舞蹈创排，关注大学校园内的舞蹈团体，广泛吸纳社会上的舞蹈组织与团队参与，展示市民舞蹈风采。夏季推出的“市民朗读大赛”，引导市民充分利用智能终端开展“微朗读”，以读者之声向市民推荐优秀的文学作品，通过诗歌、散文、小说、戏剧等文学体裁的朗读和演绎，将“家”的元素融入其中，培育良好家风，营造全民爱读书、读好书、善读书的浓厚氛围。秋季则举办“市民合唱大赛”，整合全市合唱资源，吸纳各界合唱组织和团体，加入国际化元素，展示市民合唱的“海派风采”，以讲演、比赛相结合的形式为市民合唱团提供交流与展示的平台。冬季举办艺术创客大赛，通过将“创客”概念植入艺术概念，面向社会和高校的创业创意团队、创业个体、公司白领等，征集优秀的创意作品和艺术衍生品，并鼓励具有创意能力的人，围绕上海“百个乡土文化符号”中的文化元素，设计创意文化产品等。

同步开展的“城市空间创意设计大赛”的目标确立在发现一批青年策展人、艺术设计师，推出一批“艺术村居”活动室。

可以看出，经过四年多的发展，上海市民文化节的赛事活动已经更加聚焦，在时间分布上更为合理，其活动主题的社会实践价值愈加彰显，所取得的成果更加有助于城市文化特色的打造。从这些成就来看，市民文化节已经成为上海繁荣发展群众文化活动的有效舞台。

（三）通过市民文化节打造区县文化特色

上海市民文化节还通过“区县周”“一区一品”“上海民俗文化节”等活动，积极推动各区发掘并展示各自文化特色，从整体上为市民呈现海派文化传统与风情。“上海民俗文化节”融合市民文化节的理念，肩负起培育和打造“海派民俗、都市风情”文化品牌的使命。2014 年在浦东三林举办的民俗文化节为期九天，共设水上花船巡游、民间行街表演、古镇文艺专场、民俗风情展示、会展游艺互动、主题文化论坛、特色文化展示等七大板块，举办文化演出六十余场、会展项目三百多个，为上海市民和游客带来了一场民俗文化的大狂欢。“区县周”活动则以“展示区域文化品牌特色、展现本地区市民文化发展成果”为宗旨，以全市 17 个区县（2016 年闸北区与静安区合并，上海市区县数量变为 16 个）为主体，在秋季阶段，通过各自举办为期一周的特色活动以及群文优秀节目和团队的专场展演，集中展示近年来各区县的文化建设成果，反映“一区一品”的区域特色与民风民俗，呈现百花齐放的海上文化格局。2014 年的“区县周”活动，浦东推出非遗和群星奖获奖作品展演、奉贤区推出第九届艺术之星大赛、静安区推出爵士乐、长宁区推出“舞动长宁”等活动；2015 年，17 个区县则在中山公园、宝山区文化馆进行了为期一周的区县特色文化活动集中展示。

在“区县周”活动的推动下，近年来上海市各区县的文化特色日益凸显，成为本地区文化品牌与文化形象打造的主要着眼点，竞争力逐渐形成。长宁区连续承办三届中国舞蹈艺术专业最高奖项“荷花奖”、连续两年承办市民文化节舞蹈大赛，“舞蹈文化”由此成为长宁区的特色文化品牌。2015年的“区县周”活动，长宁区化身舞蹈的海洋，先是以民族舞蹈为主题，推出“曼舞长宁”舞蹈艺术欣赏季，邀请青海、内蒙古、厦门以及上海的专业舞蹈团为长宁区市民带来原汁原味的民族舞蹈，特色展演则请来优秀广场舞团队展示群众舞蹈的艺术魅力。有着浓厚音乐底蕴和积淀的徐汇区，坐拥百代小红楼、上交音乐厅和上海音乐学院等音乐殿堂，承办了夏季音乐节、市民文化节市民原创歌曲大赛、市民演奏大赛、市民阿卡贝拉大赛和上海阿卡贝拉音乐节等众多音乐盛事。静安区是上海乃至中国爵士乐的发源地，爵士乐成为静安专场必不可少的节目。虹口戏剧小品节拥有华东地区唯一一个小品创作基地，在全国屡获大奖；虹口区正在借“区县周”活动，进一步扩展戏剧小品文化的品牌内涵，并举办了虹口区戏剧创作成果展示等系列活动。上海市民间艺术的目光则聚集在宝山区，宝山区拥有国际民间艺术博览馆、上海玻璃博物馆、上海木文化博物馆、上海陶瓷科技艺术馆、中国工艺设计博物馆等众多重量级艺术博物馆。2015年宝山区承办了上海市民文化节手工艺大赛，在市民手工艺大展中汇聚了上海专业和业余民间手工艺者的作品；两年一届的“宝山国际民间艺术节”则把五大洲的民间风情都带到上海，通过系列活动如演出、体验交流、展示展览、主题论坛等，让市民博览宝山、上海和五大洲的民间艺术。在浦东周上，浦东新区既展示了浦东独特的舞龙狮、浦东说唱，同时还推出“世界音乐季”和东方艺术中心“高雅艺术演出季”，展示了一个既具地域特色又国际化的浦东文化。此外，普陀区着力打造科技转型、生态宜居的苏州河文化，黄浦区专门为区域民营优秀团队举办专场演出，青浦区举办淀山湖文化艺术节，奉贤区举办柘林镇第二届滚灯艺术节，以及松江区的“百姓大舞台”、闵行区的合唱和沪剧、嘉定的故事、杨浦的“共建文化圈”、闸北的民乐、金山的廊下大舞台和农民画等，上海各区县在“区县周”活动中，不甘落后地将独具魅力的地域文化呈现出来。

此外，2016年的“乡土文化”大展以全市各区县为主体，发掘、提炼、推广、传承上海本土特色文化，推动乡土文化产品的创作生产，号召市民“留住乡愁、记住乡情、品味乡韵”。这些都为市民及游客提供了“近距离”接触富有海派特色的民间文化活动和产品的机会，加深了“海派文化”在人们心目中的印象与感知。

（四）通过市民文化节加强公共文化服务

通过搭建平台策划开展丰富多彩的文化活动，让市民大众更好地享受公共文化服务，是上海推出市民文化节的一项重要宗旨。正如当时的上海市文化广播影视管理局局长所指出的，上海市民文化节并不是传统意义上的“节”，而是在拥有两千多万人旺盛文化需求的上海搭建起一个公共文化服务的宏大平台，它是一个信息资源的网络，一个市民文化娱乐的品牌。上海市民文化节以近年来全市建成的两百多个社区文化活动中心为主要场地，同时在本市重点文化广场、公共绿地和部分商业中心设立了近百个室外活动场地，吸引了全市各社区、各行业、各高校不同年龄、不同国籍、不同职业的广大市民参与。在服务方式上，市民文化节把面向社区、聚焦民生、服务市民、文化惠民作为活动的出发点和落脚点。

每年市民文化节启动当天，不举行集中性开幕式，而是以在全市开展“文化服务日”的独特方式拉开活动序幕。2013年首届市民文化节启动当天，举办了1651场文化活动，迎来了两百多万名参与者；当天全市两百多家社区文化活动中心全部延长开放时间，各级各类公共文化设施当天全部免费开放。2017年的市民文化节于3月25日正式启动，全市近千项“文化服务日”活动和逾6000项春季活动都在这一天拉开帷幕。当天，上海市群众艺术馆吸纳不同主体，全天举办近20场活动，迎接“文化服务日”。活动之一是成立上海市民文化节中华优秀传统文化“讲诗团”，邀请了十位在传统文化、古诗词研究方面有深厚造诣的大学教授、中学语文特级教师，作为“讲诗团”的首批市民导师，围绕“诗词与人生”开展首场讲座。此外还举办市民艺术大课堂的“小丑说戏——京剧表演艺术导赏”“功夫小飞龙”“传统文化手工体验坊”等各项活动。各区分会场的传统文化体验也精彩纷呈：徐汇区“乐游shopping mall·美罗艺cake艺术商圈”系列活动在时尚的美罗城商圈举办明制婚礼展示活动，铺下晚明江南“十里红妆”；央视的朗读亭也走进徐汇滨江，唤醒人们对人文精神的孜孜追求；闵行区群艺馆举办“鼠牛虎兔约会三国水浒——十二生肖、四大名著珍邮展”；长宁民俗文化中心举办“聚在长宁、上巳雅集、佳人有约民俗活动”，邀请市民吟诗祈福；崇明区举办“早春二月”崇明区古诗词书法展，展示古诗词的形意之美；黄浦文化馆雅庐白领沙龙通过“评弹书画”来雅聚……这些精彩的文化活动，可以说既体现了对中华传统文化的传承，体现了这座城市的文化自信，也满足了各个年龄段的市民对精神文化生活追求的需要。

作为多年来上海群众文化活动硕果积累后的新起点，市民文化节构建的是一个崭新、完整的服务链。文化节赛事所产生的优秀市民文艺团体，如100支优秀市民合唱队、100支优秀市民舞蹈队、100个优秀市民戏剧表演团、100个优秀活动运营团队等，通过组织师资进一步展开培训，并组织市民文化节十大赛事百强成果巡展巡演等活动，扩大了市民文化节的成果共享，促进了团队和民间人士之间的交流，并使其有机会出现在市一级的大型文化活动中，同时在政府的对外文化交流中更多发挥作用。

通过政府购买服务等方式，多元文化主体的发展后劲也得以增强。户外音乐会、影像艺术节、市民文化主题论坛等创新活动在每个双休日和节假日形成规模效应。上海的艺术家、文化名人和专家学者们纷纷走进社区，或登台亮相，或开办讲座，与市民展开近距离互动。上海歌剧院、上海沪剧院、上海滑稽剧团、上海杂技团、中福会少年宫、文广演艺中心等专业文艺院团和艺术团体也分别到各区县为市民进行表演。群众所能享受到的公共文化服务正在以"节日"的形式、通过各个条线、不同主体的积极参与，获得极大丰富与拓展。

每年的市民文化节，分春、夏、秋、冬四季，"活动全表"在上海各文化场所免费发放，此外还提供印有二维码的文化节海报，供市民扫描后查阅各区县文化节的具体活动安排。

（五）通过市民文化节塑造城市文化精神

有人认为，上海市民文化节带来的最大改变，就是"市民"意识的觉醒。市民文化节以丰富多彩的活动为内容，以全民参与创造为表现，对市民文明习惯的养成和公共秩序的建立，发挥着"润物细无声"的催化和滋养作用。通过市民文化节的举办，社区的人际交往与沟通增多了，城市文化氛围更加活跃，居民文明素养也得到了不同程度的提升。正如有节日文化研究者所言，“艺术节搭建起的广阔平台，使市民社会在此可以长袖善舞。反过来，艺术节的一届届运作，又使市民社会得到锻炼，走向成熟。”举办市民文化节对树立与传播城市核心价值观、促进城市居民提升人文艺术审美修养、强化并唤醒城市文化遗产保护理念等，具有十分明显的积极作用。

在市民文化节的朗诵与演讲活动中，来自市民身边的医生、警察、摊贩、白领们自创的作品，讲述着他们的光荣与梦想、艰辛与成就。这些默默无闻而鲜为人知的故事，令闻者心潮澎湃，热泪盈眶。“经典诵读大赛”则呈现了从“忠孝礼义廉耻”到“富强、民主、文明、和谐……”的中华核心价值观的演进之路。通过这些活动的举办，中华民族的文化精神渗透到市民的日常生活与交流之中，在不知不觉中锻造着城市的灵魂，凝聚着市民的精神，更使市民精神上升为城市精神。可以说，通过市民文化节的举办，不管是新上海人还是上海本地人，人们对这座城市的了解更加深入了，并由此加深了对城市的认同感及主人翁精神。

市民文化节在2016年4月启动的“上海乡土文化大展”，面向市民征集乡土文化展品，希望发掘与上海乡土文化有关的故事，发掘、提炼和传承区域特色文化。上海各区县首先根据本区域的乡土文化特点，通过市民征集、网络投票等方式，评选出本区县的“乡土文化十大符号”；然后文化节组委会通过专家评审，结合市民网络票选结果，综合评定出100项“上海乡土文化符号”，根据投票数其中黄浦江、沪剧、石库门、鲁迅、南京路、外滩、上海城隍庙·豫园、中共一大会址、东方明珠、徐家汇十个文化符号，被评选为“最上海”乡土文化符号。通过此类活动可以说是进一步凝聚了上海文化形象在国内外的认同。

2017年的市民文化节围绕“中华优秀传统文化推广、市民文化成果荟萃展示、城市文化氛围营造、深化数字文化服务、市民艺术素养提升”五个方面，鼓励各区、各行业、各类社会机构和主体策划富有特色的活动，在五大城市公共空间和网络空间、移动平台上举行。同时，通过“市民文化节品牌发布”等渠道，集聚有影响力的市民文化活动；以城市公共艺术展示、地铁音乐角、城市空间艺术季等为平台，让更多艺术爱好者进入公共空间，进行展示交流。这些活动推动了城市文化精神的塑造与文化氛围的营造，上海市民文化活动，也从人们印象中的“唱唱跳跳”，日益凸显为精致多元，具备上海这座城市丰富人文底蕴和国际开放度的特质。

经过历年的探索、实践与发展，上海市民文化节作为上海覆盖面最广、参与面最大的文化项目，渐渐呈现出以下“五大功能”。

其一是承载传承中华优秀传统文化及价值引领功能。通过持续举办中华古诗词大赛、中华优秀传统文化知识大赛、中华语言文字大赛、中华经典诵读大赛等大家喜闻乐见的活动、竞赛，搭建了一个资源集聚、活动整合、各方联动、方便市民“零门槛”参与的群众文化平台，有效地推进了传统文化的普及、振兴及价值引领。

其二是承载市民自我教育、自我服务、自我展示的功能。不仅为市民提供了圆梦的舞台，还为他们打开了通往更灿烂未来的大门，在许多重要场合得以展示风采。

其三是承载提升公共文化服务效能的功能。通过优化理念激活公共文化设施效能，整合资源，建立各类群文活动融入市民文化节的机制，依托五大类公共空间及网络、移动空间等，拓展延伸公共文化服务。

其四是承载市民艺术教育普及的功能。将活动赛事的设计与讲座、培训、导赏等结合在一起，为文化发展与传承打下了坚实的群众基础，从各方面提升了市民的艺术修养、人文涵养和文明素养。

其五是承载区域特色文化培育与品牌打造的功能，如2016年开展的乡土文化大展，上海各区以此为契机挖掘、提炼、展示各自的区域文化，充分利用市民文化节平台，打造各自的特色文化品牌。

二、长沙“文化湘军”：营造全民参与、城乡共享的特色文化城市

近年来，长沙市立足基层、服务群众、积极创新、精心设计，扎实推进群众文化活动的组织创新、机制创新和制度创新，形成群众文化活动全面覆盖、全民参与的大发展大繁荣景象。有人用四句话概括长沙群众文化发展情况：一是广场文化活动遍地开花。市、区、县（市）各大广场天天有活动、周周有演出、月月看大戏，每年吸引了100万以上人次的群众参与演出，广场成为丰富群众文化生活、加强精神文明建设的一个重要阵地。二是主题文化活动精彩纷呈。长沙以“百团”“千团”为载体，围绕各重大节庆、传统节日，开展了一系列的主题文化活动。长沙还围绕传统节日，开展了“我们的节日”系列广场文化活动。三是品牌文化活动彰显特色。长沙各区、县（市）结合区域文化特色，纷纷打造自己的活动品牌：芙蓉区的“牵手芙蓉”、天心区的“欢乐天心”、岳麓区的“走进新岳麓”、开福区的“湘江韵律”、雨花区的“魅力雨花”、长沙县的“五彩星沙”、望城区的“相约斑马湖”、浏阳市的“广场月月乐”、宁乡县的“周末我登台”等，实现了“一区一特色”“一县一品牌”。四是演出水平不断提高。自2007年以来，长沙以“百团”“千团”为载体，一年一个主题、一年一个系列、一年

上个台阶，群众文艺团体通过百团百品、百团百星的层层评比、选拔，演出质量迅速提高，精彩节目大量涌现，打造了一大批群文人才与团队。目前，能完全独立承担一台 1 个小时左右演出的群众文艺团队达 200 支以上，且戏曲、舞蹈、声乐、器乐、曲艺、小品等形式多样。繁荣的群众文化、强大的“群文湘军”在全国异军突起，发挥了群众文化活动体系化、制度化建设的样板作用。

长沙市为何如此重视组织开展群众文化活动？为何着力形成城乡全覆盖、市民全参与的活动格局？长沙市决策者认为，文化设施与文化活动“双重覆盖”，角度不同，各有侧重。布局合理的文化设施，重在保障人民群众利用文化场地设施的权益，服务的在场性和交往性比较明显，但还不能完全适应基层群众实际文化需求的特点，尤其是长沙群众喜唱爱跳、能歌善舞，有着求知、爱美、尚乐的天性和传统，仅以有限的空间设施还不足以满足广大基层群众参加文化活动的普遍而强烈的要求。与此相联系，连城带乡、漫山遍野、灵活开展、各具特色的群众文化活动，因为运行方式简便易行、随处可动，客观条件无特殊门槛、无特定界限，能力要求均在基层群众可及、可为的范围之中，活动内容贴近群众需求、顺应群众喜好，所以，群众文化活动在长沙各种文化方式、载体、渠道之中犹胜一筹，受到普遍欢迎和热烈响应。

长沙市文化设施与文化活动“双重覆盖”之间存在相互支撑、功能互补的内在逻辑关系。如果说，文化设施网络覆盖，主要依托硬件设施满足人民群众的基本文化需求，一定程度上侧重文化产品和服务提供的“客体性”和“接受性”；那么，群众文化活动覆盖，则充分体现人民群众的“广泛性”“参与性”“主体性”“创造性”，开展的是群众自创自办、自编自演、自娱自乐，本质上是群众的自我管理、自我发展、自我服务，体现的是重心下移，以人民群众为中心、为主体。

在特色文化城市建设逐步向纵深推进的时间节点上和实践过程中，是否以人民群众为中心、为主体，是否不断扩大人民群众的参与性，激发人民群众的主动性、创造性，是否大力推动群众文化活动蓬勃开展，逐步成为衡量城市特色文化发展水平的重要标准，也越来越成为特色文化城市建设的重要标志。从这个意义上说，“群文湘军”现象，正是特色文化城市建设的创造性实践。这一实践，既在时代的高点上传承了中华民族优秀文化传统中的“民本”思想，又展现出当今中国城市化发展中强调以人为本、以人民为主体的独特魅力。

“群文湘军”现象的启示主要表现在以下几点：

（一）让文化放生

长沙政府决策层将保护好、实现好、发展好人民群众的基本文化权益放在突出位置，让文化“回归百姓、造福百姓”，“文化惠民、育民、乐民”成为长沙城市文化建设的主导思想，“向群众要文化、让群众演文化、使群众享受文化”的理念贯穿在各级各部门组织开展群众文化活动的全过程。

（二）让文化创牌

“政府倾心搭台、社会广泛参与、群众当家唱戏”成为名闻遐迩的“长沙模式”。一是完善活动设施。近年来，长沙市市民休闲文化广场、社区文化公园等相继修建，文体活动设施在城乡社区配套率达到100%。二是扶持文化品牌。长沙各县（市）、区按照“因地制宜、一地一品”“一区一特色”“一县一品牌”的要求，实施特色文化品牌发展战略，打造出各具特色、各有千秋的群众文化品牌，如长沙县的“五彩星沙”、望城区的“相约斑马湖”、宁乡县的“周末我登台”和开福区的“湘江韵律”等广场文化活动，皆开展得有声有色。三是发展群众文艺团队。截至目前，长沙市登记在册的群众文艺团队共有1200支，成员总数逾10万人，基本实现骨干群众文艺团队村级全覆盖。

（三）让文化普演

长沙市群众文化活动汇演、竞赛、评比一系列做法成功地使遍布城乡、松散随机的群文活动常态化，使群众活动变“要我演”为“我要演”。每两年一届的“千团汇演、百佳评选”，以明确的活动主题、健全的组织机构和严格的制度规范，为城乡千余骨干群众文艺团队提供了大舞台、大平台。正是这些办法、规则和平台，不仅直接作用于汇演中脱颖而出的“百佳”，还间接带动了全市“千团”建设，形成了“群文湘军”的中坚力量。长沙市“千团汇演，百佳评选”每年万场竞赛，辐射全市街道、乡镇和社区，惠及七百多万城乡群众。

（四）让文化建制

经过多年扶持和发展，长沙群众文化活动呈现出体系化特征，成为十分鲜明的城市文化特色。一是软指标变为硬抓手。党委政府把繁荣群众文化活动摆在重要位置，公共财力为群众文化活动长期开展提供基本保障，社会力量参与支持群众文化活动也成为常态。二是群众文化活动环环相扣、梯次分布、全面覆盖。从基层千村千团，到全市“百团百品、百团百星、百佳团队”；从单一广场舞，到舞蹈、戏曲、声乐、器乐、曲艺小品和传统艺术形式的多样性。三是政策、制度和机制不断创新。评比机制、奖励机制、规范机制、项目机制以及社会力量参与机制等不断完善。在当前国内特色文化城市建设快速推进的大背景中，“群文湘军”带动特色文化城市建设所创造的新经验值得深入思考和研究。

三、克拉玛依“水节”：市民文化节庆活动全新创造加速特色文化城市建设

克拉玛依市地处准噶尔盆地西北缘，属典型的温带大陆性气候，干旱少雨，年平均降水量只有108.9毫米，蒸发量为2692.1毫米（是同期降水量的24.7倍）。对于昔日的克拉玛依，缺水是最显著的特征。过去，在克拉玛依曾经流传着这样两句话，“种一棵树比培养一个大学生还难”“每一棵白杨树就像是一个‘绿色的大学生’”，对于曾经的克拉玛依人来说，拥有绿和水，简直就是奇迹。水是人们生活和石油生产的基本条件，正是由于水资源的匮乏，严重制约着当地生活和石油生产的可持续发展。

为了解决缺水的问题，历史上克拉玛依曾多次、多种渠道找水，直到1997年，经国务院批准的引水工程正式破土动工，2000年8月20日全线通水，克拉玛依投资52亿元引水，人工河全长851千米，河宽约15米，从城区东北入境，在城中曲折穿越后从城区西南进入西郊水库。此后，克拉玛依市在人工河和水库周边增建了各种配套设施，沿岸依水造景建成了世纪公园、水幕电影、“水来了”广场等大型水景休憩地，社区街道绿化面积达40%。这项历时4年、耗资50多亿元的引水工程全线贯通，使几代克拉玛依人盼水的梦想终于成真，这是克拉玛依人的创举和传奇。从九龙潭跃入克拉玛依河，再流进西月潭水库，又用2.28亿元建成了西月潭、九龙潭、大农业观光园等一批旅游景点，水库也由此成为当地百姓休闲娱乐的好去处。对于克拉玛依人而言，水是生命之源、城市命脉、文化之根。从缺水到丰水，克拉玛依市人民对水的感情深厚。

引水工程之后，在这条人工河的滋润下，克拉玛依大风天的天数

和夏季高温天的天数均减少、降水量增加、相对湿度增大，2013年的降水量已超过了200毫米。在2014年中国社科院发布的《中国城市竞争力报告蓝皮书》中，克拉玛依被评为“西北最宜居城市”。在充足的水源保证大石油、大石化工业可持续发展的同时，克拉玛依也开始全面建设大农业、发展旅游业。“地下的石油、地上的旅游”的美称也成为克拉玛依人引以为傲的城市名片。[①]

正是为了纪念克拉玛依市引水工程的胜利，继承和发扬石油人艰苦奋斗、无私奉献的精神，2000年，克拉玛依市人大常委会第二十五次会议审议通过每年8月8日为克拉玛依“水节”庆祝日。从此，在克拉玛依这样一个干旱缺水的戈壁，诞生了因水而生的专属节日。

至2015年，克拉玛依已经成功举办了16届水节。每年从8月份开始，都要举办长达一个月的水节系列活动。

在克拉玛依这样一个干旱的地方有一个属于“水”的专属节庆活动，体现出了一座戈壁城市人民对水的真挚期盼、对浩大引水工程的感恩和纪念。克拉玛依水节最初的定位，首先是城市的纪念节庆，作为城市独特的“市民的节日”。其次是期望水节成为一个开放的窗口，搭建克拉玛依市城市文化和经贸双赢的平台。

一年一度的水节给克拉玛依和当地人民带来的欢愉和凝聚力是不可想象的，它早已走进克拉玛依人的生活，克拉玛依市人民像盼过年一样期待着水节，水节早已融入油城人民的骨血，成为这座城市最具影响力的百姓节庆活动和本地文化品牌。每年水节，上至七八十岁的老人，下到青少年、幼儿，举家参与听音乐、观展览、看比赛、欣赏

---

① 师欣：《地下采油，地上旅游》，《南方周末》2006年8月31日。

文艺演出。每个参与其中的人，都会为此而自豪。在长达一个月的活动中，市民既能享受节庆带来的欢愉，又能增进彼此间的凝聚力，水节带来的欢乐让市民更爱克拉玛依这座城市。作为克拉玛依市建市60年来的最重要的地方节日之一，水节已在市民心中生根开花，8月也早已成为市民的期待。

克拉玛依水节和一般的旅游产品相比，不仅能为旅游地带来经济效益，以节庆形式对区域特色进行策划和包装，为旅游业所利用，从而产生社会、经济、文化等综合效益的专项旅游形式，更具有显著的社会、文化和环境价值。

作为一个典型的资源型城市，克拉玛依市在发展中借鉴了国内外资源型城市发展的经验，明确了大力发展旅游业，通过旅游业的发展，把克拉玛依市文化旅游方面的资源优势转化为经济优势，由资源型城市转变为综合型城市，通过举办具有本区地域特色的大型旅游节庆活动来动态展示旅游资源和旅游文化，增强文化内涵。水节期间，各大酒店、宾馆的高入住率不仅带来了可观的旅游业收入，又为旅游业的发展注入了生命力与新活力，也增强了旅游业中的文化内涵。据统计，累计至2013年，克拉玛依水节共举办大型系列活动两百余项，受众人次达1600多万，参与人次630余万，创造经济价值约50多亿元。

水节系列庆典成为这座城市最具影响力的文化品牌。在水节系列活动的带动下，城市文化活动丰富、文化品牌发展迅速。社区文化、校园文化、军营文化、乡村文化、民族文化活动在克拉玛依市广泛开展，很大程度上活跃并促进了克拉玛依市文化事业的发展，深植于市民中的文化参与热情空前高涨。水节期间举办的各类社区文艺展演也为群众艺术提供了展示的平台，提升了城市的文化实力。可以说，水节成为繁荣和丰富市民文化生活的重要平台，是全方位、多角度展示克拉玛依城市形象和市民精神风貌的城市名片。

水节系列活动已发展成为集文化、体育、旅游、经贸于一体的、社会反响强烈、内涵丰富的克拉玛依重大文化节庆活动，成为克拉玛依市的城市文化品牌。

（一）推出大型系列化群众活动

水节首先面向大众，推出活动密度大、参与人数多、大众普适类的活动，如社区展演、狂欢夜、美食节等，主要为百姓广泛参与而设计，重点体现规模效应。为强化“水”的主题，每年还结合活动实际情况，不断丰富内容、创新活动样式、扩大辐射范围，逐步形成了一系列颇具克拉玛依特色的品牌节庆活动和投资环境、合作项目推介会等。

（二）发挥专业文体活动示范作用

为发挥专业文体活动的示范作用，水节期间推出为各专业部门举办的具有一定专业水平的活动，主要为专业领域的交流展示而设计，目的在于提高本地文艺的专业水平，如各类艺术展览、文艺比赛、各类竞技比赛和模特大赛等。

（三）创作精品文艺晚会

除了大众参与程度较高的各类文体活动和专业竞赛，水节期间还举行具有较高艺术水准的文艺汇演，如专业交响乐、芭蕾舞、音乐会和各种优秀舞台剧目的演出等。其主要宗旨是为提升市民欣赏高雅艺术的水平，鼓励市民对精品文化艺术的追求，提升全民的文化艺术视野。

（四）搭建经济交流合作平台

进一步扩大交流、加强合作、做好招商引资工作，一直是历届水节的“主打戏”。为大力宣传克拉玛依的形象，展示克拉玛依投资环境、优势资源、优势企业，促进克拉玛依与各地的经济技术交流与合作，在每年水节活动期间，都要举办经贸活动洽谈会，邀请疆内外多家知名企业及地方骨干企业代表参加，水节举办的经济贸易洽谈会经济效益和社会效益都在逐年提高，成效也十分显著。水节构筑了一个克拉玛依市文化交流的载体，加速了文化与经济的融合，由点到面地促进经济、文化的协调发展。

表 7-3　2015 年克拉玛依“迎庆 60 年欢度第 16 届水节”活动表

活动框架	活动名称	时间	地点	承办部门
宣传纪念板块	1.“生态之水、幸福之水”系列宣传活动	8 月 8 日	世纪公园、市区主要街道各公交站台	承办单位：市水务局
文体活动板块	2. 庆祝克拉玛依油田发现 60 周年暨第一届职工够级大赛	8 月 8—9 日	克拉玛依棋苑	承办单位：市油田工会
	3. 自治区“中国梦·劳动美·新疆好”“油城杯”全健排舞大赛	7 月 28—30 日	市体育馆	承办单位：市油田工会
	4. 克拉玛依第十六届水节“水润油城·翰墨寄情”中国画名家百幅书画展览、笔会、讲座系列活动	8 月 8—11 日	文化创意产业园区国际艺术港	承办单位：大雅文化艺术有限责任公司
	5. 克拉玛依第十六届水节三项体育活动：沙滩混合接力赛（见图 7-14）、百人横渡西月潭（见图 7-15）、沙滩排球（见图 7-16）	8 月 8 日	西月潭	承办单位：市油田工会、市体育局
	6. 克拉玛依市第十三届社区文艺展演书法、绘画、摄影大赛获奖作品展	8 月 12—15 日	文化创意产业园区国际艺术港	承办单位：市文广局 协办单位：市文化馆
	7. 克拉玛依第十六届水节“油城水韵”（“戈壁水韵”）摄影展	8 月 12—15 日	文化创意产业园区国际艺术港	承办单位：蓝图文化有限责任公司
	8. 克拉玛依市第十三届社区文艺展演“共建家园，共筑中国梦”独山子区水节专场文艺晚会（见图 7-17）	8 月	独山子区	承办单位：独山子区文体局

续表

活动框架	活动名称	时间	地点	承办部门
文体活动板块	9. 克拉玛依市第十三届社区文艺展演“六十年礼赞”白碱滩区专场晚会	8月7—8日	白碱滩区	承办单位：白碱滩区文体旅游局
	10. 克拉玛依市第十三届社区文艺展演“盛夏乌尔禾”乌尔禾区专场晚会	8月28日	乌尔禾区	承办单位：乌尔禾区文体旅游局
	11. 克拉玛依市第十三届社区文艺展演“舞水颂辉煌”克拉玛依区专场晚会	8月31日	市文化馆影剧院	承办单位：克拉玛依区文化体育局
	12. 克拉玛依“国际街舞大赛·中国西北赛区”	8月中旬	文化创意产业园区城市文化休闲广场	承办单位：0990街舞文化培训中心 协办单位：文化创意产业园园区筹建办、克拉玛依汉博文化投资有限公司
	13.2015 享誉文化第二季【追梦青春季】乐队、舞蹈、才艺争霸赛决赛	8月15日	世纪公园内	承办单位：享誉文化传媒公司
	14. 庆祝克拉玛依油田勘探开发60周年暨第十六届水节——“克拉玛依之歌·诗文朗诵”大赛（包括版面宣传）	8月15日	日报社新闻发布厅	承办单位：克拉玛依日报社
	15. 五月中国——中美书画巡回展暨周勇“克拉玛依人”大型油画作品展、捐赠仪式	8月22—26日	文化创意产业园区国际艺术港	承办单位：克拉玛依区委、区人民政府
	16. 克拉玛依第十六届水节“克拉玛依之歌·石油工业版画作品展”	8月27—31日	文化创意产业园区国际艺术港	承办单位：白碱滩区文体旅游局
	17. 克拉玛依油田发现60周年“舞动克拉玛依”广场舞决赛	8月29日	文化创意产业园区国际艺术港	承办单位：市文广局
	18. 克拉玛依油田发现60周年庆祝晚会	8月30日	文化馆影剧院	承办单位：市文广局
亲水主题板块	19.“水水水”夺标大赛系列活动之水主沉浮比赛（见图7–18）	8月8日	西月潭	承办单位：团市委
	20.“水水水”夺标大赛系列活动之水中夺宝比赛（见图7–19）			
	21.“水水水”夺标大赛系列活动之空中取水比赛			

续表

活动框架	活动名称	时间	地点	承办部门
亲水主题板块	22. 克拉玛依第十六届水节农业综合开发区第四届“甜蜜夏日、相约林海”赛瓜会	7 月 25 日	林海公园	承办单位：市农业综合开发区管委会
	23.2015“丝绸之路”国际旅游商品博览会	8 月 7—11 日	克拉玛依市会展中心	主办单位：新疆维吾尔自治区旅游局、克拉玛依市人民政府
	24. 克拉玛依第十六届水节“千名老人游油城”活动	8 月 8—9 日	承办单位：市旅游局	承办单位：市旅游局
	25. 第三届全疆山地自行车越野赛	8 月 15 日	乌尔禾区	承办单位：乌尔禾区文体旅游局
	26. 克拉玛依第十六届水节、乌尔禾区第六届民俗文化旅游节、第四届金丝玉文化节系列活动闭幕式、第二届中国“翼龙奖”暨“新艺杯”金丝玉大赛颁奖晚会	8 月 22 日	民俗体育竞技场	承办单位：乌尔禾区文体旅游局

图 7–14　沙滩混合接力赛

图 7–15　百人横渡西月潭

图 7–16　沙滩排球

图 7–17　水节专场文艺晚会

图 7–18　“水主沉浮”

图 7–19　“水中夺宝”

表 7–4　水节参与人次统计表（2010—2015 年）

年份	活动举办场次（单位：场次）	观众人次（单位：万人次）	参与人次（单位：万人次）
2010	248	16.50	1.095
2011	256	17.90	1.185
2012	279	17.12	1.125
2013	297	19.55	1.258
2014	306	19.65	1.398
2015	302	21.25	1.453

纵观克拉玛依水节和国外城市节庆活动，都具有鲜明的民族特色，抓住城市发展命脉、切合当地实际和风俗习惯、有较广的参与面和覆盖面。一座城市的节日与当地的日常生活、工作、环境、传统、历史等各方面要素息息相关。因此，创立定位准确、符合公众期待的城市特色节庆活动，打造具有地域特色、文化特色和时代特色的城市节庆，并在活动内容和形式上设计一系列观赏性强、参与度高的活动，才能达到全民参与、全城融入的良好效果。地方节庆活动对于挖掘、整理城市文化资源，提高城市文化品位，打造城市品牌具有不可估量的重要作用。具有地方特色的、紧扣城市命脉的节庆活动能够凝聚人心、鼓舞信心，增强市民的主人翁意识和自豪感。

第四节 大型特色市民文化活动与特色文化城市建设的内在互动机制分析

大型特色市民文化活动体现城市文化特色，特色文化城市涵养大型特色市民文化活动，这可以说是大型特色文化活动与特色文化城市建设的内在机制，正像水与容器的关系一样。大型文化活动一般具有主题性与引导性，占用资源众多、传播渠道广泛，因此成为城市文化特色集中展示的时间与空间；而城市固有的文化特色则是大型文化活动依托的载体，为其提供素材与养分、人才基础与组织力量；大型特色市民文化活动必须依托在城市文化的根基上，这也是为什么很多城市将培养市民文化、营造城市文化环境与氛围作为城市文化发展的必要条件的原因。此外，大型特色市民文化活动以其主体与体量、所吸引的注意力与参与者之众，也在空间与时间的外延上，极大地提升了特色文化城市的影响力。

一、大型特色市民文化活动充分体现城市文化特色

城市文化特色需要有合适的渠道和载体方能得以充分体现，大型特色市民文化活动，之所以能充分体现城市文化特色，主要原因：一是大型特色市民文化活动，特色鲜明、规模宏大、知晓度高、覆盖面广、参与者众、影响深远，有足够的空间和容量集中体现城市文化特色。二是在大型特色市民文化活动中，城市的各种特色文化资源可大规模调动，并能有效聚焦于大型特色市民文化活动的主题，大大提高了整合力度和传播强度。三是大型特色市民文化活动，群众参与积极

性高，创造性才可能得到最大限度的发挥，城市特色文化积淀可在群众的文化创造中得以充分表达。以苏州为例，苏州市结合大规模全民阅读活动的开展，全面带动机关、学校、企业、军营、商场、宾馆等各种主体和场所参与，整合和弘扬了苏州崇文重教、诗书传家的历史文化元素，成功营造了苏州“书香城市”文化特色。在长达半年时间里，全市各地各部门、各系统组织开展近万项阅读交流、阅读辅导和阅读服务活动，为读者们奉上“书香盛宴”。2016年苏州阅读节以“阅读，让苏州更美丽”为主题，更多依靠民间阅读推广组织，群众性团体、协会、书友会等展开，使“全民阅读”更接地气，逐步实现全民阅读由政府主导向群众自觉的转变。

二、特色文化城市涵养大型特色市民文化活动

富有鲜明特色的文化城市，最具有举办或创办大型特色群众文化活动的现实性和可能性，主要原因：一是特色鲜明的文化城市历史文脉清晰、文化资源相对集中而且主题较为明确，资源的可利用程度较高。二是特色鲜明的文化城市，由于积淀深厚，人们对城市文化特点、历史轨迹和发展趋向的认同度较高，社会动员度和可组织化的程度较高，组织大型特色群众文化活动的成功概率大。三是特色鲜明的文化城市往往建筑硬件、文化风貌的文化特色已得到程度不同的表现，更需要大型特色群众文化活动这样的软件支撑，推动形成软硬结合、相得益彰的良好局面。意大利威尼斯、日本京都、中国苏州、巴西里约热内卢等城市均具有此类特质。

三、大型特色市民文化活动极大地提升了特色文化城市的影响力

在现代数字化网络化传播条件下，富有鲜明特色的文化城市可以通过数字网络方式随时向全世界各地传播自己的独特魅力，但是远程、静态、虚拟、客体式观赏，效果总是有局限的，无法现场感受和体验，无法与庞大的群体一体互动，无法成为活动主体中的一分子。为何在数字网络传播十分发达的今天，各种大型特色市民文化活动的魅力丝毫不减，深层次原因正在于人们总是潜在追求现场、直接、交往、主体等复杂的感受，正在于“独乐乐不如众乐乐”，正在于人“群体快乐”的本性。大型特色市民文化活动对于城市本身，提高了普通市民的文化参与，增进了城市各种群体的文化认同，也进一步升华了城市文化特色；对于城市之外的世界，大型特色市民文化活动吸引了世界的眼球，集中传播了城市最令人动心的细节。上海城市马拉松将赛道安排在外滩至徐家汇这一城市最繁华的地段，正是借大型文体活动传播和营销上海最有特色的城市细部。概括起来，大型特色市民文化活动提升特色文化城市影响力的具体表现是：城市特色文化在大型特色市民活动中获得集中表达和规模呈现；城市特色文化在大型特色市民文化活动中以“活态”方式进入百姓的城市生活；城市各界各类不同群体在大型特色市民文化活动中对城市特色文化达成高度认同；大型特色市民文化活动的筹备、举办及延伸影响强力带动城市特色文化的建设和传播；周期并长效运行的大型特色市民文化活动是城市特色文化建设和表达的重要载体。

第五节　进一步发挥大型特色市民文化活动在特色文化城市建设中的重要作用的相关建议

对大型传统市民文化活动的历史渊源与文化传统缺少挖掘，对新兴大型市民文化活动的发展前景缺少可持续性规划及与城市发展前景的有机结合，各城市的大型市民文化活动千篇一律、面目模糊，缺少城际互动与对外推广，缺少品牌打造能力与营销推广人才，这些都是我国大型市民文化活动发展过程中所存在的弊端。在目前发展阶段，各城市政府及主要参与者应结合大型市民文化活动，全面梳理所在城市的特色文化，深入研究城市特色文化的表达方式与载体形式，着力推动城市特色文化进入市民的日常生活，借力大型特色市民文化活动塑造世界知名的特色文化城市。在挖掘特色、建立平台、普及惠民及加强推广的基础之上，建设我国市民文化活动与特色文化城市的发展模式。

一、结合大型特色市民文化活动全面梳理所在城市的特色文化

设计合理、组织有方、活动有序、效果明显的大型特色市民文化活动，其“特色”总是集中、巧妙和创造性地体现了所在城市文化特色的精髓。因而，大型特色市民文化活动的创意创办者，需要自觉梳理所在城市的历史文脉、人文积淀和各种文化元素，紧密结合当今城市经济社会发展特点和市民精神文化需求进行文化创造。唯其如此，才能将大型特色市民文化活动之根，深深地扎在城市文化渊源的深处，

才能具有长久的生命力。

二、结合大型特色市民文化活动深入研究城市特色文化表达的方式和载体

在全面开放的社会环境中和高度信息化条件下，城市文化特色如何在大型特色市民文化活动中得到真实、全面和创造性的表达，需要决策者、组织者和创意者的具体研究。巴西里约狂欢节，既有持久不变的传统文化元素：花车巡游，震耳欲聋的欢乐鼓点，歌手引吭高歌，桑巴舞小姐高高在上欢快跳动，以及成千上万人簇拥着彩车边歌边舞；也有实时转播车追随左右，全球转播系统随时向世界传播展示。意大利威尼斯狂欢节，在高度重视保持传统特色的同时，及时搭建起现代化数字网络综合服务平台，为全球参与者提供极大的便利。诸多案例表明，大型特色市民文化活动在继续以传统方式展示特色文化城市的同时，采用数字网络技术扩大特色文化城市的传播力、影响力已成为必然趋势。

三、结合大型特色市民文化活动着力推动城市特色文化进入全体市民群众的日常生活

特色文化城市建设的出发点和落脚点总是着力使全体市民受益，大型特色市民文化活动周期长、参与广、影响大，决策者和组织者可以顺势而为，将其打造成贯穿全年、惠及全民、带动全面的一个关键抓手。中国丽水“乡村春晚”，原是大年三十春晚演出，最多延展到春节前后，但经过精心策划的“乡村春晚”，时下已经成为贯穿全年的大事。为了春晚，丽水村里的村民一过春节，就开始筹划来年的节目，

创作、培训、排练、修改、切磋以及一轮轮的海选预赛、半决赛，直至上春晚舞台，百姓一年的精气神都与此有关，俗话说：春晚年年搞、村里月月火、群众日日忙。

四、借力大型特色市民文化活动塑造世界知名的特色文化城市

人们对于巴西里约热内卢、意大利威尼斯、西班牙潘普洛纳的了解，往往以“狂欢节”为入口，也就是说大型特色市民文化活动代表了、传播了城市特色文化，提高了特色文化城市的知名度。国内长沙的“文化湘军”、苏州的“书香苏州”、克拉玛依的“水节”、上海的“市民文化节”也有异曲同工之妙。我国目前因大型特色市民文化活动而导致所在城市的特色文化在国际上享有知名度的案例过少，因而迫切需要借鉴国际经验，鼓励和引导有条件的城市，策划和组织富有独特魅力的大型特色文化活动，运用先进的现代传播技术手段，精心打造世界知名的特色市民文化城市，使中国特色文化城市在世界城市之林中绽放异彩。

第八章　大型特色活动与特色文化城市建设评估指标体系研究

本章尝试性提出大型特色活动与特色文化城市建设的评估指标体系，以期为相关的文化实践提供一个评价的参考，对大型特色活动举办以及特色文化城市建设起到有益的提醒作用。包括建构评估指标体系的重要意义和作用、理念与方法、主要原则、预期功能、研究路径，指标体系的构成及具体指标的分析，模拟评估案例以及国外案例解析等几个部分。

大型特色活动往往是围绕某一特定的主题所组织的公共性活动，与特定城市的文化禀赋密切相关，它是对城市个性充分的张扬和体现。大型特色活动的举办在特色文化城市建设过程中发挥的重要作用，在其他章节中已有了非常充分的论述。通过举办大型特色活动，可以锤炼、塑造城市独具特色的品格、色彩、气质与风范，既顺应潮流，又不随波逐流，保持对城市同质化侵袭的抗衡和粗鄙化污染的抵御。无论哪个城市举办大型活动，必然是这座城市的集体狂欢和集体参与，它会最大限度动员城市市民，以特定的行为方式介入，统筹城市各种元素，调剂城市各个层面，在特色活动的组织开展过程中，城市的组织能力、管理能力、协调能力、经济能力、文化能力以及市民自治能力等都将得到充分的体现，这是城市综合实力的检验和释放，也是城市个性的丰富和凸显，大型活动的举办和传播，不可掩饰不可磨灭地会打上这座城市的烙印。在提升城市知名度和附加值的同时，无疑会催化和推进城市的某种特质，形成城市空间新的表现形式和形象特征。大型活动的遗留物，大都会成为举办城市的地标性建筑，为城市的特色文化建设增添了浓重的一笔。

举办大型特色活动已经成为特色文化城市建设的重要路径，同时，特色文化城市建设也是大型特色活动是否成功的资源和底蕴支撑，二者构成了相互推动的内在关系。因为大型活动在城市文化建设中的社会效益很容易在短时间内得到彰显，致使很多城市举办大型活动的热情高涨。然而衡量大型活动的可行性和必要性，需要与城市特色文化的建设关联起来考虑，如何通过具体指标的设计来衡量和评估大型特色活动对于特色文化城市建设的促进和推动作用，成为大型特色活动举办成效测定的迫切之需。

第一节　建立大型特色活动与特色文化城市评估指标的重要意义和作用

对于“大型特色活动与特色文化城市评估指标”研究重要性的认识，要放置于提升国家文化软实力，建设社会主义文化强国的高度。当代中国文化建设的主体已完成了从农村到城市的巨大转变，城市文化能否健康发展直接关乎未来中华民族伟大复兴的中国梦能否实现，而只有每一个城市都能把自身独有的特色文化传承和发扬，才能支撑起城市文化的繁荣发展。举办大型特色活动是特色文化城市建设的重要路径和有力平台，但在大型特色活动的策划和举办过程中，要有前瞻意识，避免与城市特色文化脱节。既要防止好大喜功，活动过多过滥倾向，也要防止保守平庸、无所作为的矫枉过正。

目前在全球范围内，城市的竞争已经成为软实力的竞争，尤其是文化软实力的竞争。而特色文化，是城市文化软实力的重要体现。当前我国各城市正在努力开展建设特色文化城市的工作，其中一个较为显著的趋势则是很多城市通过大型特色活动，来推进特色文化城市的建设。各个城市在建设过程中有着各自的优势和经验，同时也呈现出不同程度的制约和不足。

由于对大型特色活动与特色文化城市之间的关系如何理解、两者如何形成相辅相成，互为表里，有着不少认识的不足与观念的差异，由此带来各个城市在对待大型特色活动和建设特色文化城市之时，有着理念不够清晰、发展不够平衡、大型活动与城市的可持续发展缺少有机的结合，以及在城市文化建设过程中有着重表面轻内涵等现象和问题。

研究制定“大型特色活动与特色文化城市建设评估指标体系”，对大型特色活动与特色文化城市建设的主要内容和考核标准，形成明确而科学的评价体系，从而对创建活动进行宏观的指导和全面的评价，客观分析城市现实状况、发展水平，既看到成绩，总结经验，又看到不足，找出原因，研究制定规划、方案和实施办法，这无疑将极大地推进大型特色活动有效而深入地开展，推动我国特色文化城市的建设。如何做到真实而又全面地评价大型特色活动和特色文化城市，我们亟须设立一个科学而又系统的指标体系来进行综合评估。

通过把特色文化城市建设的各项重要指标梳理分析出来，尤其是与世界上较先进的特色文化城市的各项指标进行比较，可以明确而又具体地看到该城市的所处方位，以及它的强项和弱项；其次，通过对大型特色活动的相关要素指标的梳理，并将其融入特色文化城市建设的评价体系之中，发掘出两者的内在联系和关联作用。然后通过对各项量化指标的详细分析，制定符合实际的发展规划，采取各种具体有效的措施，促进大型特色活动与特色文化城市的双赢发展。

大型特色活动与特色文化城市指标体系的建立可以直接推动特色活动举办的有效性，避免急速城市化进程中因政绩形象提升冲动所形成的活动热，从活动举办的萌芽阶段就充分考虑活动的效益问题。当前的中国正处于一个城市化进程飞越发展的阶段，特别是众多的三四线城市，大干快上的城市设施建设使城市的基础设施迅速升级，在城市的物质形态上形成了大规模同质化的所谓现代化的面貌。但是由此也带来了千城一面、特色丧失的消极后果，现代化的盲动不仅没有激活城市内在的文化活力，相反却人为地造成城市文脉的断裂。在此背景下，很多城市为了在全球化的城市浪潮中传达自身的存在感，尤其是各级城市的领导者片面为了政绩打造的需求，制造了许多活动“泡沫”。每个城市都试图通过活动的举办凝聚人气，拉动内需，促进城市经济实力的增长，活动本身成为一种工具和手段，同时又成为一种目的和需要，而没有充分考虑城市特色文化的传承与发展，甚至相当一部分活动与活动举办城市的文化禀赋并没有直接的关系，仅仅停留在为活动而活动的浅表层次，没有深刻认识到活动内在的文化含量。因此，评估活动的介入就不仅仅是单纯基于活动完整性的考虑，而是建立大型活动与特色文化城市内在联系的题中之义。在特色活动举办过程中充分考虑到评估指标体系的约束，无疑会减少活动举办的盲目性，真正从推动特色文化建设的最终落脚点来考虑活动本身的可行性和可持续性，使大型活动真正成为整合特色文化资源，传承特色文化，满足文化需求，提升城市文化软实力的重要文化动力。

近几年，随着中央“八项规定”及大量压缩综艺晚会和庆典活动以及各类评奖的政策文件规定的频繁出台，如中央两办2011年印发的《关于开展清理和规范庆典、研讨会、论坛活动工作的实施意见》《关于全国性文艺评奖制度改革的意见》等，对举办各类节庆及评奖活动都进行比较严格的规定，目的是避免铺张浪费、杜绝面子工程及活动过程中可能出现的权力寻租、贪污腐败。在此背景下，一些城市的政府管理者为了明哲保身，确保在自己的任内不发生危及自身仕途的事故和风险，对举办节庆活动的态度出现了180度的大转变，不仅不再举办新的大型活动，甚至连原有的已经形成长期传统的特色文化品牌也突然中断，完全不顾在地居民的文化需求及城市文化形象的可持续发展，这其实也是对党和人民不负责的表现，与当前大量存在的庸政懒政不作为的庸俗为官之道同根同源，如出一辙，需要引起高度的重视和警惕。

第二节　研究制定大型特色活动与特色文化城市建设评估指标体系的理念与方法

“大型特色活动与特色文化城市建设评估指标体系”的研究及制定要建立在对特色文化城市建设发展本质规律的基础之上，通过评估大型特色活动的举办情况，考察活动的举办是否有利于城市特色的重建，进而达到城市文化功能修复的目的。在具体的方法和路径上，要经过建立综合评价指标体系、设定权重、数据采集、数据处理、比较评价、效应分析等相互联系、互为支撑、系统完整的过程。指标体系的建立及运用，是为了衡量和评估大型特色活动与特色文化城市建设的关联度，最终是为了促进和推动城市文化的健康发展。

20世纪90年代以来，我国进入了一个快速城市化的发展阶段，甚至是一个城市化“大跃进”式的发展阶段。梳理新中国成立以来我国城市发展的不同阶段，刘士林关于“政治型城市”“经济型城市”“文化型城市”[①]几个阶段的分野是相对较为合理的概括，可供参考。“政治型城市”是新中国成立初期我国计划经济体制的产物，在本质上是“以政治理念和意识形态需要为中心，一切服从于国家政治需求和政治利益，带有浓郁逆城市化特点的城市化模式”。[②]“政治型城市”建设的核心功能是服从于国家建设的政治需要，通过行政资源的高度集中确定不同城市的政治功能，从本质上来讲，它通过剔除城市本身自助发展的主体能动性而建立高度集中的资源分配方式。“经济型城市”则是改革开放政策的产物，市场经济主体地位的确立激发了各个城市对于经济发展的积极性，再加上中国长期处于追赶现代化所形成的巨大驱动力量，使“经济型城市”的发展迅速走向“唯GDP”的发展道路，对于经济发展的渴求掩盖了城市的其他发展层面，一切以经济是否提高为衡量的保证，无论是政治搭台，还是文化搭台，最后唱主角的都是经济，正是此种发展模式的长期驱使，带来了对城市生活方式和城市文化传统的极大破坏，环境恶化、文化断裂、道德衰退等一系列严重的问题

① 关于三种城市类型的划分，参考刘士林的相关论述。

② 刘士林:《文化城市与中国城市发展方式转型及创新》,《上海交通大学学报》2010年第3期。

成为当代城市共同的城市病灶。在此背景下，“文化型城市”则是对以上两种城市发展模式的纠正，它把城市特色文化的传承与发展作为城市发展的最终目标，以文化为动力，以文化为目标，真正“以人为本”。与“政治型城市”和“经济型城市”相比，“文化型城市”最能体现人类文明发展的新高度，兼顾了传统与未来的可持续发展道路。从城市建设的系统性和整体性考察，“文化型城市”并不排斥城市的政治功能和经济功能，而是以文化资源为中心，对涉及城市发展的诸要素进行优化和配置，最终实现城市的可持续健康发展。

从以上关于当代中国城市发展的历史脉络来看，特色文化城市建设是“文化型城市”建设的具体表现形态，其规律性的建设特征要服膺于“文化型城市”的文化逻辑。因此，大型特色活动与特色文化城市建设评估指标体系的建立也要遵从特色文化城市建设的本质性规律，活动举办的目的应该是城市特色的重建与城市文化功能的修复。因此，在理念的维度上，建立指标体系应该是通过评估大型特色活动的举办情况，考察活动的举办是否有利于城市特色的重建，进而达到城市文化功能修复的目的。

评价就是按照确定的目标，在对被评对象进行系统分析的基础上，测定被评对象的有关属性并将其转换为效用的过程，即明确价值的过程。对大型特色活动与特色文化城市建设的评价，是一种多指标的综合评价、系统评价，它是将研究对象作为一个系统来分析，对分析结果加以综合，并在此基础上，对系统进行多方面的、多角度的评价。把多个反映不同方面且量纲不同的统计指标转化为无量纲的相对评价值，并对其进行综合打分，从而得出对一个地区大型特色活动与特色文化城市建设的整体评价。这种评价方法叫作“多指标综合评价法”，或者叫作“标准化计分法”。

一、建立综合评价指标体系

首先参照国内的各种统计指标体系的质量要求，做到科学性、整体性、统一性。参考国外统计指标体系的构成，主要由总量指标和结构指标、价值型指标与实物型指标构成。再根据大型特色活动与特色文化城市建设的特殊性，即从文化的角度来评价大型特色活动的举办对城市文化建设的影响与作用，根据具体的活动主题内容、意义、影响等各方面的信息来建立指标。同时综合评价工作是一个主客观因素的结合，这就使得综合评价指标体系的建立过程也必然是主观和客观的有机结合。所以，在指标体系建立的过程中，要避免一些过于主观单一的描述性指标和不符合具体客观市情的指标，以及一些难以采集数据的指标。最后选用的指标要重视其可比性，还要突出指标的创新性。

重视可比性：评价指标必须具有可比性。指标体系的可比性要求所有指标必须都反映评估对象的共同属性，被评对象属性的一致性，是各个具体对象适用指标体系的前提，也正是其可比性的基础。所以，指标的设计要求与国内外的指标体系具有一致性，才可以加强横向和纵向的比较。指标的可比性需要有国内规范的统一指标为条件，在具体体系设计时应当考虑在不同时段、不同需要的基础上，包括范围的统一。同时，还要借鉴参考西方发达国家在这一方面的成功经验和世界一些通用的衡量社会发展的指标，通过一定数量指标的一致性来增加与国外城市的可比性。另外，指标体系的建立是用来与其他同类项目进行比较，以区分各个活动的特点，分析其成功之处与不足之处，以便吸取经验教训。因此，指标体系必须注意地区、项目之间的可比性。与此同时，还需注意保持各个指标在时间上和空间上的可比性，那些在较长时期内变化不大的指标，或者在不同地区之间差别不大的指标，不应列入评价指标体系。如果因其地位重要，必须列入，那么在评价模型设计中，也应赋予较少的权重。有了具有可比性的指标，才能够提供准确的比较信息资料，才能够发挥评价指标体系的作用。

突出创新性：由于城市是贮存、流转、创造文化的容器，而文化的多样性、多元化是文化生生不息、繁衍绵延的基础和动力。而大型活动通常是指根据某一主题在某一城市举办的具有相当规模和影响的阶段性公众事件。所以，各个城市的文化基础不同、发展模式与发展程度不同、举办大型特色活动的内容不同，更是对大型特色活动与特色文化城市的关系认知也不同。因此，建立评估指标体系时，对指标的考量必须具有创新性。

二、设定权重

为了进一步分析指标间量的关系，需要设计指标的权重。指标的权重反映了某一指标在指标体系中所起作用的大小，指标的权重是指标对总目标的贡献程度，也是对于各项指标重要程度的权衡和评价，可以将其看作是把指标联结为一个整体的量的纽带。权重的大小同时也反映了大型特色活动与特色文化城市建设的整体规划、项目设置和目标定位等方面的差别。不同的权重往往会产生不同的评价结果。因此，设定权重是指标体系建立中非常重要的一个环节，也是因指标体系的改变而变化的。采用的方法主要是权重估计法，即通过专家咨询来确定指标权数；同时还有主观分析法、层次分析法和权值因子法等。

三、数据采集

指标数据的量化是进行评价的基础，而采集数据方法的科学决定了所得数据的客观性，也直接影响着评价结果的公正性、合理性，同时也必须确保数据的完整性和可靠性。可采用间接收集法，即设计一套相应的数据统计表，请有关部门单位调查原始数据；而对于一些常规的统计数据，则可以通过查找统计年鉴或相关资料获得。还可以用直接收集法，即根据所建立的指标体系中各指标的特点，设计一系列的调查问卷，让社会人士和业界人士进行反馈，也有利用于数据的来源更加全面丰富，且获得的数据信息易于定量、便于对比。还可以举办专家讨论会等活动，以口头方式来了解项目相关数据。

数据的收集对于评估指标体系的建立有着相当重要的影响，因此数据收集的科学性十分重要。对数据进行调研与分析主要采用文献法、调查法、访谈法等。在此过程中，应注意：（1）调研和分析尽量利用现有权威性的统计资料（如《城市统计年鉴》《城市文化统计概览》等），对已有数据进行确认和标准化处理。（2）调研和分析主要针对与该研究领域有关的机构和人士，其中主要包括特色文化城市的相关政府部门、大型特色活动主办机构、大型特色活动的具体运营者、特色文化城市市民，等等。（3）保持数据的连续采集，逐步形成一个完整的大型特色活动与特色文化城市建设评估数据库。

对这些调研意见和采集的数据进行分析，并根据数据的可获得情况和获得数据之后的指标相关性分析，删除那些数据不易获得和存在强相关的指标（评估指标要具有可操作性与可实现性，即数据可获得性和获得数据的经济性），对赋予的权重进行分析，最终筛选和确定评估指标体系。

四、数据处理

对收集到的数据要根据数理统计的方法作如下处理:(1)对于离差过大的数据，要通过分析和相应的数学手段减少其偏离度;(2)对于某些空缺不全却又十分重要的数据，可采取插值、外推等方法进行填补;(3)在找不到相关数据的时候，对指标体系进行重新修订，建立新的指标项目，以确保指标体系的完整。

五、比较评价

人们在对项目方案进行综合评价时，常常需要多个目标进行评价以得出最后的结果。通常是在优化目标值的过程中，采用将多目标化成单目标，或将测评得出的数值不同量纲化成同量纲或无量纲分数，进而通过分数来进行比较确定。通过对各个城市大型特色活动对该城市特色文化建设影响的比较评价，可以取长补短，相互学习，以便为建设中国特色文化打下基础。

六、效应分析

效应分析是指从分析事物间的相互联系开始，抓住事物变化后产生的效应，把事物变化所产生的效应确定为指标。这种方法认为，事物与事物之间是有一定的联系的。一事物的变化可以引起另一事物的变化，因此，可以通过测量一事物变化后引起的效应(即另一事物的变化)，从而对这一事物的变化作出判断。因此，大型特色活动与特色文化城市的建设的评估体系可以运用效应分析方法，根据大型特色活动举办的主题内容以及产生的社会反响来分析对特色文化城市建设的作用与意义。通过其中一个因素的变化所产生的影响来吸取经验，以便更好的作出决策。

第三节 研究制定大型特色活动与特色文化城市建设评估指标体系的原则

制定科学合理的指标体系都要遵循科学性、规范性、实用性等基本原则。但由于指标体系的建立是根据具体的活动项目主题内容以及产生的效应来制定的，所以制定大型特色活动与特色文化城市建设指标体系就必须要有它的特殊性和倾向性。根据活动的目的和对文化城市建设的影响来为它量身定制，这样才可以更准确合理的制定指标体系。

一、系统全面的原则

“系统性”要求指标体系在建立的过程中坚持全局意识、整体观念，把大型特色活动与特色文化城市建设的每一个环节看作一个子系统，指标体系要综合全面地反映各个子系统、各要素相互作用的方式、强度和方向等各方面的内容，是一个受多种因素相互作用、相互制约的系统的量。因此，必须把大型特色活动与特色文化城市建设视为一个系统问题，并基于多种复杂因素来进行综合评估。由于指标体系应包含所有的重要指标，因此，指标体系的整体完备性原则，又可称为“全面性原则”，要求指标体系内的各项指标在相互配合中反映目标，目标存在于指标体系的总和之中。需要指出的是，上述指标体系的完备性是针对评估目的而言的，而不是包罗万象指标越多越好。从整体上把握大型的特色活动的特性和功能，从城市的文化特色、发展的可持续性、城市的竞争力出发，对大型特色活动与特色文化城市建设作出整体的分析和评价。

二、实用的原则

一套指标体系可能包含许多指标，如何把一些简单精练而又说明问题本质的指标提炼出来，则是一项非常重要而又需要许多理论研究和实践经验的任务。指标是对原始信息的提炼与转化，指标不宜过于繁琐，个数不宜过多，以避免因陷于过多过繁而消耗不必要的时间和成本。评价指标的设计必须具有实用性，要求指标体系的设计必须切实可行，指标体系的设计必须从实际出发。指标体系必须考虑到现实的可能性，指标体系应适应于评估的方式。同时还要兼顾指标与指标之间的一致性，城市之间的可比性。

三、客观指标为主，主观指标为辅的原则

综合评价工作是主客观因素的结合，所以客观指标为主、主观指标为辅的原则要求在操作过程中选取评价指标时注意搭配好主观指标和客观指标的比例关系。客观指标反映事物的本来面貌，真实具体，所以客观指标应该在整体体系中占绝大部分；主观指标是通过数值来表现个体的人对事物的评价，是人们客观感觉的主观态度，正如上述在数据、信息采集的方式中，可以通过调查问卷的方式获得。因此，尽可能采用现行的统计指标，减少主观指标和设计新指标。如果主观指标和新指标多了，相应的指标数据调查采集工作的难度将会增加，整个评价指标体系的可操作性也会减弱。

四、可持续发展的原则

可持续发展是指满足当代人的需求，又不对后代满足需要构成危害的发展。它强调人与自然的和谐关系，保持生态—经济—社会三维复合系统整体的可持续发展。大型特色活动与特色文化城市建设评估指标体系的建立需要遵循可持续发展的原则，就是要把经济发展与控制人口、合理利用资源、保护生态环境同时兼顾；设置合理的经济、环境、社会和文化的各项指标权重，没有主次之分，使各个系统协调共同发展，使利益最大化。通过对大型特色活动与特色文化城市建设的评估，可以分析出其中的利害关系，做到可持续发展。

五、静态评价与动态评价相结合的原则

静态评价是指对被评价对象已经达到的水平或已经具备的条件进行评价。它在评价时不考虑评价对象的情况和今后的发展趋势，只是考虑评价对象在特定的时间和空间中的现实状态，它有助于进行横向比较，便于看清评价对象是否达到了某种标准。由于自然环境和历史条件的差异，每个城市的人口数量、经济基础、城市功能、发展水平和社会文化是有差异的，所以静态评价能够更好地把某一城市和其他城市进行比较。动态评价是指对评价对象的发展状态的评价，它在评价时注意评价对象的发展潜力和发展趋势，重在纵向比较，便于看清评价对象的变化过程。整体性的相互联系是在动态中表现出来的。作为现实存在的系统、联系和有序性是变化的，不变的东西是不存在的。城市文化系统是一种地域性很强的综合系统，社会文化系统由于时间和人的作用在发生着变化，历史因子不断被打破，社会文化就是一个动态发展的变量，由于影响该地区的自然环境和城市发展的因素随着时

间的变化而随机变化，并非具有规律，所以作为反映系统特征的指标体系须因时因地制宜地反映这种动态性变化。这种动态评价有助于某城市与它自己的过去进行比较，把它的进步幅度与其他城市的进步幅度进行比较，以此来判定该城市的发展状况。它们二者各有所长、各有所短。仅用静态评价，无法进行纵向比较；仅用动态评价，无法进行横向比较。因此，在建立大型特色活动与特色文化城市建设评估指标体系时，必须把静态评价和动态评价结合起来。

六、合理性和可行性相结合的原则

这条原则要求指标体系的设计必须合理且切实可行，指标体系应适应于评估活动对时间、成本的限制，适应于指标使用者对指标的理解接受程度和判断能力，使评估者能够通过指标体系来对被评估对象作出区分和判断，适应于信息基础。评估活动是实践性很强的工作，指标体系的适用性是确保评估活动实施效果的重要基础。其关键要考虑两点：一是评价指标的设计必须考虑所选用的指标是所反映的重要内容，这是指标的合理性所在。指标是质与量的统一，没有具体、准确的量的规定性，不能称其为指标。为此，对一些评价对象要解决好理论上的合理性和重要性与实际操作的可行性之间的矛盾。在大型特色活动与特色文化城市建设的评价中，有很多方面从理论定性分析的角度看必须是合理的，不能忽略这一原则。目前运用指标设计技术，采用与这一方面的发展变化具有一致性或相关性的其他可量化指标来反映。二是还要考虑评价指标的可靠灵敏性。评价指标需要具有及时捕捉大型特色活动与特色文化城市建设各方面要素变动方向时，能明显地表现出这种变化的征兆或特征的指标，否则评价指标就失去了意义。

七、普遍性与典型性相结合的原则

“大型特色活动与特色文化城市建设”与国家文化建设的总体目标是一致的，故评价考核工作应体现一致性，即普遍性。但不同区域的文化建设有不同的具体情况，因而应根据所在区域的大型特色活动和文化城市建设的特色、特点，建立相应的标准。设计评价指标必须具有典型性。要注意选择和设计核心指标，不同的指标反映大型特色活动的不同侧面和内容的变化特征，而且对特色文化城市建设所起作用和影响也是有较大差别的。要重点选择设计大型特色活动的核心指标，考虑指标对文化城市建设的重要性以及作用的贡献程度。要考察评价指标变动的代表性，指标之间的关系并不都是相互独立的，而是相互联系和制约的，对于某类具体变动特征的反映，一个指标与几个指标、一组指标与另一组指标有时往往具有等价的特性，指标之间存在着一定的可替代性。选择具有较强代表性的指标，可以减少工作量，降低误差和提高效益。

八、独立性原则

同一指标体系内的所有指标，都是同一目标的分解。体系内各项指标要求相互独立，是指各个指标间既要协调一致，不矛盾，又要相互独立，不重叠，不存在互为因果的关系。另外，实践中指标之间完全独立无关常常是很难做到的。一方面，是因为事物各方面往往本身就是相关的；另一方面，指标体系不是许多指标的堆砌，而是由一组相互具有有机联系的个体指标所构成，指标之间绝对的无关往往就构不成一个有机整体，因此指标之间应有一定的内在逻辑关系。

第四节　大型特色活动与特色文化城市建设评估指标体系的预期功能

指标体系的预期功能是对其可能产生的社会影响的前瞻性思考，是衡量指标体系社会价值的重要考量，如果在实际的运行过程中，指标体系不能带来可以预期的有效功能，那么该项指标体系就需要进一步矫正和完善。本书所研究的大型特色活动与特色文化城市建设评估指标体系的预期功能主要表现为：前瞻和导向功能；检查和促进功能；判断和预测功能。

有明确的目标、具体的标准、实施的指导、科学的评价、先进的激励、能级的推进，这些都是指标体系应该具备的功能。具体而言，大型特色活动与特色文化城市建设评估指标体系的预期功能表现为：

一、前瞻和导向功能

（一）大型特色活动与特色文化城市建设评估指标体系应具有导向功能

评估指标体系应明晰大型特色活动与特色文化城市建设的发展方向，为大型特色活动与特色文化城市建设评估提供标准和依据，规范其管理评估工作，引导其向专业化、规范化方向发展，提升其专业水准、服务水平和社会形象，实现“以评促建、以评促改”的运行评估目的，对评估起到总体控制的作用，使评估沿着预期的方向发展而不至于出现大的偏差。并且指标体系中应包含每一条指标相对应的责任主体，这也能够使其对大型特色活动与特色文化城市建设有一定的导向作用——责任主体的明确有利于新的大型特色活动与特色文化城市建设机制的形成。

（二）大型特色活动与特色文化城市建设评估指标体系应具有前瞻功能

由于自然条件和历史原因导致的各个城市的人口数量、经济基础、城市功能和发展水平的差异，要求该大型特色活动与特色文化城市建设评估体系坚持动态评估的原则，要把特定城市与它自己的过去进行比较，然后再把它的进步幅度与其他城市的进步幅度进行比较，以此来判定该城市的发展状况。因此，该评估体系不仅需要反映大型特色活动与特色文化城市建设和发展现状，也需要反映大型特色活动与特色文化城市建设未来发展变化的趋势，从而具有前瞻性，为制定发展规划提供依据。

二、检查和促进功能

（一）大型特色活动与特色文化城市建设评估指标体系应具有检查功能

该评估体系应明确大型特色活动与特色文化城市建设的定位，把握大型特色活动与特色文化城市建设的基本属性与功能，确保指标体系内部各指标之间具有严密的逻辑关系，因此能够全面地评价大型特色活动与特色文化城市建设的实际状况，监测大型特色活动与特色文化城市建设的发展过程，监测和揭示在大型特色活动与特色文化城市建设中的各种矛盾和问题，在整体上反映大型特色活动与特色文化城市建设之间的关系。并且大型特色活动与特色文化城市建设工作的规划和实施情况的定期检查只有通过量化指标的衡量才能作出客观准确的评价。因此该指标体系的设计应切实可行，应适用于评估的方式、适用于评估活动对时间、成本的限制、适用于指标使用者对指标的理解接受程度和判断能力，各具体指标都能用操作化的语言来界定，它所规定的内容可以通过实际观察或直接测量来获得明确结论，这样才会保证该评估体系的检查功能。

（二）大型特色活动与特色文化城市建设评估指标体系应具有促进功能

该指标体系的设置应具有可比性。不但能够对自身运行状况进行纵向对比；而且能衡量比较全国各地举行大型特色活动与特色文化城市建设的情况，进行地区对比、历史对比乃至国际对比，从中鉴别先进与落后，找出差距。评比的结果分出优劣快慢，可以促进竞争，激发各级政府、社会组织和市民群众更加积极地参与，为城市发展多作贡献。

三、判断和预测功能

通过各项指标的检测，可以判断社会的各种动向，预测社会的发展趋势，为新的城市规划的制定，为城市的进一步发展提供真实可靠、全面而又具体的数据。评估结果能够充分地体现大型特色文化活动和特色文化城市建设的现状，对这些现状进行专业的分析能够窥探某一地区发展的趋势，为预测未来发展前景以及更好地应对可能出现的问题提供了良好的基础。

正因为大型特色活动与特色文化城市建设评估指标体系具有上述功能，所以它能较快地进入大型特色活动与特色文化城市建设的实践，成为对大型特色活动与特色文化城市建设进行综合测评的指导。

第五节　大型特色活动与特色文化城市建设评估指标体系设定的案例借鉴

关于特色活动与特色文化城市建设的评估指标，目前还没有实践中应用的案例，但是关于大型活动、政府绩效考核、城市文化发展等领域已经有了较多的探索和实践，相关的指标体系在评估活动中发挥了很好的指导作用。本章选取了上海市重大文化活动、波士顿大都会文化发展、大型科普活动效果等几个评估指标体系，进行较为详细的对比分析，从中提炼出可供大型特色活动与特色文化城市建设评估指标研究参考的经验和教训。

由于研究大型特色活动与特色文化城市建设评估指标体系的文献较少，评价指标的设定主要根据目前已有的其他类似评估指标体系进行比照，作为相关的参考。例如，目前可借鉴的有：大都会文化指标、大型活动评估指标、政府绩效评估指标、城市经济发展评估指标等。见表 8–1。

表 8–1　第八届上海市重大文化活动评估评分表（节庆类）

一级指标	二级指标	三级指标
文化艺术性（30 分）	整体策划（15 分）	特色与创新性（5 分）
		体现活动主旨（5 分）
		体现时代精神（5 分）
	内容及形式（15 分）	活动内容和表现形式相统一（5 分）
		项目内容或节目创作、编排等具有一定的文化含量和较强的艺术性（5 分）
		在同类活动中具有较高艺术含量和代表性（5 分）
规范化程度（20 分）	目标定位（2 分）	有明确的目标定位（1 分）
		有明确的受益对象（1 分）

续表

一级指标	二级指标	三级指标
规范化程度（20分）	项目管理（6分）	有项目策划、工作计划、总结（2分）
		合作项目签约率（2分）
		安全预案（2分）
	经费管理（10分）	有预算、决算（4分）
		超预算比例（1分）
		有审计（2分）
		经费使用合理性（3分）
	机构设置（2分）	有组委会等组织机构（2分）
专业化程度（20分）	专业机构（3分）	文化艺术顾问委员会（3分）
	接待服务（6分）	接待工作（3分）
		媒体服务（3分）
	人力资源（4分）	专职人员数（2分）
		志愿者队伍（1分）
		专职人员业务培训（1分）
	发展规划（2分）	有中长期发展规划（2分）
	信息发布（5分）	传统媒体（2分）
		新媒体（3分）
品牌影响力（30分）	国际影响力（8分）	国际得奖情况（2分）
		国际交流情况（2分）
		国际艺术团体参加名单（2分）
		工作人员成为国际相关机构主要负责人情况（2分）
	国内影响力（9分）	国内得奖情况（2分）
		国内（外省市）艺术团体参加名单（2分）
		公众参与度（3分）
		社会赞助情况（1分）
		国内交流（1分）
	媒体影响力（9分）	境外主流和专业媒体评价（4分）
		国内主流和专业媒体评价（4分）
		搜索引擎相关网络报道（1分）
	投入产出绩效比(4分)	社会效益和经济效益（4分）

表 8-2　波士顿大都会文化指标体系

目标	测量指标
1.波士顿竞争优势的贡献	指标 1. 波士顿“创意指标”排名与其他主要城市的比较
	指标 2. “创意群聚”产业对经济的影响
	指标 3. 文化部门的基金与其他大都会地区的比较
2.波士顿作为一个令人兴奋的区域观光目标	指标 1. 在波士顿，平均每人的非营利艺术组织数
	指标 2. 参与波士顿文化事件与展览的人数
	指标 3. 对当地与区域观光业的影响
3.波士顿艺术组织对社区生活的影响	指标 1. 波士顿艺术与文化设施的分布，与波士顿儿童的集中化之间的关系
	指标 2. 邻里、艺术家与游客在波士顿开放工作室（Open Studios）方面的参与程度
4.文化多样性表现的活力	指标 1. 文化连续体的线上调查（Online Cultural Continuum Survey）
	指标 2. 具有人口代表性的文化制度领导能力
	指标 3. 邻近地区的节庆与庆典
5.艺术教育的机会	指标 1. 波士顿公立学校（BPS）的视觉艺术、音乐与戏剧的教师人数
	指标 2. 学生与年轻人在课外时间参与艺术计划的人数
	指标 3. 在有视觉与表演艺术文凭学校的学生人数
6.文化参与的机会与公平性	指标 1. 文化设施的座位 / 人口比率
	指标 2. 波士顿文化机构与展演场所提供免费或折扣门票的情况
	指标 3. 残障人士得到文化设施的机会渠道
	指标 4. 关于文化与艺术活动和计划的全面咨询
7.公共资金与资助对于艺术的作用	指标 1. 在艺术与文化组织中的义工发展状态
	指标 2. 专门从事艺术工作的单位
	指标 3. 联邦、州以及城市提供的艺术基金

表 8-3　大型科普活动效果评估的指标体系、角度与方法

评估指标			评估角度	评估方法
一级指标	二级指标	三级指标		
策划与设计	主题	时代性	专家	访谈评分
		感召力		
		科学性		
	内容	贴近公众性	公众 组织与服务者 专家	问卷调查法 访谈
		丰富性		
		通俗性		
		兴趣		
		公众偏好		

续表

评估指标			评估角度	评估方法
一级指标	二级指标	三级指标		
策划与设计	形式	多样性	公众 组织与服务者 专家	问卷调查法 访谈
		吸引力		
		适合性		
		公众偏好		
宣传与知晓	大众传媒报道	渠道	宣传	统计 媒体报道检测 问卷调查 访谈 电话调查
		数量		
		深度		
	非大众传媒宣传	渠道		
		数量		
组织与实施	安保	设施	专家 公众 组织与服务者	数据填报 问卷调查 访谈 评分
		人员		
	讲解咨询	态度		
		能力		
		充足性		
	展项与活动	展项完好率		
		活动正常开展率		
	现场秩序	布局合理性		
		有序参与性		
	场地与时间	交通便利性		
		设施便利性		
		时间便利性		
影响与效果	社会影响	社会知晓度	公众	问卷调查 访谈
		公众满意度		
	科学传播效果	知识影响	公众	问卷调查 访谈
		情感影响		
		态度影响		
	科普能力提升效果	社会动员	组织与服务者	问卷调查 访谈
		队伍建设		

这些评估指标体系以及其形成过程主要在以下两个层面对大型特色活动与特色文化城市建设评估指标体系有借鉴意义。

一、从目标角度出发确定评估指标体系的关联因素和影响因子

例如，波士顿大都会文化指标，该指标旨在探讨城市艺术、文化指标对整个城市活力的影响，认为艺术、文化与创意表现是社区发展好坏的重要决定因素，一个健康的居住地应该给予人们参与艺术、文化和创意表现的机会。以此为前提，在总体框架上肯定了艺术的作用和文化大都市气质构成的固有内容，再进而探讨这些内容表现在哪些方面。

又比如，大型科普活动效果评估的指标体系的形成过程。大型科普活动旨在实现其社会性、公益性、教育性的目标，因此大型科普活动效果评估的指标体系中必须要体现公众的认可程度、公众对这种社会干预的反馈以及对社会公众的惠及能力及效果。

从这种目标思维出发分析大型特色活动与特色文化城市建设评估指标体系，该评估体系旨在评估大型特色活动的举办对特色文化城市建设的影响。因此，需要能够体现大型特色活动与特色文化城市建设之间的相互作用。通过相关文献的查阅，下面的几个方面可以列为参考角度：

（一）大型特色活动与城市文化形态功能建构

两者之间因为对方存在所形成的相互滋养、相互促进格局（大型特色活动对城市文化形态和城市文化功能的丰富和拓展，以及城市文化既有形态及功能的存在对大型特色活动的生发及成长的促进作用）可以作为参考项。

（二）大型特色活动与城市文化实践导引

大型特色活动的举办，对城市文化消费带来的拉动和引导成效、对城市居民素养品行的习得和改善的影响，以及对城市文化经营实践

的推进作用可以作为参考项。

（三）大型特色活动与城市文化内涵深化

大型特色活动对城市文化软实力的强化和提升作用、对市民的文化生活的丰富及促进城市多元文化发展作用、对城市文化精神塑造的作用可以作为参考项。

（四）其他

大型特色活动对青年人才的培养、大型特色活动与文化园区间的互动并进、大型特色活动与城市个性品格发展、大型特色活动与城市文化遗产的传承与发展皆可以作为参考项。

表 8–4　大型特色活动对特色文化城市建设的影响

目标	测量指标
大型特色活动与城市文化形态功能建构	1. 大型特色活动对城市文化形态和城市文化功能的丰富和拓展
	2. 城市文化既有形态及功能的存在对大型特色活动的生发及成长的促进作用
大型特色活动与城市文化实践导引	1. 大型特色活动的举办对城市文化消费带来的拉动和引导成效
	2. 大型特色活动的举办对城市居民素养品行的习得和改善的影响
	3. 大型特色活动的举办对城市文化经营实践的推进作用
大型特色活动与城市文化内涵深化	1. 大型特色活动对城市文化软实力的强化和提升作用
	2. 大型特色活动对市民的文化生活的丰富及促进城市多元文化发展作用
	3. 大型特色活动对城市文化精神塑造的作用
其他	1. 大型特色活动对青年人才的培养
	2. 大型特色活动与文化园区间的互动并进
	3. 大型特色活动与城市个性品格发展
	4. 大型特色活动与城市文化遗产的传承与发展

二、从过程角度来思考评估指标体系的设立

参考以上几个大型评估指标体系的设立，其明显的特点是对不同阶段有针对性地进行评估。在项目立项之前进行项目需求评估，而在

项目策划后进行项目理论评估，在项目实施过程中进行过程评估，最后在项目结束后进行影响评估及效率评估。这些不同类型的评估反映了不同阶段的特点。

（一）项目需求评估

对于突出的社会需求，项目是以似是而非的模糊方式体现，还是根据需求实际处境进行针对性的回应，对于评估任何社会项目的绩效而言，这都是非常重要的问题。

（二）项目理论评估

每一个项目都提出了一个适应其目标的结构、功能和程序的概念。这个概念组成了项目计划或逻辑，也就是所谓的项目理论。项目理论解释了项目为什么采取那些行动，并且给我们提供了合理性的基础，只要按照项目的规定行动，就可以得到所需要的结果。

（三）项目过程评估

过程评估是一种项目检测形式，管理方也可以采用过程评估作为形成性评估，通过这一评估对项目的服务实施进行调整。

（四）项目影响评估

影响评估是确定项目对社会的干预是否在实践意义上产生了预期的效果。项目不仅产生短期的较易评估的影响，也产生长期的影响。同时，它不仅对受众产生影响还通过传媒对社会产生影响。长期的影响在当时是无法测量评价的。

（五）项目效率评估

效率评估的目的是要知道与成本比较，项目的结果如何。在决定项目是否应该扩展、继续或结束时，比较项目成本与收益是最重要的考虑。成本—收益或成本—绩效分析都是被用来判断项目效率的方法。

以大型科普活动评估体系为例，根据社会项目评估的理论与方法，作为社会公益项目的科普活动的评估可以分为需求评估、项目理论评估、过程评估（对项目实际实施与计划之间的差距作评估）、影响评估（对项目的效果进行评估）和效率评估。目前，我国还未形成科普活动评估机制，对科普活动进行上述五个方面的系统评估是不切实际的。考虑到操作的方便性，以上大型科普活动评估体系把过程评估与影响评估相结合，依据科普项目的因果模式和指标体系构建准则进行了指标体系的构建（包括活动内容、组织管理、社会效果）。

图 8–1　科普指标体系的构建

科普项目评估体系的设立过程除了为我们建立大型特色活动与特色文化城市建设评估指标体系提供了一种系统的过程思维借鉴以外，还提醒我们应对评估指标体系进行定位。要探讨设置及完善大型特色活动与特色文化城市建设评估指标体系的具体策略，必须首先明晰该评估体系是在多大程度或是多大范围发挥其作用，是对需求、项目理论、过程、影响、效率哪一个或哪几个方面的评估。比如，以上科普项目的评估模式是首先由科普主办方进行项目立项可行性评估，然后对承办方的项目内容进行评估，在活动举办过程进行组织管理评估，在活动结束后进行社会影响评估。

第六节　大型特色活动与特色文化城市建设评估指标体系的具体构成与指标分析

基于以上较为详尽的理论资源梳理以及当代中国特色城市文化建设实际情况的考察，本书研究制订的大型特色活动与特色文化城市建设评估指标体系包括三个一级指标，分别为大型特色活动举办所需要的支持条件、大型特色活动的举办对于特色文化城市建设的促进作用以及大型特色活动的知晓度和社会影响力等，一级指标下设二级、三级、四级指标，四级指标体系共同构成了一个较为完整的评价系统。

由于对大型特色活动与特色文化城市建设的评估较为复杂，涉及多方面的因素，因此，它的指标构成也较为复杂。建立大型特色活动与特色文化城市的评估指标体系，要深刻分析大型特色活动的举办与特色文化城市建设之间的关系，从大型特色活动举办与特色文化城市建设双向互动及相互促进关系来确定评估体系的相关指标，即大型特色活动举办所需要的支持条件、大型特色活动的举办对于特色文化城市建设的促进作用以及大型特色活动的知晓度和社会影响力三个方面的要素，具体来说可由三个相互联系的一级指标来构成，即大型特色活动对于特色文化城市建设的推动情况，特色文化城市对大型特色活动的支持情况，大型特色活动的认知度和影响力。针对每个一级指标又可以分解详细的二级指标、三级指标及四级指标，二级指标是对一级指标实现情况的评估，三级指标则是对二级指标实现情况的评估，以此类推，一些二级指标通过三级指标就可以实现有效评估就不再设置相应的四级指标。由此，四级指标共同构成了大型特色活动与特色文化城市建设的评估指标体系。

具体指标构成如下：

一、大型特色活动对特色文化城市建设的推动情况评估

由不同的指标构成。分别是：一类指标：大型特色活动与城市形象建设、大型特色活动与城市文化品牌建设、大型特色活动与城市人文环境、大型特色活动与城市历史文化资源保护。二类指标：对一类指标的细化。三类指标：对二类指标的细化。

二、特色文化城市对大型特色活动的支持情况评估

由三类指标构成。分别是：一类指标：政策支持情况、经费支持情况、机构参与情况、民众参与情况。二类指标：对一类指标的细化。三类指标：对二类指标的细化。

三、大型特色活动的认知度和影响力情况评估

由以下指标构成。分别是：一类指标：媒体报道情况、本地市民的认可度、外地游客和外地人士的认可度。二类指标：对一类指标的细化。三类指标：对二类指标的细化。

由以上四个层级的评估指标构成一个较为全面的评估体系，列表如下：

表 8–5　大型特色活动与特色文化城市建设评估指标体系

一级指标	二级指标	三级指标	四级指标	备注
大型特色活动对特色文化城市建设的推动（40分）	大型特色活动与城市形象建设（10分）	大型特色活动对城市形象的宣传效应	对城市形象的长期宣传	通过媒体报道等渠道获得；包括数据统计、访谈、问卷等
			对城市潜在文化形象的宣传	
		大型特色活动对城市形象的推广效应	城市国际形象的推广范围	
			城市国内形象的推广程度	
	大型特色活动与城市文化品牌建设（10分）	对已有城市文化品牌的强化	每年对已有城市文化品牌的强化情况	包括在节庆活动的重复宣传和报道情况
		推动新城市文化品牌的建立	三年内是否有新的城市文化品牌创建	包括非遗项目的获得等
	大型特色活动与城市人文环境（10分）	对城市人文教育的促进	与高校、研究机构和相关部门的合作情况	
		对城市人文空间的改进	推动城市人文场馆、公共设施建设情况	包括直接或间接因为大型特色活动而形成的文化和商业场馆、公共空间
		对城市人文组织发展的推动	推动人文机构、文化活动志愿者的发展情况	
	大型特色活动与城市历史文化资源保护（10分）	有利于历史文化资源的保护	促进了历史文物、非物质文化遗产等方面的保护	
		推动历史文化资源的现实利用和可持续发展	推动历史文化资源与旅游业、商业、文创产业的结合	
特色文化城市对大型特色活动的支持（30分）	政策支持情况（10分）	政府出台的对大型特色活动的扶持政策	包括法规、文件、制度等	
		政府对大型特色活动的宣传和推广	包括政府宣传片、政府外交活动中有关报道和宣传	

续表

一级指标	二级指标	三级指标	四级指标	备注
特色文化城市对大型特色活动的支持（30分）	经费支持情况（5分）	政府每年对大型特色活动的实际投入资金		
		商业机构每年对大型特色活动的实际资助资金		
		非商业机构每年对大型特色活动的实际资助资金		
	机构参与情况（5分）	政府部门参与情况	实际参与大型特色活动的政府部门及相关机构数量、人次	
		本地民间机构参与情况	实际参与大型特色活动的本地民间机构数量、人次	
		外地机构参与情况	实际参与大型特色活动的外地机构数量、人次	
		国外机构参与情况	实际参与大型特色活动的国外机构数量、人次	
	民众参与情况（10分）	参与大型特色活动的志愿者数量（人次）		
		参与大型特色活动的普通观众数量（人次）		
大型特色活动的认知度和影响力（30分）	媒体报道情况（10分）	媒体报道的篇数/时长		通过统计数据获得；包括各种媒体（纸媒、电视、广播、网络等）
	本地市民的认可度（10分）	本地市民对于该活动的知晓率		访谈、问卷调查
	外地游客和外地人士的认可度（10分）	外地游客和外地人士对于该活动的知晓度		访谈、问卷调查

指标体系的评价结果要具有纵向对比的可能性，因此要对指标体系设置结果的考察方式。本指标体系采取分数制的评价方式，根据三个一级指标在整个评估体系中的重要性，分别设定为40分、30分、30分，然后再根据每个二级指标在相应一级指标中的重要性，为每个二级指标设定不同的分数，以此类推。分数制的评价方式可以衡量每一个具体指标背后实际工作的推进情况，也可以整体反映出某个特定城市大型特色活动举办后所产生的生活效益，以及特色文化城市建设的实际成效，为相关部门制定富有针对性的文化政策提供比较科学的参考和依据。

第七节　大型特色活动与特色文化城市建设评估指标体系的模拟评估

本节以哈尔滨之夏音乐会与爱丁堡国际艺术节来进行模拟评估分析，从而对这一评估指标的合理性和科学系进行预测。根据以上两个国内外城市案例的模拟分析，可以发现：该指标体系能够进行实际的评估工作，且指标体系所反映出的综合结果与被评估城市的实际发展情况是高度吻合的，从中也可以发现在大型特色活动与特色文化城市建设过程中的存在问题，相关的政府部门及参与的文化机构可以根据问题进行不断的完善。

根据当前国内外典型城市举办大型特色活动的实际情况，选择具有代表性的大型特色活动与特色文化城市，按照这一指标进行模拟评估，形成报告，以对这一评估指标的合理性和科学系进行预测。

选择案例评估的原则：一是城市本身的特色辨识度问题，要在某一方面具有明显的区域文化特色。二是该城市大型特色活动举办的实际情况，亦即考虑到活动本身的连续性、权威性和历史性的原则。三是数据采集可靠和客观的原则。

根据以上原则，国内外可以有较多的案例可以进行评估分析，例如对上海国际艺术节与上海特色文化城市建设的模拟评估、对哈尔滨之夏音乐会与哈尔滨特色文化城市建设的模拟评估、对西班牙奔牛节与潘普洛纳特色文化城市建设的模拟评估、对法国戛纳电影节与戛纳特色文化城市建设的模拟评估等等。

本节特选哈尔滨之夏音乐会与爱丁堡国际艺术节来进行分析。

一、哈尔滨之夏音乐会与哈尔滨特色文化城市建设的评估分析

（一）哈尔滨之夏音乐会的相关背景

哈尔滨之夏音乐会的正式名称为“中国·哈尔滨之夏音乐会”，它与上海之春国际音乐节、广州羊城音乐花会并称为中国三大音乐节。该音乐会始办于1961年，本来由哈尔滨市举办，从1996年第23届开始，音乐会由中华人民共和国文化部和哈尔滨市人民政府共同举办。2013年，中国·哈尔滨之夏音乐会加入亚洲艺术节联盟并成为联盟执委会成员。

早在1958年，哈尔滨首先举办了“哈尔滨之夏”音乐活动月，这就是后来的哈尔滨之夏音乐会雏形。从1961年至1966年举办了6届，“文化大革命”期间中断，1979年由东北三省共同主办。1994年第22届“哈尔滨之夏音乐会”总结了几十年的经验，对音乐会作出战略调整，改为每两年一届，并把“哈夏”音乐会办成单纯的音乐节，突出专业性、

提高性和交流性，兼顾群众性和普及性，逐步把哈尔滨之夏音乐会办成全国性的音乐盛会。从1996年第23届开始，哈尔滨之夏音乐会由国家文化部和哈尔滨市人民政府共同举办，标志着哈尔滨之夏音乐会已由地方性音乐活动变为国家级的音乐节。

（二）对哈尔滨之夏音乐会的相关研究

随着哈尔滨之夏音乐会的发展和不断提升的影响力，对该音乐会的相关研究也逐步出现。例如《首届“哈尔滨之夏”音乐会的成功及对当今音乐节庆的启示》《“哈尔滨之夏”音乐会的时代意义》《浅析哈尔滨之夏音乐会的品牌打造之路》《“哈尔滨之夏”音乐会的反思》《音乐节运作模式对比研究——以“哈尔滨之夏”与“莱茵地区音乐节”为例》《哈尔滨之夏音乐会的审美特征》《哈尔滨之夏音乐会的借鉴与创意》《浅析城市音乐节对城市文化的影响——以“哈尔滨之夏”音乐会为例》等等。这些研究从各个方面对哈尔滨之夏音乐会的成功经验和特色进行了较为详细的分析。不过，就哈尔滨之夏音乐会对哈尔滨特色文化城市建设的评估，还较为罕见。

（三）哈尔滨之夏音乐会的成功经验

据有关专家的分析，哈尔滨之夏音乐会的成功主要在于，从一开始，就抓住了几个关键：“准确的定位，是办好音乐节庆的前提”；“广泛的受众，是办好音乐节庆的基础”；“过硬的队伍，是办好音乐节庆的支撑”；“精深的创作，是办好音乐节庆的标志”等方面。①

同时，哈尔滨之夏音乐会的成功，也推动着城市文化的发展。“‘哈

① 张浩、郁正民：《首届“哈尔滨之夏”音乐会的成功及对当今音乐节庆的启示》，《人民音乐》2011年第5期。

尔滨之夏’音乐会……对哈尔滨的社会、经济、文化的发展起到积极的推动作用”，“从‘哈尔滨之夏’音乐会，我们看到，城市音乐节确实可以提升城市文化品位，提高城市居民的音乐文化素质，推动城市经济社会的发展，促进城市文化建设发展。参考和借鉴‘哈尔滨之夏’音乐会的成功经验，可以为促进我国城市文化发展提出可行的路径……持续的举办城市音乐节，会使音乐节形成规模和品牌效应，为所在城市推动经济社会文化发展、招商引资起到积极作用。音乐节一定要办出地方特色来，以城市的过去和未来为依托，以城市的文化背景为特色，为城市文化建设更上一层楼打开空间。”①

（四）根据指标体系对哈尔滨之夏音乐会进行的尝试性评估

为探讨哈尔滨之夏音乐会对哈尔滨特色文化城市建设作出的作用，可以参照前面的指标来进行尝试性评估。根据相关资料，分别套入指标之中，如表 8–6 所示。

表 8–6　哈尔滨之夏音乐会与哈尔滨特色文化城市建设模拟评估

一级指标	二级指标	三级指标	四级指标	备注
哈尔滨之夏音乐会对哈尔滨特色文化城市建设的推动	哈尔滨之夏音乐会与哈尔滨的城市形象	哈尔滨之夏音乐会对哈尔滨形象起到的宣传效应	对城市形象的长期宣传效果较好（历史性、长期性）	媒体报道较多，并根据时代的发展采取了不同的媒体报道重点策略
			对城市潜在文化形象的宣传（目前尚未看到明显效果）	
		哈尔滨之夏音乐会与哈尔滨的城市形象建设	对城市国际形象的推广较大，国际参与人数和参与机构越来越多	
			对城市国内形象的推广较有力，已经在国内形成了较大的影响力和品牌效应	

① 冯拓菲、隋欣：《浅析城市音乐节对城市文化的影响——以“哈尔滨之夏”音乐会为例》，《艺术研究》2014 年第 4 期。

续表

一级指标	二级指标	三级指标	四级指标	备注
哈尔滨之夏音乐会对哈尔滨特色文化城市建设的推动	哈尔滨之夏音乐会与哈尔滨文化品牌建设	对已有城市文化品牌的强化	每年对已有城市文化品牌的强化情况较好，通过持续性的宣传和报道，形成了哈尔滨的城市文化品牌和文化标示	
		推动新的城市文化品牌的建立	三年内在新的城市文化品牌创建方面，仅仅是在举办风格、方式上有所调整，但在品牌的战略性扩大方面，尚未有明显的成果	
	哈尔滨之夏音乐会与哈尔滨城市人文环境	对城市人文教育的促进	与高校、研究机构和相关部门的合作目前效果尚不明显。或者还没有达到较为密切的关系，仅仅为临时性参与较多	如吉林艺术学院参与表演节目，但尚未有达成战略合作
		对城市人文空间的改进缺乏可直接观测到的效果	推动城市人文场馆、公共设施建设情况	包括直接或间接因为大型特色活动而形成的文化和商业场馆、公共空间
		对城市人文组织发展的推动	推动人文机构的发展尚不明显；文化活动志愿者的发展情况较为良好	
	哈尔滨之夏音乐会与哈尔滨城市历史文化资源	有利于历史文化资源的保护	促进了历史文物、非物质文化遗产等方面的保护	专家认为，哈尔滨被联合国授予“音乐之都”的美誉，其中哈尔滨之夏音乐会是功不可没
		推动历史文化资源的现实利用和可持续发展	推动历史文化资源与旅游业、商业、文创产业的结合	专家认为，具有五十年历史的“哈夏”盛会以它独特艺术魅力赢得全国和世界的关注，为哈尔滨市争得荣誉和知名度；确实可以提升城市文化品位，提高城市居民的音乐文化素质，推动城市经济社会的发展，促进城市文化建设发展

续表

一级指标	二级指标	三级指标	四级指标	备注
政府对哈尔滨之夏音乐会活动的支持	政策支持情况	哈尔滨市政府出台的对活动的扶持政策较多	如：中共哈尔滨市委办公厅、哈尔滨市人民政府办公厅关于印发《中国·哈尔滨之夏音乐会活动方案》的通知等	
		政府对大型特色活动的宣传和推广较多	如“中国·哈尔滨之夏音乐会组委会办公室”发布的“公告”	
	经费支持情况	政府每年对大型特色活动的实际投入资金（暂无具体数据）	根据哈尔滨市政府的公开信息，2014年哈尔滨市政府文化惠民工程投入资金1397万元，包含了举办32届哈尔滨之夏音乐会的资金。但具体金额未见公开报道。根据2015年哈尔滨市财政决算信息，投入资金6700万元，支持举办“冰雪节”和“迷人的哈尔滨之夏”系列文化旅游活动，但没有单独说明支持“哈尔滨之夏音乐会”的具体金额	
		商业机构每年对大型特色活动的实际资助资金		缺乏具体信息
		非商业机构每年对大型特色活动的实际资助资金		缺乏具体信息
	机构参与情况	政府部门参与情况	实际参与大型特色活动的政府部门及相关机构数量、人次	缺乏具体信息。但以组委会为主体，进行各方面的协调
		本地民间机构参与情况	实际参与大型特色活动的本地民间机构数量、人次	缺乏具体信息，散见于各类报道之中。如新华社报道，第33届中国·哈尔滨之夏音乐会有37个国家和地区音乐团体参加，但没有更为具体的信息
		外地机构参与情况	实际参与大型特色活动的外地机构数量、人次	
		国外机构参与情况	实际参与大型特色活动的国外机构数量、人次	

续表

一级指标	二级指标	三级指标	四级指标	备注
政府对哈尔滨之夏音乐会活动的支持	民众参与情况	参与大型特色活动的志愿者数量（人次）	未见统计数据	
		参与大型特色活动的普通观众数量（人次）		具体参与人数尚未有详细统计，但根据前几届的信息，至少有1.2万人参与演出，观众70万人以上（2014年数据）
特色文化城市的认知度和影响力	媒体报道情况	媒体报道的篇数/时长	国内各大媒体都有报道	国内媒体报道较多，国外的宣传报道还应加强
	本地市民的认可度	未见具体数据统计，但散见于各媒体报道和访谈，多数市民认同音乐会的正面意义		组委会应该加强这方面的资料收集和分析
	外地游客和外地人士的认可度	未见具体数据统计，但散见于各媒体报道和访谈，多数游客认同音乐会的正面意义		

通过指标体系中的评估结果，我们可以很清晰地看到“哈夏音乐会”对于塑造哈尔滨“音乐之都”的城市品牌起到了举足轻重的作用，可以说没有“哈夏音乐会”，就没有“音乐之都”的对外影响力。2010年6月22日，在西班牙巴塞罗那，时任哈尔滨市文化和新闻出版局局长杨晓萍从联合国副秘书长沙祖康手中接过了“音乐之都——中国哈尔滨”的奖牌。从此，“音乐之都”作为哈尔滨的城市身份和文化品牌，得到了全世界的认可。联合国授予哈尔滨“音乐之都”的理由是，哈尔滨这座城市具有百年的音乐传承历史，音乐是哈尔滨这座城市的固化品牌。这是中国迄今为止第一个也是唯一一个获此殊荣的城市。品

牌性与城市文化的影响力密切相关。作为“音乐之都”的哈尔滨，已经成为东北亚重要的区域性音乐交流平台。20世纪初的哈尔滨就吸引了众多西方音乐家到此演出，20世纪后半叶，借助“哈夏音乐会”这个平台，哈尔滨更是荟萃了世界上顶级的音乐家和音乐节目，使“音乐”作为这座城市的品牌享誉世界。

二、爱丁堡国际艺术节与爱丁堡特色文化城市建设的评估分析

爱丁堡国际艺术节是第二次世界大战结束后世界文化版图中的一个创举，始于1947年，由英国当时著名的格兰德堡歌剧院经理鲁道夫·宾、大不列颠委员会在苏格兰的负责人亨利·哈维·伍德及爱丁堡当地的几位领袖人物联合发起创办。当时，第二次世界大战刚刚结束，在满目疮痍中，创办者认为艺术节可以丰富及活跃苏格兰、英国及欧洲人民的文化生活，为“人性之花”展开提供平台。他们同时意识到，如果艺术节成功实现了艺术目标，还可以吸引游客，为爱丁堡及苏格兰带来额外的旅游收入。这种以艺术上的成功带动经济效益进而提升城市文化对外影响力的想法，至今仍是爱丁堡投入打造各类艺术节的基本原则。

爱丁堡国际艺术节每年八九月间举行，持续三周，已经连续被评为“世界上最重要的文化庆典”之一。艺术节的宗旨是：打造世界上最激动人心、具有创新性及易于参与的表演艺术的节日，推动爱丁堡及苏格兰在文化、教育及经济领域的健康发展，有力地推动了爱丁堡的特色文化城市建设。爱丁堡艺术节主要通过以下途径来实现这一宗旨：向最广泛的观众提供最高可能国际水准的艺术节目；为来自苏格

兰、英国及全世界的观众展示国际性的文化互动；向全世界展示苏格兰文化；通过具有创造性的节目安排及积极投入新作品创作，使艺术节的内容超过英国其他艺术机构所能轻易达到的水准；努力确保来自苏格兰及其他地区的观众都享有平等参与及享受艺术节的机会；通过与其他艺术团体及艺术节机构的合作，鼓励公众全年参与各种艺术活动。

爱丁堡国际艺术节在70年的发展中运营模式日趋成熟，有效融合节庆活动、城市文化形象塑造、区域经济发展，并以其公共性价值、原创力及与城市空间的有效融合，打造了一个乌托邦式的艺术节庆模式。通过这一成熟的运作模式，艺术节得以实现其最初的创办宗旨：打造世界上最激动人心、具有创新性和易于参与的表演艺术的节日，推动爱丁堡及苏格兰在文化、教育及经济领域的健康发展。[①]

表 8–7　爱丁堡国际艺术节与爱丁堡特色文化城市建设评估分析

一级指标	二级指标	三级指标	四级指标	备注
爱丁堡国际艺术节对特色文化城市建设的推动	爱丁堡国际艺术节与城市形象建设	极大地宣传了爱丁堡的文化形象	对城市形象的长期宣传	世界各地媒体的广泛报道
			对城市潜在文化形象的宣传	
		大型特色活动对城市形象的推广效应	城市国际形象的推广范围	
			城市国内形象的推广程度	
	爱丁堡国际艺术节与城市文化品牌建设	对已有城市文化品牌的强化	稳固了爱丁堡国际艺术节的地位	包括在节庆活动期间的重复宣传和报道情况
		推动新城市文化品牌的建立	形成了边缘艺术节、爱丁堡国际文化峰会等新的文化品牌	

① 爱丁堡边缘艺术节官方网站，见 http://www.edfringe.com。

续表

一级指标	二级指标	三级指标	四级指标	备注
爱丁堡国际艺术节对特色文化城市建设的推动	爱丁堡国际艺术节与城市人文环境	对城市人文教育的促进	长期举办面向学生的教育活动，为青少年提供与艺术家进行合作的机会	
		对城市人文空间的改进	形成固定的办公场所——“THE HUB”，并成为一级历史保护设施	打造了6个较为稳定的演出场所
		对城市人文组织发展的推动	通过“项目发展部”的积极培育，成立了多家艺术组织	
	爱丁堡国际艺术节与城市历史文化资源	有利于历史文化资源的保护	有效地宣传了苏格兰当地的文化资源	
		推动历史文化资源的现实利用和可持续发展	整合爱丁堡当地的文化资源，促进文化和旅游的融合发展	
爱丁堡对爱丁堡国际艺术节的支持	政策支持情况	2010年，爱丁堡市议会通过提案，要求爱丁堡艺术节确保节目的非营利性		
		政府对大型特色活动的宣传和推广	围绕艺术节开展了大量的相关的宣传活动	
	经费支持情况	50%的资金来自政府支持，一半来自爱丁堡市政厅、一半来自苏格兰创意委员会		
		25%的经费来自机构资助		
	机构参与情况	政府专门成立“项目发展部”		
		艺术节在三周多的演出期间会雇用部分临时员工来完成激增的工作，其中大部分服务于舞台技术工作，但其长期雇员只有30人左右	实际参与大型特色活动的本地民间机构数量、人次	
		外地机构参与情况	实际参与大型特色活动的外地机构数量、人次	
		国外机构参与情况	实际参与大型特色活动的国外机构数量、人次	
	民众参与情况	参与大型特色活动的志愿者数量（人次）		
		参与大型特色活动的普通观众数量（人次）		

续表

一级指标	二级指标	三级指标	四级指标	备注
爱丁堡国际艺术节的认知度和影响力	媒体报道情况	每年3月中旬，艺术节会正式发布他们的节目名单并开始首批演出门票预订，自此开始为期半年直至艺术节结束的宣传周期		通过统计数据获得；包括各种媒体（纸媒、电视、广播、网络等）
	本地市民的认可度	全城参与，几乎每个市民都能参与其中		访谈、问卷调查
	外地游客和外地参与人群的认可度	外地游客和外地参与人群对于该活动的知晓度	2015年，爱丁堡国际艺术节吸引了450万名游客。在爱丁堡，游客净消费值超过1.4亿英镑，总产出达2.8亿英镑，在苏格兰地区，总产出达3.1亿英镑。同时，艺术节为爱丁堡提供了5660个工作机会，为苏格兰地区提供了6021个工作机会	资料查阅

根据以上两个国内外城市案例的模拟分析，可以发现：该指标体系能够进行实际的评估工作，且指标体系所反映出的综合结果与被评估城市的实际发展情况是高度吻合的，从中也可以发现在大型特色活动与特色文化城市建设过程中存在的问题，相关的政府部门及参与的文化机构可以根据问题进行不断的完善。但同时另外一个方面，指标对应内容的搜集工作比较困难，且有些指标数据不具有可获得性，因此相关指标的细化和改动，需要根据实际的数据获得来进行，具体的指标权重，需要根据具体的评估项目来设定。依此指标体系，我们可以进行多个城市的横向比较，从中看到相关指标完成的程度，但是过分强调横向比较的结果，意义不是很大，因为特色文化城市建设的最终旨归是要通过各种各样的活动与项目彰显该城市的文化辨识度，只要能够做到特色明显，因为某一两个方面的文化特征符合当地居民的

文化认同，同时又能增强城市文化的对外影响力，吸引大量的外地参观者，就已经达到了特色文化城市建设的初衷，在评估过程中，要强调特定城市的独特性，不能刻意追逐指标的领先与否。

第八节 “欧洲文化之都”评选机制的案例借鉴

大型特色活动的举办对于特色文化空间的塑造具有极大的助推作用。有人认为，大型活动是一种城市的“文化救赎”，这种文化救赎某种意义上是城市重塑与再生的一剂良药。欧盟从1985年开始进行的欧洲“文化之都”评选活动证明了这一点，从评选活动开始至2016年年底，已有59座城市被授予“欧洲文化之都”称号，这一荣誉不仅为城市带来文化发展的机遇，也是城市振兴、建立特色的绝好契机，它使每一座参与的欧洲城市转变成一个巨大的舞台，对城市原有的文化景点和设施进行差异化包装、推广和营销，重新打造城市自我身份特征与公众形象。三十多年的发展历程使“欧洲文化之都”评选活动声名远扬，成为欧洲城市文化复兴的加速器，其评选本身的相关运行机制与指标设定无疑有很多值得学习的地方，可以作为大型特色活动与特色文化城市建设评估指标设计的有益参考。具体来说，“欧洲文化之都”值得借鉴的两个重要经验是其科学的遴选机制和严谨的后期评估。

特色文化城市建设的关键是要营造城市文化资本再生产形成的产业要素和资本要素的集聚空间，而各类大型特色活动的举办则对于特色文化空间的塑造具有极大的助推作用。[①] 如法国马赛在申请“文化之

① 陈圣来著：《城市重塑与再生的一剂良药》，《解放日报》2016年4月19日。

都”时，承诺完成长达6公里的城市沿海区域改造，其中包括将旧港口仓储改造成现代商业画廊，将一座粮仓改造成拥有2200个座位的音乐厅。“欧洲文化之都”设定的目标与任务是多方面的，其中有提高国际知名度、促进文化长远发展、吸引市民参与、加强城市认同感、促进本地艺术家培养、促进欧洲文化合作、促进城市社区发展和经济发展等等。这些欧洲城市既对上述目标和任务表示认同，同时又根据各自的城市状况进行不同侧重的目标设定。在当选的59座城市中，有像佛罗伦萨、雅典这样的历史名城，也有像巴黎、马德里这样的中心城市，更有像林茨、埃森这样的老工业城市。每座欧洲文化之都城市的当选主题也不尽相同，布拉格是打造宜居之城，卢森堡是打造多元文化之城，赫尔辛基是打造孩子们的城市，雷克雅未克是打造文化与自然之城。围绕不同的主题开展丰富多彩的文化项目也没有固定与统一的模式和形态，各个城市根据自身文化、历史、经济、社会、环境等特点进行策划，充分尊重并体现了欧洲文化的多元。

表8-8　“欧洲文化之都”当选城市列表[①]

年份	国家	城市	年份	国家	城市
1985	希腊	雅典（首都、历史名城、文化中心）	1990	英国	格拉斯哥（港口、大型城市）
1986	意大利	佛罗伦萨（历史名城、艺术文化中心）	1991	爱尔兰	都柏林（首都、经济文化中心、港口）
1987	荷兰	阿姆斯特丹（首都、经济文化中心、港口）	1992	西班牙	马德里（首都、历史名城、经济中心）
1988	德国	西柏林（首都）	1993	比利时	安特卫普（文化中心、港口、工业城市）
1989	法国	巴黎（首都、经济文化中心）	1994	葡萄牙	里斯本（首都、经济文化中心、港口）

① 《上海文化》2014年第4期。

续表

年份	国家	城市
1995	卢森堡	卢森堡市（首都、经济中心）
1996	丹麦	哥本哈根（首都、经济文化中心、港口）
1997	希腊	萨洛尼卡（历史名城）
1998	瑞典	斯德哥尔摩（首都、经济文化中心、工业城市）
1999	德国	魏玛（文化名城、小型城市）
2000	法国	阿维尼翁（文化名城、旅游胜地、宗教城市）
	挪威	卑尔根（经济中心、旅游胜地、文化古城）
	意大利	博洛尼亚（商业中心、工业城市）
	比利时	布鲁塞尔（首都、经济文化中心）
	芬兰	赫尔辛基（首都、经济文化中心、港口、工业城市）
	波兰	克拉科夫（历史文化名城）
	冰岛	雷克雅未克（首都、经济文化中心、港口）
	捷克	布拉格（首都、旅游胜地、交通枢纽）
	西班牙	圣地亚哥—德孔波斯特拉（世界文化遗产）
2001	荷兰	鹿特丹（港口、旅游胜地）
	葡萄牙	波尔图（港口、世界文化遗产）
2002	比利时	布鲁日（历史文化名城、文化中心、旅游胜地）
	西班牙	萨拉曼卡（历史文化名城、人类遗产）
2003	奥地利	格拉茨（文化中心、工业中心、交通枢纽）
2004	意大利	热那亚（旅游胜地、港口、工业中心）
2005	爱尔兰	科克（工业中心）
2006	希腊	帕特雷（港口）

年份	国家	城市
2007	卢森堡	卢森堡市（首都、经济中心）
	罗马尼亚	锡比乌（历史名城、爵士之都、工业城市）
2008	英国	利物浦（港口、商业中心、工业城市）
	挪威	斯塔万格（港口、小型城市）
2009	立陶宛	维尔纽斯（首都、历史名城、工业城市）
	奥地利	林茨（重工业中心、河港）
2010	德国	埃森（世界文化遗产、河港、工业中心）
	匈牙利	佩奇（历史文化中心）
	土耳其	伊斯坦布尔（经济文化中心、世界文化遗产、港口）
2011	芬兰	图尔库（港口、工业基地）
	爱沙尼亚	塔林（首都、经济文化中心）
2012	葡萄牙	吉马良斯（历史名城、世界文化遗产、小型城市）
	斯洛文尼亚	马里博尔（旅游胜地、工业中心）
2013	法国	马赛—普罗旺斯（历史名城、港口）
	斯洛伐克	科希策（历史名城、工业中心）
2014	瑞典	于默奥（港口、小型城市）
	拉脱维亚	里加（首都、经济文化中心、港口）
2015	比利时	蒙斯（工业城市）
	捷克	比尔森（经济文化中心、历史名城、啤酒之乡）
2016	西班牙	圣塞瓦斯蒂安（历史名城、旅游胜地）
	波兰	弗洛茨瓦夫（经济文化中心、交通中心）

续表

年份	国家	城市
2017	丹麦	奥胡斯（文化中心、港口、工业城市）
	塞浦路斯	帕福斯（世界遗产名录、旅游胜地）
2018	马耳他	瓦莱塔（首都、港口、政治文化商业中心）
	荷兰	莱瓦顿
2019	意大利	马泰拉
	保加利亚	普罗夫迪夫

从59个已经当选城市来看，“欧洲文化之都”的评选没有特别强调城市体量的大小，而是突出每个城市不同的禀赋资源以及通过文化的介入对于整个城市的提升作用，成为真正的特色文化城市。当然，从每一个当选“欧洲文化之都”城市的具体情况来看，每一个城市都有其不可替代的独特性和悠久的历史文化传统，具备特色文化城市最为基础的文化元素和文化内涵，“欧洲文化之都”的评选可以通过评估把每一个城市的文化特色充分展示、充分激发，进而以文化为原生动力和核心竞争力，与旅游、商业、城市改造等的发展充分融合。在获得“欧洲文化之都”荣誉称号的一年中，该城市不仅有机会展示本市、本地区具有象征性的文化亮点、文化遗产以及文化领域的发展与创新，而且还能吸引大批欧盟其他成员国的艺术家到该市表演。欧盟委员会指出：“欧洲文化之都”的目的是“让大众对这个城市、这个地区和这个国家引人注目的特点有所了解，并推动联合欧洲其他城市参加的文化活动”。“欧洲文化之都”称号带给各个城市的，不仅是简单的荣誉称号，而且随之而来的是旅游、商业、就业等水平的大幅度提升。

三十多年的发展历程使“欧洲文化之都”评选活动声名远扬，成为欧洲城市文化复兴的加速器，其评选本身的相关运行机制与指标设定无疑有很多值得学习的地方，可以作为大型特色活动与特色文化城市建设评估指标设计的有益参考。具体来说，“欧洲文化之都”值得借鉴的两个重要经验是其科学的遴选机制和严谨的后期评估。

一、关于“欧洲文化之都”的遴选机制

从评选之初迄今，经历了多次变革。当前，“欧洲文化之都”采取预选方式，多级选拔，提前多年授予城市“欧洲文化之都”的荣誉称号，给城市充分的时间准备，保证“文化年”的质量与水准。评选标准上，评审会参照欧盟相关规定，从欧洲范畴意义、城市与市民发展、项目管理、财政预算、媒介策略等多方面评估候选城市，然后经过多轮选拔最终选定主办城市。

按照不同阶段任务，整个遴选程序为：

首先，东道国的相关部门要提前6年在国内发布申请通知，征集城市参与竞选。参选城市要根据当局的要求在10个月内提交初步的申请提案。为了让各申请城市可以了解更多“欧洲文化之都”倡议的目标、申请程序、选拔程序及选拔标准信息，东道国及欧洲委员会还设立了咨询日，为各个城市提供相关咨询。

进入预选阶段，东道国组织评选小组进行初步评估，评选小组成员由欧盟各国文化领域的专家组成，评选组成员不允许访问候选城市。预选会议将投票选出入围城市并对入围城市的规划提出针对性的建议。

终选会议阶段，东道国与欧盟官方共同协商重新组织评议小组。评议小组成员可在终选会议之前对入围城市进行实地调查，为了确保公平性，评议小组要么访问所有入选城市，要么一个也不访问。终选

会议最终选定一个东道国城市作为候选城市。

经过多轮评选和申请修改，东道国最终选定城市并通报欧洲议会、欧洲理事会、欧盟委员会和区域委员会。欧洲议会在3个月内对评选结果提出相关意见。基于评议小组的报告以及欧洲议会的意见，欧盟部长理事会将官方提名该城市为当年讨论的“欧洲文化之都”并且亲自颁发荣誉称号。“欧洲文化之都”称号现在严格限定在欧盟的城市，一般享受称号的年限为一年。

二、关于“欧洲文化之都”评选的后期评估

一般安排在“欧洲文化之都”年度活动之后，由主办城市和欧盟官方对最后的申办结果进行联合评估，发布权威的评估报告，介绍该当选城市在“创建过程”中取得的成绩和存在的问题，提醒当地政府及时改进以及后来申请城市的高度重视，避免类似问题重复发生。“欧洲文化之都”的评估内容一般包括聚焦项目的效果和持续性，对该项目之于申报城市的文化、社会、地区发展影响力进行深入的研究，同时也包括对当地政府运行效率、参政运作、媒体宣传战略等方面的评估。

在评估指标的设置方面，“欧洲文化之都”的评估也充分考虑了城市本身和项目开展双方的各自独立性及相互支撑推动作用，从这两个层面考虑，设置了公众满意度、参与度、国际影响力、经费支出（包括运作经费、基本建设经费）等多个指标。除了年度的集中评估，一些机构还会对“欧洲文化之都”项目的长期影响力进行跟踪分析研究，发布具有学术价值的研究报告，为欧盟在文化政策的制定方面提供有益的帮助。这些科学严谨的项目评估对于“欧洲文化之都”计划的健

康可持续发展，起到了极大的助推作用，很好地维护了评选本身的权威性，按前欧盟文化委员菲格尔的说法，“欧洲文化之都”评选活动是二十多年来“欧盟最成功和最受欢迎的一项活动”，其巨大的成功之处可概括为关注度高、社会效益好、惠泽深远，对城市特色项目收入（包括公共收入、私人收入）、媒体宣传效果、带动旅游产业发展情况、社会效益文化的建设和城市的综合实力提升有着实实在在的贡献，值得我们在开展大型特色活动与特色文化城市建设的评估过程中进行多方位的借鉴和参照。

综上所述，特色文化城市建设越来越引起世界各国的广泛重视。我国自从党的十七届六中全会报告提出建设特色文化城市这一命题以来，2015 年 12 月 20 日，中央城市工作会议在北京举行。此次会议是继 1978 年后首次召开的最高规格的城市会议，其意义和重要性不言而喻，将对未来中国“十三五”乃至更长时间的经济社会发展产生极为深远的影响。此次会议对于文化之于城市发展的重要作用提升到前所未有的高度，定位为与科技、改革同等重要的推动城市进步的三大动力之一，并对城市特色文化建设的本质规律进行了高屋建瓴的阐释，为特色文化城市建设的评估提供了政策上的坚实保障。当前，我们的城市建设迫切需要树立自身的文化自信，抛弃盲目追求西方理念和文化的简单逻辑，回到每一个具体的城市本身，认真梳理每个城市独特的历史文脉，以最大的诚心和敬意做好优秀文化的保护和传承工作。只有每个城市都“留住城市特有的地域环境、文化特色、建筑风格等‘基因’”，“结合自己的历史传承、区域文化、时代要求，打造自己的城市精神，对外梳理形象，对内凝聚人心”，[1]这样的城市才具备特色文化城市的核心竞争力。城市外在形象的展现，不仅在于它的功能完善，更重要的是城市所蕴含的文化理念和文化形象。没有文化的发展，没有文化的渗透，没有文化的塑造，任何城市的形象都是畸形和病态的。唯有文化的滋养，一个城市才会元气内充，容光焕发。因此，对特色大型活动和特色文化城市的评估，正是文化建设的基础工作和机制保障。

①　《2015年中央城市工作会议公报》。

参考文献

［1］［美］爱德华·格莱泽著:《城市的胜利》，刘润泉译，上海社会科学院出版社 2012 年版。

［2］包亚明主编:《后现代性与地理学的政治》，上海教育出版社 2001 年版。

［3］包亚明主编:《现代性与都市文化理论》，上海社会科学院出版社 2008 年版。

［4］陈圣来主编:《向世界讲好中国故事》，上海社会科学院出版社 2016 年版。

［5］陈圣来著:《城市重塑与再生的一剂良药》,《解放日报》2016 年 4 月 19 日。

［6］陈圣来著:《品味艺术》，上海三联书店 2009 年版。

［7］陈圣来等著:《艺术节与城市文化》，上海社会科学院出版社 2013 年版。

［8］陈曦:《孔子文化节与儒家文化传播》，山东大学硕士学位论文，2010 年。

［9］陈忆戎著:《节庆产业与城市发展》，中央编译出版社 2011 年版。

[10] 陈之敏、马兴胜：《从兰州国际马拉松成功举办谈城市文化内张力的提升》，《华中师范大学学报（人文社会科学版）》2013 年第 S2 期。

[11] 单霁翔：《城市文化遗产保护与文化城市建设》，《城市规划》2007 年第 5 期。

[12][德] 皮柏著：《节庆、休闲与文化》，黄藿译，生活·读书·新知三联书店 1991 年版。

[13] 邓清、张开：《地方文化外交对国家形象塑造的贡献——以扬州世界运河名城博览会为例》，《当代世界》2011 年第 9 期。

[14] 邓小艳、刘英：《符号化运作：世界文化遗产旅游地创新发展的路径选择——以湖北武当山为例》，《经济地理》2012 年第 9 期。

[15] 冯拓菲、隋欣：《浅析城市音乐节对城市文化的影响——以“哈尔滨之夏”音乐会为例》，《艺术研究》2014 年第 4 期。

[16] 何步文：《重大事件与城市形象塑造研究——以兰州国际马拉松为例》，《甘肃社会科学》2013 年第 4 期。

[17] 何国平：《城市形象传播：框架与策略》，《现代传播》2010 年第 8 期。

[18][法] 亨利·列斐伏尔著：《空间：社会产物与使用价值》，王志弘译，载薛毅主编：《西方都市文化研究读本》第三卷，广西师范大学出版社 2008 年版。

[19] 黄昌勇：《世博会与上海城市文化空间》，《同济大学学报（社会科学版）》2010 年第 1 期。

[20] 黄优强：《特色体育赛事对西部城市品牌提升的凸显效应——以兰州国际马拉松赛为例》，《四川体育科学》2013 年第 3 期。

[21] 姜园园：《“青岛国际啤酒节”对青岛市旅游发展的影响研究》，

广西大学硕士学位论文，2014 年。

［22］李家国著：《中国动漫产业结构优化研究》，南京大学出版社 2012 年版。

［23］李进、李明术：《文化再生产视角下的城市风貌特色建设——以湘西土家族文化为例》，《华中科技大学学报（社会科学版）》2012 年第 3 期。

［24］李仲才：《关于文化遗产与城市特色建设的思考》，《政协天地》2013 年第 7 期。

［25］刘新鑫：《城市形象塑造中文化符号的运用》，《当代传播》2011 年第 3 期。

［26］刘新鑫：《重大事件传播对城市形象的塑造》，《现代传播》2011 年第 8 期。

［27］刘亚禄、徐铁夫：《节庆活动的综合评价》，《中国统计》2004 年第 8 期。

［28］［美］刘易斯·芒福德著：《城市发展史——起源、演变和前景》，宋俊岭、倪文彦译，中国建筑工业出版社 2005 年版。

［29］［美］刘易斯·芒福德著：《城市文化》，宋俊岭等译，中国建筑工业出版社 2011 年版。

［30］刘溢海：《论城市符号》，《城市发展研究》2008 年第 1 期。

［31］［英］罗伯特·保罗·欧文斯等著：《世界城市文化报告 2012》，黄昌勇等译，同济大学出版社 2013 年版。

［32］《马克思恩格斯全集》第 48 卷，人民出版社 2006 年版。

［33］［英］丹尼斯·麦奎尔著：《麦奎尔大众传播理论》（第四版），崔保国、李琨译，清华大学出版社 2006 年版。

[34][美]施拉姆·波特著:《传播学概论》，陈亮译，新华出版社 2001 年版。

[35][法]H. 孟德拉斯著:《农民的终结》，李培林译，社会科学文献出版社 1991 年版。

[36][法]莫里斯·哈布瓦赫著:《论集体记忆》，毕然等译，上海人民出版社 2002 年版。

[37]穆青:《"鸟巢一代"特点分析》,《北京青年政治学院学报》2009 年第 4 期。

[38][美]乔尔·科特金著:《全球城市史》(典藏版)，王旭等译，社会科学文献出版社 2014 年版。

[39](元)马端临撰:《文献通考》，中华书局 2011 年版。

[40]王静:《城市营销理论视角下淮安运河文化品牌提升研究》,《求实》2014 年第 S1 期。

[41]王乐文:《竞争战略之父——迈克尔·波特》,《当代电力文化》2013 年第 3 期。

[42]夏少琼:《建国以来社会动员制度的变迁》,《唯实》2006 年第 2 期。

[43]谢蕾:《国内节庆旅游研究综述》,《旅游纵览(行业版)》2012 年第 5 期。

[44]徐瑞萍:《杭州构建休闲型城市的优势及对策》,《特区经济》2005 年第 6 期。

[45][古希腊]亚里士多德著:《政治学》，吴寿彭译，商务印书馆 1965 年版。

[46]颜晓强、曹震宇、徐雷:《构建休闲城市——从资源角度分析

杭州的城市空间环境》,《城市问题》2006 年第 3 期。

［47］杨东平:《城市季风》,东方出版社 1994 年版。

［48］杨剑龙、刘畅:《上海世博会与城市文化》,《江西社会科学》2010 年第 8 期。

［49］杨政:《城市文化软实力的表征结构及其构建路径分析》,《未来与发展》2014 年第 9 期。

［50］殷俊主编:《动漫产业与国家软实力》,中国书籍出版社 2012 年版。

［51］尹绪忠:《论城市文化特色的若干显性展示——以广东省中山市为例》,《社会科学》2009 年第 11 期。

［52］余刚、尹恒、夏云建:《以赛马运动引领武汉城市文化品牌建设》,《科技视界》2014 年第 17 期。

［53］［巴西］约瑟·福尔图纳蒂:《世界杯前的城市改建》,《21 世纪经济报道》2010 年 6 月 21 日。

［54］张浩、郁正民:《首届"哈尔滨之夏"音乐会的成功及对当今音乐节庆的启示》,《人民音乐》2011 年第 5 期。

［55］张立峰、鹿磊、孙滢悦:《论文化遗产旅游开发与城市文化特色建设的协调发展》,《商业时代》2010 年第 35 期。

［56］卢斌等主编:《中国动漫产业发展报告（2011）》,社会科学文献出版社 2011 年版。

［57］郑大伟、阮平南:《城市文化遗产与文化元素的性质》,《学术论坛》2007 年第 4 期。

［58］郑婉玉:《大甲妈祖国际观光文化节之体验价值》,台湾大学硕士学位论文,2011 年。

[59]范周主编:《中国城市文化竞争力研究报告(2015)》,知识产权出版社2016年版。

[60]仲富兰:《世博机遇与非物质文化遗产保护新论》,《河南社会科学》2010年第5期。

[61]周振甫译注:《周易译注》,中华书局1991年版。

[62]宗刚、赵晓东:《啤酒节对主办城市的影响效益分析——慕尼黑啤酒节与青岛啤酒节的比较》,《旅游学刊》2013年第5期。

[63]Alain Badiou, Alberto Toscano, *The Century*, Polity Press, 2007.

[64]Alain Badiou & Cécile Winter, *Polemics*, Verso, 2006.

[65]Amir Eshel, *Futurity: Contemporary Literature and the Quest for the Past*, The University of Chicago Press, 2013.

[66]Andreas Huyssen, *Present Pasts: Urban Palimpsests and the Politics of Memory*, Stanford University Press, 2003.

[67]Arendt Hannah & Ursula Ludz & Ingeborg Nordmann, *Denktagebuch*, Piper, 2002.

[68]Barbara Vanderlinden & Elena Filipovic, *The Manifesta Decade: Debates on Contemporary Art Exhibitions and Biennials in Post-Wall Europe*, The MIT Press, 2005.

[69]CCPR(Centre for Cultural Policy Research), *Glasgow 1990 European City of Culture*, Glasgow: University of Glasgow, 2003.

[70]Davis Rick, "'Structural Underpinnings of an Olympic City Bid' in Managing and Marketing of Urban Development and Urban Life", *Proceedings of the IGU-Commission on Urban Development and Urban Life*, 1994.

[71]Douglas Kellner, *Media Spectacle*, Routledge, 2003.

[72] Erich Fromm, *To Have or to be?*, Harper & Row, 1976.

[73] Flew Terry, *The Creative Industries: Culture and Policy*, SAGE Publications Ltd , 2012.

[74] Florida Richard, *The Rise of the Creative Class : And how It's Transforming Work, Leisure Community and Everyday Life*, Basic Books, 2002.

[75] Florida Richard, *The Flight of the Creative Class : The New Global Competition for Talent*, Harper Business, 2005.

[76] Fredric Jameson, *Archaeologies of the Future: The Desire Called Utopia and Other Science Fictions*, Verso, 2005.

[77] Fredric Jameson, *Postmodernism, or, the Cultural Logic of Late Capitalism*, Duke University Press, 1991.

[78] Fredric Jameson, " The End of Temporality", *Critical Inquiry*, Volume 29, No.4 , 2003.

[79] Greg Richards, *Cultural Tourism in Europe*, Wallingford : CABI, 1996.

[80] Hawkes Jon, "The Fourth Pillar of Sustainability: Culture' s Essential Role in Public Planning", *Melbourne:Cultural Development Network*, 2001.

[81] Hollanders Hugo & Van Cruysen Adriana, "Design, Creativity and Innovation: A Scoreboard Approach", *Pro Inno Europe:Inno Metrics*, 2009.

[82] Howkins John, *The Creative Economy: How People Make Money from Ideas*, Penguin Global , 2001.

[83] Jacques Ellul, *The Meaning of the City*, Wipf & Stock Pub, 2011.

[84] Jensen Butler C. & Van Weesep Jan, "Perspective: Competition, Urban Planning and Urban Policy", *European Cities in Competition*, 1997.

[85] Jensen Butler C., "Competition between Cities, Urban Performance and the Role of Urban Policy: A Theoretical Framework", *European Cities in Competition*, 1997.

[86] Jonathan Culler, *Literary Theory: A Very Short Introduction*, Oxford University Press, 1997.

[87] John Robert Gold & M.Gold Margaret Ashgate, *Cities of Culture: Staging International Festivals and the Urban Agenda 1851–2000*, Aldershot 2005.

[88] Landry Charles, *The Creative City: A Toolkit for Urban Innovators*, Earthscan, 2002.

[89] Langen Floris & Garcia Beatriz, "Measuring the Impacts of Large Scale Cultural Events: A Literature Review", *Liverpool: Impacts 08 Background Report*, 2009.

[90] Lecroart Paul & Sallet-Lavorel Hélène, "L' Impact des grands évènements sur le développement des métropoles", *Barcelona: World Association of the Major Metropolises - Metropolis*, 2002.

[91] Logan William S., "The Cultural Role of Capital Cities: Hanoi and Hue, Vietnam", *Pacific Affairs*, 2005.

[92] Martin Puchner, *Poetry of the Revolution: Marx, Manifestos, and the Avant-Gardes*, Princeton University Press, 2006.

[93] Metropolis, "The Impact of Major Events on the Development of Large Cities", 2002.

[94] Paddison Ronan, "City Marketing, Iimage Reconstruction and Urban Regeneration", *Urban Studies*, 30 (2), 1993.

[95] Palmer–Rae, *European Cities and Capitals of Culture*, *Study Prepared for the European Commission*, Brussels: Palmer–Rae Associates, 2004.

[96] Paul Wheatley, *The Pivot of the Four Quarters*: *A Preliminary Enquiry into the Origins and Character of the Ancient Chinese City*, Aldine Publishing Company, 1971.

[97] Picard Robert G. & Gr ö nlund Mikko & Toivonen Tuuli, *Means for Overall Assessment of Cultural Life and Measuring the Involvement of the Cultural Sector in the Information Society*, Ministry of Education (Helsinki), 2003.

[98] Pratt Andy C., "The Cultural Economy, a Call for Spatialised 'Production of Culture' Perspectives", *International Journal of Cultural Studies*, 2004.

[99] Raymond Williams, *Marxism and Literature*, Oxford University Press, 1977.

[100] Reinhart Koselleck, Vergangene Zukunft, *Zur Semantik geschichtl Zeiten*, Frankfurt am Main: Suhrkamp, 1979.

[101] Richards Greg, *Cultural Tourism in Europe*, CABI International (Wallingford), 1996.

[102] Roche Maurice, *Mega–events and Modernity* : *Olympics and Expos in* the Growth of Global *Culture*, Routledge, 2000.

[103] Saskia Sassen, "The Repositioning of Citizenship: Emergent

Subjects and Spaces for Politics", *The New Centennial Review*, 3.2, 2003.

[104] Saskia Sassen, *Global Networks and Linked Cities*, New York: Routledge, 2002.

[105] Saskia Sassen, *The Global City: New York, London, Tokyo*, Princeton University Press, 1991.

[106] Schlesinger Philip, "Creativity and the Experts: New Labour, Think Tanks, and the Policy Process", *The International Journal of Press/Politics*, 2008.

[107] Schwab Klaus & Sala–i–Martín Martín Xavier, "The Global Competitiveness Report 2011–2012", *World Economic Forum* (*Geneva*), 2011.

[108] Terry Eagleton, *After Theory*, Basic Books, 2003.

[109] Towse Ruth, *A Handbook of Cultural Economics*, Edward Elgar Publishing Limited, 2011.

[110] Wilfrid Prest & Kerrie Round & Carol Fort, *The Wakefield Companion to South Australian History*, Wakefield Press, 2003.

[111] Walter Benjamin, *Illuminations*, Schoken Books, 1968.

[112] Wang Ban, *The Sublime Figure of History: Aesthetics and Politics in Twentieth–Century China*, Stanford University Press, 1997.

[113] Zallo Ramón, Economía de la comunicacióny la cultura, Ediciones Akal, 1988.

责任编辑:吴炤东
封面设计:王欢欢

图书在版编目(CIP)数据

城市的秉性:大型特色活动与特色文化城市/陈圣来 等 著. —北京:
人民出版社,2020.11
ISBN 978-7-01-021298-2

Ⅰ.①城… Ⅱ.①陈… Ⅲ.①城市文化-建设-研究-中国 Ⅳ.①G122

中国版本图书馆 CIP 数据核字(2019)第 205413 号

城市的秉性

CHENGSHI DE BINGXING

——大型特色活动与特色文化城市

陈圣来 等 著

人民出版社 出版发行

(100706 北京市东城区隆福寺街 99 号)

中煤(北京)印务有限公司印刷 新华书店经销

2020 年 11 月第 1 版 2020 年 11 月北京第 1 次印刷

开本:710 毫米×1000 毫米 1/16 印张:36.5

字数:420 千字

ISBN 978-7-01-021298-2 定价:146.00 元

邮购地址 100706 北京市东城区隆福寺街 99 号

人民东方图书销售中心 电话 (010)65250042 65289539